Frühes Lernen – Kindergarten und Grundschule kooperieren

Kindergarten und Grundschule gestalten den Schulanfang

von

Ursula Carle und Annette Samuel

2. Auflage 2008

Schneider Verlag Hohengehren GmbH

Umschlagrealisierung: Verlag

Mitarbeit in der wissenschaftlichen Begleitung des Projekts „Frühes Lernen" (Kernprojekt)

Wissenschaftliche Leitung: Prof. Dr. Ursula Carle

Wissenschaftliche Mitarbeiterinnen im Projekt:
Barbara Berthold, Britta Bischoff, Dipl.Soz.-Päd. Annette Samuel
Abschlussberichterstattung: Ursula Carle/Annette Samuel

Studentische Mitarbeiterinnen:
Alke Rohmeyer, Corinna Vollmer, Eva Röder
Studierende im Rahmen ihrer Abschlussarbeiten:
Katharin Bahlmann, Vanessa Willers

Unterstützung der beteiligten Einrichtungen, Sammlung und Bearbeitung der dokumentierten Produkte der Einrichtungen:

Ulrich Hütter, Rainer Metze, Gabriella Novello, Ilse Peppel

Universität Bremen
Fachbereich Erziehungs- und Bildungswissenschaften
Bibliothekstraße
Gebäude GW 2, Raum A 2520-2522
Postfach 33 04 40

28359 Bremen

Tel. (0421) 218-4136 (Prof. Ursula Carle)
Sek. (0421) 218-3057 (Reinhilt Schultze, Sekretariat)
Fax (0421) 218-4043

eMail: ucarle@uni-bremen.de
www.grundschulpaedagogik.uni-bremen.de
Projekthomepage: www.fruehes-lernen.uni-bremen.de

Im Auftrag des Senators für Arbeit, Frauen, Gesundheit, Jugend und Soziales und des Senators für Bildung und Wissenschaft

Gedruckt auf umweltfreundlichem Papier (chlor- und säurefrei hergestellt).

Bibliografische Information der Deutschen Nationalbibliothek

Die Deutsche Nationalbibliothek verzeichnet diese Publikation in der Deutschen Nationalbibliografie; detaillierte bibliografische Daten sind im Internet über ›http://dnb.d-nb.de‹ abrufbar.

ISBN 978-3-8340-0252-5

Schneider Verlag Hohengehren, Wilhelmstr. 13, 73666 Baltmannsweiler

Danksagung

Wir danken den Auftraggebern, dem Senator für Arbeit, Frauen, Gesundheit, Jugend und Soziales sowie dem Senator für Bildung und Wissenschaft des Landes Bremen für die Unterstützung unserer Forschung und die gute Zusammenarbeit.

Den Kindertageseinrichtungen, den Grundschulen und dem Team des Unterstützungssystems danken wir dafür, dass sie uns Einblicke in ihre Arbeit gewährt haben, von der wir sehr viel lernen konnten.

Für das Forschungsteam

Prof. Dr. Ursula Carle

Inhaltsverzeichnis

VORWORT

Vorwort

Das Projekt „Frühes Lernen – Kindergarten und Grundschule kooperieren“ war eines von mehreren PISA-Projekten, die durch das Land Bremen nach Bekanntgabe der ersten PISA-Ergebnisse im Jahr 2000 sowohl in Schulen als auch in Kindergärten initiiert wurden. Grundlage war ein Beschluss des Senats der Freien Hansestadt Bremen auf Antrag des Senators für Arbeit, Frauen, Gesundheit, Jugend und Soziales im Juli 2002 im Bereich der Frühkindlichen Bildung folgende Themenfelder in Form von Programmen und Projekten zu bearbeiten:

1. Entwicklung eines verbindlichen Rahmenbildungsplanes/Curriculums für den Elementarbereich
2. Entwicklungsförderung im Bereich der Sprachkompetenz
3. Unterstützungsprogramm für Familien/Eltern
4. Systematisierung/Gestaltung des Überganges vom Kindergarten in die Grundschule
5. Qualifizierung/Fortbildung der pädagogischen Fachkräfte
6. Weitere Fördermaßnahmen im Rahmen eines frühkindlichen Bildungsplanes einschließlich eines Programms zur Anhebung des Betreuungsniveaus von Kindern ausländischer Herkunft.

Um geeignete Maßnahmen zur Steigerung des Bildungsniveaus für Bremer Kinder, Schülerinnen und Schüler zu konzipieren, richtete der Senator für Bildung und Wissenschaft den „Runden Tisch Bildung“ ein, der über Möglichkeiten zur Verbesserung des Bildungswesens beriet. Im Oktober 2002 wurden die erarbeiteten Ergebnisse dem Senator für Arbeit, Frauen, Gesundheit, Jugend und Soziales, dem Senator für Bildung und Wissenschaft sowie der Öffentlichkeit vorgestellt.

Auf der Grundlage dieser bildungspolitischen Beschlusslagen konnten die vorbereitenden Arbeiten für das Kooperationsprojekt „Frühes Lernen – Kindergarten und Grundschule kooperieren“ unter gemeinsamer Verantwortung des Senators für Arbeit, Frauen, Gesundheit, Jugend und Soziales sowie des Senators für Bildung und Wissenschaft eingeleitet werden. Die wissenschaftliche Begleitung übernahm Frau Prof. Dr. Ursula Carle von der Universität Bremen, Fachbereich 12, Bildungs- und Erziehungswissenschaften.

Es erfolgte eine Projektausschreibung, die drei Zielsetzungen verfolgte. Zum einen sollten die Curricula des Elementar- und Primarbereiches perspektivisch so aufeinander abgestimmt werden, dass ein Kind nicht nach Alter, sondern mit seinem jeweiligen Entwicklungsstand vom Kindergarten in die Grundschule wechseln kann. Unter der Annahme, dass Eltern eine Schlüsselrolle im Bildungsprozess ihrer Kinder einnehmen, sollten zweitens von den Institutionen Kindergarten und Schule gemeinsame Konzepte zur Beratung und Unterstützung von Eltern entwickelt werden. Um diese verschiedenen Arbeitsfelder zur Verzahnung des Elementar- und Primarbereiches zu erreichen, galt es drittens, adäquate Arbeits- und Kooperationsstrukturen aufzubauen und als festen Bestandteil in die pädagogische Arbeit der Kindergärten und Grundschulen zu integrieren.

Das Interesse sowohl der Kindertagesstätten als auch der Grundschulen am Projekt war unerwartet hoch, so dass bereits die Startveranstaltung im Landesinstitut für Schule ein voller Erfolg wurde.

Im Verlaufe des Projektes wurde zunehmend deutlich, dass dieses große Vorhaben die Innovations- und Kooperationsfreudigkeit aller Beteiligten stärkte und daraus erste ableitende Strukturvorgaben entwickelt werden konnten - sozusagen als Basiselemente zur Schaffung positiver Lernvoraussetzungen für Kinder und Jugendliche in dieser Stadt. Ein großes Entwicklungspotential liegt noch vor uns und wartet auf weitere kooperative Arbeit zwischen den verschiedenen Institutionen und Personen, um Lernumgebungen zu verbessern, Lernvoraussetzungen zu erkennen, individuelles Lernen sowohl in Kindergarten und Grundschule zu ermöglichen, weiterführende Lernsituationen zu planen und somit Kontinuität im Bildungsprozess von Kindern zu schaffen.

Allen Beteiligten herzlichen Dank!

Bremen, im September 2005

Dr. Heidemarie Rose Lotta Ubben

1 Das Modellprojekt „Frühes Lernen – Kindergarten und Grundschule kooperieren“

Das Modellprojekt „Frühes Lernen – Kindergarten und Grundschule kooperieren“ startete mit dem Schul- und Kindergartenjahr 2003/04 und endete nach einer Laufzeit von 2 Jahren zum Ende des Schul- und Kindergartenjahres 2004/05. Mit insgesamt 85 Einrichtungen, davon 27 Schulen inklusive drei Dependancen, 56 Kindertagesstätten[1] mit einer Dependance und zwei Förderzentren, erreichte es ca. 12% der Bremer Schulanfänger[2]. Es handelte sich somit um ein Projekt mit erheblicher Reichweite.

Entstanden war das Modellprojekt im Kontext der Bremer PISA-Projekte[3] zur Verbesserung der Bildungsqualität im Land Bremen, und damit eine Antwort auf die Ergebnisse Bremer SchülerInnen im Ländertest der internationalen Vergleichstudie PISA 2000[4]. Die Test-Ergebnisse zeigten: In Bremen ist zwar bei gleicher Kompetenz die Schichtzugehörigkeit der Kinder für die Schullaufbahnentscheidung weniger bedeutsam, als in den meisten anderen Bundesländern (BAUMERT u.a. 2002, PISA 2000-Länderstudie, 185 ff.). Legt man die Zahlen aus dem PISA-Bericht zugrunde, dann hinkt in Bremen trotzdem die Arbeiterschicht schulleistungsmäßig im Vergleich zu anderen Großstädten 1,5 Schuljahre hinterher (ebd., 177). Dies, obwohl es in Bremen auch schulische Spitzenleistungen gibt. Eine entscheidende Aufgabe bestand und besteht daher darin, insbesondere die Basisqualifikationen anzuheben und die vorhandene Bildungsschere zu schließen (ebd., 188). Als Konsequenz aus der PISA-Studie richtete der Bremer Senat im Jahr 2002 einen „Runden Tisch Bildung“ ein, um über Möglichkeiten einer Anhebung des Bildungsniveaus von Kindern und Jugendlichen zu beraten. Für den Bereich der „Frühkindlichen Bildung“ wurden sechs Handlungsfelder erarbeitet, deren Umsetzung als „Bremer Bildungsoffensive“ in die im Vorwort genannten PISA-Projekte[5] mündete.

---

1 Im Folgenden wird synonym für den Begriff „Kindertagesstätte“ der im Land Bremen eingeführte Begriff „Kindertagesheim“ verwendet.

2 Nach eigenen Berechnungen von Projektdaten sowie des Datenbestandes der Schnellmeldung 2003/04 für öffentliche und private allgemein bildende Schulen in der Stadtgemeinde Bremen, gab es zum Schuljahr 2003/04 in Bremen 5150 Erstklässler. 260 Kinder kamen aus den Kindertagesheimen des Kernprojektes, dies entspricht 5% der Schulanfänger im Stadtgebiet. Aus dem Erweiterten Projekt kamen ca. weitere 365 Schulanfänger.

3 Siehe PISA-Newsletter unter http://217.110.205.153/private/aktuell/rubrik_set560.htm?artikel5555.htm download am: 08.08.2005.

4 PISA: Programme for International Student Assessment, Ergebnisse siehe: http://www.bildungsserver.de/zeigen.html?seite=1307 (zuletzt aufgerufen am 12.08.2005).

5 Näheres siehe: Carle/Berthold/Bischoff 2003, 5 ff.

Im Bereich der Frühkindlichen Bildung wurde zur Steigerung der Bildungsqualität die Gestaltung des Überganges vom Kindergarten in die Grundschule als eine entscheidende pädagogische Schnittstelle für Lern- und Entwicklungserfolge von Kindern bewertet. Die Übergangssituation vom Elementar- in den Primarbereich sollte zukünftig derart gestaltet werden, dass sie von Kindern als erfolgreich und somit entwicklungsfördernd erlebt wird. Vor diesem Hintergrund wurde das Modellprojekt „Frühes Lernen – Kindergarten und Grundschule kooperieren“[6] eingerichtet.

Das Projektdesign war in der Form konzipiert, dass 25 Einrichtungen[7] ein **Kernprojekt** bildeten, das sich aus vier Verbünden, darunter zwei Großverbünde mit acht bzw. 13 Einrichtungen sowie zwei Kleinverbünde mit jeweils einem Kindertagesheim und einer Grundschule, zusammensetzte. Weitere 60 Einrichtungen, die 16 unterschiedlich große Verbünde repräsentierten, waren im Rahmen eines **Erweiterten Projektes** zusammengefasst. Mittels Informationsaustausch über die Entwicklungen im Kernprojekt auf vier zentralen Forumveranstaltungen mit allen beteiligten Verbünden, sollten die Institutionen im Erweiterten Projekt am Entwicklungsprozess des Kernprojektes partizipieren. Zunehmend sollte der Informationsfluss auch in umgekehrter Richtung verlaufen.

Das Kernprojekt wurde von der Universität Bremen unter der Leitung von Prof. Dr. Ursula Carle wissenschaftlich begleitet. Im Erweiterten Projekt fand lediglich eine Abschlussbefragung statt. Projektbegleitend wurde ein interdisziplinäres Unterstützungssystem aus SchulentwicklungsmoderatorInnen und FachberaterInnen des Bildungs- und des Sozialbereichs eingerichtet, das durch spezifische Beratung, Prozessmoderation und Fortbildung die Entwicklung im Kernprojekt kontinuierlich und kooperativ unterstützte sowie den Verbünden im Erweiterten Projekt auf Anfrage zur Verfügung stand.

Ziel des Projektes war es, den Übergang von der Kindertagesstätte in die Grundschule förderlicher zu gestalten. Hierzu sollten im Projektverbund in den Bereichen „Kooperation“, „Elternarbeit“ sowie „Curricula“ tragfähige wie auch übertragbare Konzepte entwickelt werden. Somit bestand die Aufgabe des Projektes darin, strukturelle, pädagogische wie auch qualifikatorische Grundzüge herauszuarbeiten, durch die Kinder im Übergangsprozess ausdrücklich positiv begleitet werden können. Der ökosystemische Ansatz des Vorhabens ging nicht nur hinsichtlich des Verbundgedankens, sondern auch insofern über ähnliche Versuche in den 1980er Jahren (z. B. OLBERMANN 1983) hinaus, als anerkannt wurde, dass nicht nur das Kind, sondern auch die Familie, das Kindertagesheim sowie die Schule am Übergang betei-

---

[6] Im Folgenden wird der Projektname „Frühes Lernen - Kindergarten und Grundschule kooperieren“ auch in abgekürzter Form als „Frühes Lernen“ verwendet.

[7] Die vier darin enthaltenen Dependancen sind jeweils als eine Einrichtung gezählt.

ligt sind und ihn folglich kooperativ gestalten müssen. Weiterhin war neu, dass persönlichkeits- und wissensbezogene Übergangsprozesse eingeschlossen wurden (CARLE 2004). Vor diesem Hintergrund ist das Projekt „Frühes Lernen – Kindergarten und Grundschule kooperieren“ als ein Entwicklungsprojekt einzuordnen, das auf verschiedenen Strukturebenen nach Möglichkeiten suchte, den Ansprüchen eines aufbauenden Bildungsangebotes vom Elementar- zum Primarbereich gerecht zu werden (vgl. FABIAN/DUNLOP 2002).

1.1 Organisationsstruktur und Projektressourcen

Am Projekt „Frühes Lernen – Kindergarten und Grundschule kooperieren“ waren VertreterInnen verschiedener Bremer Sozial- und Bildungseinrichtungen beteiligt, u.a. die Universität Bremen, das Bremer Landesinstitut für Schule (LIS) sowie staatliche, kirchliche und private Träger im Tätigkeitsfeld der Kindertagesbetreuung. Auftraggeber waren der Senator für Arbeit, Frauen, Gesundheit, Jugend und Soziales sowie der Senator für Bildung und Wissenschaft.

Das nachstehende Schaubild zur Organisationsstruktur des Projektes „Frühes Lernen – Kindergarten und Grundschule kooperieren“ bietet einen Überblick der Zuständigkeiten hinsichtlich Planung, Organisation und Durchführung des Projektes.

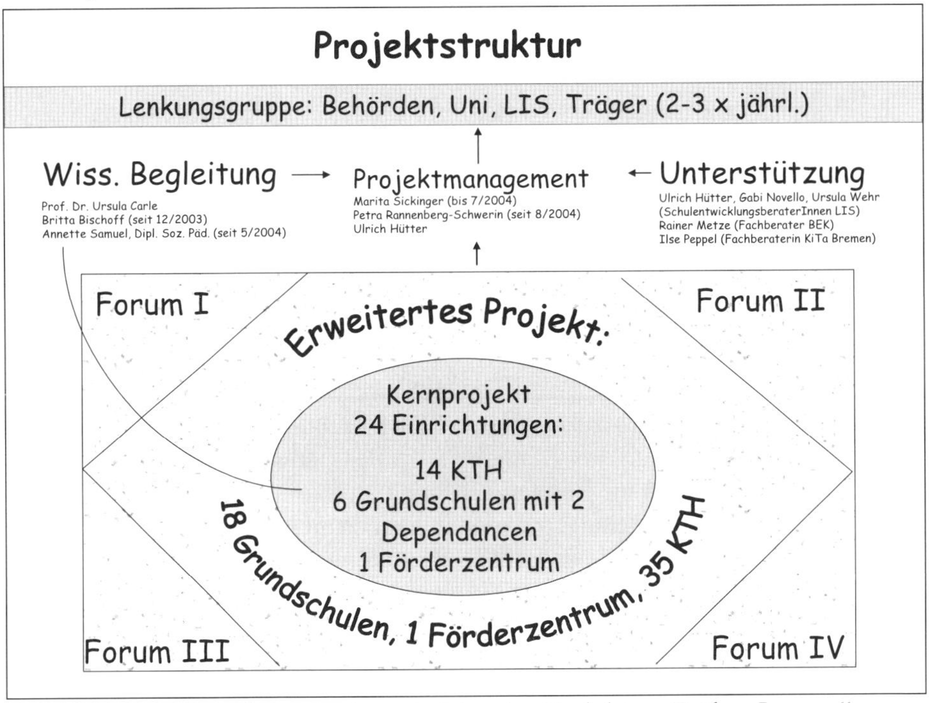

Abbildung 1-1: Organisationsstruktur des Projektes „Frühes Lernen“

Die **Lenkungsgruppe** fungierte als Austausch- und Diskussionsplattform für die inhaltliche Planung und Organisation des Projektes. In gemeinsamen Beratungen aller oben genannten VertreterInnen wurde die Projektplanung erarbeitet, die Organisationsstruktur entwickelt sowie die inhaltliche Zielrichtung festgelegt. Die Lenkungsgruppe traf sich zur Erörterung und Beratung des laufenden Projektprozesses zwei- bis dreimal jährlich und beraumte bei Bedarf zusätzliche Treffen an.

Das **Projektmanagement** sollte das systematische Entwickeln sichern und dazu, so der Entwurf der Wissenschaftlichen Begleitung, Projektmanagementmethoden aufgabenrelevant und problemorientiert begleitend im Projekt (Unterstützungssystem und Verbünde) einführen und das Projekt somit einer Evaluation zugänglich machen. Die entstehenden Projektpläne der Schulen, ihre Überarbeitungen und die Projektdokumentationen sollten dann für die praktische und wissenschaftliche Auswertung zur Verfügung stehen. Die personellen Ressourcen hierfür waren mit durchschnittlich zehn Wochenstunden beim Senator für Arbeit, Frauen, Gesundheit, Jugend und Soziales und mit acht Wochenstunden bei der Leitung des Zentralen Unterstützungssystems angesiedelt.

Die **wissenschaftliche Begleitung** war als formative und damit als prozessbegleitende und unterstützende Evaluation angelegt. Das Untersuchungsdesign sah vor, mit ausgewählten Methoden die Entwicklungsprozesse der Projektarbeit zu eruieren und anhand der gewonnenen Erkenntnisse ein direktes Feedback zur Optimierung dieses Prozesses in die aktuelle Entwicklungsphase des Projektes zu geben.

Im Rahmen einer engen Kooperation mit dem Zentralen Unterstützungssystem (ZUS) wurden die vier Kooperationsverbünde im Kernprojekt wissenschaftlich begleitet und die daraus gewonnenen Erfahrungen und Erkenntnisse allen Einrichtungen im laufenden Prozess zugänglich gemacht. Dies geschah in Form zweier Zwischenberichte[8], regionaler wie zentraler Foren, der Homepage[9] zum Projekt „Frühes Lernen“ sowie mit diesem Abschlussbericht. Der Wissenschaftlichen Begleitung des Kernprojektes standen für 29 Monate insgesamt ca. 70.000 Euro zur Verfügung. Zusätzlich wurde eine Abschlussbefragung im Erweiterten Projekt genehmigt.

Das **Zentrale Unterstützungssystem (ZUS)** setzte sich interdisziplinär aus zwei FachberaterInnen im Bereich „Soziales“ sowie zwei SchulentwicklungsmoderatorInnen im Bereich „Bildung“ zusammen. Das ZUS hatte die Funktion, den Entwicklungsprozess in den Projektverbünden durch Beratungs-, Moderations- und passgenaue Fortbildungsangebote unterstützend zu

---

[8] Die Zwischenberichte stehen zum Download unter: www.fruehes-lernen.uni-bremen.de zur Verfügung (Zugriff 08.08.2005).

[9] Homepage zum Projekt „Frühes Lernen“: www.fruehes-lernen.uni-bremen.de

begleiten. Diese prozessbegleitende Arbeit wurde in den Verbünden des Kernprojektes kontinuierlich durchgeführt, in den Verbünden des Erweiterten Projektes auf Anfrage. Die Prozessbegleitung erfolgte in so genannten „Tandems“, d.h. jedes Unterstützer-Team bestand aus einer Fachberatung aus dem Elementar- und Primarbereich. Darüber hinaus hatte das ZUS die Aufgabe, unter Einbezug der Erfahrungen und Erkenntnisse aus der prozessbegleitenden Arbeit ein Beratungs- und Unterstützungskonzept zur Übergangsthematik „Kindergarten – Grundschule“ zu entwickeln. Hierfür standen pro Team durchschnittlich zehn Wochenstunden aus dem Ressort Soziales und sieben Wochenstunden (Unterrichtsstunden) aus dem Ressort Bildung zur Verfügung.

Das **Kernprojekt** umfasste 25 Einrichtungen in vier Verbünden, darunter neun Grundschulen inklusive drei Dependancen, 15 Kindertagesstätten inklusive einer Dependance sowie ein Förderzentrum. Das Kernprojekt war mit der Aufgabe betraut, die von der Lenkungsgruppe erarbeiteten Projektziele zielgerichtet umzusetzen. Durch einen kontinuierlich prozessbegleitenden Austausch stand den Verbünden im Kernprojekt das Zentrale Unterstützungssystem beim Planen, Organisieren und Durchführen ihrer Aktivitäten zur Umsetzung der Projektziele zur Verfügung. Die Einrichtungen des Kernprojektes verpflichteten sich darüber hinaus, aktiv an der Evaluation durch die Wissenschaftliche Begleitung mitzuarbeiten und übertragbare Produkte zur Erreichung der Ziele zu entwickeln. Die Einrichtungen nahmen zudem verpflichtend an den Foren zum Projekt „Frühes Lernen“ teil. Die Schulen im Kernprojekt erhielten zusammen durchschnittlich 25 Lehrerwochenstunden zusätzlich für das Projekt. Den Kindertagesstätten standen ErzieherInnenstunden im Wert von ca. 132.160 Euro für die gesamte Laufzeit von zwei Jahren zur Verfügung, darüber hinaus 3.500 Euro Sachmittel.

Das **Erweiterte Projekt**[10] bildeten 60 Einrichtungen in 16 Verbünden, davon 18 Grundschulen, 41 Kindertagesstätten sowie ein Förderzentrum. Die Projektarbeit des erweiterten Kreises bestand darin, die von der Lenkungsgruppe formulierten Projektziele in selbstorganisierter Form umzusetzen. Zur Unterstützung dieses selbstgesteuerten Prozesses war die Möglichkeit gegeben, bei Bedarf eine entsprechende Prozessbegleitung vom Zentralen Unterstützungssystem anzufordern. Die Einrichtungen waren eingeladen, zum Austausch und zur Diskussion der Projektergebnisse an den Foren zum Projekt „Frühes Lernen“ teilzunehmen. Den Schulen und einigen Kindertagesheimen im Erweiterten Projekt standen trägerspezifisch unterschiedliche, zum Teil auch keine zusätzlichen Ressourcen für die Projektarbeit zur Verfügung – hierüber war in der Lenkungsgruppe kein Verteilungsbeschluss gefasst worden.

---

[10] Im Folgenden auch “Erweiterter Kreis” genannt

Die **Foren** zum Projekt „Frühes Lernen – Kindergarten und Grundschule kooperieren“ wurden als Treffpunkt aller am Projekt beteiligten Personen installiert. Sie förderten zum einen das gegenseitige Kennen lernen der am Projekt beteiligten Institutionen und Personen. Zum anderen fungierten sie als Austausch- und Diskussionsbörse zum aktuellen Stand der Entwicklungen, zu Inhalten hinsichtlich der Projektziele, den unterschiedlichen Vorgehensweisen der einzelnen Verbünde wie auch der Erfahrungen und Erkenntnisse aus der praxisbezogenen Arbeit vor Ort.

Die Wissenschaftliche Begleitung, das Projektmanagement sowie das Zentrale Unterstützungssystem trafen sich zudem in einem vier- bis sechswöchigen Rhythmus zu einem Jour Fixe. Im Rahmen dieser Arbeitstreffen wurden die aktuellen Entwicklungen kommuniziert, reflexiv beraten und nächste Schritte der Projektarbeit abgestimmt. Neben der Koordination der Zeitpläne wurde auch die Planung, Organisation und Durchführung der Foren gemeinsam vorgenommen. Die Institution des Jour Fixe erfüllte darüber hinaus die Funktion, den Informationsaustausch zwischen den einzelnen Projektbereichen zu gewährleisten, wodurch sich eine enge Kooperation zwischen den beteiligten Einheiten entwickelt hat.

1.2 Ziele des Projektes und der Wissenschaftlichen Begleitung

Zur Verbesserung der Bildungsqualität im Land Bremen sollten mit dem Projekt „Frühes Lernen – Kindergarten und Grundschule kooperieren“ laut Projektausschreibung im August 2002 durch die senatorische Behörde drei Kernbereiche entwickelt werden:

Das Land Bremen beabsichtigt, die **Curricula** des Elementar- und Primarbereiches perspektivisch aufeinander abzustimmen, so dass ein Kind mit seinem jeweiligen Entwicklungsstand vom Kindergarten in die Grundschule wechseln kann. Im Projekt „Frühes Lernen“ sollten exemplarisch aufbauende Inhalte entwickelt und dazu die Gestaltung der Lernumgebung abgestimmt werden. Dazu gehören gemeinsame Grundsätze der Binnendifferenzierung und einer förderungsbezogenen Diagnostik, auch mit Blick auf eine durchgängige, individualisierte Entwicklungsdokumentation für jedes Kind vom Kindergarten an.

Weil **Eltern** eine Schlüsselrolle bei der Unterstützung ihrer Kinder im Übergangsprozess vom Kindergarten in die Grundschule einnehmen, sollten beide Institutionen gemeinsam Konzepte zur Beratung und Information der Elternschaft erarbeiten.

Die vorgesehene Verzahnung von Elementar- und Primarbereich erforderte die Entwicklung neuer **Arbeits- und Kooperationsformen**, insbesondere für die gemeinsame Gestaltung von Lerneinheiten in Kindergarten und Schule, für gemeinsame inhaltliche Planungen sowie gemeinsam durchgeführte Projekte. Des Weiteren war gefordert, Formen einer kooperativen Gestaltung von Beratungsgesprächen zu einzelnen Kindern zu finden und gegenseitige Hospitationen in Kindergarten und Schule durchzuführen.

Im Sinne der wichtigsten PISA-Schlussfolgerungen sollten nach Beratungen in der Lenkungsgruppe zudem Komponenten Berücksichtigung finden, die zu einer besseren Chancengerechtigkeit im biographischen Bildungsprozess von Kindern beitragen. Vor diesem Hintergrund galt es, für den Übergang vom Kindergarten in die Grundschule Rahmenbedingungen zu entwerfen, welche eine Grundlage sichern, auf der alle Kinder die Grundschule mit Erfolg besuchen können.

Diese groben Ziele mussten für die Projektarbeit konkretisiert werden. Diese Konkretisierung wurde von der Lenkungsgruppe am 07.05.2003 in folgender Form beschlossen:

1. Hinsichtlich des Aufbaues von Arbeits- und Kooperationsstrukturen im Kooperationsverbund entwickeln die Projektverbünde ein Konzept der Kooperation mit dem Ziel, den Übergang zwischen Kindergarten und Grundschule zu optimieren (gemeinsamer Arbeits- und Zeitplan, gemeinsame Fortbildung etc.).

2. Zur Verstärkung der Elternarbeit beziehen die Kooperationsverbünde die Eltern aus Kindertagesheim und Grundschule in den Projektprozess ein (Aktivierung der Eltern, Entwicklung eines Informations- und Mitwirkungskonzeptes, bezogen auf die Verbesserung des Überganges zwischen Kindergarten und Grundschule).

3. In Bezug auf die Abstimmung der thematischen Arbeit zwischen Kindertagesheim und Grundschule erarbeitet jeder Kooperationsverbund exemplarisch ein Thema für unterschiedliche Entwicklungsniveaus der Kinder im Elementarbereich und in der Schuleingangsphase (Themenbereiche könnten Entwicklung der Lesemotivation, Entwicklung des Weltverständnisses, Mathematisieren von Alltagssituationen o.ä. sein).

4. Zum gewählten Thema werden kindgerechte Methoden und eine geeignete Lernumgebung gemeinsam entwickelt und erprobt (verschiedene Zugänge für Kinder, Individualisierung und Entwicklung einer Lebens- und Lerngemeinschaft).

In nachstehender Grafik wurden die vier von der Lenkungsgruppe formulierten Ziele während der regionalen Foren im Mai 2003 präsentiert. Sie gaben dem Gesamtprojekt einen gemeinsamen Rahmen, mit dessen Hilfe der Schulanfang für die Kinder in der Stadtgemeinde Bremen besser gestaltet werden sollte.

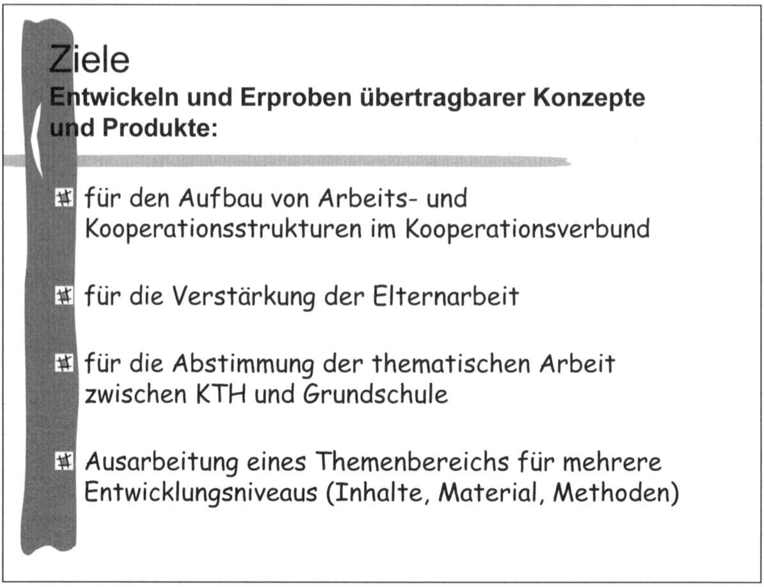

Abbildung 1-2: Entwickeln und Erproben übertragbarer Konzepte und Produkte

Diese Vorgaben der Lenkungsgruppe wurden bewusst offen gehalten, weil die Einrichtungen ihre vorhandenen Stärken für eine eigenständige Konkretisierung der Ziele nutzen sollten. Somit bestand die Aufgabe der einzelnen Verbünde darin, sich den Zielstellungen explorativ zu nähern. Zur Unterstützung dieses Zielfindungsprozesses stand den Verbünden das Zentrale Unterstützungssystem zur Verfügung.

Aus den oben genannten Zielstellungen des Projektes „Frühes Lernen – Kindergarten und Grundschule kooperieren“ leiteten sich für die Wissenschaftliche Begleitung folgende zentrale Untersuchungsfragen ab, die Hinweise für eine Verbreitung des Projektes liefern sollten:

- Welche strukturellen, pädagogischen und qualifikatorischen Veränderungen sind erforderlich, um
  - den Aufbau von Arbeits- und Kooperationsstrukturen zu unterstützen?
  - die Elternarbeit beim Übergang vom Kindergarten in die Grundschule zu stärken?
  - eine thematische Abstimmung der Arbeit zwischen Kindergarten und Grundschule zu installieren?
- Welche Strategien sind erforderlich, damit
  - der Transfer der Erfahrungen und Erkenntnisse aus dem Kernprojekt anderen Einrichtungen im Stadtgebiet Bremen zugänglich wird?

- Einrichtungen, die nicht am Projekt teilgenommen haben, die Erkenntnisse der Projektarbeit zur Umsetzung in die eigene Praxis nutzen können?

Die wissenschaftliche Begleitung des Projektes erfolgte als prozessbegleitende und unterstützende Evaluation.

2 Übergänge am Schulanfang – Theoretische und empirische Ausgangslage

Überzeugung der Wissenschaftlichen Begleitung ist es, dass es wenig Sinn gemacht hätte, zu Beginn des Projektes, quasi aus der Ferne, zu bestimmen, wohin der Weg führen soll, denn jede Einrichtung, jeder Verbund des Projektes war bereits auf seinem Weg, auch die Wissenschaftlerinnen. Frühes Lernen zu entwickeln, bedeutet aus dieser Perspektive heraus betrachtet für die einzelnen Beteiligten nicht, ihren Weg komplett zu verlassen und sich einen neuen zu suchen. Vielmehr beinhaltet das Projektziel für jede Einrichtung einen Übergang zu Neuem. Eine weitere Überzeugung, mit der die Arbeit in diesem Projekt begonnen wurde, ist, dass wir erst durch den Austausch zwischen Wissenschaft und Praxis gemeinsam zu neuen gesellschaftlich relevanten Erkenntnissen kommen. Insofern war das Projekt für alle Beteiligten ein Stück weit ein gemeinsamer Übergang zu neuen Qualitäten der Kooperation, des Wissens, der pädagogischen Atmosphäre usw.. Alle Beteiligten konnten diesen Übergang bewusst durchleben und damit Wissen darüber erwerben, wie sie künftige Neuerungen geschickt angehen können.

Zu Beginn des Projektes haben auch wir Wissenschaftlerinnen, die alle aus der Grundschulpädagogik kamen, Zeit benötigt, um uns zu vergewissern, wie der Stand der Forschung zum Thema „Frühes Lernen" ist. Wir waren nämlich zu Anfang davon überzeugt, dass wir den anderswo bereits entdeckten Stein des Weisen nur noch nicht kennen, und haben uns international auf die Suche gemacht, um möglichst viele interessante Forschungsergebnisse zu sichten. Welche Untersuchungen, welche Theorien passten zum Ansatz unseres Projektes, passten zu den vorhandenen Problemen und Aufgaben, zu den vorgegebenen Projektzielen und zu Bremer pädagogischen Grundüberzeugungen? Wir mussten aber feststellen, dass die handlungsrelevanten Ausarbeitungen nicht gerade üppig waren. Einige Aspekte, die uns selbst bei der Klärung unserer Fragen weiter gebracht haben, stellen wir im Folgenden noch einmal sehr kurz zusammengefasst dar.

2.1 Was sind Übergänge?

Übergänge sind zwischen etwas. Ihnen kommt im Lebenslauf eine Mittlerfunktion zwischen der zurückliegenden, strukturbestimmten und der prinzipiell strukturoffenen, zukünftigen Lebensphase zu. An Übergängen verlässt der Mensch das Gewohnte und ist den Chancen wie Risiken einer für ihn noch nicht so stark strukturierten neuen Welt ausgesetzt. Dabei wurde und wird der Begriff Übergang in verschiedenen Bedeutungen gebraucht.

Im wörtlichen Sinne meint Übergang das physische Überqueren, Hinübergehen, Passieren einer Unwegsamkeit (Berg, Schlucht, …) oder die Anlage, die das Hinüberschreiten ermöglicht (Bahn, Brücke, Furt, ...). Solch ein Übergang im operativen Sinne wäre für das Kind der schlichte Ortswechsel vom Kindergarten in das Schulhaus.

Im übertragenen Sinne hat Übergang mit Entwicklung zu tun und meint den strukturellen Zustandswechsel (z.B. von Wasser zu Wasserdampf). Übertragen auf Übergänge im menschlichen Leben, betrifft dies beispielsweise den Rollenwechsel vom „Kindergartenkind“ zum „Schulkind“, den qualitativen Sprung vom „souveränen Selbst“ zum „zwischenmenschlichen Selbst“ (KEGAN) oder vom „konkret-operativen Denken“ zum „formal-operativen Denken“ (PIAGET), von der „symbolischen Tätigkeit“ zur „Lerntätigkeit“ (LEONTJEW).

In der Realität denken wir beim Übergang vom Kindergarten in die Grundschule immer noch zuerst an den physischen Wechsel der Einrichtung. Die Gestaltung besteht dann überwiegend aus einer Reihe von Aktionen, in denen Kind und Eltern mit dem Schulhaus und einigen seiner Hauptakteure bekannt gemacht werden. Bestenfalls gelingt so die Brückenfunktion, d.h. eine gemeinsame Steuerung der „Überweisungsvorgänge“ durch Kindergarten und Schule: Z.B. werden gemeinsame Elternabende gestaltet. LehrerInnen und ErzieherInnen tauschen sich über die Kinder aus, mit dem Ziel, festzulegen, welches Kind am besten in welche Klasse "passt".

Die Gestaltung von Bildungsübergängen im pädagogischen Sinne hingegen bildet im Alltag noch die Ausnahme. Tatsächlich sind jedoch beide Aspekte des Überganges nicht voneinander zu trennen. Einerseits fordert die Gesellschaft vom Kind, die angestammte Institution zu wechseln. Damit schreibt sie dem Kind (und seinen Bezugspersonen) eine Strukturierung seines (ihres) Lebens vor. Diese Strukturierung ist jedoch nicht komplett willkürlich. Vielmehr greift sie das auf, das der Entwicklung des Kindes entspricht. Allerdings gelingt hier keine völlige Passung, weil die institutionell geforderten Übergänge zeitlich sehr grob getaktet sind, Kinder sich aber in Abhängigkeit ihrer Lebensbedingungen in verschiedenen Bereichen unterschiedlich schnell entwickeln. Daraus ergibt sich, dass Kindergarten und Schule neben dem Übergang als Raumwechsel weitere Übergänge zu beachten haben. Insbesondere sind das:

- Der Statuswechsel,
- Wechsel von Qualitäten der Persönlichkeit,
- Wechsel von Qualitäten des Weltwissens,
- Wechsel von Qualitäten des methodischen Vorgehens,
- Wechsel von Qualitäten der Kooperation und Kommunikation.

Übergänge von einer Institution in die andere, die uns abverlangt werden, strukturieren unser Leben. Sie fordern uns dazu heraus, sie zu bewältigen. Aber wir gehen sie erst aktiv an, wenn wir in unserer persönlichen Entwicklung genügend Ressourcen besitzen, um den Sprung zu wagen. Für unser Tun ist mitentscheidend, wie viel Erfolg wir erwarten und wie hoch wir unsere Einflussmöglichkeiten einschätzen. Wir können daher für die Bewältigung von Übergängen zwei Entwicklungsbereiche unterscheiden, zum einen die Gestaltung des Umfeldes (des Kontextes), damit es den Übergang des Kindes unterstützt, zum anderen die Vorbereitung des Kindes, damit es seine persönlichen Ressourcen in geeigneter Weise für den Übergang mobilisieren kann.

Um das, was im Übergangsprozess geschieht in seiner Bedeutung und Vernetztheit zu erfassen, schafft sich der Mensch Modellvorstellungen. Diese reduzieren zwar die Problematik auf die jeweilige Perspektive, werden diese verschiedenen Zugänge jedoch schließlich zusammen betrachtet, ergibt sich ein wesentlich differenzierteres Bild vom Übergang, das ohne eine solche mehrperspektivische Durchdringung nicht möglich wäre.

Im Folgenden werden daher kontextbezogene und personbezogene Erklärungsmodelle für Übergänge skizziert. Die Perspektive der kontextbezogenen Ansätze ist die Gestaltung des Überganges aus Sicht der Institutionen und des Umfeldes. Personbezogene psychologische Übergangstheorien erklären Persönlichkeitsaspekte des Überganges.

2.2 Kontextbezogene Beschreibungsmodelle für Übergänge

Kontextbezogene Ansätze verdeutlichen, dass Übergänge gesellschaftlich und bis in das Handeln einzelner Personen hinein über Strukturen vorgeregelt sind. Diese Strukturen können veralten und stehen dann Veränderungsprozessen im Wege, nicht immer im Sinne einer Vorschrift, sondern sie sind Gewohnheit. Alle Einrichtungsgegenstände wurden so gestaltet, dass sie zum alten Modell passen. Und weil alles so gut passt, spendet es Sicherheit. Der Mensch richtet solche Sicherheit spendenden Strukturen in den prinzipiell zukunftsoffenen Übergangssituationen sogar speziell ein. Beispiele dafür sind die Übergangsrituale. Personen spielen bei Übergängen in diesen vorgegebenen Denk- und Handlungsbahnen die Rolle von Gatekeepern, die Türen öffnen oder versperren können. Trotzdem ist der Mensch in der Lage, etwas zu verändern, denn durch Handeln entwickeln wir die Strukturen und können sie deshalb mit unserem Handeln auch in gewissen Grenzen verändern.

2.2.1 Der Schuleintritt als ökologischer Übergang

Der erste Ansatz, der hier vorstellt wird, ist vermutlich der bekannteste. Ein prominenter Vertreter ist Uri Bronfenbrenner. Als engagierter Berater und Mahner der Familienpolitik verstand er seinen wissenschaftlichen Auftrag zugleich als sozialpolitischen. Seine Basisvorstellung vom Ziel seiner Forschung bringt er mit einem Zitat von Alexander N. Leontjew zum Ausdruck:

„...wir...versuchen nicht zu entdecken, wie das Kind wurde, was es ist, sondern wie es werden kann, was es noch nicht ist“ (BRONFENBRENNER 1981, 57). Unter persönlicher Entwicklung versteht er:

- Eine zunehmend differenziertere, erweiterte, realistischere Umweltwahrnehmung;
- eine zunehmend gestaltende Auseinandersetzung mit der Umwelt.

Bronfenbrenner (ebd., 80) skizziert die Entwicklungskontexte des Individuums als Modell konzentrischer Kreise um das Mikrosystem: „Ein Mikrosystem ist ein Muster von Tätigkeiten und Aktivitäten, Rollen und zwischenmenschlichen Beziehungen“, in dem das Kind lebt. Er zitiert Untersuchungen, die nachweisen, dass in einem Mikrosystem ein Entwicklungsschritt einer Person einen Entwicklungsschritt der anderen Personen nach sich zieht. Kind und Bezugspersonen durchleben entwicklungsförderliche oder entwicklungshemmende dyadische Zyklen. Bronfenbrenner (1970) wies mit einer vergleichenden Untersuchung russischer und amerikanischer Kinder nach, dass es nicht die Familie alleine ist, die das Kind beeinflusst, sondern dass es einen wesentlichen Unterschied macht, wie sehr die Familie in ein anregendes und sicherndes Umfeld eingebunden ist. Bronfenbrenner hatte damals die wissenschaftliche Begleitung des Head-Start-Projektes und legte großen Wert darauf, dass nicht nur am Kind gearbeitet wurde, sondern auch die Familie und die Nachbarschaft Anregungen erhielten. Es entstanden neue gemeinsame Inhalte und Interaktionsformen. Doch in seinem Abschlussbericht musste er feststellen, dass die nachhaltige Wirkung der Programme nur gering war. Spätere Untersuchungen[11] zeigen, dass nur von solchen Programmen eine nachhaltige Wirkung erwartet werden kann, die in der frühen Kindheit anfangen, stark in die Familie und das Lebensumfeld (die Nachbarschaft, den Stadtteil) hineinwirken und über einen sehr langen Zeitraum (mindestens bis zur dritten Grundschulklasse) fortgeführt werden.

Förderung von Kindern kann demnach nicht nachhaltig gelingen, wenn sie nach der Kindergartenzeit endet. Insbesondere unter ungünstigen Voraussetzungen kommt eine weitere Gelingensbedingung dazu: die Eltern und das Nachbarschaftsumfeld müssen in die Entwicklung einbezogen werden. Kindergarten und Grundschule kooperieren bedeutet dann wegen der notwendigen Kontinuität, dass sie diese Arbeit gemeinsam angehen müssen. Wegen der erforderlichen Wirkung des Projektes in die Familie und das Lebensum-

---

[11] z.B.: Reynolds u. a. (2001). Geförderte Kinder hatten 18 Jahre später einen höheren Bildungsstand, es gab unter ihnen weniger Wiederholer, weniger Schulabbrecher, weniger Kinder mit sonderpädagogischem Förderbedarf. Programme, die von der Vorschule bis in das dritte Schuljahr hineinwirkten, waren deutlich erfolgreicher als reine Vorschulprogramme. Bei der Worldbank http://www.worldbank.org/children/why/table1.htm sind weitere Studien, die in die gleiche Richtung weisen, zu finden.

feld der Kinder hinein, müssen die Eltern in besonderer Weise beteiligt und unterstützt werden. Für die Übergänge zwischen der einen und der anderen Institution schlägt Bronfenbrenner vor:

- Kinder sollen den Übergang in einen neuen Bereich nicht alleine vollziehen, sondern in Begleitung anderer Personen aus ihrem früheren Lebensbereich.
- Alle Beteiligten (Kind, Eltern, ErzieherIn, LehrerIn) sollten schon im Vorfeld möglichst gut über das Neue informiert sein, insbesondere darüber, welche Tätigkeiten, Beziehungen und Rollen dort den Alltag ausmachen.

Das Kind braucht Mentoren, Mitmenschen, die die schwierige Doppelrolle des Herausforderns und Unterstützens zugleich und über den Übergang hinweg wahrnehmen können.

Horst Nickel bezieht sich u.a. auf Bronfenbrenner und schreibt: Übergänge „können in zweifacher Hinsicht als Weichenstellung betrachtet werden. Einerseits können durch die Konfrontation mit den neuen Lebensbedingungen bereits vorhandene Entwicklungsimpulse gefördert und neue geweckt werden. Andererseits kann auch eine krisenhafte Entwicklung ausgelöst werden...“ (NICKEL/SCHMIDT-DENTER 1995, 225).

Anforderungen am Übergang besitzen somit Schwellencharakter. Das Kind kann sie bewältigen oder auch nicht. Er schlägt vor, die Schwellen variabel zu gestalten, damit kein Kind versagen muss. Andere Länder können uns dabei als Vorbild dienen. Ein schulisches Angebot, das keine Zurückstellungen und kein Sitzenbleiben mehr erfordert, wäre eine Voraussetzung, die es zu schaffen gilt (PRENGEL/GEILING/CARLE 2001; CARLE/BERTHOLD 2004). Dies erfordert binnendifferenzierten Unterricht, wobei sich die Differenzierung an der Entwicklung jedes einzelnen Kindes orientieren muss. Eine Möglichkeit besteht darin, Kindern mehr Zeit zu geben (ohne sie zurück zu stellen), indem eine Schuleingangsphase eingerichtet wird, die jedem Kind ermöglicht, ihr Pensum in ein bis drei Jahren zu durchlaufen. Dieses flexible Modell, das in mehreren Bundesländern[12] gesetzlich verankert ist, funktioniert ohne Brüche in jahrgangsgemischten Schuleingangsphasen[13].

Nickel weist darauf hin, dass mit ungünstigen frühkindlichen Lebensbedingungen das Anforderungsniveau der Schule absinken muss, will die Schule auf die Kinder in geeigneter Weise eingehen. Das ist besonders dann der

---

[12] die bundesweite Befragung zum Stand der Einrichtung der Schuleingangsphase von Barbara Berthold siehe:
http://www.grundschulpaedagogik.uni-bremen.de/archiv/seph_vergleich050706web.pdf

[13] Forschungsberichte des Arbeitsgebiets Grundschulpädagogik im Rahmen der wissenschaftlichen Begleituntersuchungen in Thüringen und Niedersachsen siehe:
http://www.grundschulpaedagogik.uni-bremen.de/forschung/

Fall, wenn es sich um ein Einzugsgebiet mit zahlreichen Kindern aus „bildungsfernen" Familien handelt. Auch dieser Zusammenhang verweist darauf, wie wichtig eine Kindertageseinrichtung und Schule übergreifend kontinuierliche Förderung ist, die nicht isoliert am Kind ansetzt, sondern Familie und Wohnumfeld einbezieht. Early Excellence Center[14], angesiedelt an Kindertageseinrichtungen, können diesem Anspruch nur dann gerecht werden, wenn es gelingt, Schule, Eltern, pädagogische Spezialeinrichtungen und Stadtteilentwicklung mit einzubeziehen.

Folgt man den ökopsychologischen Modellvorstellungen, könnte das Projekt „Frühes Lernen" nur erfolgreich sein, wenn es als integrierter Teil der zu leistenden Entwicklung im Stadtteil gesehen würde. Das war einer der Gründe für unsere Hypothese, größere, stadtteilübergreifende Verbünde seien einer solchen stadtteilbezogenen Lösung näher als kleinere. Dies dürfte vor allem dann der Fall sein, wenn sich in kleinen Verbünden die Einzugsgebiete der Schule und des Kindergartens nicht decken.

2.2.2 Türwächter an den Übergangsschwellen – das Gatekeeping-Konzept

Bildungsübergänge sind immer Übergänge zwischen sozialen Positionen (Statuspassagen), bei denen man durch Kanalisierung nachhaltig gewinnen, ebenso gut aber auch endgültig verlieren kann. Untersuchungen zu Zurückstellungen am Schulanfang zeigen, dass diese Selektion keineswegs rationalistischen Kriterien standhält (KRAPP/MANDL 1973[15]): Kinder wurden an den Kindergarten oder in das Elternhaus zurückverwiesen, andere in die Grundschule eingeschult, wieder andere in Vorklassen oder Förderklassen. Es ist nicht nachgewiesen, dass die jeweiligen Maßnahmen die besten sind. Alternative Wege sind den Kindern damit zunächst versperrt. Gleiches geschieht bei späteren Übergängen bis hinein ins Berufsleben. Alle wissen das und dennoch ist es ausgesprochen schwierig, die selektiven Verhältnisse zu verändern, selbst dann, wenn wie in Bremen, die Vorklassen abgeschafft werden, wie es während der Projektlaufzeit geschehen ist.

Die psychologische Ökologie nennt maßgebliche Einflüsse auf solche Kanalisierungen "Gatekeeping" (LEWIN 1943 und 1951). Gatekeeping wird durch tradierte, scheinbar objektive Verfahrensweisen (z.B. Schulreifetests) legitimiert (MOORE 1985). So bezeichnen Willer/Bredekamp (1990) das Schulreifekonzept als Gatekeeping-Mechanismus, mit dem solche Kinder von der Schule ferngehalten werden, die das Abschneiden der Schule in Rankings senken könnten. Wo es keine Rankings gibt, führt das Schulreife-

---

14 Evaluation siehe: http://www.literacytrust.org.uk/socialinclusion/earlyyears/earlyex.html#Children. Zugriff 07.01.04

15 bezüglich Migrantenkindern siehe die Untersuchung von Gomolla/Radtke 2002; bezüglich Feststellung sonderpädagogischen Förderbedarfs Kottmann 2004

konzept dennoch zu Zurückstellungen, in der Hoffnung, den Kindern werde nach einer Zurückstellung am Schulanfang eine bessere Förderung zuteil.

Die Gatekeeper-Rolle nehmen am Schulanfang nicht alleine GutachterInnen im Übergangsverfahren ein. Vielmehr unterscheiden Behrens/Rabe-Kleberg (2000) vier Typen von Gatekeepern, die bei allen Statuspassagen vorkommen. Von Typ 1 nach Typ 4 nimmt die Formalisierung zu und die Dichte der Interaktion ab: Typ 1 wären am Schulanfang Familie und Freunde, Typ 2 LehrerIn/ ErzieherIn und Schulkinder, Typ 3 RepräsentantInnen von Organisationen (z.B. Schulleitung); Typ 4 GutachterInnen (z.B. SchulärztInnen, SonderschullehrerInnen).

Alle vier Typen beziehen sich in Entscheidungen aufeinander, interpretieren sich und nutzen Argumente für die eigene Entscheidung. Sie „legen sich in der Regel schalenförmig um den Zugang zu einem Status“ (ebd., 131). Hinsichtlich des Überganges am Schulanfang äußern sie sich beispielsweise bei Typ 1 durch folgende Aussagen: „Jetzt beginnt der Ernst des Lebens“ oder: „Warte nur, bis du in der Schule bist“ oder: „Wenn du in der Schule etwas nicht kannst, bekommst du eine sechs und bleibst sitzen“, vielleicht auch: „Du kannst schon rechnen wie ein Schulkind“. Typ 2 bietet vermeintlich schulische Aufgaben an, in denen sich die neuen Anforderungen symbolisch darstellen: Arbeitsblätter im Kindergarten, Schulbesuch der Kinder in der Schule. Typ 3, die Schulleiterin beispielsweise, wendet sich an die Eltern und informiert sie über Schulpflicht, Schulregeln o.ä.. Typ 4 wird am Schulanfang u. a. durch die Schulärztin repräsentiert, die an einem einmaligen Termin ein Gutachten abgibt, ob das Kind aus gesundheitlichen Gründen zurückgestellt werden soll.

Um sich auszumalen, wie sich die einzelnen Akteure aufeinander beziehen, stelle man sich ein Kind vor, das einen Spezialkindergarten besucht, durch den es besonders gefördert werden soll. Wie könnte die Tendenz der verschiedenen Gatekeeper von dieser Voraussetzung beeinflusst werden? Welchen Einfluss üben sie untereinander aus?

In diesem Modell meinen alle Beteiligten zum Wohle des Kindes zu handeln, darin sichern sie sich gegenseitig ab. Zurückgewiesene Kinder fühlen sich dem Geschehen völlig ausgeliefert. Sie haben keine echte Chance, Einfluss auf ihre eigene Situation zu gewinnen, denn die Erwachsenen meinen es ja gut mit ihnen, wenn diese sie von ihren bisherigen Partnerkindern trennen und sie in die Vorklasse überweisen. Diese Einflusserfahrung ist aber von hoher Bedeutung für die Bewältigung künftiger Übergänge.

2.2.3 Biografische Akteure im Potentialdreieck von Sozialisation, Institution und persönlicher Erfahrung

Clausen (1993) fand aufgrund biografischer Fallanalysen heraus, dass die Reflexion des durchlebten sozialen und persönlichen Wandels wesentlich zu einer individuellen Kontinuität im Lebenslauf beiträgt. Auf unsere Fragestellung übertragen, lässt sich daraus folgende Hypothese ableiten: Kinder, die institutionelle und organisationale Veränderungssituationen und deren Bedingungen reflektieren, erfahren sie dadurch als persönlich beeinflussbar und können daher künftige Wandlungsprozesse aktiver bewältigen, indem sie diese früheren Erfahrungen in die anstehende Prozessbewältigung einbeziehen. Es gilt daher, Kinder an der Gestaltung ihrer Übergänge zu beteiligen, denn erst durch ihr Tun gewinnen sie Einfluss, den sie reflektieren können, sofern es Kommunikationspartner gibt, die mit ihnen darüber sprechen (vgl. dazu auch die folgenden Kapitel).

Walter Heinz (2000, 177 ff.) verwendet für diesen Sachverhalt den Begriff des "Biografischen Akteurs" und beschreibt das zugrunde liegende Geschehen so: Durch Prozesse der Selbstsozialisation bündeln biografische Akteure ihr Erfahrungswissen zu Handlungsmodi. Diese werden benutzt, um die mit den Übergängen im Lebenslauf verbundenen Anforderungen zu meistern. Man aktiviert für künftige Übergänge, was man bei früheren Übergängen gelernt hat. Gleichzeitig kann man aus anderen Situationen der Lebensgeschichte Erfahrungen übertragen. Und schließlich bietet die aktuelle Situation besondere Potenziale für ihre Bewältigung. Die drei Möglichkeiten stehen in einem dynamischen Verhältnis. Ressourcen auf der einen Seite können Risiken auf der anderen Seite relativieren.

Ob die Kinder ihre Übergänge in den Kindergarten, die Grundschule und die Sekundarschule aktiv gestalten dürfen, das wird auf die Entwicklung persönlicher Handlungsmodi des künftigen Übergangshandelns Einfluss haben und ist in diesem Potenzialdreieck dann eine Ressource, auf die das Kind später zurückgreifen kann.

Das Kind selbst, als Akteur seiner Entwicklung, kommt allerdings bislang im institutionellen Entscheidungsgefüge über Gelingen oder Misslingen seiner Bildungsübergänge kaum vor – und das trotz der gestiegenen gesellschaftlichen Anforderungen an die biografische Gestaltungskompetenz. Entscheidungen treffen allenfalls seine Eltern. Die aufnehmenden Institutionen stehen für Erkundungen nie oder nur dann kurzzeitig zur Verfügung, wenn das Personal sie für die Kinder öffnet. Traut man den Kindern noch nicht zu, dass sie ihre Übergänge aktiv und reflexiv mitgestalten können?

Die vormodernen Institutionen sehen sich selbst als wandlungsresistent ("Fels in der Strömung"). Erst wenn sich Bildungseinrichtungen für den eigenen Wandel öffnen, einen Wandel, in dem auch die Eigendynamik kindlichen Lebens und Lernens eine zunehmend bestimmende Rolle spielt, macht es für die Einrichtung Sinn, die Kinder an der Gestaltung dieses Wandels im Allgemeinen und der Übergangsgestaltung des Kindes im Besonderen zu beteiligen.

2.3 Kindbezogene Beschreibungsmodelle für Übergänge

Eines der großen Abstimmungsprobleme liegt darin, dass die chronologischen, durch die Gesellschaft festgelegten Übergänge, nicht immer mit den persönlichen Entwicklungen übereinstimmen. Daher kommt z. B. die Schulfähigkeitsdebatte. Denn es ist nicht zu übersehen, wie weit die Entwicklungsspanne der Schulanfänger, ganz unabhängig davon, ob sie nun gleich alt sind oder nicht, reicht. Dabei unterscheiden sich Kinder untereinander (interindividuell), aber genauso offensichtlich ist, dass jedes Individuum sich auch (intraindividuell) hinsichtlich der Entwicklung/Ausprägung verschiedener Persönlichkeitsmerkmale unterscheidet[16]. Auch wenn deutlich wurde, dass Übergänge niemals Sache einer einzelnen Person sind, sondern immer im Kontext des Lebensumfeldes zu sehen sind, in dem das Kind seine Erfahrungen machen konnte, so ist doch der Blick darauf, was mit der Persönlichkeit des Kindes in Übergangssituationen geschieht, wichtig, um das Kind herausfordern und zugleich unterstützen zu können. Wichtig für unser Projekt war daher, nicht zu erkunden, warum das Kind so ist, wie es ist, sondern wie wir es fördern können[17].

Mit Leontjew gesprochen, interessierte uns somit nicht, warum ein Kind am Schulanfang einen bestimmten Entwicklungsstand erreicht hat. Vielmehr musste es unser Interesse sein, herauszubekommen, wie wir jedes einzelne Kind in seiner Entwicklung voranbringen können. Bronfenbrenners Mentorenmodell eignet sich gut, um die Aufgabe deutlicher zu benennen. Wenn man ein Kind zugleich herausfordern und unterstützen will, dann muss man seine Entwicklung einschätzen können und wissen, worauf es anspricht. Man braucht eine Vorstellung davon, was es als nächstes lernen kann und welche Impulse es dazu anregen. Verschiedene Entwicklungsmodelle erleichtern uns eine solche Vorstellung.

Kegan (1994) verbindet in seiner Stufentheorie der Entwicklung die Grundpositionen der Entwicklungstheorie Piagets (1972) und Kohlbergs mit der von Erikson weiterentwickelten psychoanalytischen Triebphasentheorie Sigmund Freuds. Allen drei Modellen, und damit auch dem Stufenmodell von Kegan, liegt die gemeinsame Vorstellung zugrunde, dass jede Entwicklungsphase für die nächste Phase kritisch ist. Jede folgt daher ihren eigenen Entwicklungsaufgaben[18] und bestimmt mit dem dabei erreichten Lösungsniveau die Bewältigung der folgenden.

---

[16] Siehe z.B. die Diskussion um „multiple Intelligenzen" (GARDNER) oder auch neuere Begabungsmodelle (z.B. http://www.begabungsfoerderung.ch/kantone/bkz_rahmenkonzept.pdf, Zugriff 07.01.04).

[17] Dazu sind auch Kenntnisse der Entwicklung des Kindes nötig, nicht jedoch in einem rückwärtsgewandten diagnostischen Sinne.

[18] Es gibt verschiedene Klassifikationen der Entwicklungsaufgaben im Lebenslauf. Am bekanntesten ist wohl die von Havinghurst 1982.

Kegan sieht „die Entwicklung des Selbst als einen vom Selbst aktiv betriebenen Prozess“ (KRAPPMANN 2001, 362). Mit Piaget verbindet Kegan, dass er sich als Entwicklungspsychologe vor allem für erkenntnistheoretische Fragestellungen interessiert und zugleich eine konstruktivistische und interaktionistische Position vertritt. Wie Erikson, versteht Kegan den Entwicklungsprozess als ein Ausbalancieren zwischen zwei Polen, nämlich zwischen psychischen Strukturen, die Unabhängigkeit wie auch Zugehörigkeit begünstigen. Bei Erikson wäre das etwa um den Schulanfang ‚Werksinn versus Minderwertigkeitsgefühl’, bei Kegan das ‚Souveräne Selbst’ versus ‚Koordinierung der Bedürfnisse’.

Nach Kegan steht daher die Entstehung und Entwicklung des Selbst „in einem direkten Zusammenhang mit der (Möglichkeit zur – d.A.) Reflexion des eigenen Lebens. Diese Reflexion schlägt sich in konstruierten Bedeutungen nieder“ (FLAMMER 1996, 246). Bildungsübergänge bieten daher die intensive Möglichkeit zur selbstbestimmten Weiterentwicklung des kindlichen Selbst – vorausgesetzt, sie sind pädagogisch gestaltet.

Bildungsübergänge werden vermutlich auch deshalb als so bedeutsam erlebt, weil sie hoch emotionalisierte Momente in sich bergen. Die Zukunft ist ungewiss und vorerst nur in unserer Vorstellung real. Im Übergang begegnen wir nicht nur dem Neuen, sondern müssen auch erkennen, dass unsere bisherige Wirklichkeit mit all ihren Sicherheiten Konstruktion war. Lebensübergänge sind daher ein Ort der Verunsicherung und zugleich intensiver Selbst-Entwicklungs-Erfahrung.

Die pädagogische Gestaltung der Übergänge im Kindesalter muss folglich über Informationen weit hinausgehen und vor allem für eine belastungsreduzierende Atmosphäre sorgen, die positive Emotionen hervorruft. Denn Emotionen können das Tätigkeitsniveau anheben und senken. Dies spielt in unklaren Situationen eine besondere Rolle, senken doch negative Emotionen das Empfinden, die Situation kontrollieren und reflektieren zu können. „Die negativen Emotionen verlagern den Orientierungsprozess nach >>unten<< auf das konkrete Niveau. Die Stärke der Emotionen entscheidet über die Stabilisierung des kognitiven Prozesses auf dem gegebenen Niveau“ (OBUCHOWSKI 1982, 329)[19].

2.3.1 Bildungspassagen als Übergang zu einer neuen Qualität des Selbst

Menschliche Entwicklung ganz allgemein geschieht in einem fortwährenden Prozess der Differenzierung des Selbst von seiner (angestammten) Umwelt und einer darauf folgenden Integration in die "neue" Welt. Das Selbst wird durch Veränderungen der Subjekt-Objekt-Beziehung rekonfiguriert, um anschließend eine völlig neue Einheit zu bilden.

---

[19] auch Holzkamp 1993, 187 ff. und 251

Eine solche neue Subjekt-Objekt-Beziehung bleibt so lange bestehen, bis sie nicht mehr haltbar erscheint. „Wenn wir beispielsweise die Phase des ‚konkreten Denkens' erreichen, normalerweise im Alter von 6-10 Jahren, sind wir in der Lage, Fakten zu erlernen, immer mehr Fakten, aber eben nur Fakten. Kinder dieser Altersstufe sammeln Baseball-Karten, Käfer und Blätter von Bäumen. Sie erwerben sich ihr Verständnis der sie umgebenden Welt, indem sie deren Objekte erkennen und benennen. Aber es bedarf eines qualitativen Sprungs, einer Transformation dieser Subjekt-Objekt-Beziehung, um jene Fakten in umfassendere abstrakte Ideen, Kategorien und Wertsysteme einordnen zu können... Jeder qualitative Sprung verlagert eine mentale Struktur, die bisher als Subjekt erfahren wurde, so vollständig, dass sie von nun an als Objekt betrachtet wird" (KEGAN 2003, 2).

Dem qualitativen Sprung, wie er Bildungsübergänge kennzeichnet, gehen Pendelbewegungen zwischen der aktuellen und der neuen, differenzierteren Struktur voraus. Das Individuum verschafft sich dadurch zunehmend Übersicht über die Struktur seiner aktuellen Tätigkeit und erkennt dadurch zunehmend die Struktur der neuen Subjekt-Objekt-Beziehung. „Das gibt uns die Möglichkeit, zu einem neuen Gleichgewicht oder einer Art neuer Erkenntnistheorie voranzuschreiten" (ebd., 3) – eine neue Qualität des Selbst zu gewinnen.

2.3.2 Übergang zu neuen Qualitäten des Wissens

Während bereichsübergreifende Theorien wie die Kegans davon ausgehen, dass die Differenzierungs- und Integrationsprozesse die gesamte Person betreffen, hat seit Ende der 1980er Jahre die Frage, wie Kinder Wissen erwerben, zu einer domainspezifischen Umorientierung in der Entwicklungspsychologie geführt. Jüngere Untersuchungen belegen, dass Kinder bereits im Alter von drei bis vier Monaten physikalisch mögliche von physikalisch unmöglichen Ereignissen unterscheiden können (SPELKE 1994). Susan Carey (1985, 1991) interpretiert diese und andere Befunde der Untersuchungen am Laboratory for Developmental Studies der Harvard University so, dass Kinder mit intuitiven Theorien beginnen, wie z.B. fließendes Wasser ist leicht, weil es sich leicht anfühlt; Tiere wachsen, weil sie es wollen. Ausgehend von solchen intuitiven und methodischen Theorien entwickeln Kinder durch begriffliche Differenzierungsprozesse alle weiteren Theorien. Diese sind keine einfachen Erweiterungen. Vielmehr pendeln die Kinder über einen langen Zeitraum zwischen der aktuellen und der neuen differenzierteren begrifflichen Struktur.

Erzieherinnen aus Reggio Emilia haben diesen Prozess für das Phänomen Schatten dokumentiert, nachdem sie Kinder zwischen zwei und sechs Jahren in ihrer Auseinandersetzung mit Schatten beobachtet haben. „Da ist ein krabbelndes Kind, das unvermittelt bremst, um nicht mit seinem Schatten zusammen zu stoßen, der plötzlich aufgetaucht ist. Da ist ein Junge, der, während er einen Besen vor sich her schiebt, versucht, ein Gespräch mit dem dunklen Fleck zu beginnen, der am Boden haften bleibt... ein Kind..., wie es erstaunt ausprobiert, ob sein Nachahmer-Schatten in genauso komischer Weise die komischen Stellungen wiederholt, die es einnimmt" (REGGIO CHILDREN 2002, 15).

Offenbar entwickeln sich durch das Verfolgen einer intuitiven Theorie gleich weitere, denn der Schatten wird in Verbindung gebracht mit der Sonne, dem Sonnenstand, mit der Dunkelheit, den Gezeiten, den Gestirnen. Wie die Ausdifferenzierung der intuitiven Theorien des Kindes verläuft, hängt vermutlich maßgeblich davon ab, ob und wie intensiv und methodisch das Kind Hypothesen aufstellt und „testet" und welche Schlüsse es aus seinen neuen Erkenntnissen zieht. Hierzu gibt es allerdings noch zu wenig empirische Forschung (SODIAN 1998, 653).

Bei diesem Voranschreiten kann Kindern bewusst werden, dass sie durch dieses Experimentieren neue Theorien bilden. „Denken wir zum Beispiel an das Mädchen, das seinen Schatten an dem Pfeiler nicht mehr findet, an dem er sich abgezeichnet hatte, und das, nachdem es schließlich den Grund dafür herausgefunden hatte, sagt: ‚Die Sonne hat sich verschoben, und bei mir hat sich meine Meinung verschoben'... Wir erleben aber auch, dass sie (die Kinder – d. A.) sich immer wieder mit ihren früheren Auffassungen auseinandersetzen, die, wie sie genau wissen, inzwischen überholt sind. Es macht ihnen Spaß, die Gedankengänge, die sie zu Erkenntnissen führten, noch einmal nach zu vollziehen" (REGGIO CHILDREN 2002, 22 f.). Die Bedeutung der Erkenntnis, dass der Schatten wandert, wandelt sich damit durch den spezifischen Gebrauch. Das Nachvollziehen des Kindes, wie es zu dieser Erkenntnis gekommen ist, ist eben nicht die Frage nach der Eigenschaft des Schattens, sondern bereits die Reflexion über das eigene Denken darüber[20].

Abbildung 2-1: Lara als Kindergartenkind und als Schulkind

[20] Zur Reflexion der eigenen Leistungen beim Schriftspracherwerb finden sich zahlreiche Beispiele bei Graf 2004a/b.

Kinder entwickeln solche intuitiven Theorien auch über Bildungsinstitutionen und deren Akteure. Lara hat sich im Mai vor ihrer Einschulung Kindergarten (linkes Bild) und Schule (rechtes Bild) so vorgestellt: Im Kindergarten sitzen alle am runden Tisch. Es handelt sich offenbar um eine Gemeinschaft. Aus dieser Gemeinschaft geht Lara weg. Zusammen mit ihrer Freundin Karoline wechselt sie in die Grundschule. In der Schule hat jeder einen eigenen Tisch, seinen Ranzen und ein Heft, in dem gerechnet wird, was an der Tafel steht. Man zeigt auf, um seine Arbeit der Lehrerin präsentieren zu können. Laras Kommentar: Die Lehrerin ruft gerade „Lara" auf. Werden sich Laras Vorstellungen von Schule erfüllen? Bildungsübergänge sind für Kinder quasi Feldexperimente mit einem ungeheuren Wissens- und Theorieentwicklungspotenzial, wenn es denn genutzt wird.

2.3.3 Ko-Konstruktion: Motor und Spiegel

Wie kann man sich die Nutzung dieses Feldexperiments "Bildungsübergang" vorstellen? Zurück zu den bereichsübergreifenden Theorien: Erkenntnisse gewinnen Menschen selbstreflexiv in der Auseinandersetzung mit Objekten der gegenständlichen Welt. Diese Auseinandersetzung und Reflexion findet immer in sozialen Beziehungen statt. Das ist für Kegan grundlegend und darin stimmt er auch mit Piaget und Erikson überein. „Innerhalb dieser (sozialen – d. A.) Beziehungen wird das Wissen in Kommunikationsprozessen sozial konstruiert, die die Funktion des Denkens und Begründens übernehmen. Individuen werden sich ihrer Interdependenz bewusst und entwickeln gegenseitige Achtung, indem sie sich an den Prozessen beteiligen und zwecks Validierung des eigenen Standpunktes auf sie vertrauen" (YOUNISS 1994, 84). Diese kooperative Konstruktion von Wissen heißt "Ko-Konstruktion".

Ko-Konstruktionen des Kindes in einer komplementären Beziehung mit Erwachsenen unterscheiden sich jedoch prinzipiell von der Ko-Konstruktion unter Kindern in eher symmetrisch reziproken Kommunikationssituationen (ebd., 80ff.). Kinder passen sich den Vorstellungen der Erwachsenen an, wenn diese als fertige Einsichten übermittelt werden, mit denen sich die Kinder auseinandersetzen sollen. Die Erwachsenen haben ihre Erkenntnisse jedoch auf der Grundlage ganz anderer Erfahrungen als die Kinder gewonnen (vgl. ebd., 165).

Spiegel und Selter untersuchten, wie Kinder mathematische Aufgaben lösen und belegen, dass Kinder zu den Aufgaben persönliche und situative Bezüge herstellen. Die Autoren schlagen vor, dass Erwachsene die Gedanken der Kinder ernst nehmen in der Überzeugung, „dass bei dem, was in den Ohren der Erwachsenen falsch klingt, zumeist viel richtiges Denken beteiligt ist" (SPIEGEL/SELTER 2003, 13). Dies belegen sie in ihrem Buch mit einer Fülle an Beispielen.

Während Kinder ihre Kommunikations- und Kooperationsregeln ständig verhandeln, wird über Beziehungsregeln zwischen Erwachsenen und Kindern nicht auf gleicher Ebene diskutiert. Machtverhältnisse sind mit im Spiel, wenn es um das Aushandeln neuer Konzepte geht[21]. Es ist deshalb Aufgabe der Erwachsenen, einen Schritt auf die Kinder zuzugehen und eine symmetrische Kommunikation anzustreben. Nur dann können sie die klugen Gedanken der Kinder in ihrer Funktion für die nächste Stufe der Entwicklung[22] erkennen und daher die Kinder bei ihrer Wissenskonstruktion unterstützen. Zusätzlich sind auf Seiten der Lehrenden (ErzieherIn oder LehrerIn) dezidierte Fachkenntnisse über das Experimentierfeld des Kindes erforderlich, um dem Kind die richtigen Fragen zu stellen, mit ihm über seine Theorie zu reflektieren und Aufgaben zu geben, die den Reflexionsprozess erfordern. Es handelt sich z.B. um solche Aufgaben, die Kindern Anregungen zu systematischem Überprüfen ihrer Hypothesen geben. Dazu im Folgenden ein weiteres Schatten-Beispiel:

Vier Kinder im Alter zwischen 4,7 und 5,7 Jahren hatten das Verhalten ihres eigenen Schattens ausgiebig getestet und waren zu der Überzeugung gelangt, dass der Schatten ihren eigenen Bewegungen folgt. Die Erzieherin ging mit ihnen bei Sonnenschein zu den Arkaden. Sie entdeckten, wie die Schatten der Säulen sich streifenförmig auf dem Boden zeigten. Ob sich der Schatten der Säulen verschieben kann? Zwei Meinungen der Kinder standen gegeneinander: „Diese Säulen haben sicher einen unbeweglichen Schatten. Der verschiebt sich bestimmt nicht“. „Ich glaube, dass er sich verschieben kann“. „Verstehst Du nicht? Die Sonne kann doch die Säulen nicht umwerfen, um ihre Schatten zu machen?“. Die Erzieherin forderte die Kinder auf, den Schatten einer Säule nachzuzeichnen, damit man später sehen kann, ob er sich verschoben hat. Als sie später zurückkommen, ist der Schatten gewandert. „Guck doch mal! Statt dort zu bleiben, ist er spazieren gegangen, der Schatten. – Ich habe gewonnen... Er hat sich noch weiter verschoben, und morgen kommt er hierher zurück (erster Umriss)... Aber die Sonne geht sehr sehr langsam, wenn sie ihre Kreise macht, weil sie vom Mond und vom Wind angeschoben wird...“[23] (REGGIO CHILDREN 2002, 48 f.).

---

[21] Stark, R. (2002, 33): „Was aus kognitivistischer Perspektive ein Fehlkonzept ist, könnte man in diesem Sinne auch als das Resultat von Machtverhältnissen interpretieren, die verhinderten, dass die betroffene Person an Diskursen partizipieren durfte, in denen das wissenschaftlich akzeptierte Konzept zum Einsatz kommt (vgl. SÄLJÖ 1999)“.

[22] Der Begriff stammt von Leontjew und bezeichnet die nächste qualitative Stufe des Handelns, d.h. das, was das Kind ohne Hilfe gerade noch nicht, mit Hilfe aber schon bewältigen kann.

[23] Auch dieses Beispiel zeigt, wie verschiedene Konzepte ineinander greifen: Das Schattenkonzept und der vom Wind angeschobene Mond. Zur Rolle der Animismen im naturwissenschaftlichen Denken der Kinder und im didaktischen Handeln von PädagogInnen siehe Lück 2003, 77 ff.

Kinder setzen sich in solchen Diskussionen fortwährend darüber auseinander, wie sie ihre Kommunikation und Kooperation regeln wollen. Mit Erkenntnissen über Sachverhalte und Standpunkte bzw. Überzeugungen wachsen auch die Erkenntnisse über die soziale Realität. Wechselseitiges Verstehen, und damit das Erreichen von Intersubjektivität in einer gemeinsamen Situation, beinhaltet aber noch nicht, dass Bedeutungen kooperativ konstruiert werden, sondern lediglich, dass die wechselseitigen Perspektiven klar sind (SCHUSTER 1998, 39). Ko-Konstruktion ist im Unterschied dazu dadurch gekennzeichnet, dass die Interaktionspartner eine neue gemeinsame Erkenntnis gewinnen. Kinder verhandeln untereinander „wer sie sind, wohin sie gehören, welche Regeln, Normen und Werte Gültigkeit besitzen und sie entwickeln Moralvorstellungen" (VÖLKEL 2002, 204).

Letztlich ist die Bewältigung des Überganges zu neuen Qualitäten des Selbst und zu neuen Qualitäten des Wissens ein gemeinsamer, interaktiver und kein bloß individueller Prozess, der zudem unterschiedliche Phänomene gleichzeitig betrifft. Man könnte sagen, dass Kinder sich kooperativ ein Netz von Theorien aufbauen.

In Reggio Emilia gehört die Dokumentation der pädagogischen Arbeit und insbesondere die Entwicklung der Kinder zum Konzept. In Norditalien wird z. Zt. ein Portfolio eingeführt, das den Bildungsweg des Kindes vom Kindergarten bis zur Mittelschule beinhalten soll. Es begleitet das Kind und gibt schließlich Auskunft darüber, wie es gelernt hat. Die Eltern haben die Möglichkeit, an diesem Portfolio mitzuarbeiten[24].

In unseren Schulen erfahren die LehrerInnen meist nichts darüber, wie die Kinder sich bis dahin im Kindergarten die Welt angeeignet haben. Eltern als Beteiligte an einem Bildungsportfolio ihres Kindes – die Vorstellung ist bei uns noch undenkbar.

Welche Rolle spielt nun ein solcher Aufbau von Wissen für den Erfolg in unseren Bildungseinrichtungen? Weinert und Stefanek (1997, 434 f.) geben auf der Basis der SCHOLASTIK- sowie der LOGIK-Studie für den Übergang vom Kindergarten in die Grundschule folgenden Hinweis: „Von den in der Vorschulzeit erfassten Einzelprädiktoren weisen die domänspezifischen im Vergleich zu den allgemeinen kognitiven Fähigkeiten engere Zusammenhänge mit den jeweiligen schulischen Lernleistungen auf" (ebd., 438). Dieser Befund liefert ein empirisch untermauertes Indiz für die Notwendigkeit, allen Kindern bereits früh im Kindergarten die Möglichkeit zu eröffnen, differenzierte Konzepte auszubilden.

---

[24] Siehe:
http://www.schule.suedtirol.it/blikk/angebote/schulegestalten/se_suedtirol/ses9040.htm

2.3.4 Bindungsforschung und Bildungsübergänge

Wenn Kinder sich Neues erschließen, bildet die Sicherheit im Vertrauten eine wichtige Grundlage. Die Erschließung einer neuen Bildungseinrichtung gelingt daher umso besser, je höher sich die persönliche Sicherheit in der "abgebenden" Einrichtung entwickelt hat. Über den Zusammenhang zwischen Sicherheit und neugierigem Erkunden gibt die "Bindungsforschung" Auskunft. Aus psychologischer Sicht bedeutet Bindung eine spezielle, emotional bedeutungsvolle Beziehung zwischen zwei Menschen. Zentrales Moment ist das Vertrauen, das sich die beiden Personen entgegenbringen. Eine sichere Beziehung ist offenbar in der Lage, Rückhalt für die Bewältigung von kritischen Aufgaben in Bildungsübergängen zu bieten.

John Bowlby, ein bedeutender Vertreter der Bindungsforschung, beschreibt das Bindungsverhalten des Säuglings aus psychoanalytischer und ethologischer Perspektive. Jedes Kind ist demnach von Geburt an mit einer Verhaltensdisposition ausgestattet, sich die Nähe einer Bezugsperson zu suchen und zu sichern. Dieses Bindungsverhalten des Kindes, das sich je nach Alter und Situation z.B. in Anklammern, Anschmiegen, Hinlaufen zeigt, ruft bei der Bezugsperson Fürsorgeverhalten hervor. Bindungen entstehen aus diesem Zusammenspiel. Verhält sich die Bezugsperson besonders feinfühlig und zugewandt, und erfüllt sie zuverlässig die kindlichen Bedürfnisse, dann gewinnt die Bindung eine höhere Qualität, vermittelt dem Kind mehr Sicherheit und ruft paradoxerweise eine größere temporäre Trennungs- und Explorationsbereitschaft hervor. Diese Beziehungsqualität ist vermutlich auch Voraussetzung für kreative Ko-Konstruktion und damit eine bedeutsame Ressource für die kindliche Wissensentwicklung. Man nimmt an, dass sich das Kind ein mentales Modell der Bindungsbeziehung (Arbeitsmodell) schafft, das es in Interaktionssituationen überprüft.

Ainsworth und Bell untersuchten das Bindungsverhalten von Kindern. Sie beobachteten, wie das Kind auf fremde Personen bei Anwesenheit oder Abwesenheit der Mutter reagierte und wie es anschließend auf die Mutter zuging (AINSWORTH/BELL 1970). Dabei kristallisierten sie vier Bindungstypen heraus:

- Sichere Bindung, wenn das Verhalten der Mutter prompt, zuverlässig und freundlich zugewandt war;
- ängstlich-vermeidende Bindung, wenn das Verhalten der Mutter eher ablehnend war, sie Nähe und Körperkontakt eher vermied;
- ambivalent-widerständige Bindung, wenn die Mutter sich inkonsistent zugewandt und abweisend verhielt, zugleich aber häufig eingriff;
- unsicher-desorganisierte Bindung, wenn bestrafendes Verhalten oder der Versuch einer Umkehr der Mutter-Kind-Rolle im Vordergrund stand.

Es handelt sich aber nicht um einen einfachen Determinismus zwischen dem Verhalten der Bezugsperson und der Entwicklung des Kindes. Das belegen Längsschnittuntersuchungen in Bielefeld und Regensburg. Dennoch gibt es einen deutlichen Einfluss der Bindungsgeschichte eines Kindes auf sein Verhalten im Kindergarten (SPRANGLER/GROSSMANN 1995).

Sicher gebundene Kinder spielten länger konzentriert, hatten weniger Streit bzw. lösten Konflikte selbstständiger und kommunikativer. Sie waren besser integriert, initiierten häufiger Gruppenspiele und wirkten gelöster, neigten eher zu einer positiven Weltsicht. Unsicher gebundene Kinder neigten eher dazu, anderen feindselige Absichten zu unterstellen und aggressiv zu reagieren. Es ist zu vermuten, dass Kinder harmonische Umgangsformen, die sie im Elternhaus gelernt haben, auf den Kindergarten übertragen können. Bindungserfahrungen wirken sich offenbar vor allem auf das spätere Sozialverhalten aus, wie amerikanische Langzeitstudien zeigen (OGAWA u.a. 1997).

Nicht nur bei Schwierigkeiten mit Gleichaltrigen, auch bei Trennungsstress ist die Kommunikation von Kindern mit sehr unsicherer Bindung erheblich eingeschränkt. Es gelingt ihnen schlechter, über ihre Probleme zu sprechen. Sie entwickeln Strategien, um Ärger bei emotionaler Belastung zu unterdrücken (vgl. MAGAI 1995, 140 ff.). Man kann im Umkehrschluss vermuten, dass die Qualität der Interaktion zwischen Bezugspersonen und Kind nicht nur, wie im vorangegangenen Abschnitt dargestellt wurde, für die Ausbildung immer anspruchsvollerer subjektiver Theorien verantwortlich ist, sondern auch einen entscheidenden Faktor für die Entwicklung sicherer Bindungen darstellt. Auf die ErzieherInnen und LehrerInnen kommt an Übergangsprozessen die Aufgabe zu, Kindern verlässliche Bezugspersonen zu werden, zu denen sie eine Bindung aufbauen können.

Eine Regensburger Langzeitstudie weist allerdings nach, dass im Jugendalter kein Zusammenhang mehr mit dem frühkindlichen Bindungsmuster festgestellt werden kann. Kindergarten und Schule können offenbar einiges wettmachen. Bedeutend für eine Voraussage ist die Anzahl der erlebten Risikofaktoren (ZIMMERMANN u.a. 1995). Solche Risikofaktoren sind neben einer fortgesetzt ambivalent-widerständigen oder aber einer unsicher-desorganisierten Bindung im Kindesalter insbesondere konkrete Verlusterfahrungen.

Das Bindungskonzept erklärt demnach bei Kindern, die fortgesetzt unsicherere Bindungen erfahren, zweierlei: Zwar wirkt sich Unsicherheit auf die Möglichkeiten des Kindes zur gemeinsamen Welterschließung mit seinen Bezugspersonen ungünstig aus. Das Kind kann dadurch in seiner gesamten Entwicklung benachteiligt werden. In Übergangssituationen zwischen Institutionen entsteht das Problem, dass das Kind die früher gewonnenen Erfahrungen einbringt und es den neuen Bezugspersonen schwer macht, Beziehungen zu ihm aufzubauen. Wir können aber nicht von einer unsicheren

Bindungserfahrung eines Kindes in der frühen Kindheit auf seine lebenslange Benachteiligung in Übergangssituationen schließen. Denn offenbar sind Kinder mit entsprechender Unterstützung in der Lage, vielfältige Risiken zu kompensieren. Erst im konsekutiven Zusammenwirken mehrerer negativer Einflüsse besteht für Kinder die Gefahr, dass ihnen Lebensübergänge generell nicht gelingen.

2.3.5 Erkenntnisse der Hirnforschung als Bestätigung der dargestellten Ansätze

Die moderne Hirnforschung kann die in den vorangegangenen Abschnitten dargestellten Erkenntnisse zwischenzeitlich mit ihren Forschungen, in welchen sie die Abläufe und Entwicklungen im menschlichen Gehirn untersucht, bestätigen. Das betrifft auch die Bedeutung positiver Emotionen für die Steigerung des Tätigkeitsniveaus. Man kann heute mit Bezug zu diesen Untersuchungen fordern, die Bezugspersonen der Kinder und ihr Lebensumfeld möglichst früh anzuleiten, wie negative Einflüsse vermieden und gute Entwicklungsbedingungen für die Kinder geschaffen werden können (ROTH 2001).

„Das Gehirn, so lautet die vielleicht wichtigste Erkenntnis der Hirnforscher, lernt immer, und es lernt das am besten, was einem Heranwachsenden hilft, sich in der Welt, in die er hineinwächst, zurecht zu finden und die Probleme zu lösen, die sich dort und dabei ergeben. Das Gehirn ist somit nicht zum Auswendiglernen von Sachverhalten, sondern zum Lösen von Problemen optimiert. Und da fast alles, was ein heranwachsender Mensch lernen kann, innerhalb des sozialen Gefüges und des jeweiligen Kulturkreises direkt oder indirekt von anderen Menschen "bezogen wird" und der Gestaltung der Beziehungen zu anderen Menschen "dient", wird das Gehirn in erster Linie nicht als Denk-, sondern als Sozialorgan gebraucht und entsprechend strukturiert. Und wenn das so ist, dann werden die wichtigsten Erkenntnisse und Erfahrungen, die ein Mensch in seinem Leben machen kann und die in seinem Gehirn in Form bestimmter neuronaler und synaptischer Verschaltungsmuster verankert werden (und sein weiteres Denken, Fühlen und Handeln, seine Einstellungen und Bewertungen im weiteren Leben bestimmen), eben nicht in der Schule, sondern im Leben, und nicht ab 6 Jahren, sondern vom ersten Tag an gemacht“ (HÜTHER 2003).

2.4 Zusammenfassung der relevanten Aspekte zum Übergang

Zusammengefasst lassen sich folgende, für das Projekt „Frühes Lernen“ relevante Aspekte aus den vorgestellten Entwicklungsmodellen ableiten:

Wer gelingende Übergänge möchte, muss die Entwicklung der Kinder *und* ihres Umfeldes unterstützen. Kontextmerkmale, beispielsweise die Selektivität der Gesellschaft, die Kooperation und Wandlungsfähigkeit der beteiligten

Institutionen, die Qualität des sozialen Netzwerkes des Kindes beim Übergang, dürfen nicht ausgeblendet, sondern müssen gezielt mit entwickelt werden.

Bei jungen Kindern sind die vorangegangenen Bindungserfahrungen bedeutsamer als bei älteren. Das Mentorenmodell von Bronfenbrenner könnte bei Kindern mit unsicheren Bindungserfahrungen helfen, in Übergängen Beziehungskontinuität abzusichern (Mentoren als Übergangsbegleiter).

Vorausgegangene Erfahrungen mit Übergängen, ihre Qualität und Erfolgsbilanz sind die Grundlage für die Ausbildung von übergangsbezogenem Erfahrungswissen. Es ist daher wichtig, die Kinder an der Gestaltung ihrer Übergänge zu beteiligen und ihnen eine Erfolgsbilanz zu ermöglichen.

Für einen gelingenden Übergang wichtige allgemeine Personenmerkmale, wie die kognitive Strukturiertheit, Explorationsbereitschaft und -fähigkeit, das konkrete und realitätsnahe Wissen über die Situation hinter der Schwelle, die Überzeugung, die neue Situation meistern zu können und die Fähigkeit, die Potenziale der jeweiligen Handlungssituation zu erkennen und zu nutzen, können nur langfristig aufgebaut werden.

Lehrplaner müssen lernen, das Scheitern scheinbar fachlich exzellent aufgebauter Curricula zu verstehen (vgl. CAREY 2000, 17). Damit suggerieren sie, Stoffvermittlung sei der Königsweg. Richtig wäre stattdessen, die kokonstruktive Konzeptentwicklung der Kinder herauszufordern und zu unterstützen (in Projekten mit Ernstcharakter und hoher sozialer Qualität, vgl. z.B. KRIEG u.a. 2002, CARLE 2000a).

Damit diese Herausforderung kontinuierlich und ohne Brüche gelingen kann, wäre eine Dokumentation der pädagogischen Arbeit im Kindergarten sinnvoll, die das Kind vom Kindergarten in die Schule mitbringt. Das könnten auch Portfolios mit Arbeiten der Kinder sein, Lerngeschichten (CARR 1999) oder Leistungsgeschichten (GRAF 2004a).

Es ist langfristig sinnvoll, eine jahrgangsgemischte flexible Schuleingangsphase mit individualisiertem Unterricht einzuführen, damit keine Kinder am Schulanfang durch Zurückstellung sozial ausgeschlossen werden, sie dann aber in der Schule auch nicht mit Anforderungen konfrontiert sind, die sie nicht bewältigen können. Zugleich böte dieses Modell für die Kinder die Möglichkeit, zusammen mit KlassenkameradInnen in Klasse 3 zu wechseln, unabhängig davon, ob sie nur ein Jahr oder drei Jahre für die Schuleingangsphase benötigt haben (CARLE/BERTHOLD 2004).

Merkmale des Überganges selbst, insbesondere, dass dem Kind Gestaltungsmöglichkeiten geboten werden, dass das Kind im sozialen Raum beider Institutionen verortet ist, dass es mit seinen Freunden zusammen den Übergang bewältigen kann, dass die neue Institution an die Möglichkeiten des

Kindes anschließt und der Übergangsprozess von allen Beteiligten in geeigneter Weise vorbereitet ist, sind wesentliche Gelingensbedingungen.

Die Qualität der unmittelbaren Auseinandersetzung mit dem Übergang, z.B. wie intensiv sich das Kind mit der Bewältigung des Überganges befasst, ob es ihm gelingt, den Übergang mit Hilfe anderer Kinder und verständnisbereiter Erwachsener handelnd durchzuspielen, zu reflektieren und in die vorhandenen Konzepte einzuordnen, entscheidet nicht nur über die Bewältigung des aktuellen Überganges, sondern legt den Grund für künftiges Übergangshandeln und schafft positive Lernvoraussetzungen. Der Übergang vom Kindergarten in die Schule ist kein bloßes Hinübergehen, sondern ein Übergang zu neuen Qualitäten. Er spielt sich von Emotionen begleitet im sozialen, kognitiven und institutionellen Bereich ab.

Ressourcen auf der einen Seite können Risiken auf der anderen Seite relativieren, darauf deuten alle hier vorgestellten neueren Übergangstheorien hin. Sind die strukturellen Bedingungen nicht in geeigneter Weise zu beeinflussen, muss doch zumindest das Kind als Person für die große Aufgabe gerüstet sein. Insofern kommt eine weitere Kompetenz hinzu, welche die Grundlage für jegliche positive Wirkung bildet; die Kompetenz der Kinder, trotz möglicher hoher Belastungen Übergänge zu bewältigen, d.h. vor allem die psychische Widerstandsfähigkeit (Resilienz) von Kindern (WERNER 2000) gegenüber Übergangsrisiken.

Resilienzmerkmale bilden sich im sozialen Kontext heraus: Dazu gehören eine stabile und positive emotionale Beziehung zu mindestens einer Bezugsperson, die einen durch Wertschätzung, Akzeptanz, Strukturierung und Unterstützung gekennzeichneten Erziehungsstil pflegt. Das ist allerdings kein Indiz dafür, dass Kinder von Klasse 1 bis Klasse 4 die gleiche Klassenlehrerin haben sollten. In Übergängen suchen sich Kinder neue Bezugspersonen. Es ist die Aufgabe der LehrerInnen und ErzieherInnen, den Kindern Bindung zu ermöglichen. Zudem können auch andere Bezugspersonen, insbesondere auch ältere Kinder, diese Aufgabe einer stabilen, positiven Beziehung mit übernehmen. Resiliente Kinder haben positive Vorbilder, die ihnen zeigen, wie man Probleme lösen kann und die prosoziales Handeln vorleben (RUTTER 2000; Überblick: FÖLLING-ALBERS 2001, CARLE 2001a).

Um Benachteiligungen in der frühen Kindheit zu vermeiden, müssen Familien, wenn nötig, ausgebildet werden.

Nun kann man aus Modellen und Theorien keine Schlussforderungen für Aufgaben von Schule und Kindertagesheim im Projekt „Frühes Lernen" deduzieren, kann damit auch keine Handlungsanweisungen aus Theorien ableiten. Vielmehr leisten Modelle und Theorien nur Hilfen für ein Verständnis des Feldes, in dem sich das Projekt entwickelt.

Vieles von dem, was hier vor der Folie der präsentierten Modellvorstellungen gefordert wird, ist in den Einrichtungen im Projekt bereits vorhanden.

Aus dieser Erfahrung heraus kann man eine Brücke zu den vorgestellten Modellen schlagen und begründete Ziele formulieren. Es galt, dafür zunächst herauszufinden, in welchen Bereichen ein Kooperationsverbund genügend Ressourcen vorzuweisen hatte, um die Veränderungsarbeit zu beginnen. Die Projektziele mussten vor dem Hintergrund dieser Ressourcenlage durch die Verbünde spezifiziert und in Form von Aufgabenpäckchen in den Einrichtungen erarbeitet werden (Ziel-Maßnahme-Pläne). Dabei konnte es sich nicht um einen linearen Prozess handeln, sondern um ein ständiges Pendeln zwischen aktuellen Problemlagen und sich weiter entwickelnden Zielmodellen, d. h. Vorstellungen davon, wie das Neue aussehen könnte (Beispiel siehe CARLE 2000a, 410 ff.).

2.5 Begründung des Bremer Modells

Modelle zur Gestaltung des Überganges haben bisher in der Regel eine auf das Kind als Person gerichtete Perspektive verfolgt oder einen sozioökologischen Ansatz, der das Kind in seinem Lebensumfeld als sozialen Akteur sieht.

Im ersten Falle geht es darum, wie das einzelne Kind auf den Übergang vorbereitet werden kann und wie durch eine Abstimmung der Bedingungen vorschulischer und schulischer Einrichtungen der Übergang erleichtert werden soll. Das würde bedeuten, dass die räumlichen, inhaltlichen und personellen Bedingungen des Elementar- und Primarbereichs abgestimmt werden müssen. Diese Position ist in der Fachliteratur weit verbreitet (außer den oben genannten auch: BROSTRÖM 2002; DUNLPO/FABIAN 2002; MARGETTS 2002 u. v. m.). Zentral ist hier das Bild vom Kind als Akteur seiner Entwicklung. Würde man diese Position jedoch isoliert vertreten, übersähe man wesentliche Aspekte, die gerade in einem Land wie Bremen von hoher Bedeutung sind, da ein enger Zusammenhang zwischen sozialer Schicht und Schulleistung besteht, den es langfristig aufzulösen gilt.

Im zweiten Falle geht es nämlich darum, auf der Basis einer dynamischen, sozioökologischen Perspektive das Kind als Akteur in seinem Umfeld zu sehen. Das aber erfordert andere Ansatzpunkte. Nicht das Vorschulkind soll auf Schule vorbereitet werden, sondern zusätzlich muss das Lebensumfeld des Kindes quasi eine bildungsfreundliche Entwicklung erfahren, eine „Aufladung“ mit Wissensdurst, mit einer offenen Haltung gegenüber Bildungsangeboten, mit einer freundlichen und gemeinschaftsförderlichen Art des Umganges. Wie bedeutsam Eltern und unmittelbares Lebensumfeld für die Kinder sind, zeigt sich schon daran, dass die Kinder zuhause weit mehr Zeit verbringen, als in der Kindertageseinrichtung oder in der Schule. Deshalb wurde im Projekt „Frühes Lernen – Kindergarten und Grundschule kooperieren“ ein vierfacher Zugang gewählt:

- Die Entwicklung einer Kooperationsstruktur der pädagogischen Einrichtungen im Ortsteil, die Kinder in ihrer Biografie nacheinander durchlaufen;
- die Verstärkung der Elternarbeit rund um den Schulanfang, weil Familien als wichtige Bildungsinstitutionen mit zu berücksichtigen sind;
- die Entwicklung inhaltlicher Angebote zu einem aufbauenden System, da diese bislang nicht einmal in Bildungsplänen abgestimmt sind;
- die kooperative Arbeit an einem gemeinsamen Bildungsinhalt, um die Perspektiven der Kinder mit verschiedenen Zugängen und Voraussetzungen zu diesem Inhalt gemeinsam zu entdecken.

3 Das Kernprojekt – Struktur und Verlauf im Überblick

Die Projektarbeit des Modellprojektes „Frühes Lernen – Kindergarten und Grundschule kooperieren“ startete mit 82 Einrichtungen zum Kindergarten- und Schuljahr 2003/04 und hatte eine Laufzeit von zwei Jahren. Während dieser Zeit erhielten alle vier Kernverbünde mit ihren 21 Einrichtungen vom Zentralen Unterstützungssystem Prozessmoderation, Beratung und Fortbildungsangebote, während die Einrichtungen im Erweiterten Projekt weniger intensiv und nur auf Anfrage Unterstützung erhielten.

Zur prozessbegleitenden Evaluation des Projektes führte die Wissenschaftliche Begleitung in den Jahren 2003, 2004 und 2005 Erhebungen in Form von Gruppendiskussionen auf der Leitungsebene der vier Verbünde des Kernprojektes durch. Auf der Ebene der Einzeleinrichtungen fanden schriftliche Befragungen, Hospitationen und eine Befragung von Kindern statt. Alle Erhebungen dienten der Feststellung des Entwicklungsstandes bezüglich der Projektziele zu den jeweiligen Messzeitpunkten und lieferten Impulse für die nächsten Schritte der Projektarbeit (zu den einzelnen Methoden siehe Kap. 3.4).

Methodisch wurde wie folgt vorgegangen: Zu Beginn des Projektes, im Jahr 2003, fand eine Stärken-Schwächen-Analyse statt, mit der die Ausgangslage der Verbünde erhoben wurde. Begleitend zu den Gruppendiskussionen lieferten Hospitationen in den Einzeleinrichtungen, die per Videoaufzeichnungen dokumentiert und mit Bezug zum Projektziel 3 und 4 kategorial ausgewertet wurden, über die diskursive hinaus noch eine zweite, praktische Perspektive. Eine schriftliche Befragung bereicherte die Analyse um Einrichtungs- und Verbunddaten. Die kommunikative Validierung des daraus entstandenen ersten Zwischenberichtes hatte das Ziel, Erhebungs- und Auswertungsfehler zu revidieren. Sie erfolgte, indem alle Einrichtungen den sie betreffenden Teil zur Kritik erhielten. Die Kritik wurde anschließend eingearbeitet. Im Frühjahr 2004 konnte der erste Zwischenbericht veröffentlicht werden, in welchem der Entwicklungsstand zu Beginn des Projektes festgehalten und nächste Schritte der Projektentwicklung fokussiert wurden.

Im Sommer 2004 begann die zweite Erhebungsphase in Form einer Engpassanalyse, bei der die aktuelle verbund- und einrichtungsspezifische Konkretisierung der Zielsetzungen sowie die Schwierigkeiten, diese Ziele zu erreichen, erhoben wurden. Diese Erhebungen erfolgten ebenfalls in Form von besonders strukturierten Gruppendiskussionen auf der Leitungsebene des Verbundes sowie in den Einzeleinrichtungen. Wie bereits im Jahr zuvor fanden begleitend Hospitationen in den Einzeleinrichtungen statt. In dieser Erhebungsphase führte das Team der Wissenschaftlichen Begleitung auch Kleingruppeninterviews mit den angehenden Schulkindern durch, die per Ton- und Videoaufzeichnungen dokumentiert und nach Schuleintritt fortgesetzt wurden. Eine schriftliche Befragung ergänzte wiederum die Analyse. Auch der zweite Zwischenbericht erfuhr eine kommunikative Validierung. Im Frühjahr 2005 wurden die Ergebnisse mit Fokus auf bereits sichtbare Erfolge wie auch weitere Entwicklungsbedarfe im zweiten Zwischenbericht veröffentlicht.

Im Sommer 2005 fand eine abschließende Erhebung in Form von Gruppendiskussionen auf der Leitungsebene der vier Kernverbünde statt, in deren Mittelpunkt eine Reflexion der bis dahin erfolgten Entwicklung stand sowie ein Ausblick hinsichtlich weiterer Zielrichtungen, die sich aus der Projektarbeit ergeben hatten. Zur Umsetzung dieser Ziele wurden nächste mögliche Schritte diskutiert.

Im Folgenden wird der Projektverlauf des Modellprojektes „Frühes Lernen – Kindergarten und Grundschule kooperieren“ von seiner Entstehungsgeschichte bis hin zu den konkreten Entwicklungen in den Verbünden zusammengefasst.

3.1 Projektentwicklung

In allen Kooperationsverbünden des Kernprojektes arbeiteten die Leitungsebenen mit Beginn des Kindergarten- und Schuljahres 2003/04 an ihrer Zielplanung. Unterstützt wurde diese Phase durch die regelmäßige, prozessbegleitende Moderation des Zentralen Unterstützungssystems. Die erste Erhebung in Form einer Stärken-Schwächen-Analyse, die bereits Mitte des Jahres 2003 durch die Wissenschaftliche Begleitung durchgeführt wurde, begleitete diesen Prozess indirekt, indem auf Verbundebene wie auch auf der Ebene der Einzeleinrichtungen zuvor die Ausgangslage mit Fokus auf die Stärken und Schwächen des jeweiligen Verbundes thematisiert und dadurch ins Bewusstsein gerückt wurden. In dieser ersten Projektphase stand neben der Zielfindung das sich gegenseitige Kennen lernen der MitarbeiterInnen der einzelnen Einrichtungen im Vordergrund, wodurch der Aufbau von Arbeits- und Kooperationsstrukturen initialisiert und in der Folge intensiviert wurde. Dieser Prozess wurde maßgeblich durch erste gegenseitige Hospitationen der MitarbeiterInnen von Kindergarten und Grundschule vorangebracht, die in manchen Verbünden bereits zum Ende des ersten Projektjahres durchgeführt und über den gesamten Projektzeitraum weiter verfolgt wurden.

Zu Beginn des Jahres 2004 war die erste Zielfindungsphase soweit abgeschlossen, dass bereits erste konkrete Kooperationen zwischen Kindergarten und Schule stattfanden. Es wurden Projekte geplant, an denen Kinder aus dem Kindergarten und aus der Schule beteiligt werden sollten. Lediglich ein Verbund, der zunächst ein stärkeres Gewicht auf strukturelle Arbeiten der Projektplanung verwandte, befand sich zu diesem Zeitpunkt noch in einer Ziel- und Planungsphase der Projektarbeit. Die Engpassanalyse im Sommer 2004 brachte die Entwicklungsprozesse in den Verbünden, Engpässe und erste Erfolge zutage. Ziele sowie noch bestehende Schwierigkeiten, die den Entwicklungsprozess hemmten, wurden verstärkt in den Blick genommen.

Zu Beginn des zweites Projektjahres, dem Kindergarten- und Schuljahr 2004/05, arbeiteten alle Verbünde auf verschiedenen Ebenen an konkreten Arbeitsvorhaben, die sich hauptsächlich an den Zielen zur thematischen Abstimmung zwischen Kindergarten und Grundschule wie auch in Ansätzen an der Ausarbeitung eines Themenbereiches auf mehreren Entwicklungsniveaus orientierten. Diese Aktivitäten wurden von den Kindertagesheimen und Grundschulen gemeinsam erarbeitet, durchgeführt und liegen teilweise in Form von Dokumentationen[25] vor.

3.1.1 Projekthistorie

Das Projekt „Frühes Lernen – Kindergarten und Grundschule kooperieren" war eines von mehreren PISA-Projekten, die aus PISA-Mitteln finanziert wurden. Diese Mittel waren durch das Land Bremen im Anschluss an die auffallend niedrig eingestuften Test-Ergebnisse Bremer SchülerInnen im PISA 2000 Ländertest zusätzlich zur Verfügung gestellt worden[26]. Das Projekt sollte zur Steigerung des Bildungsniveaus junger Menschen in Bremen beitragen. In Anbetracht der möglichen gravierenden Wirkungen an den Übergängen des Bildungssystems, ist das ein vielversprechender Ansatz, der nicht nur vom Land Bremen verfolgt wurde, sondern auch den Empfehlungen des Forums Bildung und der Kultusministerkonferenz entspricht[27]. Die Einrichtung des Projektvorhabens basierte auf mehreren bildungspolitischen Beschlüssen und Empfehlungen[28], die nicht immer deckungsgleich waren, jedoch alle das Ziel verfolgten, das Bildungsniveau im Land Bremen anzuheben.

---

[25] Siehe Anhang

[26] Auch die am 28.01.2004 erschienene IGLU-Länder-Studie (Internationale Grundschul-Lese-Untersuchung, untersucht wurden Viertklässler) bestätigt die Notwendigkeit einer besseren frühen Bildung in Bremen.

[27] Veränderungen im Elementarbereich bezogen sich bundesweit auf Sprachstandserhebungen und Sprachförderprogramme, auf Qualifizierung des Personals, Fortschreibung der Rahmenpläne und Qualitätssicherung. „In der Grundschule zielen die Maßnahmen der Länder vor allem auf eine zeitlich flexible Einschulung, die Vermeidung von Rückstellungen und Verbesserung der Grundschulbildung sowie die durchgängige Verbesserung der Lesekompetenz und des grundlegenden Verständnisses mathematischer und naturwissenschaftlicher Zusammenhänge.... Mit Blick auf die Ergebnisse von PISA soll in der Mehrzahl der Länder die Zusammenarbeit zwischen vorschulischen Einrichtungen und der Primarstufe, vor allem auch bei der Diagnostik, der Information der Eltern, der Einrichtung gezielter vorschulischer Sprachförderkurse intensiviert und Angebote von flexiblen Schuleingangsphasen weiter entwickelt werden" (Beschluss der 299. Kultusministerkonferenz vom 17./18.10.2002).

[28] Ausführlich dargelegt im 1. Zwischenbericht: Berthold/ Bischoff/ Carle (2004) Download unter: www.fruehes-lernen.uni-bremen.de (Zugriff 08.08.2005).

Um geeignete Maßnahmen zur Steigerung des Bildungsniveaus zu konzipieren, wurde ein „Runder Tisch Bildung“[29] eingerichtet, der darüber beriet, welche Möglichkeiten es im Land Bremen gibt, das Bildungsniveau von Kindern und Jugendlichen zu steigern. Im Oktober 2002 reichte der „Runde Tisch Bildung“ nach kontroverser Diskussion[30] seine schriftliche Empfehlung beim Senat der Freien Hansestadt Bremen ein, der daraufhin im Dezember 2002 den Beschluss fasste, zur Frage der Umsetzung der erarbeiteten Bedarfe folgende Arbeitsgruppen einzusetzen:

AG 1.1	Kritisches Lesen, eigenständiges Urteilen und selbstständiges Lernen
AG 1.2	Förderprogramm „Sprach- und Lesekompetenz"
AG 1.3	Strukturelle Stärkung des Elementar- und Primarbereiches
AG 2.1	Aktionsprogramm: „Schulen in kritischer Lage"
AG 2.2	Stärkung der Schulversuche
AG 3.1	Qualitätsentwicklung und Qualitätssicherung zur Aufgabe aller machen
AG 3.2	Schulleitungen stärken und Qualitätsmanagement der Einzelschulen.

Die Arbeitsgruppen bekamen den Auftrag, bis Ende Mai 2003 einen abschließenden Bericht über ihre Arbeit vorzulegen. Den Arbeitskreisen gehörten in der Regel keine WissenschaftlerInnen an, sondern ausschließlich Fachleute aus der Praxis.

Bereits im August 2002 hatte der Senat der Freien Hansestadt Bremen für den Bereich der Frühkindlichen Bildung die Vorlage des Senators für Arbeit, Frauen, Gesundheit, Jugend und Soziales zum Tagesordnungspunkt *„Erste Konsequenzen aus den Ergebnissen der PISA-Studie für den Bereich frühkindlicher Bildung in Bremer Kindertageseinrichtungen“* beschlossen. Der Beschluss sah hinsichtlich der Frühkindlichen Bildung ähnlich wie in den anderen Bundesländern einen Bedarf in folgenden Handlungsfeldern (Programme/Projekte) vor:

---

[29] Die Mitglieder dieser Gruppe sind im Bericht des „Runden Tisch Bildung“ aufgelistet. Die gehaltenen Impulsreferate sind zugänglich unter: http://www.bildung.bremen.de/rundertischbildung/PDF/Impulsreferate.doc (Zugriff 10.08.2006).

[30] Protokollauszug der Sitzung des Runden Tisches unter: http://www.bildung.bremen.de/rundertischbildung/PDF/Protokollauszug.pdf (Zugriff 01.01.2004).

- Entwicklung eines verbindlichen Rahmenbildungsplanes/Curriculums für den Elementarbereich (Definition von Bildungsaufgaben);
- Entwicklungsförderung im Bereich der Sprachkompetenz;
- Unterstützungsprogramm für Familien/Eltern;
- Systematisierung/Gestaltung des Überganges vom Kindergarten in die Grundschule;
- Qualifizierung/Fortbildung der pädagogischen Fachkräfte;
- Weitere Fördermaßnahmen im Rahmen eines frühkindlichen Bildungsplanes einschließlich eines Programms zur Anhebung des Betreuungsniveaus von Kindern ausländischer Herkunft.

Parallel zu den Beratungen der Arbeitskreise des „Runden Tisch Bildung“ wurden somit die ersten Vorarbeiten für Projekte getroffen, die eine Verbesserung der Bildungsqualität einleiten sollten. Dazu gehörten auch die vorbereitenden Arbeiten für das Kooperationsprojekt „Frühes Lernen – Kindergarten und Grundschule kooperieren“, das in gemeinsamer Verantwortung der Bildungs- und Sozialbehörde lag.

Auf Einladung von Frau Dr. Heidemarie Rose[31] und Frau Lotta Ubben[32] nahm die Wissenschaftliche Begleitung erstmals im September 2002 an einem Treffen einer Arbeitsgruppe (Rose, Ubben, Carle, Kurp, Meyer-Wiedemann, Rentzow, Peppel u.a.) teil, die erste Planungsarbeiten übernahm. Auf der Basis des Senatsbeschlusses *„Erste Konsequenzen aus den Ergebnissen der PISA-Studie für den Bereich frühkindlicher Bildung in Bremer Kindertageseinrichtungen“* (Vorlage 344/02) vom August 2002, erarbeiteten Martin Kurp, Organisationsentwickler am Landesinstitut für Schule (LIS) und Hubert Meyer-Wiedemann, Mitarbeiter im Bereich Planung, Qualifizierung, Qualitätsmanagement beim Amt für Soziale Dienste, einen ersten Projektplan zur Systematisierung des Überganges vom Kindergarten in die Grundschule. Dieser enthielt die Idee einer Leitungsgruppe aus je einem Standortvertreter der beteiligten Einrichtungen, der Wissenschaftlichen Begleitung, des Auftraggebers sowie von Organisations- und Entwicklungsberatern und Fachberatern. Prof. Ursula Carle übernahm es, die Inhalte der Deputationsvorlage in den Primarbereich hinein zu „übersetzen“ und entsprechend auszuarbeiten. Beide Papiere entstanden ohne genauere Kenntnis der Debatten beim „Runden Tisch Bildung“. Im Laufe des Diskussionsprozesses wurde beschlossen, dass eine Ausschreibung erfolgen solle, um das Interesse am geplanten Kooperationsprojekt abzufragen.

---

[31] Leiterin Abteilung Junge Menschen und Familie in der Sozialbehörde sowie Leiterin der Obersten Landesjugendbehörde.

[32] Senator für Bildung und Wissenschaft, Grundschulreferentin in Bremen und zugleich im Regionalteam West.

3.1.2 Projektstart

Die im Anschluss an das erste Arbeitstreffen im September 2002 erfolgte Ausschreibung nahm explizit auf den Beschluss des Senats vom August 2002 Bezug sowie auf den damit verbundenen Auftrag, dass *„unter Federführung der beiden zuständigen Ressorts Bildung und Soziales die Anforderungen der Systematisierung des Übergangs vom Elementar- zum Primarbereich projekthaft für die Stadtgemeinde Bremen entwickelt werden sollen“* (Ausschreibung vom 15.01.2003). Der Entwicklungsauftrag gliederte sich in folgende Bereiche: Inhalte (Curriculum)/Methoden, Elternarbeit sowie Arbeits- und Kooperationsstrukturen. Zielsetzungen und Methoden des Projektes wurden in der Ausschreibung (ebd.) für die einzelnen Bereiche wie folgt ausgeführt:

Inhalte (Curriculum) /Methoden

„Zielsetzung ist, dass die beiden „Curricula“ perspektivisch so aufeinander abgestimmt sind, dass ein Kind nicht nach Alter, sondern mit seinem jeweiligen Entwicklungsstand vom Elementar- in den Primarbereich wechseln kann. Dazu sind zu entwickeln:

- abgestimmte, aufbauende Inhalte;
- abgestimmt gestaltete Lernumgebungen;
- gemeinsame Grundsätze der Binnendifferenzierung;
- förderungsbezogene Diagnostik;
- eine durchgängige individualisierte Entwicklungsdokumentation für jedes Kind vom Kindergarten an“.

Elternarbeit

„Eltern nehmen eine Schlüsselrolle in der Unterstützung der Kinder in der Gestaltung des Übergangs vom Kindergarten in die Schule ein. Hier sind gemeinsame Konzepte der Unterstützung der Eltern durch beide Institutionen von Bedeutung. Dazu gehören neben der gemeinsamen Ausgestaltung von Elternabenden die Umsetzung einer Beratungsform für Eltern durch den Kindergarten und die Schule“.

Arbeits- und Kooperationsstrukturen

„Verschiedene Konzepte der Verzahnung des Elementar- und Primarbereiches verlangen nach abgestimmten Arbeits- und Kooperationsformen. Dazu gehören:

- gemeinsame Gestaltung von (Unterrichts-)Einheiten in Kindergarten und Schule;
- Beratungsgespräche zu einzelnen Kindern;
- gemeinsame Planungen und inhaltliche Abstimmung;

- gemeinsame Durchführung von Projekten;
- Hospitationen;
- Kooperationsvereinbarungen sind zwischen den Einrichtungen zu treffen, in denen die Arbeitsweisen konkretisiert werden".

Darüber hinaus hieß es in der Ausschreibung, dass im Verlauf des Projektes Lösungen zu entwickeln seien für:

- rechtliche Voraussetzungen der Umsetzung von erprobten Elementen (z.B. Einschulungsdatum, Überwindung der externen Förderung in der Vorklasse);
- eine flächendeckende Umsetzungsstrategie und
- Qualifikationsbedarfe beider Institutionen.

Des Weiteren wurden die Einrichtungen darüber informiert, dass eine Evaluation des Projektes durch die Universität Bremen angestrebt werde.

Die Ausschreibung wurde durch den Senator für Bildung und Wissenschaft, vertreten durch Lotta Ubben, sowie den Senator für Arbeit, Frauen, Gesundheit, Jugend und Soziales, vertreten durch Dr. Heidemarie Rose, erstellt und am 15. Januar 2003 an alle Grundschulen und Kindertageseinrichtungen im Land Bremen versandt. Mit dem Schreiben wurden die Einrichtungen gebeten, sich um Teilnahme am Projekt „Systematisierung/Harmonisierung des Überganges vom Elementar- zum Primarbereich"[33] zu bewerben. Voraussetzung für die Annahme des Antrages war, dass dieser in Zusammenarbeit von mindestens einer Grundschule mit mindestens einem Kindertagesheim erarbeitet wurde. Bewerbungsschluss war der 30. Januar 2003.

Im Rahmen der vorbereitenden Projektplanung erhielten Martin Kurp und Hubert Meyer-Wiedemann den Auftrag, einen Fachtag am 13./14. Februar 2003 vorzubereiten. Die Arbeitsgruppe zur Organisation dieser Veranstaltung traf sich im November 2002. Ursula Carle wurde neben Rudolf Kretschmann als Referentin eingeladen, zu dem dort vorgestellten Modell „Kaleidoscoop" Stellung zu nehmen. In Folge des Fachtages lud die Arbeitsgruppe „Strukturelle Stärkung des Elementar- und Primarbereiches" (AG 1.3) des „Runden Tisch Bildung" Ursula Carle Ende Februar 2003 zu einem Informationsaustausch ein. Erst im Anschluss daran begann die konkrete Projektierung des Entwicklungsprojektes „Frühes Lernen – Kindergarten und Schule kooperieren", in welche die Anträge der Schulen und Kindertagesheime sehr stark einbezogen wurden.

---

[33] Der Projektname „Systematisierung /Harmonisierung des Überganges vom Elementar- zum Primarbereich" laut Senatsbeschluss vom 13.08.2002 und laut Projektausschreibung vom 15.01.2003 wurde während der weiteren Planungsphase in „Frühes Lernen – Kindergarten und Grundschule kooperieren" geändert, da der Begriff Systematisierung suggeriert, der Übergang der Kinder solle vereinheitlicht werden.

3.1.2.1 Auswahlverfahren

Es gingen trotz der sehr kurzen Ausschreibungsfrist, und obwohl die Ausschreibung keine konkreten Hinweise auf mögliche Ressourcen enthielt, überraschend viele Anträge von Kindertagesheimen und Schulen ein, die miteinander kooperieren wollten.

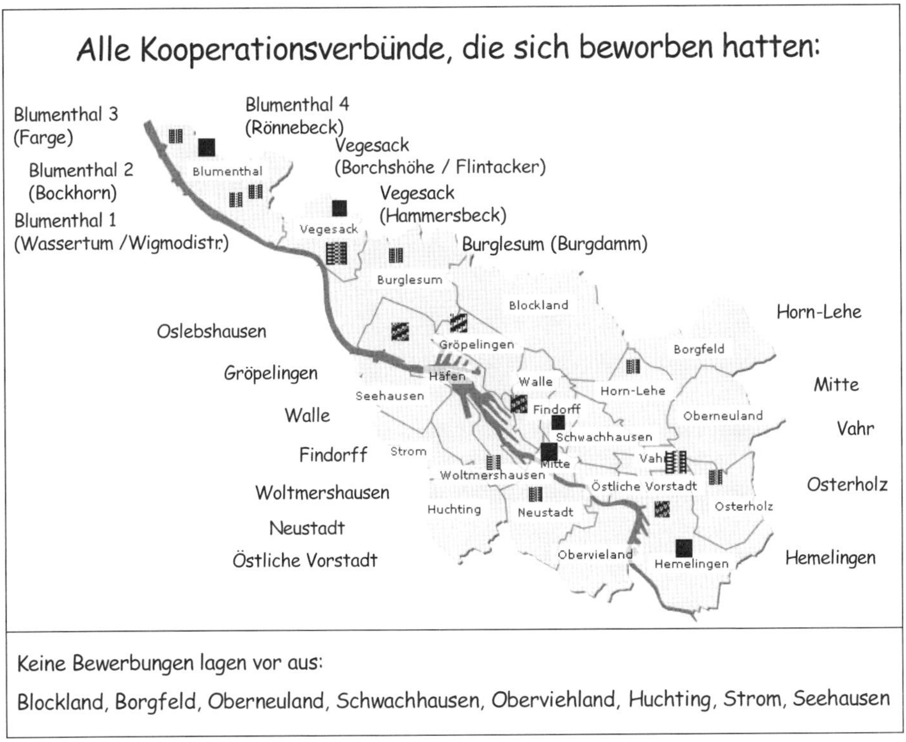

Abbildung 3-1: Bewerbungen für das Projekt „Frühes Lernen“

Im März 2003 sichtete das Team der wissenschaftlichen Begleitung die 19 eingegangenen Anträge von mehr als 60 Einrichtungen (Grundschulen und Kindertagesheime), um daraus Hinweise für den Aufbau des Gesamtprojektes zu erschließen, die einer Konkretisierung der Projektkonzeption diesen sollten. In der Auswertungsphase der Anträge stellte die Wissenschaftliche Begleitung in der Lenkungsgruppe, der damals Dr. Heidemarie Rose, Lotta Ubben, Martin Kurp, Hubert Meyer-Wiedemann, Reiner Metze, Ilse Peppel, Marita Sickinger und Prof. Ursula Carle angehörten, mehrere alternative Konzepte vor, wie ein die Einzelinitiativen verbindendes Projekt gestaltet werden könnte.

Diese konzeptionellen Überlegungen werden hier vorgestellt, um den Kontext zu verdeutlichen, in dem das Ergebnis der Aufteilung in ein äußeres und inneres Projekt zustande kam[34].

Eine Konzeption des Gesamtprojektes lediglich auf der Basis der eingegangenen Anträge der Einrichtungen zu entwickeln, ließ sich aufgrund der Heterogenität der Anträge nicht verwirklichen. Zudem waren die Antragstellungen in der Mehrzahl noch nicht so weit entwickelt, dass daraus unmittelbar und ohne weitere Unterstützung Projektarbeiten im Sinne der Ausschreibung hätten erwachsen können. Insbesondere war der organisatorische Gesamtrahmen noch sehr unklar. In dieser Projektphase stellte sich daher die Frage, wie die Einzelinitiativen unter den gemeinsamen Zielen organisatorisch zusammengefasst werden konnten.

Aus der Vielzahl der Anträge ergab sich die schwierige Lage, dass eine wissenschaftliche Begleitung aller Antrag stellenden Verbünde mit der anvisierten Finanzierung einer 0,5 BAT 2a Stelle nicht adäquat zu realisieren war. Dennoch sollte kein Verbund abgewiesen werden. Es wurde daher vorgeschlagen, einen inneren Kreis mit wissenschaftlicher Begleitung (Kernprojekt) und einen äußeren Kreis (Erweitertes Projekt) ohne wissenschaftliche Begleitung zu installieren. Dieses Modell sah gleichzeitig vor, allen Einrichtungen die Ergebnisse der wissenschaftlichen Begleitung prozessbegleitend bekannt zu machen und das Zentrale Unterstützungssystem auch dem erweiterten Kreis zur Verfügung zu stellen.

In den eingegangenen Anträgen zeigten sich auf der Organisationsebene zwei Muster der beabsichtigten Kooperation:

- Großverbünde, in denen nahezu alle Grundschulen und Kindertagesheime innerhalb eines „natürlichen" Einzugsgebietes ein gemeinsames Konzept anstrebten;
- Kleinverbünde, in denen jeweils eine Schule mit einem bzw. wenigen Kindertagesheimen das Projekt gemeinsam beantragt hatten.

Inhaltlich fielen die Anträge im Detail sehr unterschiedlich aus. Drei Bereiche, welche die AntragstellerInnen ausbauen wollten, dominierten ausschreibungskonform:

- Die Entwicklung von Arbeits- und Kooperationsstrukturen zwischen Kindertagesheim(en) und Schule(n);
- Elternarbeit;
- Arbeit an gemeinsamen Bildungsinhalten (Themen).

---

[34] Vgl. Papier vom 16.02.2003 Systematisierung des Überganges vom Elementar- zum Primarbereich - Erste Projektskizze für eine wissenschaftliche Begleitung.

Im Zuge des Auswahlverfahrens wurde daraufhin geprüft, welche „Verbundmuster“ sich ergeben, wenn man die interessierten Kooperationsverbünde auf das Bremer Stadtgebiet verteilt betrachtet. Diese Perspektive wurde mit den folgenden zwei Fragen verknüpft:

- Wo lassen sich Verbünde für die anstehenden Veränderungen, die durch das Projekt bewirkt werden sollen, ausmachen, die, gemessen an ihrem Antrag, schon relativ weit in ihrer Entwicklung vorangekommen zu sein scheinen?
- Ist eine gleichmäßige Verteilung der wissenschaftlich begleiteten Anfangsprojekte auf das ganze Bremer Stadtgebiet möglich?

Vor dem Hintergrund, dass mit dem Projekt „Frühes Lernen“ auch eine sukzessive Ausdehnung auf das gesamte Bremer Stadtgebiet initiiert werden sollte, war insbesondere der Blick auf eine möglichst gleichmäßige Verteilung des wissenschaftlich begleiteten Kernprojektes gerichtet. Mit einer solchen Struktur war der Gedanke verbunden, von einem Standort aus die jeweils umliegenden Einrichtungen in den Stadtteilen nach und nach zu erschließen. Unter der Voraussetzung, dass eine hierfür erforderliche Netzwerkbildung von Beginn an mit bedacht und systematisch aufgebaut wird, ist nämlich anzunehmen, dass erfolgreiche Projekte andere Projekte nach sich ziehen und deren Prozess unterstützen können. Diese Vernetzung gezielt zu projektieren, sah die Wissenschaftliche Begleitung im Aufgabenbereich des Projektmanagements verortet.

Aus den angeführten Überlegungen ergaben sich Kriterien, nach denen entschieden wurde, welche Verbundprojekte in das wissenschaftlich begleitete Kernprojekt aufgenommen wurden und welche dem Erweiterten Projekt zugeordnet wurden. Das Kernprojekt sollte aus maximal 24 Einzeleinrichtungen bestehen. Es sollten sowohl Groß- als auch Kleinverbünde wissenschaftlich begleitet werden. Darüber hinaus sollten die Kernverbünde möglichst über das Stadtgebiet verteilt liegen. Basale Auswahlkriterien waren:

- Verfolgt das Projekt im Sinne der Projektausschreibung die innovativen Ziele?
- Lässt das Projekt Entwicklungen erwarten, von denen andere profitieren können?
- In welcher Projektbeschreibung arbeiten schon sehr viele Institutionen eines Stadtteils zusammen (z.B. Großverbund mit 6 – 12 Institutionen)?
- In welchen Anträgen ist eine „gewachsene“ Kooperation sichtbar und muss nicht erst installiert werden?

Dem erweiterten Kreis wurden vorab alle Anträge zugewiesen, in denen

- nur allgemeines Interesse bekundet wurde;
- Spracherwerb im Mittelpunkt stand (hierzu existierte ein separates Projekt).

Nach abschließender Diskussion der Datenlage in der Lenkungsgruppe wurden folgende Einrichtungen in das Kernprojekt aufgenommen:

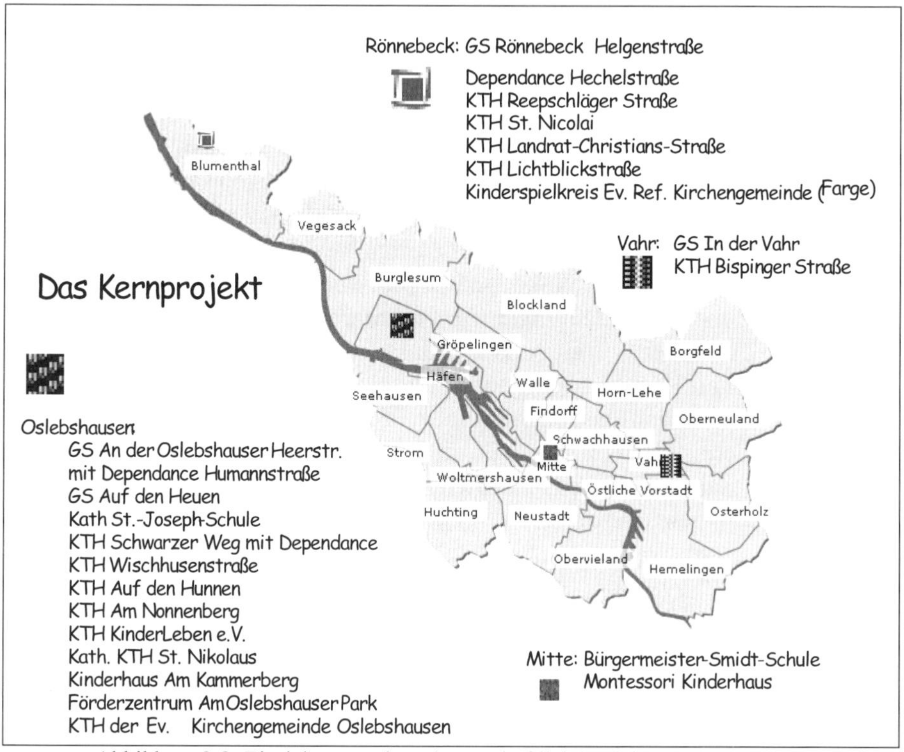

Abbildung 3-2: Einrichtungen im wissenschaftlich begleiteten Kernprojekt

3.1.2.2 Das vertikale und horizontale Organisationsgefüge im Kernprojekt

Die obige Abbildung stellt die Verbünde im inneren Kreis dar. Deutlich wird, dass im Kernprojekt zwei Großverbünde mit zahlreichen Einrichtungen und zwei Kleinverbünde, in denen je eine Schule mit einer Kindertagesstätte kooperierte, vertreten waren. Dadurch wurden beide im Bewerberspektrum vertretenen Kooperationsarten evaluierbar.

Da die Großverbünde den Charakter einer abgegrenzten „Region“ in Form eines Ortsteiles vorwiesen, in dem fast alle Kinder dieses Gebietes kooperativ bedient werden könnten, zielte hier die Entwicklung auf ein abgestimmtes Gesamtangebot an alle Eltern und Kinder des Einzugsgebietes. Wenn es gelänge, im ganzen Verbund die Qualität frühkindlicher Bildung deutlich anzuheben, müsste sich hier der Gewinn zu gegebener Zeit in den Ergebnissen von Schulleistungsuntersuchungen niederschlagen, zumal dann, wenn viele Kinder über einen längeren Zeitraum in ihrer „Region“ verweilen[35]. Von daher bestand in den Großverbünden ein großes Interesse, das Projekt nicht isoliert am Schulanfang zu betreiben, sondern es in ein Bildungskonzept einzubetten, das bis in die Sekundarstufe reicht. Dieses Bestreben war im Verbund Oslebshausen am deutlichsten sichtbar.

Demgegenüber lag der Fokus der Kooperation in Kleinverbünden stärker auf der Entwicklung des Schulanfanges in den Einzeleinrichtungen. Die Kindertagesstätten legten hier größeres Gewicht auf eine unmittelbare Vorbereitung der Kinder auf die Schule. Gleichfalls nahmen die Schulen den Schuleinstieg intensiver in den Blick. Diese Kooperationsform kann im Vergleich zu Großverbünden jedoch nur wenigen Kindern im Sinne einer erlebten Passung zugute kommen, nämlich denen, die zufällig den Weg von gerade dieser Kindertagesstätte in die kooperierende Schule gehen. Der Grund liegt darin, dass in Städten Einzugsgebiet und Größe von Kita und Schule nicht übereinstimmen. Einerseits gehen Kinder aus der Projektkita in eine andere Schule als die Kooperationsschule, andererseits besuchen sehr viele Kinder aus Kindertagesstätten, die nicht im Projekt eingebunden sind, die Projektschule. Die Arbeit der beiden kooperierenden Einrichtungen kann daher hinsichtlich der konkreten Vorbereitung des Überganges vom Kindergarten in die Schule nur eine kleine Gruppe Kinder erreichen. Weil die Kooperation nur einen Ausschnitt der tatsächlichen Verflechtungen vieler Kindertagesheime mit einer oder mehreren Schulen betraf, musste davon ausgegangen werden, dass sich das Projektergebnis zwangsläufig indirekter auswirken würde als in Großverbünden. Die Wissenschaftliche Begleitung erwartete jedoch durch die Projektarbeit Entwicklungen, die später weiteren Kooperationspartnerschaften zugute kommen würden.

Unabhängig von ihrer Zugehörigkeit zum Kernprojekt oder zum Erweitertem Projekt, zur Gruppe der Groß- oder der Kleinverbünde, können vier vertikale Projektebenen bei den kooperierenden Einrichtungen unterschieden werden, die hinsichtlich ihrer Arbeit im Prinzip eigene Projekte mit je unterschiedlichen Aufgaben darstellten:

1. Die Ebene des Gesamtsprojektes (alle Bewerber in Folge der Ausschreibung).
2. Die Ebene der Verbundprojekte (Verbünde aus Grundschulen und Kindertagesheimen mit gemeinsamem Antrag).

[35] Diese Annahme muss allerdings für Einzugsgebiete mit sehr hoher Fluktuation eingeschränkt werden. Hier wäre die sozialräumliche Frage zu klären, worin die geringe Verweildauer begründet liegt und wie gegebenenfalls eine höhere Identifikation der Menschen mit ihrem Quartier erreicht werden kann.

3. Die Ebene der Einzelprojekte (die Projektarbeit in jeder beteiligten Einzeleinrichtung).
4. Die Ebene des Disseminationsprojektes (d. h. die sukzessive Erweiterung des Projektes auf ganz Bremen).

Horizontal kamen zwei Serviceeinrichtungen hinzu:

5. Das Unterstützungssystem (als Serviceeinrichtung für Prozessmoderation, Beratung und Fortbildung).
6. Die Wissenschaftliche Begleitung (mit der Aufgabe der prozessimmanenten unterstützenden Evaluation).

Jede dieser Ebenen benötigte nach Auffassung der Wissenschaftlichen Begleitung Ressourcen für die Bearbeitung der neuen Aufgaben, die sich aus den Projektzielen ableiten ließen. So sollte auf jeder Ebene eine Leitung aufgebaut werden, die das Projekt nach innen forcierte und nach außen – insbesondere mit den anderen Projektebenen – koordinierte.

In der Planungsgruppe war strittig, ob diese Leitungsfunktion durch ohnehin vorhandene Gruppen oder Personen (z.B. der Lenkungsgruppe des Gesamtprojektes, der Leitungsgruppe eines Verbundes, der Leitung einer Einrichtung) zusätzlich bewältigt werden könne. Die Wissenschaftliche Begleitung vertrat die Position, dass für die operative Leitung immer eine verantwortliche Person sowie Stellvertretung benannt werden sollte. Sie wies in der Planungsgruppe daraufhin, dass die anfallende operative Leitungsarbeit nicht zu unterschätzen sei. Galt es doch, die eigene „Ebene“ intern und in Bezug zu den angrenzenden Ebenen sowie zu den Serviceeinrichtungen zu koordinieren, die Zielentwicklung zu forcieren, Entwicklungswege transparent zu machen, die Aufgabenverteilung zu moderieren und ihre Einhaltung zu kontrollieren, permanent auch unter Alltagsbelastung die Ziele zu fokussieren sowie den Austausch über die arbeitsteiligen Entwicklungen zu fördern. Um diese Aufgabenbereiche adäquat abdecken zu können, empfahl die Wissenschaftliche Begleitung, für das gesamte Projekt eine 0,5 Stelle für das Projektmanagement vorzusehen. Dieser Vorstellung wurde zunächst nicht gefolgt. Stattdessen übernahm die im Bereich Frühkindliche Bildung ausgewiesene Leiterin sämtlicher PISA-Projekte der Bremer Sozialbehörde zugleich die operative Leitung des Projektes „Frühes Lernen – Kindergarten und Grundschule kooperieren“, ohne dass dafür zusätzliche Arbeitszeit eingeplant wurde.

Dass die Notwendigkeit, für Leitungsaufgaben zusätzliche Zeit und spezielle Kompetenzen zur Verfügung zu haben, zunächst keine Resonanz fand, hatte sicherlich nicht nur damit zu tun, dass die Ressourcen im Projekt eng bemessen waren. Zu geringe Wertschätzung von Leitungsarbeit ist auch für deutsche Grundschulen typisch, wie die IGLU-Studie zeigte (LANKES u.a.

2003, 53). Im Projekt kam hinzu, dass anfangs die durch die eigens dafür eingesetzten Projektentwickler, Martin Kurp und Hubert Meyer-Wiedemann, empfohlene Projektmanagementstrategie erst Gestalt gewinnen musste.

Das interdisziplinäre Unterstützungssystem sollte projektbegleitend aufgebaut werden, war daher zu Beginn nicht vorhanden. Es sollte sukzessive in die Lage kommen, allen Projekten das notwendige Know-how in Form von Beratungs-, Moderations- und passgenauen Fortbildungsangeboten zur Verfügung zu stellen. Inhaltlich umfasst diese Aufgabe sowohl Aspekte des Projektmanagements und der Organisationsentwicklung, als auch fachliche Fragen, die sich im Projekt durch die Kooperation von Kindertagesheim und Schule stellen. Perspektivisch war vorgesehen, dass das Unterstützungssystem über die zweijährige Laufzeit des Projektes hinaus Bestand hat, um maßgeblich den Disseminationsprozess zu forcieren.

Peripher, aber nicht konsequent projektextern, war die Wissenschaftliche Begleitung angesiedelt, welche vor allem die Aufgabe hatte, den Prozess vor dem Hintergrund seiner Bedingungen zu erfassen, so dass daraus übertragbare Schlüsse abgeleitet werden konnten. Die Auswertung der Erhebungen sollte somit insbesondere Transparenz in das Projektgeschehen bringen und für Folgeprojekte schriftlich zur Analyse zur Verfügung stehen. Die wissenschaftliche Begleitung des Projektes war daher als prozessbegleitende Evaluation angelegt, in dessen Rahmen eine enge Kooperation mit dem aufzubauenden Unterstützungssystem integriert war.

Vor diesem Hintergrund entstand die im Kapitel 1 dargestellte Organisationsstruktur des Projektes „Frühes Lernen – Kindergarten und Grundschule kooperieren“. Für den Transfer der Entwicklungen wurde in der (erweiterten) Lenkungsgruppe ein System bevorzugt, welches in Bremen bereits Tradition hat. Insgesamt wurden vier Foren eingerichtet, die während der Projektlaufzeit dem Austausch der ProjektteilnehmerInnen des Kernprojektes sowie des Erweiterten Projektes dienten.

3.2 Das erste Projektjahr

Im Projekt „Frühes Lernen – Kindergarten und Grundschule kooperieren“, standen die Institutionen Kindergarten und Grundschule vor der Aufgabe, ihre Arbeit unter Realbedingungen qualitativ auf ein neues, höheres Niveau zu bringen. Sie sollten Kooperationsstrukturen schaffen, die Elternarbeit stärken und curricular zusammenarbeiten. Gleichzeitig ging der Alltag weiter.

Ein derartiger Wandel von Institutionen im ununterbrochenen Leistungsprozess bedeutet für deren Mitglieder eine enorme Herausforderung. Einerseits gilt es, etwas Neues zu entwickeln und dabei das alte, routinierte Handlungsgefüge zugunsten dieses noch unbekannten neuen Gefüges sukzessive umzubauen. Andererseits besteht die Anforderung, zugleich den Leistungsprozess (die Arbeit mit den Kindern) auf hohem Niveau aufrecht zu erhalten. Ein solches Entwicklungsprojekt stellt an seine Akteure unvermeidbar die Forderung, Stabilität und Flexibilität gleichzeitig zu verwirklichen.

Im Projekt „Frühes Lernen“ betraf diese Ambivalenz nicht nur die Einrichtungen vor Ort, sondern alle Beteiligten, das heißt, auch die Senatorischen Behörden, die Wissenschaftliche Begleitung sowie das Zentrale Unterstützungssystem.

Vor diesem Hintergrund stellte sich die durchaus berechtigte Frage, ob nicht zu Beginn des Projektes ein von der Wissenschaftlichen Begleitung ausgearbeitetes Zielmodell „Frühes Lernen“ hätte vorliegen sollen, welches von allen Beteiligten einfach hätte übernommen und umgesetzt werden können. Ein solches Ansinnen übersieht allerdings die Komplexität und Historizität der Institutionen, die sich keineswegs nur in ihrem Aufbau oder in den formulierbaren Zielsetzungen widerspiegeln. Hinter allen spontanen oder gelenkten Entwicklungen, die lange vor Beginn des Projektes bewältigt wurden, sowie hinter dem gesamten Gefüge des Alltagsgeschäftes, liegen festgefügte Strukturen, welche die Bahnen zum einen für das bisherige alltägliche Handeln, zum anderen für das veränderte Handeln während der Umbauphase im Rahmen der Projektarbeit vorgeben. Dieses historisch gewachsene Gefüge ist nicht nur Bestandteil der Behörden oder der Organisationen Kindergarten und Schule, es ist in gleichem Maße präsent in den Handlungen der Kinder, der ErzieherInnen, der LehrerInnen sowie in den Erwartungen der Eltern. Selbst die per Definition Flexibilität verkörpernde Arbeit der eingerichteten Veränderungsgruppen (Lenkungsgruppe, Zentrales Unterstützungssystem, Wissenschaftliche Begleitung, Leitungsgruppe der Verbünde) können nicht umhin, am gesellschaftlichen Stand ihrer „Zunft“ und den speziellen Erfahrungen und Bedingungen ihrer bisherigen Arbeit anzusetzen. Diese Behäbigkeit des Tradierten war auf allen beteiligten Ebenen zu spüren und kam in den Erhebungen deutlich zum Ausdruck, wie in den Kapiteln 4-7 ausführlich einzusehen ist. Zu Beginn des Projektes konnten folglich weder die neuen Ziele noch die erforderlichen Operationen Bestandteil des organisationalen und persönlichen Selbstkonzeptes sein.

Gemessen daran stellte das Projekt „Frühes Lernen“ hohe Anforderungen. Ging es doch um die Abstimmung und qualitative Absicherung der Bildungsprozesse im frühen Lebenslauf von Kindern. Die dafür vorgegebenen Projektziele waren als Leitziele gedacht und als Handlungsziele noch zu vage. Sie mussten durch die jeweiligen Akteure für ihren Aufgabenbereich konkretisiert werden, ehe die Projektierung und Abstimmung mit den anderen Beteiligten erfolgen konnte. Hierfür erforderliche Kommunikationswege waren über verschiedene Formen von Austausch- und Arbeitstreffen in der Organisationsstruktur angelegt, aber noch nicht etabliert. Für die Abstimmung der Ziele mussten innerhalb dieser Struktur von allen Beteiligten Verfahrensweisen entwickelt werden. Darin ist die Hauptaufgabe des ersten

Projektjahres zu sehen. Wie sie von den Beteiligten im Kernprojekt umgesetzt wurde, zeigen die folgenden Kapitel.

3.2.1 Aufbau des Zentralen Unterstützungssystems

Die Aufgabe des Zentralen Unterstützungssystems wurde nach eingehender Diskussion in der Projektentwicklungsgruppe wir folgt beschrieben: Die Unterstützerteams sollten In-Prozess-Begleitung in den einzelnen Einrichtungen und in den Leitungsgruppen der Verbünde durchführen. Zudem sollten sie ein Beratungs- und Fortbildungsprogramm für alle – auch künftige – Projekte zum „Frühen Lernen" prozessbegleitend konzipieren.

Das trägerübergreifende und interdisziplinär besetzte Zentrale Unterstützungssystem stand damit vor der konzeptionellen Aufgabe, ein trägerübergreifendes Beratungsnetz aufzubauen und ein Fortbildungsangebot für das Projekt „Frühes Lernen – Kindergarten und Grundschule kooperieren" zu entwickeln, welches erprobt werden und nach der Beendigung der Projektphase für alle Verbünde in Bremen zur Verfügung stehen sollte. Zugleich wurde zu Beginn des Projektes verstärkt Beratung und Moderation in Verbünden erforderlich. Die Mitglieder des Zentralen Unterstützungssystems standen jedoch selbst noch am Beginn ihrer Zusammenarbeit. Ihre Serviceleistung wurde gefordert, noch ehe sie das Unterstützungskonzept hatten entwickeln können.

Um in die Projektarbeit einzusteigen, wurden die vorhandenen Strukturen genutzt. So stand für das Zentrale Unterstützungssystem im ersten Projektjahr zunächst die Ebene der Verbundarbeit im Vordergrund. Beratung und Begleitung der Projektarbeit vor Ort bedeutete zunächst die Arbeit mit den Leitungsgruppen der Verbünde. Hier trafen sich VertreterInnen (häufig Leiterinnen und Leiter) der kooperierenden Kindertagesstätten und Grundschulen. Im Kernprojekt erfolgte eine regelmäßige, monatliche Beratung und Begleitung, im Erweiterten Projekt fand die Beratung und Begleitung in manchen Verbünden regelmäßig, in anderen punktuell bei Bedarf bzw. auf Anforderung statt. Mit der Begleitung und Beratung verfolgte das Zentrale Unterstützungssystem folgende Ziele:

- Unterstützung der Projekt-Verbünde in der Einlösung des Projektauftrages;
- Unterstützung der Projektverbünde bei der gemeinsamen Erarbeitung und Erprobung eines Konzeptes für einen veränderten Übergang vom Kindergarten in die Schule;
- Unterstützung bei der Dokumentation von Arbeitsergebnissen bzw. Produkten.

Konkret bestand die Tätigkeit der ZUS-VertreterInnen darin, verbindliche Rahmenbedingungen für eine Kooperation zu schaffen, d.h. regelmäßige

Arbeitstreffen auf Verbundebene zu vereinbaren, an denen sich alle Einzeleinrichtungen engagiert beteiligen, sowie die Arbeitsprozesse zu strukturieren. Die Arbeit des ZUS trug maßgeblich dazu bei, dass sich die am Projekt beteiligten Personen intensiver kennen lernten und gemeinsam an der Konkretisierung der anvisierten Projektziele arbeiteten. Dazu übernahm das Zentrale Unterstützungssystem die Moderation der Verbundtreffen und gab bei Bedarf richtungsweisende Inputs zur Unterstützung der weiteren Entwicklung im Verbund. Diese Kennenlern- und Zielfindungsphase war gleichzeitig von einem ersten Austausch der pädagogischen Konzepte der einzelnen Einrichtungen begleitet. Durch entsprechende Moderation auf der Leitungsebene wurden schließlich erste Verfahrensweisen der Kooperationsarbeit (Protokolle, Ablaufpläne der Teilprojekte, Dokumentationsformen, Erstellung von Jahresplanungen) entwickelt, auf deren Basis sich der Realisierung der Projektziele in den Verbünden stetig angenähert werden konnte. Darüber hinaus stand das ZUS für Anfragen hinsichtlich der Organisation von Fortbildungen zur Verfügung. Dieses Angebot wurde bereits Ende des ersten Projektjahres von den Verbünden Rönnebeck und Vegesack 1 angenommen. Durch Vermittlung des ZUS fand in beiden Verbünden eine Fortbildung zum Thema „Frühes Lernen und Entwicklung im Dialog“ statt.

Aufgrund der intensiven Unterstützungsarbeit vor Ort stand die konzeptionelle Arbeit des Zentralen Unterstützungssystems im ersten Projektjahr zunächst noch im Hintergrund. Der Aufbau eines trägerübergreifenden Beratungsnetzes sowie die Entwicklung eines fachlichen Fortbildungsangebotes konnte erst im zweiten Projektjahr erarbeitet werden.

3.2.2 Projektveranstaltungen/Foren im ersten Projektjahr

Zwischen Februar 2003 und Juli 2004 wurde mehrere Projektveranstaltungen durchgeführt, die hier kurz dokumentiert werden.

Am 13. und 14. Februar 2003 fand im Landesinstitut für Schule unter Vorbereitung des LIS sowie der Fachberatung für die Kindertagesbetreuung der erste Fachtag zur Systematisierung des Überganges vom Vorschulbereich in den Primarbereich “Frühes Lernen – Kindergarten und Grundschule kooperieren” statt. Diese Veranstaltung diente der Information jener Einrichtungen, die sich um eine Teilnahme am Projekt beworben hatten, über den Stand der Auswertung ihrer Anträge und der Projektentwicklung. Zudem wurde ein inhaltliches Programm geboten, welches seitens der Projektkoordinatorin als mögliche Grundlage für das Modellprojekt angesehen und hinsichtlich seiner Brauchbarkeit eingeschätzt werden sollte. Dabei handelte es sich um den pädagogischen Ansatz „Kaleidoscoop“ aus den Niederlanden. Das vertreibende Institut bietet einen Komplettservice von Fortbildung und Begleitung an. Zu diesem Zeitpunkt war noch unklar, ob eine wissenschaftliche Begleitung des Projektes eingesetzt würde. Weiter war unklar, ob ein eigenes Unterstützungssystem aufgebaut werden sollte und wie dieses strukturiert sein sollte. Die beiden eingeladenen Wissenschaftler, Prof. Dr. Rudolf Kretschmann und Prof. Dr. Ursula Carle, erhielten lediglich kurz vor der Sitzung die Aufgabe, das System „Kaleidoscoop“ zu bewerten. Anwesende Einrichtungen sprachen sich für eine wissenschaftliche Begleitung durch Professorin Carle aus, die ihre generelle Bereitschaft signalisierte.

Nachdem die eingereichten Anträge ausgewertet und die Entscheidungen getoffen waren, welche Verbünde für das Kernprojekt vorgesehen werden sollten und welche für das Erweiterte Projekt, wurde in den vier Bremer Regionen je ein Forum durchgeführt, zu dem alle Projekteinrichtungen der Region eingeladen wurden, die sich beworben hatten. Noch einmal erhielten sie eine Einführung in die Projektziele. Die Mitglieder des künftigen Unterstützungssystems waren alle anwesend, zusätzlich Martin Kurp, der seitens des LIS die eingesetzten SchulentwicklungsmoderatorInnen ausgebildet hatte. Vorgestellt wurden die Projektsteuerung, die Ziele des Projektes und mögliche Ansatzpunkte für die Projektarbeit. Die Wissenschaftliche Begleitung vereinbarte mit den Projekten im Kernbereich Termine für die Stärken-Schwächen-Analyse. Ganz besonders wurde auf die Notwendigkeit systematischen Entwickelns hingewiesen (Zielklärung, Meilensteine, Aufgabenverteilung, Zeit- und Ressourcenplanung). Einrichtungen fragten nach geeigneten Projektplanungsinstrumenten. Das Unterstützungssystem wurde daraufhin beauftragt, sich um solche Instrumente zu kümmern und sie den Einrichtungen auch im Erweiterten Projekt zukommen zu lassen. Als eine mögliche Vorlage erhielt das ZUS Unterlagen, die seitens der Wissenschaftlichen Begleitung für diesen Zweck in anderen Projekten eingesetzt worden waren und sich bewährt hatten. Es dauerte allerdings noch mehrere Monate, bis sich das ZUS so weit organisiert hatte, dass es sich der Arbeit an einer systematischen Projektentwicklung vor Ort annehmen konnte.

Anfang Oktober 2003 fand die Kick-Off-Veranstaltung nur für die Verbünde des Kernprojekts im Universum Science Center statt. Hier stellte das Unterstützungssystem seine künftige Arbeit vor. Zusätzlich sollte die Veranstaltung den Start der inhaltlichen Entwicklungen einleiten. Die Präsentation im Universum Science Center, mit dem die Sozialbehörde in einem anderen PISA-Projekt eng kooperierte, nahm breiten Raum ein und sollte ein inhaltliches Signal setzen. Das Universum hatte in diesem anderen Projekt nämlich den Auftrag, naturwissenschaftlich-technische Materialien für den Frühkindlichen Bereich in Kooperation mit Kindergärten zu entwickeln. Rückblickend betrachtet, wäre es vermutlich zu diesem Zeitpunkt gewinnbringender gewesen, sich auf den Kern des Projektinhaltes, d.h. den Übergang vom Kindergarten in die Grundschule zu beziehen und einen zündenden fachlichen Beitrag zu wählen, sowie erneut die Fragen des systematischen Entwickelns anzusprechen. Zu jenem Zeitpunkt waren jedoch die Arbeitsbereiche von Zentralem Unterstützungssystem und Wissenschaftlicher Begleitung noch nicht gut genug abgegrenzt, so dass am Tag des Kick-Offs ein Fachvortrag der Wissenschaftlichen Begleitung eventuell die Unterstützungserwartungen auf die Wissenschaftlerin anstatt auf die SchulentwicklungsmoderatorInnen und FachberaterInnen zentriert hätte.

Im Februar 2004 häuften sich die Veranstaltungen ungeplant. So musste das Forum I vom 18.02.04 kurzfristig auf den 17.02.04 vorverlegt werden, weil Bildungssenator Willi Lemke für den 18.02.04 alle Grundschulen verpflichtend zu einer Vorstellung der IGLU-Ergebnisse eingeladen hatte. So fanden an zwei Tagen hintereinander Veranstaltungen an der Universität Bremen statt. Forum I diente der Vorstellung der Ergebnisse des Zwischenberichtes der Wissenschaftlichen Begleitung und einem gegenseitigen Austausch zu den Projektzielen in Form von kleinen Arbeitsgruppen. Forum II fand planungsgemäß am 26.02.04 im Gemeindesaal der Martin-Luther-Gemeinde, Bremen-Findorff statt. Es diente der Information über den Bremer Rahmenplan „Bildung und Erziehung im Elementarbereich", der gerade fertiggestellt worden war. Prof. Dr. Johannes Merkel stellte den Plan ausführlich vor. Im Anschluss legte das Team der wissenschaftlichen Begleitung einen Vergleich verschiedener Bildungspläne (aus dem deutschsprachigen Raum) für Kinder von vier bis zehn Jahre zum Thema „Sinken und Schwimmen" vor und präsentierte die gängigen Experimente dazu. Als Fazit wurde empfohlen, sich in den Verbünden zusammen zu schließen und die Rahmenpläne für Kindertageseinrichtungen und Grundschulen gemeinsam in brauchbare, aufeinander aufbauende Planungen umzusetzen, in denen auf spielerische und zunehmend reflektiertere Projekte immer systematischere, vertiefende Arbeit in der Schule folgt. Allerdings war deutlich, dass noch recht viele Schulen, auch im Projekt „Frühes Lernen" selbst, Sachunterrichtsthemen vorwiegend mit Buch und Arbeitsblatt bestreiten und Experimente oder Projekte noch selten eingesetzt werden. Zu bedenken wäre in einem solchen gemeinsamen Plan auch, inwieweit lern- bzw. arbeitsmethodische Kompetenzen vom Kindergarten bis in die Schule hinein aufgebaut werden können.

3.2.3 Die Arbeit der Wissenschaftlichen Begleitung

Ziel der Wissenschaftlichen Begleitung im ersten Projektjahr war die Unterstützung bei der Projekteinrichtung sowie die Erhebung der Ausgangslage im Projekt, denn nur auf der Basis einer gesicherten Ausgangslage lassen sich Entwicklungen feststellen. Darüber hinaus sind übertragbare Aussagen nur möglich, wenn die Bedingungen genau genug beschrieben sind, unter denen Einrichtungen arbeiten. So ist es beispielsweise eine völlig andere Situation, ob an einer Schule ausreichend Möglichkeiten zur Doppelbesetzung im ersten Schuljahr bestehen, oder ob dort keine zusätzlichen Ressourcen in die Schuleingangsphase fließen (können).

Erhebung der Ausgangslage im Projekt

Die Erhebung der Ausgangslage erfolgte mit Hilfe der Stärken-Schwächen-Analyse, Hospitationen in allen Einrichtungen und einer schriftlichen Befragung (Näheres zu Methoden siehe Kapitel 3.4). Sie ergab, dass die Ausgangslage der Einrichtungen und Verbünde noch sehr weit von den angestrebten Zielen entfernt war. Selbst dort, wo die Einrichtungen bereits seit längerer Zeit in Kontakt standen und eine Zusammenarbeit sichtbar war, gab es erhebliche Vorbehalte untereinander und nur wenig Einblick in die Arbeit der jeweils anderen Institution. Es wurde deutlich, dass vor allem der Aufbau der Kooperationsstruktur geleistet werden musste. Dass darüber hinaus die inhaltliche Zusammenarbeit bereits in näherer Zukunft in Richtung auf eine Abstimmung der Bildungspläne gehen könnte, musste als unrealistisch angesehen werden. Auch bezüglich Elternarbeit bestand keine Kooperation.

Veranstaltungen, Fortbildungen etc. als Angebot der Wissenschaftlichen Begleitung an das Projekt

Im ersten Projektjahr fanden außer den überwiegend vom Zentralen Unterstützungssystem vorbereiteten Projektveranstaltungen (vgl. Kap. 3.2.2) auch Fortbildungsangebote der Wissenschaftlichen Begleitung statt, die für die Einrichtungen im Projekt geöffnet waren. Die Ankündigung erfolgte per eMail und auf der Seite http://www.fruehes-lernen.uni-bremen.de/ aktuelles/index.html. Es handelte sich im ersten Projektjahr um folgende:

Beitrag in der Ringvorlesung Schulbegleitforschung Bremen „Qualitätsmerkmale für die Arbeit in der jahrgangsübergreifenden und integrativen Schuleingangsphase“ Universität Bremen am 02.12.2003 (Berthold).

„Entwicklungszeiten“ Grundschulforschungstagung vom 29.09.-02.10.2003 an der Universität Bremen (Carle/Unckel). Diese Tagung mit internationalen Gästen, die nicht nur Grundschulforschung, sondern auch Forschung am Übergang vom Kindergarten in die Grundschule beinhaltete, war für die Einrichtungen und Schulen im Projekt von großem Interesse und gut besucht. Die Tagung ist unter http://www.dgfe.uni-bremen.de/ dokumentiert. Die Sozialbehörde förderte die Teilnahme von MitarbeiterInnen der Kindertagesstätten. Der Senator für Bildung und Wissenschaft förderte die Tagung. Es sind folgende Bücher hervorgegangen:

Carle, Ursula/Unckel, Anne (Hrsg.) (2004): Entwicklungszeiten - Forschungsperspektiven für die Grundschule; Esslinger, Ilona/Hahn, Heike (Hrsg.) (2004): Kompetenzen entwickeln. Unterrichtsqualität in der Grundschule steigern; Panagiotopoulou, Argyro/Carle, Ursula (Hrsg.) (2004): Sprachentwicklung und Schriftspracherwerb. Beobachtungs- und Fördermöglichkeiten in Familie, Kindergarten und Grundschule.

Ebenfalls von großem Interesse war die ganztägige gemeinsame Fortbildung für Lehrkräfte, ErzieherInnen und Studierende zum Thema „Lesen durch Schreiben" mit Dr. Jürgen Reichen am 26.06.2004 in Kooperation mit dem LIS (Graf).

„Neugestaltung der Schuleingangsphase – Bilder einer Entwicklung“ Science Day des Landes Bremen am 26.06.2004 Bremerhaven (Carle) hingegen war nur gering besucht.

Anders die Veranstaltung „Futurum - eine schwedische Ganztagsmodellschule stellt sich vor“ am 29.04.2004 (Carle, Grundschulwerkstatt, LIS), die den Hörsaal 2 im Gebäude NW1 der Universität füllte.

Bei der Veranstaltung am 18.02.2004 von 14.30 Uhr bis 18.00 Uhr, Universität, gr. Hörsaal, auf dem Boulevard (Keksdose) zur Präsentation der IGLU-Ergebnisse mit dem Referenten Prof. Dr. Wilfried Bos, übernahm die Wissenschaftliche Begleitung des Projektes „Frühes Lernen“ die Organisation vor Ort (Bischoff). Auch diese Veranstaltung war sehr gut durch VertretetrInnen der Projektverbünde besucht, trotz der Veranstaltungsfülle im Februar 2004.

Bei nahezu allen Veranstaltungen war ein reger Zuspruch aus dem Projekt zu verzeichnen, so dass damit im ersten Projektjahr zwar kein systematischer, aber doch ein impulshafter Beitrag zur Lehrer- und ErzieherInnenfortbildung geleistet wurde.

Außerdem beteiligte sich die Wissenschaftliche Begleitung maßgeblich am Aufbau eines Weiterbildenden Studiums für ErzieherInnen an der Universität Bremen und engagierte sich für die Einrichtung eines gemeinsamen grundständigen Studiums.

3.2.4 Erste Erfolge in den Kernverbünden

Ein Projekt wird in der Regel von einigen wenigen Personen beantragt. In diesem Fall waren es die Leitungen bereits kooperierender Einrichtungen, die sich zum Kooperationsverbund zusammengefunden und für den Antrag erste Ziele formuliert hatten. Meist mit Hilfe des Unterstützungssystems wurde diese Zielformulierung in einem ersten Zielfindungsprozess spezifiziert und in Vorhaben umgesetzt. Die Wissenschaftliche Begleitung wertete diesen Prozess aus. Am Ende des ersten Projektjahres konnten bereits erste Erfolge festgestellt werden.

Aufbau von Arbeits- und Kooperationsstrukturen

Die Abstimmung der Ziele im Kooperationsverbund (LeiterInnenebene) sowie in den Einzeleinrichtungen (MitarbeiterInnenebene) hatte sich als ein schwieriger und zeitaufwändiger Aushandlungsprozess erwiesen, der in den Großverbünden Rönnebeck und Oslebshausen mehr Zeit in Anspruch nahm, als zwischen den zwei Partnereinrichtungen der Verbünde Mitte und Vahr. Der Zielabstimmungsprozess[36] bekam noch nicht auf jeder Ebene einen speziell ausgewiesenen organisatorischen Platz, beispielsweise in Form eines Jour Fixe. Eine Folge war, dass insbesondere in den Großverbünden die Ebene der MitarbeiterInnen in den Einzeleinrichtungen zunächst nur peripher in das Projekt „Frühes Lernen – Kindergarten und Grundschule kooperieren“ eingebunden werden konnte. Dies war eine Ursache dafür, dass das Projekt in den Einzeleinrichtungen in der ersten Hälfte des ersten Projektjahres selbst noch keine Konkretisierung erfuhr. Es galt daher, eine „Brücke“ zwischen dem Kooperationsverbund und den Aktivitäten in den Kindertagesheimen und den Schulen zu schlagen. Konkret hieß dies, die großen Kooperationsverbundziele auf kleinere Teilprojekte zu übertragen, die anschließend in gezielte Maßnahmen und Aktivitäten in den Einrichtungen übersetzt werden konnten.

In allen Verbünden des Kernprojektes waren erste Schritte zum Aufbau von Arbeits- und Kooperationsstrukturen unternommen worden, allerdings auf unterschiedlichen Wegen. Der Verbund Oslebshausen beschäftigte sich zunächst auf der Leitungsebene mit der Einrichtung von Strukturen, um die Projektziele zu erreichen. Demgegenüber gingen die Verbünde Rönnebeck und Mitte vergleichsweise zügig in die Planung von Teilprojekten, die direkt auf der Ebene der MitarbeiterInnen angelegt waren. Der Verbund Vahr war im Vergleich zu den übrigen Verbünden des Kernprojektes im ersten Projektjahr verstärkt damit beschäftigt, einen geeigneten Rahmen für die Zusammenarbeit zu finden. Insgesamt stand zunächst überall die Zielfindung auf der Ebene des Kooperationsverbundes im Vordergrund. Dazu fehlte es vor allem an geeigneten Methoden, um die Planung systematisch zu betreiben, d.h. transparent und damit nach außen wie innen vermittelbar und überprüfbar zu gestalten (z.B. Hoshinplanung, Matrizentechnik[37]). Der Mangel an projektmethodischer Erfahrung in Veränderungsprozessen wirkte sich in Schule und Kindertagesheim verzögernd aus.

Diese Entwicklungsverzögerung verdeutlichte, wie wichtig eine im Einzelnen revidierbare, aber grundsätzlich langfristige, zeitlich abgestimmte Projektplanung im gesamten Projekt „Frühes Lernen – Kindergarten und Schule kooperieren“ durch das Projektmanagement gewesen wäre, um im laufenden Prozess auf einzuhaltende Zyklen aufmerksam zu machen.

---

[36] Ein Zielabstimmungsprozess eines solchen Projektvorhabens setzt sich über den gesamten Entwicklungszeitraum und darüber hinaus fort, denn was heute an Zielen bestimmt wurde, kann morgen aufgrund aktueller Bedingungen schon bei einzelnen Projektmitgliedern nicht mehr präsent sein oder nicht mehr zu den gewonnenen Erfahrungen passen. Die fortwährende Orientierung auf die gemeinsamen Ziele ist genauso Voraussetzung für den Projektfortschritt, wie die Verdeutlichung des bereits zurückgelegten Weges, den der Akteur selbst oft aus dem Blick verliert. Beides sind wichtige Leitungsaufgaben.

[37] vgl. z. B. Carle 2000, Kap. 11: Reform der Reform

Es zeigten sich hier erste Konsequenzen von Voraussetzungen, die soziale und pädagogische Entwicklungsprojekte in Deutschland häufig betreffen: Die vorhandene Arbeitsorganisation ist für größere Vernetzungsprojekte noch nicht tragfähig. Es besteht oftmals ein Mangel an Entwicklungs-Know-how und -erfahrung. Der Ressourcenbedarf für den Veränderungsprozess ist daher relativ hoch. Zugleich ist die Personaldecke für den laufenden Betrieb, dem alltäglichen Leistungsprozess in den Einrichtungen knapp bemessen. In der Folge besteht nicht selten die Tendenz, die speziell für den Veränderungsprozess zur Verfügung gestellten Ressourcen in den Leistungsprozess fließen zu lassen, weil entweder die *Voraussetzungen* für den Veränderungsprozess falsch eingeschätzt oder Projekte *nicht ernst* genommen werden. Zu Beginn kam dies auch im Projekt „Frühes Lernen“ vor.

Verstärkung der Elternarbeit

Hervorragende Voraussetzungen für die Elternarbeit existierten von Beginn an lediglich im Verbund Mitte, dessen Einrichtungen sich am pädagogischen Profil von Maria Montessori orientieren. Der Verbund zeichnete sich durch ein grundsätzliches Interesse vieler Eltern am pädagogischen Profil sowie einem vergleichsweise hohen Engagement am Bildungsprozess ihrer Kinder aus. Eltern dieses Verbundes arbeiteten unmittelbar im Projekt mit, waren in die Projektplanung eingebunden und nahmen an der Erhebung der wissenschaftlichen Begleitung teil.

In den übrigen Verbünden reichte die Ausgangslage der Elternarbeit von bereits bestehenden, weitreichenden Traditionen, wie beispielsweise ein Kennenlern-Wochenende, das die Katholische Schule im Verbund Oslebshausen mit den zukünftigen Eltern durchführt, bis hin zu weitgehender Ratlosigkeit, wie Familien erreicht werden können, die den Bildungseinrichtungen sehr fern sind, diesen gleichgültig oder skeptisch gegenüber stehen.

Das Ziel, die Elternarbeit zu verstärken, blieb im ersten Projektjahr mit Ausnahme des Verbundes Mitte eine noch nicht begonnene Aufgabe im Projekt „Frühes Lernen – Kindergarten und Grundschule kooperieren“. Es gab noch keinen Verbund, der sich diesem Thema schwerpunktmäßig widmete, obwohl Elternarbeit im Laufe des Zielfindungsprozesses in den Verbünden Rönnebeck und Oslebshausen zeitweise eine hohe Priorität besaß. Dieses Ergebnis war u. a. ein Grund für die durch die Wissenschaftliche Begleitung ins Leben gerufene Ringvorlesung „Familie als wichtigste Bildungsinstitution?!“, die im zweiten Projektjahr stattfand und mit deren Hilfe Expertise erzeugt werden sollte.

Am Ende des ersten Projektjahres stand es an, die Eltern in naher Zukunft auf allen Ebenen am Projekt zu beteiligen und dafür Formen zu wählen, die diesen Entwicklungsprozess förderlich unterstützen.

Thematische Abstimmung zwischen Kindertagesheim und Grundschule

Die Erhebung der Ausgangslage hatte deutlich werden lassen, dass die MitarbeiterInnen der Einrichtungen von Kindertagesheim und Schule wenig über die pädagogischen Konzepte und Rahmenpläne für Bildung und Erziehung der Kooperationspartner wussten. Am Ende des ersten Projektjahres hatten die Einrichtungen begonnen, sich für die Konzepte der Kooperationspartner zu interessieren. Zentral war fast überall die Frage, was Schule von Kindergarten erwarten darf, bzw. was Kinder bis zum Schuleintritt können sollten.

Die Einführung des Bremer Rahmenplanes für Bildung und Erziehung im Elementarbereich brachte das Projektziel „Abstimmung der thematischen Arbeit“ stärker in den Blick. Es wurde empfohlen, dass die Einrichtungen diesen mit den Anforderungen der Rahmenpläne für die Primarstufe vergleichen. Bei den Hospitationen, welche die Wissenschaftliche Begleitung in den Einzeleinrichtungen durchgeführt hatte, war u. a. aufgefallen, dass die gleichen „Unterrichtsstunden“ in Kindertagesheimen und in Grundschulklassen beobachtet werden konnten. Insofern war es dringend geboten, Einblicke in den jeweils anderen Arbeitsbereich zu erhalten, um eine thematische Abstimmung beider Institutionen auf den Weg zu bringen.

Ausarbeitung eines Themenbereiches für mehrere Entwicklungsniveaus

Da es sich bei der Anregung, einen Themenbereich für mehrere Entwicklungsniveaus auszuarbeiten um eine sehr praktische Aufgabe handelte, die sich leicht in die alltägliche Arbeit integrieren lässt, hatte dieses Ziel mehrere Kindertagesstätten und Grundschulen sehr angesprochen. Eine solche Ausarbeitung setzt allerdings eine gemeinsame Sachanalyse voraus, eine Abstimmung der Ziele, des Arbeits- und Zeitplanes und bedarf somit eines funktionierenden Kooperationssystems und der Zeit, sich intensiv mit dieser Thematik auseinander zu setzen. Eine Ausarbeitung eines solchen Angebotes sollte sich insbesondere stark an den Entwicklungen der Kinder orientieren. Weiterhin sollten folgende Fragen geklärt werden: Was verstehen Kinder unter dem jeweiligen Inhalt? Wie verändert sich ihre Vorstellung? Wie kann man diese Entwicklungsprozesse pädagogisch - im Sinne des ko-konstruktivistischen Paradigmas - unterstützen?

Übertragbare Erfahrungen für die Ausarbeitung eines gemeinsamen (nicht eines abgestimmt aufbauenden) Angebotes für Kinder von 4-8 Jahre waren im ersten Projektjahr partiell vorhanden. Aber am Ende des ersten Jahres lag noch kein schriftlich fixiertes Material vor.

3.2.5 Fazit

Zum Ende des ersten Projektjahres konnte zusammenfassend festgehalten werden, dass in allen Kernverbünden eine Auseinandersetzung mit den Zielen erfolgt war, Teilprojekte formuliert und durchgeführt wurden, insbesondere die Organisation der Kooperation große Fortschritte zeigte und eine sichtbare Steigerung der Qualität der Zusammenarbeit konstatiert werden konnte. In besonderem Maße zahlte sich das in den Großverbünden aus. Insbesondere in zwei Bereichen bestand noch erheblicher Entwicklungsbedarf, nämlich hinsichtlich der Elternarbeit und hinsichtlich der Abstimmung der thematischen Arbeit zwischen Kindertageseinrichtung und Schule.

Es galt darüber hinaus, die hohe Bedeutung des Projektes und seinen Nutzen stärker in die Einrichtungen hineinzutragen und im Umfeld (Ortsteil, Elternschaft) zu kommunizieren, denn das Projekt war zu diesem Zeitpunkt noch nicht an der „breiten Basis“ angekommen. In einzelnen Einrichtungen brauchte es mindestens ein halbes Jahr, bis den MitarbeiterInnen und Eltern überhaupt bekannt war, dass ihre Einrichtung am Projekt „Frühes Lernen“ beteiligt ist. Des Weiteren wurde deutlich, dass für eine Zielerreichung auf hohem Niveau weitaus mehr Zeit erforderlich sein wird, als im Projekt vorgesehen war.

3.3 Das zweite Projektjahr

Eine Nachhaltigkeit des Projektes konnte nur dann erwartet werden, wenn die Kooperationsstrukturen gefestigt würden, die Abstimmung der thematischen Arbeit zwischen Kindertagesheim und Grundschule abgesichert, die Verstärkung der Elternarbeit und die exemplarische Ausarbeitung eines Themenbereiches für mehrere Entwicklungsniveaus in weiteren Verbünden in das Blickfeld gerückt würde. Daraus leitete sich die Zielrichtung für das zweite Projektjahr ab: Festigung des Erreichten und Verbreitung der Errungenschaften.

Hierzu schien es erforderlich,

- eine zeitliche und organisatorische Grundstruktur der Kooperation aufzubauen;
- eine weitere Zielkonkretisierung und –abstimmung vorzunehmen;
- Ziele in Teilprojekte zu übersetzen;
- Maßnahmen zur Bewältigung der Teilprojekte festzulegen;
- den Maßnahmen konkrete Aktivitäten und Verantwortlichkeiten folgen zu lassen.

Es hatte sich im ersten Jahr aber auch gezeigt, dass sich die Projektziele trotz systematischen Vorgehens nicht in der erwünschten Regelhaftigkeit anstreben ließen. Zu Beginn des zweiten Projektjahres stellten wir fest, dass es im Projekt „Frühes Lernen – Kindergarten und Grundschule kooperieren“ nicht nur um die Neugstaltung des Überganges der Kinder vom Kindergarten in die Schule ging. Vielmehr erzeugte das Projekt selbst eine Übergangssituation, nämlich den institutionellen Übergang von der isoliert arbeitenden Einrichtung zur kooperativ arbeitenden und stellte somit vielfältige neue Anforderungen an die MitarbeiterInnen. Damit ließen sich deutlich längere Lernzeiten erklären, als zu Beginn des Projektes angenommen worden war. Um diesen Prozess besser zu verstehen, stellten wir folgende Fragen:

Was bedeutet es, wenn Institutionen vor einem grundlegenden Wandlungsprozess stehen? Wie lassen sich solche Übergänge – hier von einer relativ isoliert arbeitenden Einrichtung zu einem Verbund, der im Falle der Großverbünde die pädagogische Verantwortung für die Bildung der Kinder im Einzugsgebiet übernimmt – theoretisch fassen? Wie lässt sich erklären, dass die Entwicklung in Verbünden zeitweise nur sehr langsam voranzuschreiten scheint und dann plötzlich eine ganz neue Qualität annimmt? Wie ist es möglich, die Entwicklung in einem komplexen Projekt zu unterstützen, obwohl nicht davon ausgegangen werden kann, dass die einzelnen Entwicklungsprozesse determinierbar sind?

Projektrhythmik: Festigung des Erreichten und Kräfte sammeln für den nächsten großen Schritt

Die folgende Abbildung stellt linear stark vereinfacht dar, dass durch viele kleine Sprünge ein großer Entwicklungssprung vorbereitet werden kann. Im Projekt äußerte sich dieses Phänomen wie folgt: Zunächst, noch lange Zeit nach dem ersten Zwischenbericht, waren weder für das Zentrale Unterstützungssystem noch für die Wissenschaftliche Begleitung hinreichende Entwicklungen sichtbar. Es schien, als käme das Projekt nur sehr langsam in den Einrichtungen an. Tatsächlich musste sich jedoch im Kleinen bereits Vieles bewegt haben. Dies wurde sichtbar, wenn durch bestimmte Anlässe plötzlich ein großer Effekt zu sehen war.

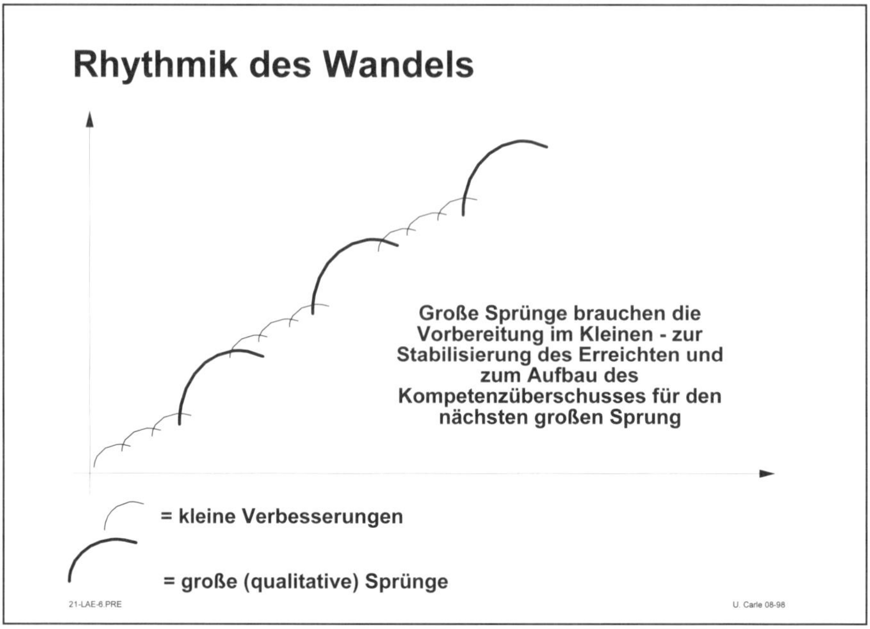

Abbildung 3-3: Rhythmik des Wandels (aus: CARLE 2000a, 378)

Entwicklungen im Projekt lassen sich nicht determinieren

Im Projekt „Frühes Lernen“ existierten mehrere ‚eigen-sinnige' Teilsysteme (Kernprojekt und Erweitertes Projekt, Verbünde, Teilverbünde, Einzeleinrichtungen, Klassen und Gruppen, Einzelpersonen, das ZUS, die Wissenschaftliche Begleitung, die Lenkungsgruppe und die Projektleitung – vgl. Abb. 1). ‚Eigen-sinnig' bedeutet, dass sie ihren eigenen Weg verfolgten, eigene Ziele hatten und erfahrungsbasierte oder tradierte Vorstellungen davon, welche Vorgehensweise am meisten Erfolg verspricht. Die Logik (Ziele, Strategien, Wirkvorstellungen etc.) des Gesamtprojektes – als Teil der PISA-Projekte im Land Bremen – war deshalb nicht eins-zu-eins auf die Teilsysteme übertragbar. Leitungsentscheidungen auf der jeweils übergeordneten Systemebene beeinflussten folglich keineswegs alleine oder maßgeblich die Aktionen des Subsystems. So konnte die Projektleitung zwar unterstützen und kontrollieren, nicht aber die Arbeit vor Ort gestalten. Desgleichen hatten die Leitungsgruppen der Verbünde nur vermittelten Einfluss auf die Gestaltung in den Teilverbünden oder in den Einzeleinrichtungen.

Die am Projekt „Frühes Lernen“ beteiligten Organisationen, Gruppen und Individuen besaßen je eigenständige Vorstellungen von Frühem Lernen und von der Kooperation zwischen Kindertagesheim und Grundschule, die (wie in anderen Entwicklungsprojekten auch) „weder in sich, noch innerhalb des Gesamtsystems homogen sind. Deshalb bedingen selbst stringente Strukturen in einer Organisation noch kein einheitliches Handeln“ (CARLE 2000a, 341).

Die Wissenschaftliche Begleitung hatte vor dem Hintergrund dieser Annahmen zu Beginn des Projektes empfohlen, durch das Zentrale Unterstützungssystem eine laufende Abstimmung zwischen Gesamtprojekt und den verschiedenen Teilprojektebenen in Gang zu setzen und zugleich zielgerichtete Impulse zu geben. Systematisches Entwickeln sollte allmählich angebahnt werden. Während der Arbeit im Projekt zeigte sich, dass gerade hinsichtlich der geforderten Arbeitsmethoden große Hemmschwellen zu überwinden waren. Effizienz und Effektivität der vorhandenen Strukturen waren noch nicht für die Aufgaben geeignet, die das Projekt „Frühes Lernen“ mit sich brachte.

Erschwerend kam hinzu, dass die auf dem Markt befindlichen Instrumente zur Gestaltung des Wandlungsprozesses in der verfügbaren Form für die Anfangsphase des Wandlungsprozesses noch nicht geeignet waren. Beispielsweise war die Anwendung des klassischen Projektmanagements zu Beginn der Projektarbeit zu kompliziert und zu aufwändig, wenngleich es benötigt worden wäre, um die Prozesse transparent und zielgerichtet zu halten. Daher wich der Einsatz neuer Instrumente zunächst einer stärker intuitiv gelenkten Vorgehensweise. Ähnlich wie ein Kind in der alphabetischen Phase des Schriftspracherwerbes durch die Aufforderung, beim Schreiben seiner Texte die Rechtschreibregeln zu beachten, geradezu lahm gelegt würde, ergeht es Einrichtungen, wenn man von ihnen fordert, sie sollen gleichzeitig mit der Projektentwicklung dafür auch noch unbekannte und sehr fremdartige Instrumente einsetzen. Und dennoch benötigt eine systematische Qualitätsentwicklung Transparenz und eine zunehmend methodische Vorgehensweise sowie den Einsatz dafür geeigneter Instrumente.

In einem so wenig strukturierten Gefüge nutzt ein klassisches Unterstützungssystem mit einem Bauchladen von Angeboten wenig, weil sich zum einen der Bedarf im Projekt erst während der Arbeit herausbildet, d.h. im Vorfeld zur Planung des „Bauchladenangebotes“ noch gar nicht bekannt war. Und weil zum anderen die Einrichtungen ihren Bedarf noch nicht vorwegnehmend benennen konnten. Demgegenüber hatte sich für die Zeit des Überganges als richtig erwiesen, dass das ZUS zunächst jede Öffnung der Verbünde, jede Variation des Arbeitsfeldes in Richtung auf die Projektziele unterstützte und im Gesamtprojekt koordiniert hatte. Durch ein gegenseitiges Feedback der Einrichtungen, vermittelt durch das Zentrale Unterstützungssystem und die Wissenschaftliche Begleitung sowie durch informellen Austausch, wurde das anfänglich langsame, fast unbemerkte Wachsen verstärkt.

Konzertierte Einflüsse bringen Bewegung in das Projekt

Im Herbst 2004 verzeichnete das Projekt gleich an mehreren Stellen lawinenartige Entwicklungen. Um das im Bild der Metasystem-Transitions-Theory (CARLE 2000a, 239) zu erklären: Durch den verstärkten Austausch im Projekt und durch die äußeren Anregungen kam so viel Bewegung und neues Know-how (auch durch andere PISA-Folgeprojekte) in das Projekt „Frühes Lernen", dass sich in Verbünden neue Metasysteme herausbilden konnten.

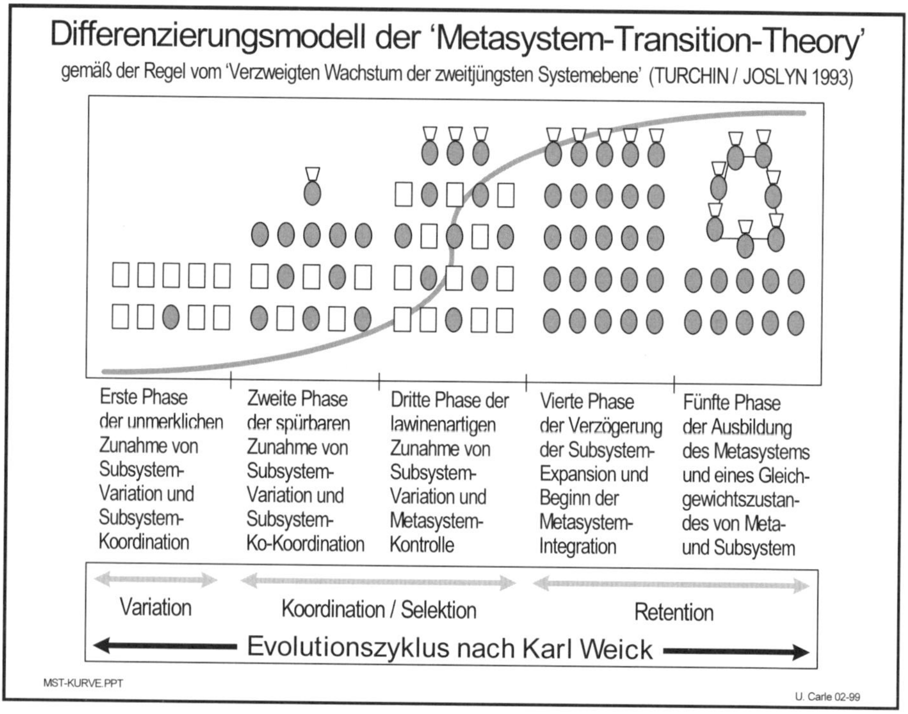

Abbildung 3-4: Modell des Wandels komplexer Systeme nach der Metasystem-Transitions-Theory (aus: CARLE 2000a, 329)

„Die ‚Metasystem Transition Theory' (ebd.; TURCHIN/JOSLYN 1993) setzt an die Stelle des Kampfes um Ressourcen die Erweiterung der ressourcenerschließenden Fähigkeiten von Subsystemen durch Bildung eines insgesamt kompetenteren Metasystems. Zwischen der abschließenden Etablierung (Retention) eines neuen Meta-Kontroll-Systems und der den neuen Evolutionszyklus auslösenden Variation des Subsystemverhaltens tritt die ‚*Kooperative Konfiguration*' (HEYLIGHEN/CAMPBELL 1995, 8; Internet-Ausdruck), in der die Subsysteme erst einmal aus eigener Kraft einem gemeinsamen Leitprinzip (‚shared control' - ebd., 9) folgen, das Ressourcen erweiternde Synergien schafft. Die allmähliche Herausbildung des neuen Metasystems aus der Variation und Koordination der Subsysteme verläuft nach dem Muster eines positiven kybernetischen Zirkels (‚Verstärken des gegenseitiges Feedback' - SENGE 1996, 103 ff.), d.h. nach anfänglich beinahe unbemerktem, sich gegenseitig bedingendem Wachsen zunehmend lawinenartig - bis schließlich negative, begrenzende Umweltfaktoren die ‚Explosion' des neuen Metasystems bremsen" (CARLE 2000a, 239).

Ein gutes Beispiel für Metasystem-Transition stellte die Herausbildung des Mathematik-Projektes in Oslebshausen dar, das in Kapitel 4 ausführlich beschrieben ist. Der Verbund verbrachte zunächst viel Zeit mit der Weiterentwicklung des Kooperationssystems. In der Engpassanalyse der wissenschaftlichen Begleitung im Sommer 2004 wurde deutlich, dass noch an keiner Stelle eine Kooperation zwischen Kindergarten und Grundschule gemäß des vierten Projektzieles zustande gekommen war, nämlich zur gemeinsamen Erarbeitung eines Themenbereiches unter Berücksichtigung unterschiedlicher Entwicklungsniveaus der Kinder. Im Rahmen eines Symposions im September 2004 begegnete die Schulleiterin einer Schule des Verbundes ihrem ehemaligen Professor, Erich Wittmann, einem der Autoren des bekannten Mathematikwerkes für die Grundschule „Mathe von Anfang an" bzw. „Das Zahlenbuch". Zu diesem Lernwerk gibt es auch vorschulisch einsetzbares Material. Es eröffnete sich die Gelegenheit, dieses Material aufbauend im gesamten Projektverbund Oslebshausen zu erproben, indem in den Kindergärten alle Kinder die Mathematik-Spiele spielten und dadurch Voraussetzungen für den Mathematik-Unterricht in der Grundschule erwerben sollten. Im Sinne der Metasystem-Transitions-Theory war mit diesem Vorgehen die Möglichkeit gegeben, den gesamten Verbund auf ein höheres Niveau kooperativer Bildungsarbeit zu bringen. Darauf deutete Folgendes hin: Kaum stand die Erprobungskonzeption des Mathematik-Projektes, wurde deutlich, dass eine solche Maßnahme für alle Kinder, die ohne Besuch eines Oslebshauser Kindergartens in eine Oslebshauser Schule eingeschult werden, einen Nachteil mit sich bringt. Damit wurde zugleich sichtbar, dass die inselhafte Anhebung des Bildungsniveaus in einer mobilen Gesellschaft nur eingeschränkten Erfolg haben wird. Es galt daher weiterhin, eine Systematisierung und Verbreitung zu befördern.

Institutionelle Übergänge als Übergänge zu neuen Qualitäten können nicht verordnet werden. Wie gezeigt wurde, bedarf es vielfältiger Bedingungen, die sich in geeigneter Weise treffen sowie Personen, die sich entfaltende Gelegenheiten ergreifen und in die Institution hineintragen können. In diesem Gefüge konnte die wissenschaftliche Begleitung dazu beitragen, dass der Projektverlauf auf andere Art als durch das ZUS ins Bewusstsein der Einrichtungen trat. Im Fall des Mathematikprojektes wurde beispielsweise während der Engpassanalyse mit den Leitungen der Einrichtungen der Bedarf überdeutlich, dass die Arbeit an einem thematischen Projekt zwischen Kindergärten und Schulen umgesetzt wird.

3.3.1 Das Zentrale Unterstützungssystem im zweiten Projektjahr

Bereits im Laufe des ersten Projektjahres deutete sich im Aufgabenbereich der prozessbegleitenden Arbeit an, dass das ZUS insbesondere im Bereich der Kooperation zwischen den Einrichtungen eine initialisierende und stabilisierende Wirkung hatte, die sich im zweiten Projektjahr intensivierte. So trug die kontinuierliche Begleitung der Verbünde dazu bei, dass das Projektvorhaben im Verlauf der prozessbegleiteten Auseinandersetzung mit der Übergangsthematik zunächst auf der Leitungsebene, ab Ende des ersten Projektjahres aber auch zunehmend auf der Ebene der MitarbeiterInnen entscheidend an Bedeutung gewann, wodurch das Projekt eine höhere Qualität erreichte.

Im ersten Projektjahr war eine noch zu geringe Führung des Projektes aufgefallen, weshalb Unsicherheiten entstanden waren und die Arbeit teilweise nicht so stringent vorankam, wie es möglich gewesen wäre. Diese Problematik löste sich im weiteren Verlauf in weiten Teilen des Kernprojektes auf. Dies war auch der Unterstützungsarbeit im Kernprojekt mit Kontrakten, Meilensteinen und Aktivitätenplänen geschuldet. Nach Schaffung dieser Arbeitsgrundlage konnte nun die inhaltliche Auseinandersetzung mit der Übergangsthematik intensiviert werden.

Das ZUS-Team arbeitete zugleich an der Konzeption des Unterstützungssystems weiter. Gearbeitet wurde an einem Beratungskonzept zur Veränderung des Überganges zwischen Kindertagesstätte und Schule. In Bezug auf das Fortbildungskonzept lag die Zielsetzung darin, die MitarbeiterInnen von Grundschule und Kindergarten als gemeinsame Zielgruppe zu fokussieren und in Veranstaltungen mit gleichen Inhalten und Zielen gemeinsam fortzubilden. Vor diesem Hintergrund erachtete das ZUS eine systematische Bedarfsermittlung, die in das Gesamtfortbildungskonzept einfließt, als bedeutend. Im Zuge der Tätigkeit auf Verbundebene hatten die VertreterInnen des ZUS hierzu erste Vorstellungen zum Fortbildungsbedarf entwickelt. Hervorgehoben wurde der Bedarf an verstärktem Fachwissen über kindliche Entwicklung, Ausbau der Fähigkeiten zur Selbstreflexion und Kommunikation sowie der Fähigkeit zum Erkennen des Sinns kindlichen Verhaltens.

3.3.2 Die Wissenschaftliche Begleitung im zweiten Projektjahr

Bezüglich der wissenschaftlichen Begleitung des Projektes „Frühes Lernen" werden zunächst einige Bedingungen skizziert, die Einfluss auf die Evaluationsarbeit im Projekt hatten. So gab es bis zu Beginn des zweiten Projektjahres zwei Personalwechsel bei den wissenschaftlichen Mitarbeiterinnen. Zum Jahreswechsel 2003/04 übernahm Britta Bischoff nach einer Einarbeitungsphase vorübergehend von Barbara Berthold die Organisation und Durchführung der Erhebungen und Auswertungen sowie das Datenmanagement im Projekt. Als absehbar wurde, dass Barbara Berthold nicht wie geplant im November 2004 auf die Stelle zurückkehren konnte, arbeitete sich ab Mai 2004 zusätzlich Annette Samuel in das Projekt ein, die ihre Kollegin Britta Bischoff nach deren Weggang ins Referendariat ab März 2005 ersetzte. Durch diese Wechsel ergab sich ein weitaus höherer Bedarf an Personal als geplant, da erhebliche Einarbeitungszeiten anfielen. Andererseits konnten die wissenschaftlichen Mitarbeiterinnen fast die ganze Zeit über im Team arbeiten, was alle als großen Vorteil empfanden. Mit Annette Samuel konnte eine Dipl. Sozialpädagogin gewonnen werden, die bereits in einer Kindertagesstätte gearbeitet hatte, so dass seit Mai 2004 auch diese Perspektive in der Wissenschaftlichen Begleitung vertreten war.

Zusätzlich waren im Team der wissenschaftlichen Begleitung unterstützend zwei studentische Mitarbeiterinnen während der Erhebungsphasen beschäftigt: Corinna Vollmer, die bereits seit 2001 durchgängig in den vom Arbeitsgebiet Grundschulpädagogik an der Universität Bremen begleiteten thüringischen und niedersächsischen Schulversuchen zur Schuleingangsphase tätig war sowie Alke Rohmeyer, die sich neu eingearbeitet hatte. Beide haben zwischenzeitlich ihr Studium und ihr Referendariat erfolgreich abgeschlossen.

Die Erhebung im zweiten Projektjahr hatte das Ziel, den Stand der Entwicklung festzustellen und Engpässe zu ermitteln, die den Entwicklungsprozess entscheidend bremsen. Es wurden eine strukturierte Gruppendiskussion zur Engpass-Analyse, Hospitationen, eine Befragung der Kinder im Kindergarten und nach ihrem Übergang in der Schule sowie eine schriftliche Befragung in den Verbünden des Kernprojekts durchgeführt. Der Bericht wurde später kommunikativ validiert.

Projektveranstaltungen/Foren im zweiten Projektjahr

Im zweiten Projektjahr wurden wiederum zwei Foren ausgerichtet, die weitgehend vom ZUS vorbereitet wurden:

Forum III fand am 17.02.05 in der Universität Bremen statt. Dieses Forum sollte neben dem Bericht der Wissenschaftlichen Begleitung vor allem dem Austausch von Erfahrungen dienen. Eingebettet in den Bericht der Wissenschaftlichen Begleitung stellten die vier Verbünde im Kernprojekt jeweils ihre Arbeit selbst vor. Vor dem Veranstaltungsraum stand eine große Ausstellungsfläche bereit. Hier stellten auch Verbünde aus dem Erweiterten Projekt aus. Den Abschluss der Veranstaltung bildete eine Podiumsdiskussion, in der das Projekt aus verschiedenen Perspektiven kritisch beleuchtet wurde. Die gesamte Veranstaltung wurde durch die Wissenschaftliche Begleitung als Multimedia-Lecture dokumentiert und ist im Internet mit Passwort abrufbar (http://mlecture.uni-bremen.de/[38]). Darüber hinaus erhielten alle Einrichtungen eine DVD mit den drei Dokumentationsfilmen.

Forum IV fand am 28.09.05 in der St. Petri-Gemeinde statt. Hier wurde der Abschlussbericht vorgestellt und im Anschluss kritisch diskutiert. Die Diskussionsergebnisse wurden in der hier vorliegenden Veröffentlichung berücksichtigt.

Veranstaltungen der Wissenschaftlichen Begleitung zur Thematik des Projektes

Über die durch das Unterstützungssystem organisierten Foren und Veranstaltungen hinaus bot die Wissenschaftliche Begleitung Vorträge, Fachtage und schulinterne Fortbildungen an, zu denen die Einrichtungen des Projektes eingeladen wurden, oder die auch durch Einrichtungen des Projektes hätten angefordert werden können. Einige entstanden auf Initiative von Schulen und Kindertageseinrichtungen aus dem Erweiterten Projekt:

„Welche Bildung brauchen wir? - Bildung ist mehr als Lernen", Vortrag beim Ökumenischen Stadtkirchentag Bremen, 21.09.2004 (Carle). Dieser Vortrag setze sich kritisch mit der neurobiologischen Position auseinander und stellte den Bildungsbegriff in einen gesellschaftlichen und kulturellen (Werte-)kontext. Die Veranstaltung war sehr gut besucht, auch von Projektbeteiligten.

„Schuleingangsphase - Ergebnisse aus Schulversuchen", Vortrag in der Bremer Bürgerschaft 22.11.2004 (Carle). Der Vortrag sprach den Zusammenhang von Neugestaltung des Überganges vom Kindergarten in die Schule und der Einrichtung einer flexiblen und integrativen jahrgangsgemischten Schuleingangsphase an. Es beteiligten sich auch Mitglieder des Unterstützungssystems und der Verbünde im Kernprojekt mit Erfahrungsbeiträgen aus dem Projekt an der Diskussion.

„Pädagogische Diagnostik - erprobte Studienmodule im Rahmen der PrimarstufenlehrerInnenausbildung an der Universität Bremen" am 15.04.2005, Tagung norddeutscher Diagnostiker an der Universität Bremen (Graf). Auch diese Tagung war den Projektmitgliedern bekannt, einzelne waren anwesend.

„Schuleingangsphase einführen?" gemeinsame SchiLF an der Universität Bremen mit den Grundschulen „Am Mönchshof" und an der „Carl-Schurz-Straße" 01.02.2005 (Carle). Diese SchiLF kam in Folge des Vortrages in der

---

[38] Vorträge: http://mlecture.uni-bremen.de/intern/ws2004_2005/fb12/vak-12-263/20050217a/
Podiumsdisukussion: http://mlecture.uni-bremen.de/intern/ws2004_2005/fb12/vak-12-263/20050217b/
Markt der Möglichkeiten: http://mlecture.uni-bremen.de/intern/ws2004_2005/fb12/vak-12-263/20050217c/

Bürgerschaft zustande. Es ist aber zu vermuten, dass eine einzige SchiLF nicht ausreicht, um die Einführung der flexiblen Schuleingangsphase zu forcieren.

„Wie berufsrelevant ist unsere Lehrerbildung?“ - Vortrag an der Universität Bremen am 03.02.2005 im Forum „Lehren und Lernen“ (Carle). In diesem recht gut besuchten Vortrag ging es um die Klärung der Gemeinsamkeiten und Eigenheiten der Berufe ErzieherIn und LehrerIn und inwieweit unsere Lehrerbildung für die entsprechenden Anforderungen ausbildet.

„Der gute Stuhl - Kinder im Elementar- und Primarbereich stärken. Selbstwertgefühl als Lernvoraussetzung“. Hierbei handelte es sich um eine ganztägige Fortbildung für ErzieherInnen, LehrerInnen und Studierende am 07.02.2005 in Kooperation mit der Schule „Andernacher Straße“, der Kindertagesstätten „Pfälzer Weg“ und „Schevemoorer Heide“ (Verbund im Erweiterten Projekt) sowie dem Comenius-Projekt „Respect each other“ - mit ReferentInnen aus dänischen Schulen (Graf). Es wurde ein dänisches Konzept zur Stärkung des Selbstwertgefühles bei Kindern vorgestellt. Die Veranstaltung war gut besucht.

„Was hindert Kindergarten, Schule und Eltern in Bremen, enger zu kooperieren?“ - Vortrag im Rahmen der Reihe "Eine Uni für Alle", Universität Bremen 08.02.2005 (Carle). Der Vortrag griff Beispiele auch aus dem Projekt „Frühes Lernen“ auf. Anwesend waren Frau Ubben und mehrere VertreterInnen aus dem Kern- und dem Erweiterten Projekt. Er skizzierte ein Konzept von Kooperation mit Eltern. Die Veranstaltung ist als Multimedia-Lecture dokumentiert.[39]

Im Wintersemester 2004/05 fand jeden Dienstagabend von 19-21 Uhr die öffentliche Ringvorlesung Familienbildung mit dem Titel „Familie als wichtigste Bildungsinstitution?!“ statt, die zahlreiche Impulse und Hintergrundwissen für die Arbeit mit Eltern anbot und von VertreterInnen aus mehreren Verbünden regelmäßig besucht wurde. In- und ausländische ReferenInnen stellten ihre Forschungsergebnisse und Projekte vor. Auch diese Veranstaltung wurde als Multimedia-Lecture aufgezeichnet[40] (Carle/Metzen).

„Frühes Lernen - Kindergarten und Grundschule kooperieren“ - Vortrag im Schütting, Bremen, anlässlich der Vorstellung der verschiedenen PISA-Projekte 18.04.2005 (Carle). Die Veranstaltung zeigte eindrucksvoll die zahlreichen positiven Ergebnisse der verschiedenen Bremer PISA-Projekte.

---

[39] „Was hindert Kindergarten, Schule und Eltern in Bremen, enger zu kooperieren?“ http://mlecture.uni-bremen.de/intern/ws2004_2005/fb12/vak-12-263/20050208/

[40] „Familie als wichtigste Bildungsinstitution?!“ http://mlecture.uni-bremen.de/?quelle=0&id=22&mdkey=ad540a48500349b54ad3cf46436a112e

„Frühkindliche Bildung heute" - Festvortrag zum 50jährigen Bestehen des Kindertagesheimes der „Martin-Luther-Gemeinde" Bremen, 30.05.2005 (Carle). Auch bei dieser Veranstaltung waren Projektmitglieder anwesend.

Unser Angebot zur Schuleingangsphase am 12.05.2005 auf der LIS-Fachtagung Jahrgangsmischung „Ratschlag Schuleingangsphase" fiel leider mangels Anmeldungen aus (Carle). Das ist uns unerklärlich, da außerhalb Bremens das Thema Schuleingangsphase bis heute viele Menschen anzieht.

DGfE Jahrestagung Grundschulforschung an der Universität Dortmund 20.-23.09.2005: „Auf den Anfang kommt es an: Kompetenzen entwickeln – Kompetenzen stärken!" Hier stellte die Bremer Grundschulforschung ihre Projekte mit fünf verschiedenen Beiträgen vor:

- Ausbildung von ErzieherInnen an der Universität (Carle),
- Unterrichtsqualität in der Schuleingangsphase (Berthold),
- Schuleingangsdiagnostik (Graf),
- Entwicklung orthographischer Bewusstheit (Nickel),
- Literacy stärken von Anfang an (Nickel).

Die meisten Veranstaltungen wurden durch TeilnehmerInnen aus den Einrichtungen im Projekt wahrgenommen. Dadurch konnte zwar kein systematisches Fortbildungsangebot sichergestellt werden, aber immerhin eine Öffnung wissenschaftlicher Arbeit am Schulanfang für ErzieherInnen und LehrerInnen im Projekt und darüber hinaus.

Verbreitung der Kooperation: Studierende lernen Kindergarten und Schule kennen

Das Projekt „Frühes Lernen – Kindergarten und Grundschule kooperieren" hatte erhebliche Auswirkungen auf die Lehrerbildung, denn auch im Herbst 2004 öffneten wieder die meisten Einrichtungen im Kernprojekt und einige im Erweiterten Projekt ihre Türen für die Studierenden im ersten Semester. Dadurch konnten erstmals alle Studierenden der Integrierten Eingangsstufe Lehrerbildung in Bremen einen Praktikumsplatz erhalten. Zwölf der 227 Studierenden konnten ihr Praktikum im Rahmen eines Verbundes im Kindertagesheim absolvieren, 41 in einer der Schulen. Sie trugen ihre Erfahrungen in das Begleitseminar zurück, das Insa Beushausen aus dem Verbund Rönnebeck leitete. Ein Beispiel:

Im Plenum wurde ein Film über gute Schulen in Europa gezeigt. Die Studierenden arbeiteten Merkmale heraus. Ein wichtiger Punkt war die Binnendifferenzierung im Unterricht. Eine Studentin, die in der Kindertagesstätte „Bispinger Straße" ihr Praktikum absolvierte, meldete sich zu Wort und erläuterte, wie die ErzieherInnen dort ganz selbstverständlich auf bis zu acht verschiedenen Niveaus differenzieren, indem sie sehr unterschiedliche Kinder parallel individuell ansprechen, jedes Kind so, dass es mit seinen Zugangsvoraussetzungen mitarbeiten konnte.

Ein weiterer Vorteil war, dass die Studierenden in Projektschulen stärker als anderswo dem Thema „Übergang“ begegneten. Fast alle haben sich im zweiten Semester um einen Platz im Studienprojekt „Schuleingangsdiagnostik“ der Universität beworben.

Im Spätherbst 2004 war das Projekt an der Universität Bremen so bekannt, dass sich erste Studierende meldeten, die gerne zu einem Teilaspekt ihre Abschlussarbeit schreiben wollten. Mit den VertreterInnen des Zentralen Unterstützungssystems wurde vereinbart, dass sie anstehende Aufgaben in den Verbünden an die Wissenschaftliche Begleitung kommunizieren und anschließend Kontakte zwischen Studierenden und Einrichtungen herstellen. Vor diesem Hintergrund konnten an Studierende gezielt sinnvolle Abschlussarbeiten vergeben werden, die auch den Einrichtungen eine Hilfe waren, so wie es in naturwissenschaftlich-technischen und betriebswirtschaftlichen Fächern längst üblich ist. In enger Kooperation mit der Leitungsgruppe des Verbundes Rönnebeck entstanden folgende Arbeiten:

- Elternbefragung zum Übergang Kindergarten/Grundschule (Vanessa Willers, siehe Kap. 5.3.1);
- Auswertung der mit Kindern durchgeführten Projekte im Verbund (Kathrin Bahlmann).

In der Neustadt (Erweitertes Projekt) führte Ina Eblinger eine Befragung von LehrerInnen bzw. Schulleitungen in den Grundschulen „Oderstraße“, „Rechtenflether Straße“ sowie in der Grundschule „Rablinghausen“ durch, um Formen, Erfolge und Schwierigkeiten der Elternarbeit zu erheben.

Alle drei Studierende stellten ihre Arbeiten den Schulen/Verbünden zur Verfügung. Das Potenzial studentischer Arbeiten ist damit noch lange nicht erschöpft. Besonders in Kooperation mit dem Unterstützungssystem, von wo aus die Koordination zwischen Wünschen der Einrichtungen und Studierenden geleistet werden kann, könnten im Jahr bis zu 20 sinnvolle Arbeiten betreut werden.

Betrachtete man diese Entwicklung und zugleich die seit Herbst 2004 ebenfalls in Gang gekommenen Fortbildungsinitiativen der Verbünde im Kernprojekt, so lässt sich festhalten, dass ganz verschiedene Impulse erst im Verlaufe des zweiten Projektjahres zu weiterführenden Entwicklungen geführt hatten, die zusammen genommen dem Projekt eine neue Dynamik verliehen, die es unbedingt auszubauen galt.

3.3.3 Erfolge des zweiten Projektjahres in den Kernverbünden

Aufbauend auf die gemeinsame Projektarbeit zwischen Kindertagesheim und Schule während des Kindergarten- und Schuljahres 2003/04, stand für das zweite Projektjahr insbesondere eine Intensivierung und Verfestigung der bisher erreichten Zusammenarbeit an. Darüber hinaus wurde das Ziel anvisiert, die Verbreiterung der Projektarbeit auf allen Ebenen der am Übergang beteiligten Institutionen und Personen zu forcieren. Zu leisten war im zweiten Jahr der institutionelle Übergang von der isoliert arbeitenden Institution zur kooperierenden mit vielfältigen neuen Anforderungen an die MitarbeiterInnen auf allen Ebenen.

Aufbau von Arbeits- und Kooperationsstrukturen

Mit Ablauf des zweiten Projektjahres ließ sich festhalten, dass sich durch das Projekt „Frühes Lernen – Kindergarten und Grundschule kooperieren" die Initiierung und Erprobung von Arbeits- und Kooperationsstrukturen gut entwickelt hatte. Während im ersten Projektjahr insbesondere das sich gegenseitige Kennen lernen, der Austausch von Arbeitsweisen und -methoden sowie eine erste Konkretisierung der Ziele im Vordergrund der Kooperation standen, hatten sich diese im Laufe des zweiten Jahres zunehmend etabliert, so dass ein verstärkter Einstieg in die inhaltliche Auseinandersetzung der Übergangsthematik möglich wurde. Es wurden verbindliche Strukturen für verschiedene Kooperationsbereiche (Hospitationen/gemeinsame Projekte) verankert und es hatte sich in allen Verbünden des Kernprojektes eine selbstverständliche Zusammenarbeit entwickelt.

Mit der Abschlusserhebung offenbarte sich rückblickend, dass die gegenseitigen Hospitationen einen ersten wichtigen Schritt im Aufbau von Arbeits- und Kooperationsstrukturen dargestellt hatten. So lösten sich die Vorurteile, aber auch Unsicherheiten und Ängste gegenüber der „anderen" Profession im Laufe der Projektzeit zunehmend auf. Maßgeblich unterstützt wurde dieser Prozess durch die Praxisprojekte, die vor dem Hintergrund der gemeinsamen Vorbereitung zunächst dazu beigetragen hatten, dass sich die MitarbeiterInnen von Kindertagesstätte und Schule intensiver kennen lernten. Darüber hinaus wurde die Kooperation durch die große Begeisterung der Kinder für die Aktivitäten in den einzelnen Projekten nachhaltig beflügelt. Die gemeinsamen Erlebnisse mit den Kindern hatten den MitarbeiterInnen selbst nicht nur viel Freude bereitet, sondern auch die eigene Motivation im Hinblick auf die Projektarbeit „Frühes Lernen" gestärkt.

Die Arbeits- und Kooperationsstrukturen waren am Ende der Projektlaufzeit in allen Verbünden des Kernprojektes nach wie vor noch von Personen abhängig und strukturell noch nicht verankert. Die ersten Schritte, eine von Personen unabhängige Kooperationsstruktur aufzubauen, wurden jedoch von allen Verbünden unternommen.

Verstärkung der Elternarbeit

Das Thema „Elternarbeit“ stellte sich auch im zweiten Projektjahr als eine besonders schwierig zu bewältigende Aufgabe heraus. Es gab nach wie vor Bemühungen, die Eltern gemeinsam zum Übergang ihrer Kinder zu informieren, beispielsweise in Form von gemeinsamen Elternabenden. Abgesehen davon wurde das Ziel der Verstärkung der Elternarbeit auf das Gesamtprojekt betrachtet nachrangig bearbeitet. Eine längerfristige Einbindung der Eltern in den Übergangsprozess hatte noch nicht spürbar zugenommen.

Eine Ausnahme bildete der Verbund Mitte, der sich durch eine Elternschaft mit hohem Bildungsniveau von den übrigen Verbünden abhob. Hier zeigte ein Teil der Elternschaft von sich aus viel Engagement und Interesse an der Bildungsbiografie ihrer Kinder, so dass die Angebote der Einrichtungen zur aktiven Beteiligung gerne angenommen oder sogar eingefordert wurden.

Durch die Übereinkunft, dass von den Kernverbünden nicht alle vier Oberziele gleichzeitig bearbeitet werden mussten, war das Setzen von Prioritäten hier durchaus sinnvoll. Es stand außer Frage, dass es sich, mit Ausnahme des Verbundes Mitte, in den übrigen Verbünden um zum Teil sozial sehr stark benachteiligte und bezüglich der Elternschaft heterogenere Stadtgebiete handelte, so dass zu erwarten war, dass eine gemeinsame Elternarbeit von Schwierigkeiten begleitet sein würde. Im Rückblick waren viele Einrichtungen mit ihrer Elternarbeit unzufrieden. Sie wird aber weiterhin Bestandteil der gemeinsamen Verbundarbeit sein. Es kann auf jeden Fall konstatiert werden, dass durch das Projekt „Frühes Lernen“ die Einsicht in die Notwendigkeit der Elternarbeit und auch der Anspruch der Einrichtungen, daran zu arbeiten, deutlich gestiegen ist.

Thematische Abstimmung zwischen Kindertagesheim und Grundschule

Hinsichtlich der thematischen Abstimmung zwischen Kindertagesstätte und Schule hatte im zweiten Jahr verstärkt ein Austausch über verschiedene pädagogische Fragestellungen stattgefunden, die häufig zu intensiven Diskussionen bezüglich der Übergangsthematik führten. Die PädagogInnen sahen zunehmend die Notwendigkeit zur Abstimmung der Curricula zwischen beiden Institutionen, um den Übergangsprozess zu harmonisieren, um "Brüche für die Kinder zu vermeiden".

In den Abschlusserhebungen zum Projekt „Frühes Lernen“ wurde deutlich, dass die gemeinsame Arbeit von Kindertageseinrichtung und Schule in diesem Projekt erheblich dazu beigetragen hatte, sich auch gemeinsam über Lern- und Entwicklungswege von Kindern auseinander zu setzen. Wenn gleich, oder gerade weil dieses Thema teilweise auch kontrovers diskutiert wurde, liegt hierin weiterhin eine große Chance, sich der thematischen Abstimmung der Inhalte und Ziele zwischen Kindergarten und Schule anzunähern.

Die Ergebnisse der in den Verbünden Mitte und Oslebshausen angelaufenen Praxisprojekte „Schrift und Sprache“ sowie „Mathe von Anfang an“ im zweiten Projektjahr könnten erste Ansätze einer curricularen Abstimmung unterstützen. Eine entsprechende Auswertung der Erfahrungen und Erkenntnisse aus dieser Zusammenarbeit konnte bis zum Ende des Projektzeitraumes allerdings nicht geleistet werden. Abschließend lässt sich aber festhalten, dass die beteiligten Einrichtungen für die Bedeutung einer thematischen Abstimmung zwischen Kindergarten und Schule durch das Projekt sensibilisiert wurden und dass dieses Ziel in allen Verbünden weiterhin verfolgt wird.

Ausarbeitung eines Themenbereiches für mehrere Entwicklungsniveaus

Während im ersten Projektjahr nur zwei Verbünde im Kernprojekt in langfristiger Planung mehrere komplexe Übergangsprojekte durchgeführt, dokumentiert und ausgewertet hatten, gewann das Ziel, ein Thema für mehrere Entwicklungsniveaus auszuarbeiten, im Verlaufe des zweiten Projektjahres in allen Verbünden im Kernprojekt zunehmend an Bedeutung.

Es wurden in der Arbeit mit den angehenden Schulkindern gemeinsame Themenprojekte zwischen Kindergarten und Schule geplant, organisiert und durchgeführt, die dokumentiert und gemeinsam reflektiert wurden. Dabei entwickelten sich für nachfolgende gemeinsame Veranstaltungen zugleich neue Vorgehensweisen der Dokumentation. Die in Kooperation durchgeführten Projekte bewirkten zudem eine Öffnung für weitere Themenbereiche, die für die gemeinsame Bildungsarbeit mit den Kindern von Bedeutung sein könnten. Aufgrund dieser positiven Erfahrungen nahmen sich alle Verbünde des Kernprojektes vor, auch nach Ablauf der Projektlaufzeit die Kooperationsarbeit fortzusetzen.

3.3.4 Fazit

Während der Projektlaufzeit konnten tragfähige Elemente von Arbeits- und Kooperationsstrukturen entwickelt werden. Es wurden im Rahmen regelmäßig stattfindender Verbundtreffen nächste Schritte zur Umsetzung der Projektaufgaben diskutiert und in der Praxis verwirklicht. Die Praxiserfahrungen konnten dokumentiert, reflektiert und ausgewertet werden, um zukünftig eine Verbesserung der Zusammenarbeit zu erzielen. Kooperation fand im Laufe des zweiten Projektjahres nicht mehr nur auf der Leitungsebene der Verbünde statt, sondern bezog mit steigender Tendenz einen weiten Kreis der MitarbeiterInnen in den Einrichtungen vor Ort mit ein. Die Kooperation im Kernprojekt war damit so weit intensiviert worden, dass die Inhalte und

Zielsetzungen des Projektes auf einer breiteren Plattform thematisiert werden konnten.

Zugleich wurde mit Hilfe des ZUS die Entwicklungsarbeit der Verbünde im Kernprojekt systematischer gestaltet. Auf allen Ebenen wurden (mehr oder weniger ausgefeilt):

- Zeitliche und organisatorische Grundstrukturen der Kooperation aufgebaut;
- die Ziele konkretisiert und abgestimmt;
- Ziele in Teilprojekte übersetzt;
- Maßnahmen zur Bewältigung der Teilprojekte festgelegt;
- Verantwortlichkeiten vereinbart;
- konkrete Kooperationsprojekte durchgeführt.

Ein Teil der Ergebnisse war zu Beginn des Jahres 2005 so weit gediehen, dass diese zum dritten Forum im Februar 2005 vorgestellt werden konnten. Es ließ sich feststellen, dass die Arbeit im Kernprojekt und im Erweiterten Projekt zunehmend systematischer und transparenter erfolgte. Es fand ein Austausch über geplante und abgeschlossene Vorhaben auch über Verbundgrenzen hinaus statt, wodurch das Projekt eine neue Qualität gewann.

3.4 Methoden der Wissenschaftlichen Begleitung

Die Wissenschaftliche Begleitung des Projektes erhob den Anspruch, dass die Untersuchungen denen im Jahr 2002 veröffentlichten Standards der Deutschen Gesellschaft für Evaluation (DeGeVal) entsprachen. Dies bedeutete, ein hohes Maß hinsichtlich Nützlichkeit, Durchführbarkeit, Fairness und Genauigkeit zu verfolgen. Um dies zu erreichen, müssen Evaluationsvorhaben fünf tätigkeitsspezifischen Logiken folgen:

- Der inhaltlichen Programmlogik von Entwicklungsprojekten (z.B. LEEUW 2000);
- der zeitlichen Prozesslogik von Produkt- und Prozessentwicklungen (z.B. BÖSENBERG/METZEN 1992, 167 ff.);
- der Erhebungslogik explorativer und sozialwissenschaftlicher Studien (z.B. KROMREY 1990);
- der Zielfindungs- und Entscheidungslogik von Entwicklungsprozessen (z.B. WOTTOWA/THIERAU 1998, 83 ff.);
- der Programmlogik umfangreicher Entwicklungsprojekte (z.B. HOBBS 2001).

Sobald Evaluation der Programmlogik von Entwicklungsprojekten folgen soll, muss sie auch Verschiebungen und neue Wege mit verfolgen und im

Sinne der Projektlogik interpretieren. Im Rahmen des Projektes „Frühes Lernen“ war es daher unerlässlich, dass die Evaluation mit dem Ablauf des Projektes in den Institutionen zeitlich getaktet wurde. Es waren nicht nur die Ferienzeiten der Einrichtungen zu beachten, sondern in diesem Falle auch die Ablaufpläne der Vorhaben auf der Ebene der Einrichtungen und Verbünde. Aus diesem Grund wurde eine qualitativ hochwertige Evaluation nur möglich, indem im Projekt eine transparente Planung verfolgt wurde, die in Abstimmung mit den beteiligten Ebenen erfolgte.

Die Vorgehensweise der wissenschaftlichen Begleitung des Projektes war an folgendem Modell, das Stufflebeam u.a. 1971 entwickelt haben, angelehnt.

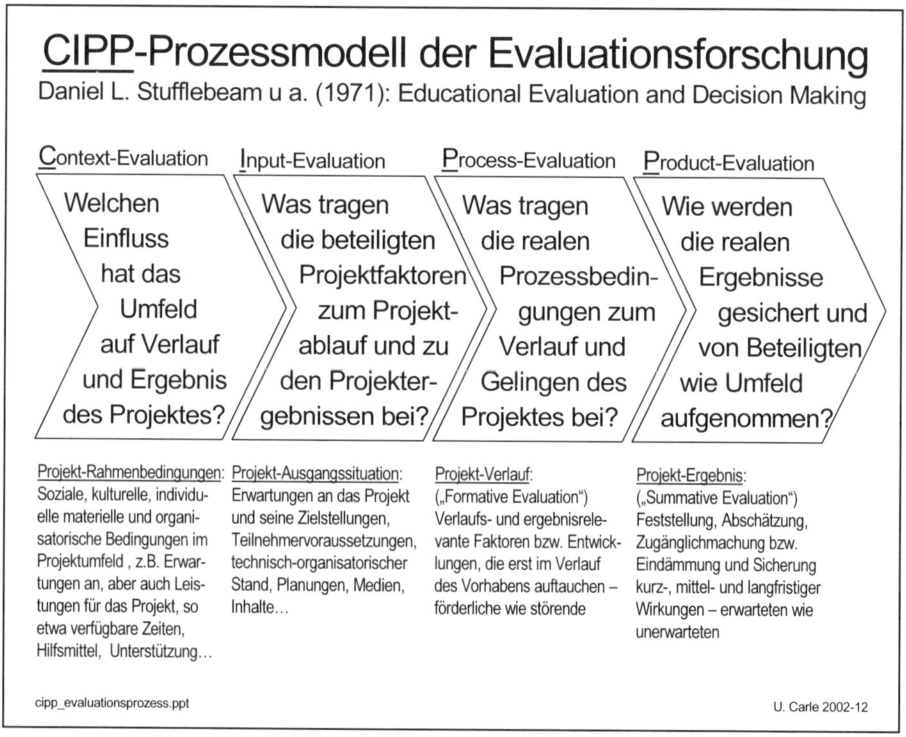

Abbildung 3-5: Bereiche der Evaluation

Folgt das Evaluationsprojekt dem Entwicklungsprojekt, so muss es an derjenigen Ebene ansetzen, auf der die Veränderung sichtbar wird. In diesem Fall war dies nicht die individuelle Ebene, d.h. es war nicht vorgesehen, die Entwicklung der beteiligten Kinder zu untersuchen oder den Kompetenzzuwachs der beteiligten LehrerInnen und ErzieherInnen. Der Grund dafür lag darin, dass es sich im Wesentlichen um ein Veränderungsprojekt handelte, d.h. die Veränderung selbst zu untersuchen war, obwohl diese Veränderung selbstverständlich individuelle Entwicklungen erfordert und nach sich zieht.

Die Zielbereiche des Projektes, „Aufbau von Arbeits- und Kooperationsstrukturen im Kooperationsverbund“, „Verstärkung der Elternarbeit“, „Thematische Abstimmung zwischen Kindertagesheim und Grundschule“ sowie die „Ausarbeitung eines Themenbereiches für mehrere Entwicklungsniveaus“, erforderten zunächst, die Ressourcen der Einrichtungen und Verbünde in Bezug zu den Zielen zu erfassen und die Problemlagen, die bei der Projektarbeit auftreten können, zu ermitteln. Die Erhebung der Ausgangslage im ersten Projektjahr umfasste danach vor allem die Projektrahmenbedingungen der Projektausgangssituation und wurde anhand einer Stärken-Schwächen-Analyse vorgenommen.

Über den gesamten Projektverlauf wurden folgende Detailerhebungen durchgeführt:

- Stärken-Schwächen-Analysen auf der Ebene der Verbünde (2003),
- Erhebung der Ausgangslage durch Hospitationen und Gruppendiskussionen in allen Einzeleinrichtungen (2003),
- Engpassanalysen auf der Ebene der Verbünde (2004),
- Verlaufsbezogene Gruppendiskussionen und Hospitationen in den Einzeleinrichtungen (2004),
- Abschlusserhebung in den Einzeleinrichtungen und auf der Ebene der Verbünde (2005),
- Fragebogenerhebung der zahlenmäßigen Rahmendaten (2003/2004; 2004/2005),
- Gruppendiskussionen mit den Mitgliedern des Zentralen Unterstützungssystems (2003, 2004, 2005),
- Leitfaden gestützte Befragung der Projektleitung (2003, 2004).

Sämtliche personenbezogenen Daten wurden unmittelbar nach der Erhebung anonymisiert. Alle Berichte wurden den Beteiligten zur kommunikativen Validierung vorgelegt, allerdings ohne Bekanntgabe des Datencodes. Die Projektteilnehmer wurden nach einem bewährten Verfahren gebeten, innerhalb einer relativ kurzen Zeit ihre Kritik am Bericht festzuhalten und an die Wissenschaftliche Begleitung zurückzumelden. Im Rückmeldeverfahren wurde geprüft, ob es sich um sachliche Erhebungs- oder Auswertungsfehler handelte oder um eine abweichende Interpretation (Sichtweise). Im ersten Fall wurden die Fehler korrigiert. Im zweiten Fall wurden beide Ansichten nebeneinander in den Bericht aufgenommen. Im Anschluss daran wurden die Berichte unter www.fruehes-lernen.uni-bremen.de veröffentlicht. Es handelte sich bei dieser Vorgehensweise um eine prozessbegleitende Erhebung und Bewertung von Teilergebnissen unter Berücksichtigung der Perspektive der Projektbeteiligten. Durch Rückmeldeprozesse sollte die Arbeit transparenter und einer breiteren und tieferen Reflexion zugänglich gemacht werden.

3.4.1 Beschreibung der Stärken-Schwächen-Analysen

Die Stärken-Schwächen-Analysen (CARLE 2001b; CARLE/BERTHOLD/BISCHOFF 2003; CARLE 2005) bestanden aus einer gelenkten Gruppendiskussion in der Leitungsgruppe, einer mehrstündigen Hospitation in jeder Einrichtung und einer das Ergebnis der Leitungsgruppendiskussion aufgreifenden Gruppendiskussion mit den MitarbeiterInnen jeder Einrichtung. Ziel war es, einen qualitativen, argumentativ reichhaltigen Überblick über die Ausgangslagen in den Einrichtungen und im Verbund als Ganzem zu erhalten. Bei solchen Erhebungen geht es nicht um konkrete Ziele, die im Projekt verfolgt werden, sondern eher im Sinne eines Brainstormings um die Weitung des Blicks für Möglichkeiten, aber auch darum, die Augen und Ohren vor zu erwartenden Problemen nicht zu verschließen. Diese Erhebungen fanden zwischen Juni und September 2003 (im Dezember noch in einer später hinzugekommenen Kindertagesstätte) statt.

Das Team der wissenschaftlichen Begleitung wurde überall gut aufgenommen und alle nahmen sich Zeit für die Analysearbeit. In den meisten Fällen waren die MitarbeiterInnen über unser Kommen vorinformiert.

SWOT bedeutet: **S**trength-**W**eaknesses/**O**pportunities-**T**hreads, zu deutsch: Stärken-Schwächen/Chancen-Risiken. Das Besondere an SWOT-Analysen ist, dass sie auf Bedingungen gerichtet sind. Sie sollen nicht der Rechtfertigung dienen, sondern der realistischen Einschätzung der vorhandenen Möglichkeiten. Dafür werden zunächst diese Möglichkeitsräume anhand strukturierter Gruppendiskussionen in der Leitungsgruppe des Verbundes untersucht.

Strength: Wo besitzen wir für unser Vorhaben ausgeprägte eigene Handlungsstärken? Was sind unsere eindeutigen Vorzüge?

Weaknesses: Wo besitzen wir für unser Vorhaben ausgeprägte Handlungsschwächen? Was machen wir schlecht? Was können wir verbessern? Was müssen wir vermeiden?

Opportunities: Wo eröffnet das Umfeld unserem Vorhaben und Handeln ausgesprochen positive Chancen? Welche Ereignisse und Trends unterstützen unser Projekt?

Threads: Wo birgt das Umfeld für unser Vorhaben und Handeln ausgesprochen große Risiken? Welche Schwierigkeiten deuten sich an? Was tun die anderen/die Konkurrenten?

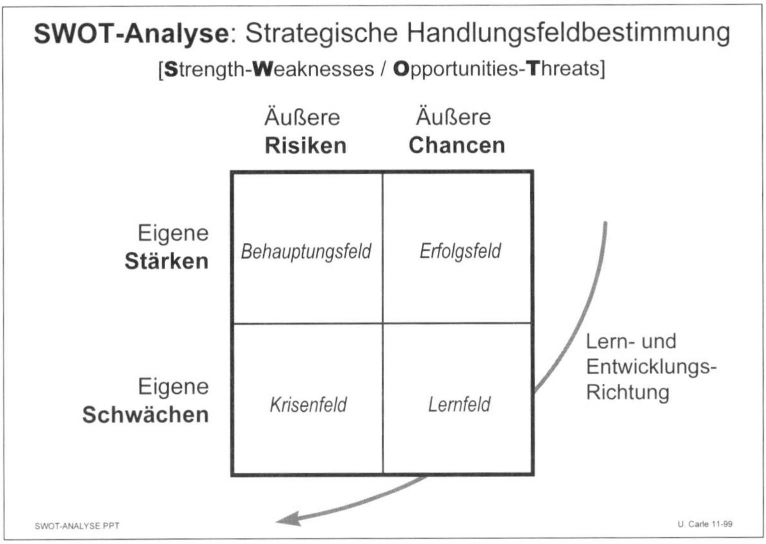

Abbildung 3-6: Erfolgsaussichten der aufgrund einer SWOT-Analyse charakterisierten Handlungsfelder

Dahinter steht folgender Gedanke, der den Beteiligten vermittelt wurde: Man kann im Forschungs- und Entwicklungsprojekt „Frühes Lernen" von den eigenen Stärken und den äußeren Chancen ausgehen und versuchen, von da aus die eigenen Schwächen und die äußeren Risiken zu überwinden, zu kompensieren oder zu umgehen.

Die Erhebung erfolgte unter folgenden Fragen, die sich auf eine entsprechende Fragenliste in Murgatroyd/Morgan (1992, 40-42) stützten und für das Projekt „Frühes Lernen" umformuliert wurden.

Eigene Stärken (Strengths)/Äußere Chancen (Opportunities):

1. Über welche für das Projekt bedeutsamen räumlichen und sächlichen Ressourcen verfügt der Kooperationsverbund?
2. Was sind mit Blick auf die anstehende Veränderungsarbeit und auf die zu leistenden Ausarbeitungen (Konzepte, Materialien, Handreichungen für andere Kooperationsverbünde) die besonderen Stärken
   - unserer PädagogInnen,
   - anderer MitarbeiterInnen (soweit vorhanden),
   - der Kinder?
3. Über welche Stärken verfügt das Leitungsteam im Kooperationsverbund hinsichtlich der Projektleitungstätigkeit (-management, -planung)?
4. Welche Kooperationsaktivitäten im Verbund haben sich bereits über einen langen Zeitraum bewährt?

5. Welche positiven Beziehungen zu den Eltern kann der Kooperationsverbund aufbauen?
6. Welche Beziehungen zu unseren gemeinsamen Geldgebern, Aufsichtsbehörden und Förderern im Kooperationsverbund lassen sich für das Projekt nutzen?
7. Gibt es eine Nische bei unserer Arbeit, in der wir als Kooperationsverbund ganz besonders stark sind?
8. Welche weiteren eigenen Potenziale können wir als Kooperationsverbund vorweisen?
9. Welche Chancen bietet das räumliche Umfeld des Kooperationsverbundsprojektes?
10. Welche personellen Ressourcen oder Kompetenzen lassen sich im Umfeld des Kooperationsverbundes für das Projekt aktivieren (Leitung, Kooperation, Didaktik, Elternarbeit, usw.)?
11. Welche Veränderungen des Überganges würden die Eltern sich vermutlich durch das Projekt wünschen?
12. Welche Veränderungen des Überganges würden sich die Kinder vermutlich wünschen?
13. Welche Chancen erwarten wir als Kooperationsverbund durch die Ressourcen, die im Projekt zur Verfügung gestellt werden (materiell, personell, Wiss. Begleitung, Unterstützungssystem)?

Eigene Schwächen (Weaknesses)/Äußere Risiken (Threats):

1. An welchen räumlichen und sächlichen Ressourcen mangelt es im Kooperationsverbund mit Blick auf das Projekt vor allem?
2. Was sind mit Blick auf die Veränderungsarbeit und auf die zu leistenden Ausarbeitungen die besonderen Schwächen
   - unserer PädagogInnen,
   - anderer MitarbeiterInnen,
   - der Kinder?
3. Welche Schwächen existieren im Leitungsteam des Kooperationsverbundes hinsichtlich der Projektleitung (-management, -planung)?
4. Welche Schwächen in der Elternarbeit sind im Kooperationsverbund offensichtlich?
5. Welche Schwächen zeigen sich bei den Leistungen unserer Einrichtungen am Schulanfang seit längerer Zeit besonders deutlich?

6. Welche Schwächen beruhen auf Besonderheiten unserer Beziehungen zu unseren Geldgebern, Aufsichtsbehörden und Förderern?
7. Welche Schwächen bei Ressourcen, Ausrüstung oder pädagogisch-didaktischen Systemen haben wir im Hinblick auf die Ziele, die wir ins Auge gefasst haben?
8. Welche Barrieren stellen sich innerhalb der Einrichtungen gegen das Projekt?
9. Welche Barrieren stehen der Ausarbeitung der pädagogisch-didaktischen Konzepte, Materialien, Handreichungen entgegen?
10. Welche Barrieren aus dem Umfeld (Einzugsgebiet) stehen der wirksamen Entwicklung des Projektes entgegen?
11. Welche potenziellen Gefahrensignale zeigen sich mit Blick auf die anderen Schulen/Einrichtungen/Ämter, die unter Umständen die gewählte Veränderung und die zu entwickelnden Ausarbeitungen zum Entgleisen bringen könnten?
12. Welche Gefahren drohen durch Unverständnis im Umfeld des Projektes?
13. Welche potenziellen Risiken drohen von Seiten unserer Unterstützungssysteme: LIS, FachberaterInnen, Wissenschaftliche Begleitung, Stadt, Sponsoren, weiteren?
14. Wie wahrscheinlich erachten Sie querliegende Aktionen der Bildungsbehörde bzw. der Träger, die eine besondere Bedrohung für das Projekt darstellen könnten? Was könnte das sein?
15. Welche Gefahren drohen einer wirksamen Veränderung- und Entwicklungsarbeit von möglichen anderen Quellen?
16. Gibt es weitere Risiken, die hier noch nicht abgefragt wurden?

Die Antworten wurden in zwei Gruppen festgehalten, die Stärken und Chancen auf grünen, die Schwächen und Risiken auf roten Karten.

Ableitung von Handlungsstrategien

Aus den so ermittelten Stärken und Schwächen, Chancen und Risiken wurden dann mit Hilfe der nachfolgenden Matrix Überlegungen zu Handlungsstrategien abgeleitet.

SWOT-Ergebnis: Ableitung von Handlungsstrategien
[**S**trength-**W**eaknesses / **O**pportunities-**T**hreats]

	Risiken (T) 1. 2. 3. 4. ...	**Chancen (O)** 1. 2. 3. 4. ...
Stärken (S) 1. 2. 3. 4. ...	**S-T-Strategien** 1. 2. 3. *Behauptungsfeld* 4. ...	**S-O-Strategien** 1. 2. 3. *Erfolgsfeld* 4. ...
Schwächen (W) 1. 2. 3. 4. ...	**W-T-Strategien** 1. 2. 3. *Krisenfeld* 4. ...	**W-O-Strategien** 1. 2. 3. *Lernfeld* 4. ...

SWOT-ANALYSE.PPT U. Carle 11-99

Abbildung 3-7: Ergebnis-Matrix zur Ableitung von Handlungstrategien aus der ....SWOT-Analyse (nach ELBLING KREUZER 1994, 265[41])

Die *begründete* Auswahl einer allgemeinen Strategie und eines Projektschwerpunktes für die Ausarbeitungen ist für jeden Kooperationsverbund, der sich für eine nachhaltige Innovation und Qualitätsverbesserung entscheidet, eine kritische Aufgabe. Ohne eine verbindliche Strategie sind die Kultur und die Kommunikation im Veränderungsprozess gefährdet, Teams innerhalb der Einzeleinrichtung werden hinsichtlich der eingeschlagenen Richtung verunsichert, Entscheidungen können nicht mehr zuverlässig einer bestimmten Zielrichtung zugeordnet werden. Diesen Prozess der Strategiebildung regt die SWOT-Analyse an, mehr jedoch nicht. Es wurde daher dem Zentralen Unterstützungssystem vorgeschlagen, Veranstaltungen zur projektbezogenen Zielkonkretisierung und zur Erstellung von Projektplänen auf der Ebene der Kooperationsverbünde im Anschluss daran durchzuführen. Bei der SWOT-Analyse im Leitungsteam des Verbundes hospitierten die Tandems des Untersützungssystems in den Verbünden, für die sie zuständig waren. Vermutlich war der Zusammenhang zwischen Hospitation und künftiger Unterstützungstätigkeit im Verbund nicht ausreichend geklärt, denn leider wurden danach die Zuständigkeiten im ZUS neu verteilt, so dass die Tandems nicht mehr unmittelbar auf diese Erfahrung zurückgreifen konnten.

3.4.2 Engpassanalyse (TOC) im Kooperationsverbund

Die Erhebung aktueller Projektengpässe nach der Theory of Constraints (TOC) wurde auf der Leitungsebene der Verbünde und in allen Einzelein-

41 Dort heißt die SWOT-Analyse TOWS-Matrix. Das ist dasselbe Verfahren, aber mit umgekehrter Begriffs- und Akronymfolge bezeichnet und stützt sich auf David, F.R. 1996.

richtungen durchgeführt, wiederum in Anwesenheit der unterstützenden Tandems.[42]

Nach einer Abfrage, welche Strukturen bereits im Projektverbund eingerichtet wurden, arbeiteten die MitarbeiterInnen in Einzel- oder Partnerarbeit die Ziele heraus, die sie mit dem Projekt verbinden und schrieben diese auf Karten. Die Zuordnung der persönlichen Ziele zu den vier vom Projekt vorgegebenen Zielen (Pinnwand) führte regelmäßig zu einer angeregten und klärenden Diskussion. Zur Ermittlung der augenblicklichen Projektengpässe (im Verbund oder auf Einzeleinrichtungsebene) notierten nun die TeilnehmerInnen Detailprobleme, die bislang einer Zielerreichung im Wege standen, auf andersfarbige Karten. Diese wurden auf dem Boden ausgelegt. Probleme, die nicht vom Verbund beeinflusst werden können, wurden aussortiert. Die verbleibenden Problemkarten konnten nun zusammengefasst werden. Als Impuls für den nächsten Schritt dienten die Überschriften: „Ursache“, „Problem“, „Wirkung“. Die Detailprobleme wurden daraufhin untersucht, welche Ursachen die jeweiligen Probleme haben und welche Wirkung sie auf das Projekt ausüben. Es zeigte sich, dass einige Probleme Ursache von anderen waren und dass oft auch die Wirkung eines Problems bereits auf dem Boden lag. Die „Arme“ der entstandenen Ursache-Problem-Wirkungs-Netze wurden nun mit Punkten gewichtet. Zum Schluss wurden jene Probleme herausgearbeitet, die einerseits als besonders grundlegend für viele weitere Probleme erachtet wurden und die andererseits eine hohe Punktzahl erhielten.

Alle Erhebungen wurden aufgezeichnet, transkribiert und zusammen mit den vorliegenden schriftlichen Unterlagen im Team (Bischoff/Samuel) in einem mehrschrittigen Verfahren anonymisiert ausgewertet.

Am Schluss des Projektes wurde für jeden Verbund im Kernprojekt eine Entwicklungsbeschreibung erstellt, indem anhand der erhobenen Daten der Verlauf im Projekt noch einmal nachgezeichnet wurde. Die Beschreibungen wurden seitens der Leitungsgruppen kommunikativ validiert und werden im Folgenden vorgestellt.

---

[42] Zum Verfahren der TOC-Analyse siehe: Carle 2000, 395ff; Carle 2001c; (diese Handanweisung erscheint unter http://www.tqse.uni-bremen.de/unterstuetzungselemente.html Berthold/Carle 2003).

4 Kooperationsverbund Oslebshausen

Der Kooperationsverbund Oslebshausen bildete den größten Verbund im Kernprojekt „Frühes Lernen". Er setzte sich aus drei Grundschulen (GS) und sieben Kindertagesheimen (KTH) zusammen. Jeweils einer Grundschule und einem Kindertagesheim war eine Dependance angegliedert. Die Einrichtungen, die zum Verbund Oslebshausen gehörten, unterschieden sich deutlich in Bezug auf ihre Größe. In den Kindertagesheimen bewegte sich die Anzahl der Kindergruppen zwischen einer Gruppe und acht Gruppen. In den Grundschulen differierte die Schülerschaft zwischen 100 und fast 350 SchülerInnen, so dass die Klassenstufen in einer Schule einzügig verliefen, während sie in den beiden anderen Schulen drei- bis vierzügig angeboten wurden. Die soziokulturellen Hintergründe der Kinder im Einzugsgebiet dieses Verbundes waren ebenfalls sehr heterogen. Der Anteil an Migrantenkindern im KTH Schwarzer Weg oder dem KTH Auf den Hunnen lag beispielsweise im Vergleich zum katholischen KTH St.-Nikolaus, der katholischen St.-Joseph-Schule oder dem evangelischen KTH Oslebshausen bedeutend höher[43].

Insgesamt waren an der Kooperation sechs verschiedene Träger beteiligt:

- Senator für Bildung und Wissenschaft,
- KiTa Bremen, Eigenbetrieb der Stadtgemeinde Bremen[44],
- Katholischer Gemeindeverband Bremen,
- Landesverband Evangelischer Kindertageseinrichtungen,
- Hans-Wendt-Stiftung,
- Elternverein.

Für die Begleitung des Verbundes waren während der Projektlaufzeit Rainer Metze und Gabriella Novello vom Zentralen Unterstützungssystem (ZUS) des Projektes „Frühes Lernen" verantwortlich.

Dem Kooperationsverbund Oslebshausen gehörten die folgenden Einrichtungen an:

Schule An der Oslebshauser Heerstraße mit Dependance Humannstraße Oslebshauser Heerstr. 115 28239 Bremen Tel.: (0421) 361-9280 eMail: 089@bildung.bremen.de Leitung: Magdalena Bossaller-Meyhöfer	Schule Auf den Heuen An der Fuchtelkuhle 15 28239 Bremen Tel.: (0421) 361-9275 eMail: 010@bildung.bremen.de Leitung: Ute Lesniarek-Spieß

[43] Der Benachteiligtenindex liegt in Oslebshausen um –51

[44] Seit August 2004, vorher Amt für Soziale Dienste

Kath. St.-Joseph-Schule Alter Heerweg 35 28239 Bremen Tel.: (0421) 64 04 95 eMail:st.-joseph-schule-bremen@t-online.de Leitung: Arnold Jahnke	KTH Am Kammerberg Am Kammerberg 12a 28239 Bremen Tel.: (0421) 69 18 036 eMail: kammerberg@hwst.de Leitung: Ulrike Bahr-Gräber
KTH Auf den Hunnen Auf den Hunnen 32 28239 Bremen Tel.: (0421) 361-9295 eMail: Juergen.Ansorg@kita.bremen.de Leitung: Jürgen Ansorg	KTH Schwarzer Weg mit Dependance Wischhusenstraße Schwarzer Weg 26b 28239 Bremen Tel.: (0421) 361-9277 eMail: Jens.Hager@kita.bremen.de Leitung: Bärbel Dudek
Ev. KTH Oslebshausen Ritterhuder Heerstr. 1-3 28239 Bremen Tel.: (0421) 64 02 72 Leitung: Kirsten Koch	Verein Kinder Leben e.V. Scharmbecker Str. 21-23 28239 Bremen Tel.: (0421) 61 67 020 Leitung: Bärbel Burgschat-Zischow
KiTa Am Nonnenberg Am Nonnenberg 38 28239 Bremen Tel.: (0421) 361-9296 eMail: regina.jeschke@kita.bremen.de http://www.kindergarten-nonnenberg.de Leitung: Regina Jeschke	KTH St.-Nikolaus Beim Ohlenhof 17 A 28237 Bremen Tel.: (0421) 61 25 56 eMail: st.-nikolaus@kiki-bremen.de Leitung: Gesa Lehmhus
Förderzentrum Am Oslebshauser Park 1-3 28239 Bremen Tel.: (0421) 361-9265 eMail: 202@bildung.bremen.de Leitung: Hiemke Kaufhold	

4.1 Einrichtungsbezogene Daten

Im Folgenden werden die zum Kooperationsverbund Oslebshausen gehörenden Einzeleinrichtungen in Form eines kurzen Überblicks vorgestellt. Es werden zunächst die Schulen und anschließend die Kindertagesheime beschrieben. Die einrichtungsspezifischen Daten beinhalten eine über den Projektzeitraum 2003-2005 zusammenfassende Übersicht. Die Daten sind den Fragebögen aus den Jahren 2003 sowie 2004, die an jede Einzeleinrichtung verschickt wurden, entnommen. Während im Projektjahr 2003/04 nicht alle Fragebögen fristgerecht zur Aufnahme in den 1. Projektbericht eingegangen waren, lag der fristgerechte Rücklauf im Kindergarten- und Schuljahr 2004/05 bei 100%. Die Daten wurden von der Wissenschaftlichen Begleitung anonymisiert und horizontal wie vertikal ausgewertet. Sofern sich die erhobenen Daten aus den Jahren 2003/04 bzw. 2004/05 nicht nennenswert voneinander unterscheiden, beziehen sich die Angaben auf den Fragebogen 2004, weil dieser die aktuelle Situation des Feldes widerspiegelt. In Fällen erheblicher Abweichungen werden die Veränderungen aufgezeigt.

Grundschule Auf den Heuen

Die Grundschule Auf den Heuen arbeitet seit dem Schuljahr 2004/05 nach einem veränderten pädagogischen Konzept. Als einzige Schule im Verbund hat sie jahrgangsübergreifende Lerngruppen mit Kindern der Jahrgänge 1 und 2 eingerichtet. Im kommenden Schuljahr soll ein weiterer Jahrgang dazu kommen, so dass in den Lerngruppen Kinder der Jahrgänge 1, 2 und 3 gemeinsam unterrichtet werden. In den Schuljahren 2003/04 und 2004/05 besuchten jeweils 170-180 SchülerInnen die Grundschule. Die Klassen 2-4 verliefen zweizügig, die Klassengröße lag bei durchschnittlich 22 Kindern. An der Grundschule Auf den Heuen, unter der Leitung von Ute Lesniarek-Spieß, umfasste das Kollegium 15 PädagogInnen (zehn GrundschullehrerInnen, drei SonderschullehrerInnen, zwei SozialpädagogInnen). Das Durchschnittsalter betrug 44 Jahre. Im Schuljahr 2004/05 erhielten 18 Kinder (zwölf Jungen/sechs Mädchen) eine besondere pädagogische Förderung in den Bereichen Sprache, Wahrnehmung und Verhalten. Für diese Aufgabe wurden gezielt SonderschulpädagogInnen eingesetzt, die überwiegend intern oder in kleinen externen Gruppen mit den Kindern arbeiteten. Die Förderung der Kinder des 1. Jahrganges übernahm eine Sozialpädagogin in hauptsächlich unterrichtsimmanenter Form. Zum Schuljahr 2004/05 wurden drei Jungen und zwei Mädchen vorzeitig eingeschult. Die Mehrheit der zum Schuljahr 2004/05 eingeschulten Kinder (22) besuchte zuvor das KTH Auf den Hunnen.

Die Grundschule Auf den Heuen ist in einem Wohngebiet in der Nähe des Oslebshauser Parks angesiedelt. Für das Schuljahr 2005/06 erwartete die Schule einen gravierenden Rückgang der Schülerschaft, da die Wohnanlage „Tucholskystraße“, in der überwiegend Familien türkischer und libanesischer Herkunft wohnen, abgerissen wird. Insgesamt wirke sich nach Angaben der Schule die zum Teil starke Fluktuation der Kinder ungünstig auf die Zusammensetzung und den Aufbau stabiler Klassengemeinschaften aus.

Seit August 2004 nimmt die Schule am Projekt „SINUS – Steigerung der Effizienz des Mathematikunterrichts“ teil.[45]

In der Projektgruppe „Frühes Lernen“ wurde die Grundschule Auf den Heuen durch Ute Lesniarek-Spieß und Brigitte Wienberg-Pawlik vertreten.

---

[45] Das Sinus-Projekt zur Steigerung der Effizienz des Mathematikunterrichts ist eine Initiative der Bund-Länder-Kommission für Bildungsplanung und Forschungsförderung. Das Projekt wird wissenschaftlich begleitet und endet voraussichtlich im Jahr 2009.

Grundschule An der Oslebshauser Heerstraße

Die Grundschule An der Oslebshauser Heerstraße, unter der Leitung von Magdalena Bossaller-Meyhöfer, stellte mit 340-350 SchülerInnen die größte Schule im Verbund dar. Ihr ist die Dependance Humannstraße angegliedert. In der Schule waren im Schuljahr 2004/05 34 MitarbeiterInnen beschäftigt, von denen 29 in der Schule An der Oslebshauser Heerstraße und fünf an der Dependance Humannstraße tätig waren. Das Kollegium setzte sich aus GrundschullehrerInnen (20), SonderschullehrerInnen (drei), HortnerInnen (drei), LehrerInnen der Sekundarstufe 1 (zwei), SozialpädagogInnen (zwei) und ErzieherInnen (zwei) sowie einem Diplom-Pädagogen und einem Sportübungsleiter zusammen. Das Durchschnittsalter lag bei 44 Jahren.

Mit Beginn des Schuljahres 2004/05 ist die Grundschule An der Oslebshauser Heerstraße eine gebundene Ganztagsschule mit einem Lehrerarbeitszeitmodell für alle pädagogischen MitarbeiterInnen. Im Schuljahr 2004/05 wurde die 1. Klasse vierzügig, die Klassen 2-4 wurden jeweils dreizügig angeboten. In der Dependance Humannstraße gab es im Schuljahr 2004/05 keine 1. Klasse, die Klassen 2-4 verliefen jeweils einzügig. Die Klassengröße lag an beiden Standorten zwischen 20 und 23 Kindern. Einschließlich der Dependance Humannstraße erhielten im Schuljahr 2004/05 insgesamt 19 Kinder eine besondere pädagogische Förderung in den Bereichen Wahrnehmung, Verhalten und Konzentration, die binnendifferenziert erfolgte. 18 dieser Kinder besuchten die Schule An der Oslebshauser Heerstraße, ein Kind die Dependance Humannstraße. Sieben Kinder (zwei Jungen/fünf Mädchen) wurden zum Schuljahr 2004/05 vorzeitig eingeschult. Die Kinder der Schule kommen generell aus mehreren Kindertagesheimen im Stadtteil Oslebshausen, vorwiegend aus dem KTH Am Nonnenberg und dem KTH Am Kammerberg.

Die Grundschule An der Oslebshauser Heerstraße wurde in der Projektgruppe „Frühes Lernen“ durch Magdalena Bossaller-Meyhöfer vertreten.

Katholische Grundschule St.-Joseph-Schule

Die katholische Grundschule St.-Joseph-Schule war mit einer Schülerschaft von 100-110 Grundschulkindern die kleinste der drei Schulen im Kooperationsverbund Oslebshausen. Sie gehört dem Katholischen Gemeindeverband Bremen an und wird von Arnold Jahnke geleitet. An der Schule waren im Schuljahr 2004/05 neun MitarbeiterInnen tätig. Das Kollegium setzte sich aus vier Grundschullehrerinnen, einer Sonderschulpädagogin, einer Diplompädagogin für Betreuungsaufgaben, einer Schneidermeisterin für den Unterricht und die Verlässliche Grundschule sowie einer weiteren Betreuungskraft zusammen. Das Durchschnittsalter des Kollegiums betrug 47 Jahre.

An dieser Schule werden bislang alle Klassenstufen einzügig angeboten. Die Klassengröße bewegt sich durchschnittlich zwischen 25 und 28 Kindern.

Zum Schuljahr 2004/05 wurde bei neun Kindern (fünf Jungen/vier Mädchen) besonderer pädagogischer Förderbedarf in den Bereichen Sprache, (Fein-)Motorik und Verhalten diagnostiziert. Die Förderung dieser Kinder erfolgte über Binnendifferenzierung sowie Sonderstunden. Darüber hinaus gibt es in den katholischen Grundschulen Bemühungen, ab diesem Schuljahr generell sonderpädagogische Fördermöglichkeiten, die bis dato nicht im Schulkonzept integriert sind, einzurichten. In der St.-Joseph-Schule ist hierfür eine ausgebildete Sonderschulpädagogin angestellt, die auch im Regelunterricht tätig ist. Die meisten der zum Schuljahr 2004/05 eingeschulten Kinder besuchten zuvor das katholische KTH St. Nikolaus (zehn), das KTH Am Nonnenberg (sieben) sowie das KTH Auf den Hunnen (fünf).

Die Schule teilte mit, dass die Akzeptanz für das Engagement im Projekt „Frühes Lernen" beim Schulträger im Verlaufe des Projektjahres 2003/04 sehr gestiegen war und in den entsprechenden Gremien thematisiert wurde. Zum Schuljahr 2004/05 hatte die Lehrerin der künftigen 1. Klasse im Rahmen des Projektes eine einstündige Reduzierung ihrer Unterrichtsstunden erhalten, um u.a. bei allen einzuschulenden Kindern im Kindertagesheim zu hospitieren sowie an den Projektsitzungen teilzunehmen.

Zum Profil der Schule gehört eine besondere Einschulungspraxis: Die Eltern der neuen Erstklässler werden in einem vom Katholischen Bildungswerk moderierten Seminar (drei Abende) in das Schulleben eingeführt. Das Seminar endet mit einem Kennenlernwochenende, das die Eltern, die neuen SchülerInnen sowie die ErstklasslehrerIn direkt vor der Einschulung gemeinsam verbringen.

Für die katholische Grundschule St.-Joseph-Schule nahmen der Schulleiter, Arnold Jahnke, sowie die zukünftige Erstklasslehrerin, Elke Stein, an den Projektsitzungen teil.

Kindertagesheim Auf den Hunnen

Das Kindertagesheim Auf den Hunnen stellte neben dem KTH Schwarzer Weg eines der größten Kindertagesheime im Kooperationsverbund Oslebshausen dar. Das Kindertagesheim liegt in der Trägerschaft des Eigenbetriebes der Stadtgemeinde Bremen, KiTa Bremen. Neben dem KTH-Leiter Jürgen Ansorg waren im Kindergartenjahr 2004/05 elf ErzieherInnen sowie drei SozialpädagogInnen für die pädagogische Arbeit zuständig. Das Durchschnittsalter der MitarbeiterInnen betrug 43 Jahre. Im Kindergartenjahr 2004/05 besuchten 130 Kinder die Einrichtung, die sich auf eine ganztägige Integrationsgruppe, zwei Teilzeit- und zwei Halbtagsgruppen verteilten. Die durchschnittliche Gruppengröße lag bei 19 Kindern. Elf Kinder (sieben Jungen/vier Mädchen) erhielten eine besondere Förderung in den Bereichen Sprache, Wahrnehmung und Verhalten. Dieser Aufgabe wurde in Form einer Integrationsgruppe, durch IntegrationspädagogInnen sowie durch Binnendifferenzierung nachgekommen. Jeweils fünf der Kinder erhielten eine Förderung nach den Hilfsbedarfsgruppen[46] (HBG) 1 und 2, ein Kind war in der Hilfsbedarfsgruppe 3 eingestuft.

Die Hortgruppe des Kindertagesheimes wurde im Kindergarten- und Schuljahr 2004/05 im Rahmen der Umgestaltung der Grundschule An der Oslebshauser Heerstraße zur Ganztagsschule an dieser betreut. Das Hortpersonal war zugleich in den Schulbetrieb eingebunden. Zusätzlich gab es ein „offenes Hortangebot" für ca. 20 Kinder im Alter von 6-12 Jahren, die nicht in Regelhorten angemeldet waren.

Das Kindertagesheim Auf den Hunnen liegt in einem Wohngebiet mit einem hohen MigrantInnenanteil, wodurch der Anteil an Kindern aus Migrantenfamilien im KTH ebenfalls sehr hoch ist. Gemessen an den Beitragssätzen, lassen sich die sozialen Familienhintergründe der Kinder als eher einkommensschwach einordnen. So zahlten ca. 60% der Eltern den niedrigsten Beitragssatz, während lediglich 0,6% der Familien in die höchste Beitragsgruppe eingestuft waren.

Das KTH Auf den Hunnen wurde in den Projektsitzungen durch Jürgen Ansorg und Ulrike Westermann vertreten.

Kindertagesheim Schwarzer Weg - Wischhusenstraße

Das Kindertagesheim Schwarzer Weg, unter der Leitung von Bärbel Dudek, gehört zum Eigenbetrieb der Stadtgemeinde Bremen, KiTa Bremen. Dem KTH ist die Dependance Wischhusenstraße angegliedert. Seit Sommer 1989 besteht darüber hinaus zwischen dem KTH Schwarzer Weg und der Hans-Wendt-Stiftung eine Kooperation zur Betreuung behinderter und von Behinderung bedrohter Kinder. Die Integration findet in den beiden Hortgruppen des Hauses in Form der Integrative Heilpädagogische Tageserziehung (IH-TE) sowie in einer Kindergartengruppe statt. Das für diese Integrationsarbeit zuständige Personal der zwei Kindergartengruppen sowie einer Hort- und Kindergartengruppe von der Hans-Wendt-Stiftung wird von der Stadtgemeinde Bremen gestellt. Im Kindergartenjahr 2004/05 waren im KTH Schwarzer Weg 13 MitarbeiterInnen, davon sieben ErzieherInnen, vier SozialpädagogInnen, eine Psychologin sowie eine Assistenzkraft, die für ein Kind zuständig war, beschäftigt. Das MitarbeiterInnen-Team der Dependance Wischhusenstraße setzte sich aus fünf ErzieherInnen und zwei SozialpädagogInnen zusammen. Die Dependance wurde in Personalunion (zwei SozialpädagogInnen) mit der Hauptstelle geleitet. Das Durchschnittsalter betrug 41 Jahre.

---

[46] Hilfsbdarfsgruppen (HBG): Maßnahmepauschale nach BSHG, die nach Gruppen für Hilfeempfänger mit vergleichbarem Hilfebedarf kalkuliert werden.

Im Kindergartenjahr 2004/05 wurden an beiden Standorten 157 Kinder, darunter 40 Hortkinder, betreut. Im KTH Schwarzer Weg wurden eine Ganztags-, drei Teilzeit-, eine Halbtagsgruppe sowie zwei Hortgruppen angeboten. In der Dependance Wischhusenstraße bestand das Gruppenangebot aus zwei Halbtagsgruppen. Die durchschnittliche Gruppengröße umfasste 20 Kinder. Im Kindergartenjahr 2004/05 erhielten 26 Kinder (17 Jungen/neun Mädchen) eine besondere Förderung in den Bereichen Sprache, (Fein-)Motorik und Verhalten. 20 der Kinder erhielten eine Förderung nach der Hilfsbedarfsgruppe 1, sechs Kinder waren in der Hilfsbedarfsgruppe 2 eingestuft. Für die Fördermaßnahmen waren IntegrationspädagogInnen zuständig. Speziell in der Dependance Wischhusenstraße hatten ca. 73% der Kinder Schwierigkeiten mit der deutschen Sprache. Dieser Faktor wirke sich nach Angaben des Kindertagesheimes ungünstig bei der Zusammensetzung der Kindergruppen aus.

Ähnlich wie im KTH Auf den Hunnen war auch im KTH Schwarzer Weg/Dependance Wischhusenstraße der Anteil an Migrantenkindern im Vergleich zu den übrigen Kindertagesheimen auffallend hoch. Beide Standorte liegen in einem Wohngebiet mit hohem MigrantInnenanteil. Die sozialen Familienhintergründe lassen sich, gemessen an den Beitragssätzen, die gezahlt wurden, insgesamt als einkommensschwach einstufen. Lediglich 3,8% der Elternschaft zahlte den höchsten Beitragssatz, während 70% der Eltern den niedrigsten Beitragssatz zahlten.

Zum Schuljahr 2004/05 wurden 23 der Vorschulkinder in der Grundschule am Halmerweg eingeschult, weitere 13 Kinder die Grundschule An der Oslebshauser Heerstraße.

Das pädagogische Konzept des Hauses wurde zum Kindergartenjahr 2004/05 durch ein offenes, gruppenübergreifendes Frühstück an zwei Tagen in der Woche sowie gruppen- und hausübergreifende Angebote für ältere Kinder an zwei Tagen in der Woche erweitert.

Das KTH Schwarzer Weg wurde im Projekt „Frühes Lernen“ durch Jens Hager und Birgit Hollmann vertreten.

Kinderhaus Am Kammerberg

Das Kinderhaus Am Kammerberg, unter der Leitung von Ulrike Bahr-Gräber, liegt in der Trägerschaft der Hans-Wendt-Stiftung. Im Kindergartenjahr 2004/05 betreuten neun pädagogische MitarbeiterInnen 80 Kinder. Neben sechs ErzieherInnen bestand das Team der MitarbeiterInnen aus zwei SozialpädagogInnen und einer Behindertenpädagogin, die als Integrationskräfte eingesetzt waren. Das Durchschnittsalter der MitarbeiterInnen lag bei 33 Jahren.

Das Gruppenangebot umfasste insgesamt vier Gruppen, eine Ganztags-, zwei Teilzeit- sowie eine Halbtagsgruppe. Die Gruppengröße lag bei durchschnittlich 20 Kindern. Im Kindergartenjahr 2004/05 wurden durch die IntegrationspädagogInnen acht Kinder mit besonderem Förderbedarf betreut. Vier der Kinder waren in der Hilfsbedarfsgruppe 1, zwei Kinder in der Hilfsbedarfsgruppe 2, zwei weitere Kinder in der Hilfsbedarfsgruppe 3 eingestuft.

Das KTH Am Kammerberg ist in einem Wohngebiet mit kleinen Einfamilienhäusern gelegen und hebt sich von den übrigen Einrichtungen durch eine moderne architektonische Bauart mit Dachbepflanzung ab. Obwohl das KTH Am Kammerberg wie die übrigen Einrichtungen im Verbund in einem sozial benachteiligten Stadtteil liegt, zahlten im Vergleich zum KTH Auf den Hunnen oder dem KTH Schwarzer Weg vergleichsweise viele Eltern (10%) den höchsten Beitragssatz. 51% der Elternschaft zahlte den niedrigsten Beitragssatz. Die Unterschiede zwischen den Einrichtungen verweisen auf die eingangs erwähnte Heterogenität im Stadtteil.

Zum Schuljahr 2004/05 wurden 17 der Vorschulkinder in die Grundschule An der Oslebshauser Heerstraße eingeschult, weitere fünf Kinder in die Schule an der Fischerhuder Straße und vier Kinder in die Grundschule Halmerweg.

Seit Oktober 2004 nimmt das KTH Am Kammerberg am Projekt „Anerkannter Bewegungskindergarten“ des Landessportbundes teil. Kooperationspartner des Projektes ist die Sportgemeinschaft Oslebshausen, die wöchentlich eine Übungsstunde im KTH anbietet.

In der Projektgruppe „Frühes Lernen“ wurde die Einrichtung durch die Leiterin, Ulrike Bahr-Gräber, vertreten.

Kindertagesheim Am Nonnenberg

Das Kindertagesheim Am Nonnenberg, unter der Leitung von Regina Jeschke, arbeitet als einzige Einrichtung im Kooperationsverbund Oslebshausen seit 1996 nach dem offenen Kindergartenkonzept. Träger der Einrichtung ist der Eigenbetrieb der Stadtgemeinde Bremen, KiTa Bremen. Das pädagogische MitarbeiterInnen-Team setzte sich im Kindergartenjahr 2004/05 aus zehn ErzieherInnen zusammen, die als Gruppenleitungen oder im Sonderdienst tätig waren. Das Durchschnittsalter betrug 41 Jahre.

Im Kindergartenjahr 2004/05 besuchten 108 Kinder das KTH Am Nonnenberg. Das Gruppenangebot umfasste sieben Kindergruppen, darunter eine Ganztags-, drei Teilzeit-, sowie drei Halbtagsgruppen. Vier Jungen der Einrichtung erhielten vorwiegend im Bereich Sprache, (Fein-)Motorik und Wahrnehmung eine besondere Förderung, die zum einen binnendifferenziert, zum anderen durch IntegrationspädagogInnen erfolgte. Von den Kinder waren zwei in den Hilfsbedarfsgruppen 1 bzw. 3 eingestuft, die anderen zwei Kinder erhielten eine Förderung nach der Hilfsbedarfsgruppe 2.

Das KTH Am Nonnenberg ist in einem Wohngebiet direkt am Oslebshauser Park gelegen und verfügt über ein großzügig angelegtes Außengelände, wodurch die doch sehr begrenzten Räumlichkeiten des Hauses teilweise ausgeglichen werden.

Hinsichtlich der sozialen Familienhintergründe der Kinder kann die Klientel des Kindertagesheimes, gemessen an den Beitragssätzen, den die Eltern zahlten, zur Mittelschicht gehörend beschrieben werden. 9% der Eltern zahlten den höchsten Beitragssatz, 35% der Elternschaft den niedrigsten. Knapp 60% der Eltern bewegte sich damit im Mittelfeld der zu zahlenden Beitragssätze.

Zum Schuljahr 2004/05 wurden 30 der Vorschulkinder in der Grundschule An der Oslebshauser Heerstraße eingeschult, weitere sieben Kinder besuchen seit Schuljahresbeginn die katholische St.-Joseph-Schule.

Für die Vertretung in der Projektgruppe „Frühes Lernen" waren Regina Jeschke und Susanne Brüning zuständig.

Katholisches Kindertagesheim St. Nikolaus

Das katholische Kindertagesheim St. Nikolaus wird vom Katholischen Gemeindeverband Bremen getragen. Obwohl das KTH im Ortsteil Gröpelingen angesiedelt ist, wurde es aufgrund der engen Kooperation mit der kath. St.-Joseph-Schule, in welche die meisten der KTH-Kinder nach dem Ende ihrer Kindergartenzeit wechseln, in den Kooperationsverbund aufgenommen. Das zehnköpfige MitarbeiterInnen-Team, unter der Leitung von Gesa Lehmhus, setzte sich aus acht ErzieherInnen, die als Gruppenleitungen oder Springkräfte fungierten, einer Behindertenpädagogin, die als Stützkraft tätig war sowie einer Erziehungshelferin, die als Differenzierungskraft arbeitete, zusammen. Das Durchschnittsalter der MitarbeiterInnen lag bei 43 Jahren.

Im Kindergartenjahr 2004/05 besuchten 70 Kinder die Einrichtung. Das Gruppenangebot des katholischen Kindertagesheimes St.-Nikolaus umfasste eine Ganztags-, zwei Teilzeit,- sowie eine Halbtagsgruppe. Die Gruppengröße lag zwischen 15 und 20 Kindern. Sieben der Kinder (drei Jungen/vier Mädchen) wurden im Kindergartenjahr 2004/05 in den Bereichen Sprache, Wahrnehmung und Verhalten besonders gefördert. Die Förderung erfolgte durch Binnendifferenzierung und IntegrationspädagogInnen. Sechs der Kinder waren in der Hilfsbedarfsgruppe 1, ein Kind in der Hilfsbedarfsgruppe 2 eingestuft.

Das katholische KTH St.-Nikolaus liegt, wie die übrigen Einrichtungen auch, in einem Wohngebiet. Gemessen an den Beitragssätzen, welche die Elternschaft zahlte, kann ein Großteil der meisten Familien der Mittelschicht zugeordnet werden. 8,6% der Eltern zahlten den höchsten Beitragssatz, während 27% der Elternschaft den niedrigsten Beitragssatz zahlte.

Zehn der Vorschulkinder, die das katholische KTH St. Nikolaus besuchten, wechselten zum Schuljahresbeginn 2004/05 in die katholische Grundschule St.-Joseph-Schule. Weitere sechs Kinder wurden in die Grundschule Halmerweg eingeschult, fünf Kinder in die Grundschule St. Marien.

Im Kooperationsverbund wurde die Einrichtung durch Gesa Lehmhus vertreten.

Evangelisches Kindertagesheim Oslebshausen

Das evangelische Kindertagesheim Oslebshausen gehört dem Landesverband Evangelischer Kindertageseinrichtungen an und ist direkt an der Oslebshauser Heerstraße gelegen. Das evangelische KTH Oslebshausen, unter der Leitung von Kirsten Koch, war die kleinste Einrichtung im Kooperationsverbund. Neben der Leitung war eine Studentin der Sozialpädagogik in Teilzeit in der Einrichtung tätig. Das evangelische Kindertagesheim Oslebshausen ist generell für eine Teilzeitgruppe für max. 20 Kinder ausgerichtet. Im Vergleich zu allen anderen Einrichtungen zahlten im evangelischen KTH Oslebshausen lediglich 10% der Eltern den niedrigsten Beitragssatz, während ebenfalls 10% den höchsten Beitragssatz zahlten.

Die meisten Vorschulkinder (sieben), die das KTH besuchten, wurden zum Schuljahr 2004/05 in der Grundschule An der Oslebshauser Heerstraße, die direkt neben dem KTH liegt, eingeschult, ein Kind in die katholischen Grundschule St.-Joseph-Schule.

Im Kooperationsverbund wurde die Einrichtung durch Kirsten Koch vertreten.

Kinder Leben e.V.

Kinder Leben e.V. liegt in einer privaten Trägerschaft eines Elternvereins.Unter der Leitung von Bärbel Burgschat-Zischow besuchten im Kindergartenjahr 2004/05 52 Kinder diese private Einrichtung, in der zehn pädagogische MitarbeiterInnen vorwiegend in Teilzeit beschäftigt waren. Im Verein Kinder Leben e.V. waren verschiedene Professionen als Gruppenleitungen bzw. Zweitkraft tätig, darunter drei ErzieherInnen, drei KinderpflegerInnen, eine Sozialpädagogin sowie eine Diplompädagogin. Das Durchschnittsalter des MitarbeiterInnen-Teams betrug 37 Jahre.

Das Gruppenangebot erstreckte sich über eine Ganztags-, drei Teilzeit-, eine Halbtagsgruppe sowie einen sozialpädagogischen Spielkreis. Im Kindergartenjahr 2004/05 erhielten zwei Jungen in den Bereichen Sprache, Wahrnehmung und Konzentration eine besondere Förderung der Hilfsbedarfsgruppe Die Förderung erfolgte zum einen über Binnendifferenzierung, zum anderen durch IntegrationspädagogInnen.

Bezüglich der Beitragssätze konnte die Einrichtung keine konkreten Angaben machen, da der Elternverein selbst die Beitragsregeln festlegt. Die Elternbeiträge sind von der wöchentlichen Betreuungsdauer abhängig, aber nicht vom Einkommen. Nach Einschätzung der Einrichtung stellen ca. 90% der Eltern, die einen niedrigen Beitragssatz zahlen, beim Amt für Soziale Dienste einen Antrag auf Kostenbeteiligung. Etwa 24% davon, so die Einschätzung der Einrichtung, zahlen den niedrigsten Beitragssatz.

Nachdem die Räumlichkeiten der Einrichtung im Jahr 2004 durch einen Brand vollständig zerstört wurden, war der Verein Kinder Leben e.V. vorübergehend auf eine Notunterbringung in einem benachbarten Wohnheim für Jugendliche angewiesen. In der Zwischenzeit hat der Verein Kinder Leben e.V. neue Räumlichkeiten in der Scharmbecker Str. 21-23, im ehemaligen Pastoren- und Gemeindehaus der evangelischen Kirchengemeinde Gröpelingen, bezogen.

Kinder Leben e.V. wurde in der Projektgruppe „Frühes Lernen“ durch Annegret Glienke vertreten.

Förderzentrum Oslebshausen

Das Förderzentrum am Oslebshauser Park war über die Zusammenarbeit mit den beiden staatlichen Schulen, der Grundschule An der Oslebshauser Heerstraße sowie der Grundschule Auf den Heuen, am Projekt „Frühes Lernen“ beteiligt. Beide Schulen stehen über Kooperationsklassen (Schwerpunkt Lernen und Verhalten) mit dem Förderzentrum Am Oslebshauser Park in Verbindung. Aus diesem Grund ist es bislang in der Schule An der Oslebshauser Heerstraße in der Hälfte der Unterrichtsstunden pro Jahrgang möglich, eine Doppelbesetzung durch die KollegInnen vom Förderzentrum zu gewährleisten. Individuelle Lernpläne für die einzelnen Kinder entsprechend ihrer Fähigkeiten werden erstellt, Einzelhilfen und Trainingsprogramme (z.B. Mundmotorik) bei Bedarf durchgeführt.

Das Förderzentrum Oslebshausen wurde in den Projektsitzungen durch Hiemke Kaufhold vertreten.

Praktika von Studierenden

Im Rahmen des Kooperationsprojektes „Frühes Lernen“ wurden auch zum Kindergarten- und Schuljahr 2004/05 wieder Praktikumsplätze für Studierende der Integrierten Eingangsstufe Lehrerbildung an der Universität Bremen vermittelt. Initiiert durch das Projekt konnten die Praktika erstmals auch in Kindertageseinrichtungen absolviert werden. Folgende Einrichtungen des Verbundes Oslebshausen stellten hierzu Praktikantenstellen zur Verfügung:

Grundschule An der Oslebshauser Heerstraße:	6 Plätze
Grundschule Auf den Heuen:	4 Plätze
Kath. St.-Joseph-Schule:	2 Plätze

KTH Schwarzer Weg/Wischhusenstraße:	3 Plätze
KTH St. Nikolaus:	2 Plätze
Kinderhaus Am Kammerberg:	2 Plätze
Kita Am Nonnenberg:	1 Platz
Kinder Leben e.V.	1 Platz

Kinderwege im Kooperationsverbund Oslebshausen

Die Schülerschaft der drei Grundschulen setzte sich fast ausschließlich aus den Kindertagesheimen, die im Kooperationsverbund eingebunden waren, zusammen. Hinsichtlich der Wege, welche die Kinder vom KTH in die anschließende Schule nahmen, ließen sich im Verbund einige Schwerpunkte ausmachen. So wechselten die meisten Kinder des Kindertagesheimes Auf den Hunnen in die Grundschule Auf den Heuen.

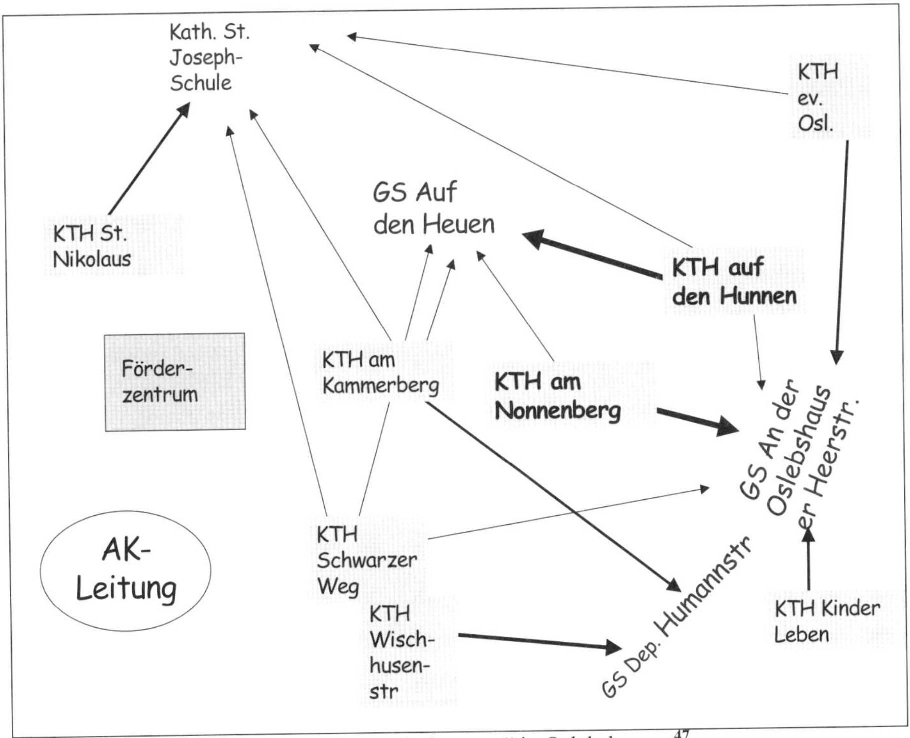

Abbildung 4-1: „Kinderwege" in Oslebshausen[47]

Ein weiterer Schwerpunkt bezüglich der Verteilung der Kinder zeigte sich, wie das oben stehende Schaubild verdeutlicht, zwischen dem KTH Am Nonnenberg und der Grundschule An der Oslebshauser Heerstraße. In die

[47] Um die Auflösung der Dependance Reepschlägerstraße aktualisierte Grafik aus: BERTHOLD/BISCHOFF/CARLE (2004): Frühes Lernen – Kindergarten und Grundschule kooperieren.

Grundschule St.-Joseph-Schule wechselten etwa zur Hälfte SchülerInnen aus dem ebenfalls katholischen Kindergarten St.-Nikolaus. Die andere Hälfte setzte sich aus Kindern verschiedener Kindertagesheime innerhalb des Verbundes sowie sechs weiteren Einrichtungen außerhalb Oslebshausens zusammen. Kinder aus dem Kindertagesheim Am Kammerberg wechselten in neun verschiedene Grundschulen. Die größte Gruppe wurde zum Schuljahr 2004/05 in die Schule An der Oslebshauser Heerstraße (davon die Hälfte die Dependance Humannstraße) eingeschult.

Knapp 5% der Erstklässler an den beiden staatlichen Schulen hatten zuvor kein Kindertagesheim besucht, die der Privatschule waren vor ihrer Einschulung alle in Kindertagesheimen angemeldet.

Alle Kindertagesheime gaben an, von Kindern mit besonderem Förderbedarf besucht zu werden. Überwiegend handelte es sich um Kinder mit einem allgemeinen Entwicklungsrückstand, vor allem in den Bereichen Sprache, Kognition, (Sozial-)Verhalten, Ausdauer, (Fein-) Motorik. Sie wurden durch speziell geschulte Fachkräfte (Integrations-, Behinderten-, HeilpädagogInnen) zusätzlich gefördert.

Eine besondere Auffälligkeit hinsichtlich des Förderbedarfs zeigte sich für das KTH Auf den Hunnen sowie die GS Auf den Heuen. Anhand der ausgewerteten Daten ist deutlich geworden, dass diese Konstellation im gesamten Kernprojekt diejenige mit dem höchsten pädagogischen Förderbedarf war. Unter Berücksichtigung der Daten zu den soziokulturellen Voraussetzungen der Kinder im Einzugsgebiet der beiden Institutionen wird hier, wie in der Literatur bereits umfangreich festgehalten, gleichfalls eine Parallele zwischen sozialen Lebensbedingungen und Entwicklungsständen von Kindern sichtbar.

4.2 Entwicklungsverlauf im Kooperationsverbund Oslebshausen

Das folgende Kapitel zeichnet den Entwicklungsverlauf im Kooperationsverbund Oslebshausen über den Projektzeitraum 2003-2005 nach. Die Ausführungen sind in drei Abschnitte untergliedert. Zunächst wird auf die Ausgangssituation, die sich im Verbund zu Beginn des Projektes darstellte, eingegangen. Anschließend werden die Entwicklungen während der Projektjahre 2003/04 sowie 2004/05 aufgezeigt.

4.2.1 Ausgangssituation

Im Kooperationsverbund Oslebshausen bestand bereits vor Projektbeginn eine Arbeitsgruppe KTH/GS, die sich mit Kriterien der Schulfähigkeit beschäftigte sowie einen gemeinsamen Aktionsplan für den Übergang (Eltern; Kinder besuchen Schule; Gespräche LehrerIn/ErzieherIn über Kinder) erarbeitet hatte. Im Projektantrag verwies der Verbund darauf, diese Arbeit ausbauen zu wollen. Vor Projektbeginn, dem Kindergarten- und Schuljahr 2003/04, legte der Verbund zur Regionalkonferenz im Mai 2003, auf der alle Verbünde über das Projekt „Frühes Lernen“ informiert wurden, eine erste Konkretisierung seiner bisherigen Arbeitsinhalte vor:

- Schulhospitationen – die zukünftigen Schulkinder besuchen die Schule in einem Klassenzimmer ohne andere Schulkinder und erleben eine Schulstunde;
- Hospitationen und gemeinsame Gespräche über eine adäquate Beschulung;
- Namenslisten für die Schulen, welche Kinder vom KTH in welche Schule wechseln werden;
- Fortsetzung der im Antrag genannten Arbeitsgruppe;
- gemeinsame Informations-Elternabende in KTH oder Schule;
- ErzieherInnen kommen im Laufe des ersten Schuljahres in die Schule und sprechen mit den LehrerInnen über die Erstklässler, die früher ihre KTH-Gruppe besucht haben.

Über die Arbeitsinhalte hinaus plante der Verbund Oslebshausen zur Gestaltung der Kooperation folgende erste Schritte:

- Für die Umsetzung der Kooperation verantwortliche Ansprechpartner in KTH und Schule;
- Intensivierung der Elternberatung im soziokulturell benachteiligten Stadtteil;
- intensiver Austausch über Inhalte von KTH und Schule, Vergleich der Bildungspläne;
- gemeinsame Elternabende zu Beginn des KTH-Jahres für die zukünftigen Erstklässler;
- gemeinsame Entwicklung eines Bogens für die Feststellung von Schulfähigkeit;
- bessere Übergangsgestaltung: Geht eine KollegIn für einen Monat mit in die Schule?;
- gemeinsame Elternberatung bei unsicheren Fällen;
- gemeinsame Gespräche mit dem Gesundheitsamtsarzt;
- veränderte Schulhospitationen.

Der Verbund Oslebshausen verfügte zu diesem Zeitpunkt noch nicht über einen ausgearbeiteter Projektplan, befand sich aber bereits in der 1. Phase der Vorbereitung eines solchen Planes, mit Hilfe dessen die gemeinsame Projektarbeit strukturiert werden sollte.

4.2.2 Stärken und Schwächen

Um den Entwicklungsstand des Kooperationsverbundes zu Beginn des Projektes zu eruieren, wurde im Sommer 2003 eine Stärken-Schwächen-Analyse (SWOT) durchgeführt. Der Erhebungszeitraum wurde mit einer Gruppendiskussion auf Leitungsebene eröffnet. Im Anschluss hospitierte die Wissenschaftliche Begleitung in den Kindertagesheimen wie auch Grundschulen und führte in jeder Einrichtung eine Gruppendiskussion mit allen MitarbeiterInnen durch. Neben den Ergebnissen der SWOT-Analyse gingen, wie bei allen anderen Verbünden auch, die Ergebnisse der Hospitationen in die Auswertung ein.

Auf Leitungsebene wie auch auf der Ebene der MitarbeiterInnen des Verbundes war eine generelle Bereitschaft zur Zusammenarbeit im Projekt spürbar. Abgesehen vom inhaltlichen Interesse aller Kooperationspartner am Projekt, sahen die Kindertagesheime darüber hinaus die Chance, sich in den Übergangsprozess KTH/GS stärker einbringen und ihn so aktiv mit gestalten zu können. Sie wünschten sich für den Übergang der Kinder in die Schule insbesondere eine gemeinsame Planung mit den GrundschullehrerInnen. Gleichzeitig verbanden alle beteiligten Institutionen mit dem Projekt die Hoffnung, dass beide Professionen in großem Maße voneinander profitieren.

Benennung von Qualitätskriterien der gemeinsamen Arbeit

Ein wichtiges Kriterium für alle Einrichtungen des Verbundes lag in der praktischen Anwendbarkeit der konzipierten Vorhaben, um eine fassbare Veränderung an der Basis zu erreichen. *„Was wir erarbeiten, soll in der Praxis greifen, Alltagstauglichkeit muss gegeben sein"*.

Die Möglichkeit, über die Arbeit im Projekt die Kooperation zwischen Kindertagesheim und Grundschule auszubauen, wurde insgesamt als große Chance aufgefasst. Die Wichtigkeit einer gemeinsamen Handlungsebene für Kinder war im gesamten Verbund gegenwärtig: *„Es ist eine Chance in dem Projekt zu sein und mit Schule gemeinsam etwas zu erarbeiten. Es ist gut, gemeinsam zu handeln"*. Dass hierfür eine strukturierte und kontinuierliche Arbeitsweise nötig werden würde, war den beteiligten Einrichtungen klar: *„Ich denke, da muss man ganz diszipliniert rangehen"*. Zudem wies der Verbund darauf hin, dass, um eine qualitativ gute Projektarbeit leisten zu können, engagierte und kompetente PädagogInnen erforderlich seien.

Speziell hinsichtlich der Elternarbeit, die im Verbund bis auf wenige Ausnahmen als schwierig beschrieben wurde, betrachteten die Einrichtungen eine positive Grundeinstellung gegenüber den Eltern als Voraussetzung für das Funktionieren des Projektes.

Ansatzpunkte bisher gelungener Arbeit

Im Projektverbund Oslebshausen gab es zum Teil schon jahrelange Kontakte zwischen den Einrichtungen. Zum einen kooperierten die Schulen des Stadtteiles seit etwa vier Jahren auf der Leitungsebene. Als Gewinn dieser Kooperation wurde benannt, dass sich das Konkurrenzempfinden zwischen den Schulen, vor allem gegenüber der Privatschule, abgebaut hatte. Zum anderen gab es seit längerem Arbeitskontakte zwischen einzelnen Schulen und deren benachbarten Kindertagesheime, die als eine gute Arbeitsbasis für das Projekt „Frühes Lernen" betrachtet wurden. Aufgrund dieser bestehenden Kooperationen war im Verbund die Gewissheit entstanden, dass es möglich ist, mit Kindern gemeinsam Projekte durchzuführen, wenn dabei die Entwicklungsstufen der Kinder nicht außer acht gelassen werden.

Für die oben erwähnte Zusammenarbeit wurde ein Leitungsteam aus VertreterInnen aller Einrichtungen gebildet, das sich regelmäßig zu einem gemeinsamen Austausch traf, mit anderen Institutionen im Stadtteil kooperierte und gemeinsame Anliegen umsetzte. Die gewachsene Kooperationsstruktur im Projektverbund Oslebshausen und die guten Kontakte in den Stadtteil hinein (z.B. über die Mitgliedschaft in Sport- und Musikvereinen oder Aktivitäten in den Kirchengemeinden) wurden von den Mitgliedern der Leitungsgruppe ebenso als Stärke des Verbundes hervorgehoben, wie die bereits eingespielte Leitungsstruktur (Protokollführung, Sitzungsleitung im Wechsel usw.) des Teams.

Dass Schwierigkeiten und Befürchtungen offen benannt wurden, zeugte für die Wissenschaftliche Begleitung nicht etwa von einer Schwäche des Verbundes, sondern bedeutete im Rahmen der SWOT-Analyse ein Zeichen von Stärke. Die Stärke liegt darin, dass wo offen und differenziert ausgesprochen werden darf, was befürchtet wird, sich den Schwierigkeiten gestellt wird, wodurch die Chance besteht, diese zu überwinden. Diese Offenheit findet man nur dort, wo die Kooperationsbasis schon die nötige Sicherheit dafür bietet.

Angst vor Ungewissheit und davor, Gewissheit zu schaffen

Der Informationsgrad über das Projekt „Frühes Lernen" war zum Zeitpunkt der Erhebung sehr unterschiedlich. Während einige Kollegien bereits recht ausführlich über das Projekt „Frühes Lernen" informiert waren, gab es zum Zeitpunkt der SWOT-Analyse in den meisten Einrichtungen noch keine klare Vorstellung über dieses Vorhaben. Die MitarbeiterInnen der Schulen und Kindertagesstätten wussten nur, dass *„eine Kooperation angestrebt werden soll"*. Zu Beginn des Projektes war eine Anbindung der MitarbeiterInnen an die Projektleitungstreffen zum größten Teil noch nicht gegeben, wodurch den MitarbeiterInnen auch die Kenntnis über Inhalte und Ziele des Projektes fehlten. So hatten sich konkrete Vorstellungen, wie ein gemeinsames Projekt von KTH und Schule zu realisieren wäre, aufgrund des mangelnden Informationsflusses zum Zeitpunkt der Erhebung noch nicht entwickelt. Dies zeigte sich u.a. durch folgende Aussage: *„Wir haben vielleicht auch Ideen, aber wie das konkret umgesetzt werden soll, das ist für mich völlig fraglich"*.

Trotz der Chancen für eine bessere Zusammenarbeit zwischen KTH und Schule, die der Verbund mit der Projektarbeit verknüpfte, war die Stimmung in einigen Einrichtungen sehr verhalten. Es wurde deutlich, dass die MitarbeiterInnen wie auch die Leitungsgruppe dem Vorhaben insgesamt eher skeptisch gegenüberstanden. Viele PädagogInnen waren beispielsweise mit Fragen wie: *„Woher nehmen wir die Zeit für das Projekt?"* oder *„Welche Aufgaben kommen auf mich zu?"* beschäftigt.

Darüber hinaus bestand auch Unklarheit über die Rolle des Zentralen Unterstützungssystems. Aufgabe und Funktion des ZUS waren bis dato undeutlich und riefen eher Vorstellungen von Kontrolle als den Prozess unterstützende Hilfe hervor.

Angst vor Vereinnahmung

Insbesondere auf Seiten der Kindertagesheime wurde immer wieder die Angst vor einer Dominanz der Schule als primäre Bildungseinrichtung geäußert: *„Wir im KTH werden zu Handlangern, d.h. die Schule schreibt uns vor, was wir zu tun haben"*. Gegen die weit verbreitete Ansicht, sie müssten sich in ihrem Konzept ganz nach den Vorstellungen der Schulen richten, wehrten sich die Kindertagesheime entschieden: *„Kindergarten ist kein „Zulieferbetrieb" für Schule, es kann z.B. nicht angehen, dass Schule Anforderungskataloge an KTH verteilt"*. Vor dem Hintergrund dieser Aussagen war es nicht verwunderlich, dass manche Kindertagesheime den in Schulen entwickelten Ideen zu möglichen Projektthemen eher skeptisch gegenüber standen. Zuweilen äußerten Kindertagesheime die Angst, in der Zukunft dem Senator für Bildung und Wissenschaft unterstellt zu werden und damit die eigene Lobby gänzlich zu verlieren. Äußerungen wie *„die Bildungsbehörde schluckt uns"* waren in diesem Zusammenhang häufig zu hören.

Obwohl die Zusammenarbeit mit Eltern grundsätzlich als ein entscheidender Faktor beim Übergang vom KTH in die Schule gesehen wurde, fühlten sich viele KTH-MitarbeiterInnen von den hohen Erwartungen, die Eltern an sie stellen, bedrängt. In den Gruppendiskussionen wurde offenkundig, worauf sich dieses Gefühl gründete. Abgesehen davon, dass Eltern generell eine gute Vorbereitung ihrer Kinder auf die Schule erwarten, fordern zum einen insbesondere Eltern von Kindern mit Migrationshintergrund, dass ihre Kinder bezüglich der deutschen Sprache optimal gefördert werden. Dabei seien sie nach Aussagen von KTH-MitarbeiterInnen selbst oft nicht bereit, ihre Erziehungsaufgaben wahrzunehmen und zeigten an der Zusammenarbeit mit dem KTH wenig Interesse. Zum anderen wäre es einem Teil der Elternschaft am liebsten, wenn ihre Kinder *„... schon Englisch im KTH hätten“*.

Benennung von Strukturproblemen

Als ein großes Strukturproblem in der Zusammenarbeit von Kindertagesheim und Schule wurde die gegenseitige Unkenntnis der jeweiligen Bildungs- und Erziehungsinhalte benannt. Aussagen wie: *„Die in der Schule wissen ja gar nicht, was wir hier tun. Die denken doch, wir können nicht mehr als Basteln!“* oder *„Schulen stellen sich unter Projektarbeit doch eine Projektwoche zu einem Thema vor*“, veranschaulichen diese Problematik.

Ein weiteres Strukturproblem betraf die späte Planung in den Schulen für das kommende Schuljahr. Die PädagogInnen der Kindertagesheime kritisierten, dass an den Einschulungsgesprächen nicht diejenigen Lehrkräfte der beiden staatlichen Grundschulen teilnehmen, die anschließend auch die 1. Klassen übernehmen. So wurde bemängelt, dass *„kurz vor den Sommerferien die KlassenlehrerIn meist noch nicht bekannt“* sei.

Auch der Informationsfluss innerhalb der Einrichtungen wurde als strukturelles Problem benannt. Oft gelangten Informationen über das Projekt nicht bis zu den MitarbeiterInnen. In den meisten Fällen nahm nur die Leitung an den Projektsitzungen im Verbund teil, so dass ein gezielter Austausch über die besprochenen Inhalte nötig gewesen wäre. In manchen Fällen wussten die MitarbeiterInnen nicht, dass das KTH oder die Schule zusätzliche Stunden für die Projektarbeit bekommen hatte. Diese wurden teilweise im laufenden Betrieb bzw. Unterricht eingesetzt. Darüber hinaus war die Ressourcenzuweisung für das Projekt in Einzelfällen noch am Erhebungstag unklar. Für die katholische Grundschule klärte sich die Zuweisung zusätzlicher Stunden für die Projektarbeit erst im Laufe des 2. Projektjahres. Vor diesem Hintergrund wurde den betroffenen Einrichtungen eine kontinuierliche Arbeit im Projekt sehr erschwert.

Gewisse Zweifel hegten die Einrichtungen bei der Verfestigung der Projektidee im Alltag. Die MitarbeiterInnen äußerten die Befürchtung, dass dieses Projekt ihnen letztendlich nichts als zusätzliche Arbeit bringen würde. Es existierten keine Vorstellungen darüber, wie die Veränderungen durch das Projekt systematisch und ökonomisch in die pädagogische Arbeit integriert werden könnten. An einer Schule wurde die Befürchtung geäußert, das Projekt könnte eine zusätzliche Belastung, wenn nicht gar Überforderung werden, die sie unterschätzt hätten und unter der ihre „eigentliche“ Arbeit leiden könnte. Sie fragten sich in diesem Zusammenhang, wie die verschiedenen Projekte und Vorhaben an der Schule *„unter einen Hut bringen“* zu bringen seien.

Einige Mitwirkende sahen die Größe des Kooperationsverbundes eher als ein Hemmnis für die Entwicklung des Projektes, denn als Stärke. Sie meinten, dass eine intensive Kooperation bei einem Verbund dieser Größe nur schwerlich zu realisieren sei und schlugen vor, dass die konzeptionelle Entwicklungsarbeit vor Ort in Untergruppen stattfinden und auf Verbundebene koordiniert werden solle.

Mögliche Schwierigkeiten auf der Leitungsebene

Die Leitungsebene im Verbund Oslebshausen erwartete Schwierigkeiten bei der Gewährleistung des Informationsflusses sowie des Einbezugs der MitarbeiterInnen in die Arbeit des Projektes: *„Das sind so ganz viele neue Ideen, die wir auch in dieser Gruppe hier entwickeln. Man wird es sicherlich in der nächsten Woche bei den Mitarbeitern noch nicht so weit finden"*. Die Leitungsgruppe befürchtete zudem, dass den MitarbeiterInnen ein gewisser Mut zu Veränderungen, die Fähigkeit zur Teamarbeit oder das fachliche Wissen im Umgang mit Kindern und Eltern mit Migrationshintergrund fehlen könnte.

Schwierigkeiten wurden auch hinsichtlich der zu konkretisierenden Ziele und der anstehenden Arbeitsaufträge vermutet: *„Wir wissen nicht so genau, wie unsere Arbeitsaufträge und Ziele in diesem Verbund jetzt genau werden"*. Auch das mangelnde Interesse der Eltern an der Zusammenarbeit mit KTH und Schule, so die Erwartung, würde Probleme bereiten. Insbesondere die *„erschwerte Ansprache"* der Elternschaft mit Migrationshintergrund wurde als hinderlich für die Einbeziehung der Eltern in das Projekt empfunden.

Darüber hinaus formulierte die Leitungsgruppe die im Verbund mehrfach erwähnten Probleme wie zusätzliche Arbeitsbelastung, knappe Zeit- und Personalressourcen sowie fehlende finanzielle Mittel und mögliche fehlende Kompetenzen.

4.2.3 Zielbezogene Auswertung zu Beginn des ersten Projektjahres

Die zielbezogene Auswertung basiert auf dem Datenmaterial der Gruppendiskussionen im Rahmen der SWOT-Analyse (2003), der Hospitationen (2003) in den Einzeleinrichtungen sowie des Fragebogens (2003). Die Ergebnisse spiegeln somit insbesondere die ersten Schritte auf dem Weg einer gemeinsamen Zielfindung und Zielbearbeitung im Verbund wider.

Aufbau von Arbeits- und Kooperationsstrukturen

Am Übergang in die Grundschule waren im Kooperationsverbund Oslebshausen viele verschiedene Gruppen beteiligt. Zum Aufbau von Arbeits- und Kooperationsstrukturen stellte sich die Wissenschaftliche Begleitung für den Verbund folgende Fragen: Wie können im Oslebshauser Verbund alle an einen Tisch gebracht werden? Wie ist es möglich, hier ein stadtteilübergreifendes Kooperationskonzept zu entwickeln, das für die Kinder entscheidende

Verbesserungen beim Übergang vom Kindergarten in die Schule mit sich bringt? Das waren die Fragen, für deren Klärung die inneren Ressourcen des Verbundes offengelegt werden sollten.

Zusammenfassend lässt sich festhalten: In Oslebshausen waren gute Voraussetzungen für die Kooperation gegeben. Es gab bereits seit über sieben Jahren einen Leitungsarbeitskreis von sechs der am Projekt beteiligten zehn Einrichtungen (und zwei Dependancen). Die übrigen unterhielten mit dem Arbeitskreis schon seit längerer Zeit (etwa drei Jahre) einen losen Kontakt. Man kannte sich und kooperierte trotz fünf verschiedener Trägerschaften. Das Kooperationsklima war so gut, dass es möglich war, auch Bedenken zu äußern und diese kontrovers zu diskutieren. Vieles deutete darauf hin, dass dieser Arbeitskreis eine neue Qualität der Kooperation gewinnen wird, wenn es gelingt, die KollegInnen in jeder Einrichtung nicht nur über diese Arbeit zu informieren, sondern darüber hinaus Zielabstimmung und gemeinsames Entwickeln top-down und bottom-up in Gang zu setzen[48]. Dies war eine Voraussetzung zur Entwicklung übertragbarer Konzepte, denn die grundlegende Arbeit dafür musste schließlich (auf den Verbund bezogen arbeitsteilig) in der einzelnen Einrichtung erbracht werden, dann aber auch wieder im Verbund zu einem gemeinsamen Ganzen zusammengefügt werden.

Die meisten Kinder gehen nach dem Kindergarten zusammen mit ihren Freunden in dieselbe Schule. Die praktische Entwicklungsarbeit (Ausarbeitung und Erprobung neuer Konzepte) konnte im Verbund daher auch arbeitsteilig erfolgen, wie in einer SWOT-Erhebung von einer Einrichtung vorgeschlagen wurde. Bereits zu Beginn des Projektes war deutlich, dass unabhängig vom gewählten Kooperationsmodell der Arbeitsaufwand für die Schule An der Oslebshauser Heerstraße am größten sein wird, weil diese Schule einerseits am meisten Kinder aufnimmt und die Kinder andererseits zuvor eine Vielzahl verschiedener Kindertagesheime besuchten.

Das Einrichten von Kooperationsstrukturen setzt eine intensive, strukturorientierte Zusammenarbeit voraus. Die Besonderheit von Strukturen liegt darin, dass sie auch dann noch funktionsfähig sind, wenn einzelne Personen, die sie aufgebaut haben, sich in dem jeweiligen Arbeitsprozess nicht mehr einbringen. Kooperationsstrukturen sind daher etwas systematisch eingerichtetes, das nicht reinen Sympathieüberlegungen überlassen bleiben kann. Man kann sie aber auch nicht vorsorglich einrichten, vielmehr bedarf es der Entwicklung und Erprobung von Strukturen in laufenden Arbeitsprozessen, um zu einer verlässlichen Struktur zu gelangen. Dieser Prozess benötigt Zeit, die im Projekt allerdings recht befristet war.

[48] Methoden hierfür siehe z.B. Carle 2000, 418 ff.

Verstärkung der Elternarbeit

Am Übergang in die Grundschule spielen die Eltern eine wichtige Rolle. Wie konnten Eltern in Oslebshausen mehr beteiligt, vorbereitet und unterstützt werden?

Die Entwicklung eines Informations- und Mitwirkungskonzeptes für Eltern bezogen auf die Verbesserung des Überganges zwischen KTH und Schule gab es bereits in einigen Einrichtungen. Wie konnten diese Inhalte und Erfahrungen auf alle beteiligten Institutionen ausgedehnt werden? Für den Verbund Oslebshausen waren diese Erfahrungen teilweise bereits ausgeprägt vorhanden, so dass für die Leitungsgruppe die Möglichkeit gegeben war, auf diesen aufbauend ein gemeinsames Konzept zu formulieren.

Eine zwischen KTH und Schule abgestimmte Eltern(bildungs)arbeit spielte in einigen Teilen Oslebshausens eine ganz besondere Rolle. Wie reichhaltig sind die Schrifterfahrungen eines Kindes, das in einem Haus voller Bücher aufwächst, täglich die Erwachsenen bei Gesprächen über ihre Lektüre beobachtet, die sie dann durch Recherchen im Internet fundieren. Vorläuferkenntnisse für Schreiben und Lesen beginnt dieses Kind sich bereits im Alter von 6 Monaten anzueignen. Demgegenüber gibt es Kinder, in deren Leben Lesen und Schreiben praktisch keine Rolle spielt. Elternarbeit verfolgt schließlich das Ziel, die Förderung der Kinder zu unterstützen. Für den Stadtteil Oslebshausen mit wenigen bildungsbeflissenen Elternhäusern bedeutete dies eine große Herausforderung.

Es gibt Möglichkeiten, Eltern nahe zu bringen, wie sie ihr Kind fördern können. Im Oslebshauser Verbund wurde genannt: Hausbesuche, Entwicklungsgespräche, Elternabende, Kennen-Lern-Wochenende vor der Einschulung, Eltern-Kind-Nachmittage, Müttergruppe, Mütterwochenenden, Elternkaffee, Elternfrühstück, gezielte Gespräche beim Kommen und Gehen, Elternecke im Flur mit Tee etc., Bastelnachmittage, Beteiligung der Eltern bei Festen, Projekte mit Eltern. Es fehlte offensichtlich noch die institutionenübergreifende Strukturierung.

Auswertungsfazit: Hinsichtlich der Elternarbeit waren in den einzelnen Einrichtungen bereits viele Ansätze vorhanden. Diese mussten in die oben angesprochene Kooperationsstruktur integriert werden. Aus den vielerlei Angeboten sollte ein konzentrierter aufgebautes Programm entwickelt werden, an dem sich jeweils Kindertagesheim und Grundschule beteiligen. Wer speziell mit wem kooperieren sollte, ergab sich aus den Schwerpunktwegen der Kinder.

Thematische Abstimmung zwischen Kindertagesheim und Grundschule

Die Wissenschaftliche Begleitung hatte in den Einrichtungen danach gefragt, ob bereits Erfahrung mit Projektunterricht/Projektarbeit vorhanden seien und dabei festgestellt, dass Kindertagesheime und Schulen darunter etwas Unterschiedliches verstehen. Trotzdem waren die Erfahrungen eine gute Grundlage für mögliche gemeinsame Projekte. Daraus und aus zahlreichen Aussagen konnte geschlossen werden, dass bisher kaum Initiativen bestanden hatten, die Bildungsprogramme von Kindertagesheim und Schule gegenseitig vorzustellen, um darauf ein abgestimmtes Bildungsangebot zu planen. Es gab aber in vielfacher Hinsicht bereits Vorarbeiten zu Einzelaspekten in den einzelnen Einrichtungen. Beispielsweise konnte auf umfangreiche Erfahrungen hinsichtlich Beobachtung und Dokumentation in den Einrichtungen zurückgegriffen werden, die von Integrationskindern besucht werden. Demgegenüber existierten noch keine Erfahrungen im Umgang mit Lernentwicklungsdokumentationen oder auch Portfolios der Kinder, die jedes Kind vom KTH in die Schule mitnehmen kann und die dort weitergeführt werden. Der Portfolio-Begriff war noch nicht in allen Einrichtungen bekannt gewesen.

Die schulvorbereitende Arbeit an KTH und Schule verlief nach folgendem Muster, das der Wissenschaftlichen Begleitung von der Schule An der Oslebshauser Heerstraße bereitgestellt wurde:

- Vorbereitende Elterninfoabende vor der Anmeldung;
- Gespräche mit den KTH-Leitungen über Problemkinder;
- Besuche der KTH´en mit den Einschulungskindern in der Schule;
- Gespräche mit den Erziehern / z.T. auch mit den Eltern über die Einschulungskinder;
- wenn erforderlich Gespräche mit den KollegInnen des Förderzentrums;
- Elterninfoabende nach der Anmeldung und der ärztlichen Untersuchung;
- Schülerbrief zu Beginn der Sommerferien.

Für die Wissenschaftliche Begleitung war ersichtlich, wie arbeitsintensiv diese Aktivitäten sind. Wie bei allen anderen Einrichtungen im Kernprojekt, und allen Anträgen der Einrichtungen im Erweiterten Projekt, fehlte auch hier noch die Zusammenarbeit bezogen auf die inhaltlichen Lernprozesse der Kinder.

Regelrecht problematisch erschien zunächst die Auswertung der Aussagen zum Thema Schulfähigkeit, die in fast allen Erhebungen häufig unter dem Namen „Schulreife“ diskutiert wurde. Der überkommene Schulreifebegriff, der annimmt, Kinder, die noch nicht „schulreif" seien, würden diese durch ein weiteres „Schonjahr" erreichen, steckte aber bei genaueren Nachfragen meist gar nicht hinter den Aussagen. Nimmt man nur die fachlich unstrittigen Aussagen heraus, was Kindertagesheime unternehmen, um Kinder zu befähigen, die Schule besser zu bewältigen, dann hört sich das sehr vollständig an: Kinder lernen, sich zu konzentrieren, zuzuhören, sich selbst zu vertreten, Konflikte zu lösen, Streit zu schlichten und auszuhalten. Kinder entwickeln ein gesundes Selbstbewusstsein, Selbstwertgefühl, Selbstvertrauen, Selbstständigkeit. Kinder erkennen ihre eigene Individualität, entwickeln Interessen, können mehr als zwei Arbeitsaufträge ausführen, können Arbeitsschritte formulieren, ihre Arbeit organisieren und reflektieren sowie ihren Arbeitsplatz herrichten. Kinder entwickeln ein gutes Körpergefühl, erwerben ein Verständnis für Zahlen und zählen mindestens bis 20, kennen die Wochentage, haben Kompetenzen im Umgang mit der deutschen Sprache, können ihren Namen schreiben, kennen ihre Adresse, können sich sprachlich verständigen, können sich selbst disziplinieren.

Abgestimmt mit den schulischen Inhalten war das Vorgehen der Kindertagesheime allerdings kaum. Es wurde auch nicht immer deutlich, wie diese Merkmale und Kompetenzen erworben werden. Es stellten sich Fragen danach, was KTH dazu anbietet und wie die Schule darauf aufbaut. Wie Schule es nutzen kann, wenn eine ganze Gruppe Kinder aus einem KTH kommt und bereits gewohnt ist, selbstständig zu arbeiten. In den Kindertagesheimen wurde beispielsweise Wert auf Strukturiertheit, Transparenz, ritualisierte Tagesabläufe, gemeinsame Tages- und Wochenplanung mit den Kindern an der Tafel usw. gelegt. Aufgrund der Erhebung vermutete die Wissenschaftliche Begleitung, dass Schule und KTH meistens nicht voneinander wissen, welches Konzept vertreten wird, welche Methoden angewandt werden oder was KTH und Schule mit Kindern inhaltlich erarbeiten. Empfehlenswert war hier, eine entsprechende Annäherung an die Abstimmung der thematischen Arbeit anhand eines konkreten Praxisvorhabens zu entwickeln.

Ausarbeitung eines Themenbereiches für mehrere Entwicklungsniveaus

Kinder mit unterschiedlichen Lernvoraussetzungen können gemeinsam auf verschiedenen Niveaus lernen. Ein Thema sollte im Projektverbund Institutionen übergreifend ausgearbeitet, erprobt und dokumentiert werden. Diese Aufgabe musste nicht im großen Rahmen auf Verbundebene geschehen, sondern konnte sich vielmehr an den Kinderwegen zwischen Kindertagesheim und Schule orientieren.

Als verbundübergreifendes Projekt wurde zunächst das Thema „Gesundheit" (Ernährung, Bewegung) in der Leitungsgruppe diskutiert. Hierzu wäre es erforderlich gewesen, zu erarbeiten, was Gesundheit für vierjährige Kinder bedeutet und was es für achtjährige interessant macht. Dazwischen würden die thematischen oder projektartigen Angebote für Kinder unterschiedlicher Ausgangslagen angesiedelt sein. Um das zu schaffen, wäre es notwendig gewesen, die MitarbeiterInnen zum Thema „Sachanalyse“ weiterzubilden, denn Gesundheit ist ein ausgesprochen schwieriges Inhaltsfeld.

Im Verbund existierten aber auch Bezüge zu den Projekten „Ins Lesen und Schreiben hinein“ (KTH Auf den Hunnen) und „Elementare Naturwissenschaften“ (KTH Am Kammerberg). Zu diesen Themenbereichen bestand unter der Voraussetzung, dass eine exemplarische Ausarbeitung jeweils auf diese Inhalte zurückgreift und Schule mit einbezieht, die Möglichkeit, Synergieeffekte zu nutzen. Erforderlich war auch hier eine gemeinsame didaktische Analyse der Themenschwerpunkte.

4.2.4 Erste Arbeitsschritte

Obwohl zu Beginn des Projektes die Zielrichtung im Verbund relativ klar war, gab es eine Vielzahl an teilweise unverbundenen Aktionen. Es konkretisierte sich jedoch nach kurzer Zeit eine strukturorientierte Vorgehensweise heraus. Auf dem Leitungstreffen des Verbundes im November 2003 wurden schließlich folgende Ziele zur Projektarbeit benannt:

- Kindertagesheime und Schulen kennen Arbeitsweisen und Arbeitsmethoden der anderen Institution;
- Kindertagesheime und Schulen erproben miteinander abgestimmte Inhalte;
- Kindertagesheime und Schulen gestalten den Übergang gemeinsam mit den Eltern.

Zugleich verständigte sich die Projektgruppe auf 4-wöchige Arbeitstreffen auf der Leitungsebene, für deren Moderation das ZUS zuständig sein sollte. Darüber hinaus wurde ein Projektplan vereinbart, der im Laufe des 1. Projektjahres, dem Kindergarten- und Schuljahr 2003/04 kontinuierlich abgearbeitet werden sollte. Der Projektplan sah folgende Arbeitsvorhaben vor:

- Vorstellungsrunde aller im Verbund vertretenden Institutionen zum gegenseitigen Kennen lernen der jeweiligen Organisationsstrukturen und pädagogischen Konzepte in Form von Kurzreferaten;
- Aufbereitung der Informationen aus der Vorstellungsrunde und Erstellen einer Informations-Mappe, die jeder Institution im Verbund zur Verfügung gestellt wird;
- gegenseitige Hospitationen von KTH und Schule bis zum Schuljahresende 2003/04, wobei zunächst vorrangig abgebende KTH-MitarbeiterInnen und künftige ErstklasslehrerInnen hospitieren sollen;

- erarbeiten eines Hospitationskataloges als gemeinsame Arbeitsgrundlage.

Nach der ersten Phase der Zielentwicklung im Kooperationsverbund ging die Leitungsgruppe dazu über, ihr Vorhaben schrittweise zu verwirklichen. Die Umsetzung dieser Arbeitsschritte zog sich fast bis zum Kindergarten- und Schuljahr 2004/05, so dass während der Erhebung im Mai/Juni 2004 für die Wissenschaftliche Begleitung zunächst wenige nennenswerte Ergebnisse sichtbar waren. Dieser Eindruck änderte sich aber in den darauf folgenden Monaten, in denen die Wissenschaftliche Begleitung über Protokolle und persönliche Gespräche mit dem zuständigen Zentralen Unterstützungssystem über die weitere Entwicklung im Verbund informiert wurde. Um die Projektentwicklung auch in ihrem zeitlichen Verlauf aufzuzeigen, erfolgen die Ergebnisse dieser Arbeitsphase daher an dieser Stelle.

Die im Verbund geplante Vorstellungsrunde über die einzelnen Einrichtungen und deren pädagogische Konzepte, die rückblickend erheblich mehr Zeit in Anspruch genommen hatte, als im Vorfeld angenommen, wurde im April 2004 abgeschlossen. Im Anschluss daran übernahmen Kirsten Koch vom Ev. KTH Oslebshausen und Frau Westermann vom KTH Auf den Hunnen die Aufgabe, diese Informationen in Form einer Informationsmappe zusammenzufassen. Das mittlerweile erstellte Material liegt in allen Einrichtungen des Kooperationsverbundes zur Einsicht für die MitarbeiterInnen und Eltern aus und wird darüber hinaus dazu genutzt, die Öffentlichkeit im Stadtteil über die Arbeit in den Institutionen zu informieren. Ab April 2004 wurden des Weiteren Terminabsprachen für die Schulbesuche der zukünftigen Schulkinder getroffen. Geplant waren auch zeitliche Absprachen für die Hospitationen von ErzieherInnen und LehrerInnen. Diese konnten jedoch zu diesem Zeitpunkt noch nicht vereinbart werden, da die Hospitationskriterien noch nicht endgültig erarbeitet waren. Außerdem stand an den staatlichen Schulen noch nicht fest, welche LehrerInnen eine 1. Klasse übernehmen werden.

Ab Mai 2004 arbeitete der Verbund intensiv an der Ausarbeitung des Hospitationskataloges. Die Bearbeitung des Hospitationsbogens für die Schulen übernahm Ute Lesniarek-Spieß von der Grundschule Auf den Heuen. Für die Kindertagesheime übernahmen Regina Jeschke vom KTH Am Nonnenberg, Ulrike Bahr-Gräber vom KTH Am Kammerberg und Jens Hager vom KTH Schwarzer Weg diese Aufgabe. Ferner unterzeichneten alle Einrichtungen im Verbund Oslebshausen sowie die BeraterInnen des ZUS, Rainer Metze und Gabriella Novello, einen Kontrakt[49] zur gemeinsamen Arbeit im Projekt „Frühes Lernen“.

[49] Siehe Anhang

Ende Juni 2004 konnte eine erste Version des Hospitationskataloges für die Kindertagesheime vorgelegt werden. Beim ersten Treffen nach den Sommerferien wurden die Bestandteile des Hospitationskataloges[50] verabschiedet: Jeweils ein Hospitationsbogen für den Besuch im KTH bzw. den Besuch in der Grundschule, ein Beobachtungsbogen pro Kind (keine Entwicklungsdokumentation) und ein Informationsbogen pro Kind. Darüber hinaus wurden erste Berichte über die Schulbesuche der Kinder in die Projektgruppe getragen und es fanden die ersten gegenseitigen Hospitationen der MitarbeiterInnen in KTH und Schule statt. Als problematisch im Verbund stellte sich, wie vorab bereits befürchtet, der Informationsfluss zwischen Leitungs- und MitarbeiterInnenebene heraus. Aus diesem Grund wurde für die weitere Projektarbeit erörtert, wie die Informationen zum Projekt bislang von der Leitungsebene auf die Ebene der MitarbeiterInnen getragen wurden. Es zeigte sich, dass die MitarbeiterInnen in den Kindertagesheimen von den jeweiligen Leitungen über aktuelle Projektziele und deren Verlauf hauptsächlich im Rahmen von Dienstbesprechungen informiert wurden. In den Schulen fand der Informationsaustausch zum aktuellen Stand der Projektarbeit überwiegend im Rahmen von Konferenzbesprechungen statt. Übergreifende Strategien, wie die Projektziele und –entwicklungen in den einzelnen Einrichtungen nachhaltig verankert werden könnten, wurden aus Zeitgründen zunächst verschoben.

4.2.5 Engpässe zum Ende des ersten Projektjahres

Im Verbund Oslebshausen wurde die Engpassanalyse (TOC) [51] in allen Einrichtungen separat durchgeführt. Vorangestellt wurde im Mai 2004 eine Erhebung auf Leitungsebene im Verbund. Die anschließende Auswertung berücksichtigt sowohl die Ergebnisse der Einzelerhebungen in den Einrichtungen, als auch diejenigen der Leitungsebene. Die Auswertung zeigte sichtliche Fortschritte gegenüber der letzten Erhebung. Die Ziele waren klarer und einheitlicher formuliert. Zugleich wurde die Notwendigkeit, den eigenen Projektplan stringent umzusetzen, betont.

Im Folgenden werden die Diskussionen um die einzelnen Ziele wiedergegeben.

Aufbau von Arbeits- und Kooperationsstrukturen

Zum Projektziel „Aufbau von Arbeits- Kooperationsstrukturen“ wurden im Verbund Oslebshausen zusammengefasst folgende konsensfähige Ziele festgehalten:

---

[50] Siehe Anhang

[51] Die Engpassanalysen fanden im Zeitraum von Anfang bis Ende Juni 2004 statt.

- „Kennen lernen der Arbeitsweisen und –methoden der jeweils anderen Institution";
- „Kooperation Schule und KTH intensivieren";
- „Absprachen bezüglich Lerninhalte/Konzepte zwischen Schule und KTH zur Unterstützung des optimalen Übergangs";
- „bessere, rechtzeitigere und dauerhaftere Kooperation mit Schule; auch über die Einschulung hinaus";
- „bessere (mehr) Rückinfos über die „entlassenen" Schulkinder (wie haben sie sich entwickelt? / war die Einschätzung hilfreich?)";
- „Hospitationen von a) Lehrern im KTH, b) Erzieherinnen in der Schule";
- „Austausch/Gespräch über die Kinder institutionalisieren";
- „kennen lernen der Kinder vor der Einschulung";
- „gemeinsame Fortbildungen".

Bezüglich der Hemmnisse und Schwierigkeiten zur Erreichung der Projektziele, zeichnete sich für dieses Projektziel folgendes Bild ab:

- „bisher nur Kennen lernen der Arbeitsstruktur der Institutionen – erst ‚Theorie' (Konzept)";
- „systematische Einbeziehung aller Kollegen gelingt noch nicht";
- „Mangel an Bereitschaft einiger Kollegen/innen Zeit für enge Kooperation zu investieren";
- „es gibt kein gemeinsames Forum für die MitarbeiterInnen in der Praxis";
- „es ist kaum oder gar kein Wissen über die Arbeit der jeweils anderen Institution vorhanden";
- „unterschiedliche Wertschätzung von Schule und KTH";
- „gemeinsam erarbeitete Ziele und Absprachen sollten eingehalten werden";
- „kein optimales Kennen lernen der Kinder";
- „reicht die Personaldecke" aus, um alle MitarbeiterInnen in die praktische Arbeit einbeziehen zu können?";
- „wer übernimmt 1. Klasse, um konkrete Absprachen treffen zu können?";
- „wechselnde Mitarbeiter (zusätzliche Mitarbeiter) immer neu einzubinden, erfordert Zeit und Absprachen".

In den Problemdiskussionen konnten ein Kernproblem sowie mehrere Hauptprobleme heraus- gearbeitet werden. Als Kernproblem des Verbundes kristallisierte sich heraus, dass im Verbund Oslebshausen noch bis zum Zeitpunkt der 2. Erhebung vorwiegend auf der strukturellen Ebene in der Leitungsgruppe gearbeitet wurde. Es erfolgte bis dato keine praktische Umsetzung der Kooperation in die Einzeleinrichtungen hinein, beispielsweise anhand einer gemeinsam organisierten und durchgeführten Projektarbeit. Allerdings erfolgte die Weitergabe von Informationen zum Projekt nach Aussage der Leitungsebene regelmäßig an die MitarbeiterInnen. Dennoch waren in einigen Einrichtungen die MitarbeiterInnen wenig über die Projektziele sowie die damit verbundenen Inhalte informiert.

Darüber hinaus wurde als ein Problemfeld deutlich, dass im Verbund sowohl auf Leitungsebene als auch zwischen den Einrichtungen die Schwierigkeit bestand, getroffene Absprachen einzuhalten. Insbesondere zwischen KTH und Schule kam es häufig zu kurzfristigen Terminänderungen, die oftmals einen erheblichen Organisationsaufwand nach sich zogen und den Arbeitsrhythmus in den Einrichtungen empfindlich störten. Als weiteres Problemfeld offenbarte sich der Umstand, dass bis Ende des Schuljahres oftmals nicht feststeht, welche LehrerInnen die zukünftigen 1. Klassen übernehmen, wodurch es folglich kaum zu organisieren ist, dass Kinder vor ihrem Eintritt in die Schule ihren Lehrer oder ihre Lehrerin kennen lernen. Genauso wenig können dadurch zwischen den ErzieherInnen und den zukünftigen ErstklasslehrerInnen direkte Gespräche zu den Kindern stattfinden. Als weiteres Hauptproblem wurde im Verbund Oslebshausen herausgearbeitet, dass die MitarbeiterInnen der Institutionen KTH/Schule kaum über einen Einblick der Arbeitsweisen der jeweils „anderen“ Institution verfügten. Dies betraf zum einen Arbeitsinhalte, zum anderen aber auch die pädagogische Gestaltung von Arbeitszusammenhängen. Als Schwierigkeit im Prozess um den Aufbau von Arbeits- und Kooperationsstrukturen wurde zudem eine mangelnde gegenseitige Wertschätzung der Professionen formuliert. Insbesondere KTH-MitarbeiterInnen betonten, dass ihre Arbeit zu wenig Beachtung erfahre und zu wenig ernst genommen werde. Speziell auf der Leitungsebene wurde herausgearbeitet, dass das Projekt von seiner Struktur her noch sehr personenabhängig war. Aufgrund dieser Feststellung vereinbarte der Verbund das Ziel, zukünftig stärker eine von Personen und Ressourcen unabhängige Struktur in sein Blickfeld zu rücken.

Verstärkung der Elternarbeit

In den durchgeführten Engpassanalysen stand das Thema der Elternarbeit weniger im Vordergrund. So wurden im Verbund Oslebshausen zum Projektziel „Verstärkung der Elternarbeit“ insgesamt recht wenige Ziele und Probleme formuliert. Die genannten Ziele ließen sich wie folgt zusammenfassen:

- „Intensivere Elternarbeit“;
- „Kooperation mit Eltern“;

- „gemeinsame Elternarbeit";
- „gemeinsame (Schule und Kita) Angebote für Eltern";
- „Einbeziehung der Eltern in das Projekt";
- „Übergang vom Kindergarten zur Schule in Zusammenarbeit von Erzieherinnen, Lehrerinnen, Eltern";
- „Treffen von Absprachen über die Elternarbeit";
- „Festlegung eines Zeitplans für den Übergang – Elterninfo, gegenseitige Besuche".

Die Sammlung der Schwierigkeiten, das Ziel 2 „Verstärkung der Elternarbeit" zu erreichen, ließ sich im Verbund Oslebshausen wie folgt zusammenfassen:

- „Eltern, Kinder, KTH kann keine Absprachen treffen, kein Kennen lernen möglich";
- „fehlende Beteiligung / Mangelndes Interesse der Eltern";
- „Grundeinstellung der Eltern";
- „eigene Erfahrung der Eltern (positiv – negativ)";
- „Motivation – wie erreiche ich möglichst viele Eltern?".

Obwohl das Thema „Elternarbeit" nicht im Vordergrund der Projektarbeit stand, kristallisierten sich in den Problemdiskussionen mehrere Hauptprobleme heraus. Es zeigte sich, dass in einigen Bereichen des Stadtteils die Grundeinstellung der Eltern insgesamt als mangelndes Interesse am Kind sowie an der Arbeit in KTH und Schule wahrgenommen wurde. Dieser Umstand spiegelte sich in einem weiteren Hauptproblem, nämlich der geringen Resonanz an reinen Informationsveranstaltungen, zu denen die Eltern eingeladen werden, wider. Insbesondere für die zwei staatlichen Schulen sowie für das KTH Auf den Hunnen gestaltete es sich schwierig, die Aufmerksamkeit der Eltern zu gewinnen.

Um diesem Problem zu begegnen, werden im gesamten Verbund seit mehreren Jahren von KTH und Schule gemeinschaftlich organisierte Elternabende für Eltern zukünftiger Schulkinder angeboten. Insgesamt, so die Einschätzung des Verbundes, interessieren sich nur ca. 50% der Eltern für den Übergang vom KTH in die Schule. Des Weiteren nehmen Eltern die Angebote, im Unterricht zu hospitieren, kaum wahr. In den Diskussionen wurde offenkundig, dass das KTH mehr Kontaktmöglichkeiten als die Schule bietet, so dass der Einfluss der Schule auf die Eltern insgesamt sehr gering ausfällt. Als besonders problematisch wurde die Übertragung des mangelnden Interesses der Eltern auf ihre Kinder benannt. Insgesamt zeichnete sich im Verbund Oslebshausen ein sehr heterogenes Bild zum Thema „Elternarbeit" ab. Während der Kontakt zu den Eltern in einigen Einrichtungen, insbesondere den kirchlichen, aber auch im KTH Am Kammerberg, im KTH Schwarzer

Weg oder beim Verein Kinder Leben e.V. als zufriedenstellend bewertet wurde, haben das KTH Auf den Hunnen sowie die GS Auf den Heuen massive Schwierigkeiten, die Eltern zu erreichen.

Trotz verschiedener Angebote, wie etwa Elterncafes oder offene Elterntreffpunkte, wurden diese nicht erreicht und die fehlgeschlagenen Bemühungen wirkten sich bei den MitarbeiterInnen mittlerweile sehr entmutigend aus. Basierend auf den Problemdiskussionen der Engpassanalyse im Verbund, lag die Vermutung nahe, dass die Unterschiede, Eltern zu erreichen bzw. nicht zu erreichen, eng mit den sozialen Familienhintergründen zusammenhängen. Aus dem vorliegenden Datenmaterial ließen sich zu diesem Phänomen aber keine genaueren oder gar abschließenden Aussagen ableiten. Insgesamt zeigte sich in den Diskussionen, dass im Stadtteil Oslebshausen weitreichende Verbesserungen in der Elternarbeit, auch im Sinne von Familienbildung, notwendig sind. Einen Ansatz dazu bietet das dreiteilige Elternseminar „Muss aller Anfang schwer sein", das an der St.-Joseph-Schule angeboten und von den Eltern sehr gut angenommen wird. Unter Berücksichtigung der Erkenntnisse zur Elternarbeit im gesamten Verbund Oslebshausen, kann allerdings davon ausgegangen werden, dass es erforderlich sein wird, einem Großteil der Elternschaft verschiedene Zugangswege und verstärkt auch niedrig schwellige Angebote anzubieten, um einen intensiveren Kontakt zu initiieren.

Thematische Abstimmung zwischen Kindertagesheim und Grundschule

Zum Projektziel zu Abstimmung der thematischen Arbeit zwischen Kindertagesheim und Grundschule wurde im Verbund eine Vielzahl an Zielen formuliert, von denen im Folgenden einige exemplarisch angeführt werden:

- „Absprachen treffen bezüglich pädagogischer Arbeit und den Inhalten";
- „abgestimmte Projekte/Ziele/Methoden (in Schule nicht bei Null anfangen)";
- „engere Verzahnung zwischen KTH und Schule über inhaltliche Arbeit";
- „Bildungsverständnis -> Austausch über Definitionen und Inhalte";
- „Entwicklung gemeinsamer Vorstellungen von der Arbeit mit Kindern";
- „gemeinsame Ziele KTH/Schule";
- „fachliche Auseinandersetzung mit dem Thema Frühes Lernen";
- „KTH-Mitarbeiter lernen Schule besser kennen";

- „Lehrer lernen das Arbeiten im KTH kennen";
- „Begleitung der KTH-Kinder in die Grundschule";
- „Ängste vor der Schule nehmen";
- „Spaß am Lernen";
- „Neugier wecken";
- „Selbstbewusstsein fördern";
- „Verbesserung der Sprachkenntnisse".

Bezüglich der Abstimmung der thematischen Arbeit zwischen KTH und Schule, wurden folgende Schwierigkeiten benannt:

- „Permanente Weiterentwicklung Praxis -> Theorie -> Praxis -> Theorie...";
- „gewinnen wir alle MitarbeiterInnen im Verbund für unsere Idee?";
- „Motivation der MitarbeiterInnen";
- „thematische Absprachen zwischen KTH und Schule werden lange diskutiert (unterschiedliche Schwerpunktsetzung)";
- „unterschiedliche Vorstellungen von Themen, Verzahnung usw.";
- „verhaltensauffällige Kinder";
- „fehlende Bereitschaft";
- „Alle!! sollten bereit sein, ihre Arbeit transparent zu machen";
- „Informationen nicht weitergeben, dem Thema keinen Raum geben".

Obgleich in den Einrichtungen eine Vielzahl an Zielen wie auch Problemen zu diesem Projektziel erarbeitet wurde, war das Vorhaben der thematischen Abstimmung zwischen KTH und Schule zum Zeitpunkt der Erhebung durch die Engpassanalyse noch weitgehend unbearbeitet. In den Problemdiskussionen um die Schwierigkeiten, die den Prozess der thematischen Abstimmung hemmten, kristallisierten sich verschiedene Problemfelder heraus. Zunächst einmal wurden Ziele und Konzepte nur auf Leitungsebene entworfen und entschieden, so dass bis zum Sommer 2004 kaum eine Einbeziehung der MitarbeiterInnen in die konzeptionelle Arbeit stattgefunden hatte. Des Weiteren gestaltete sich die inhaltliche Absprache zwischen KTH und Schule schwierig, da die Schwerpunktsetzungen beider Institutionen sehr voneinander differierten und wenig Klarheit über ein generelles Verständnis von „Bildung" entstanden war. Als problematisch erwies sich zusätzlich eine geringe Bereitschaft dazu, die eigene Arbeit transparent zu machen. Dadurch wurde der Prozess, überhaupt einen Zusammenhang zwischen Bildungsinhalten und deren Gestaltung zu schaffen bzw. diese miteinander zu verbinden, zunächst erheblich erschwert.

Ausarbeitung eines Themenbereiches für mehrere Entwicklungsniveaus

Zum 4. Projektziel, der Ausarbeitung eines Themenbereiches für mehrere Entwicklungsniveaus, wurden im Verbund Oslebshausen folgende recht heterogenen Ziele formuliert:

- „Inhaltliche Abstimmung der pädagogischen Arbeit (Themen/Projekte)“;
- „gemeinsame Projekte“;
- „Lernwerkstatt“;
- „forschendes und entdeckendes Lernen im KTH“;
- „soziale Kompetenzen lernen (spielen und auseinander setzen mit anderen Kindern)“;
- „die Entwicklungsebenen der Kinder besprechen“;
- „Absprachen zur Vorbereitung auf die Schule“;
- „Gemeinsames Thema erarbeiten (Leitungs-/Hausebene)“;
- „Austausch (intensiv) der Kolleg(innen) beider Institutionen über einzelne Kinder“;
- „Lernzielkatalog“.

Als Hemmnisse auf dem Weg, dieses Ziel zu erreichen, wurden folgende Schwierigkeiten zusammengetragen:

- „Finden eines thematischen Schwerpunkts und die Bearbeitung in allen Institutionen“;
- „von der Theorie zur Umsetzung“;
- „der Praxisbezug fehlt noch“;
- „unterschiedlicher Entwicklungsstand“;
- „die Schwierigkeit, den übrigen Kindern in der Gruppe gerecht zu werden“.

Hinsichtlich der „Ausarbeitung eines Themenbereiches für mehrere Entwicklungsniveaus“ wurden in den Erhebungen zwar mehrere Ziele formuliert, in den Diskussionen stellte sich allerdings heraus, dass das Thema an sich noch schwer greifbar war. Vor diesem Hintergrund waren sicherlich auch die geringen Problemformulierungen im Verbund Oslebshausen zu erklären. In den Problemdiskussionen zu diesem Ziel wurde deutlich, dass sich die Frage nach einer Ausarbeitung eines Themenbereiches für mehrere Entwicklungsniveaus für den Elementar- wie auch den Primarbereich bislang aus zweierlei Gründen kaum stellte: In den Kindertagesheimen lag der Grund dafür darin, dass alle KTH-Einrichtungen altersgemischte Gruppen anbieten und von daher generell binnendifferenziert mit den Kindern arbeiten. In einer Schule wurde hingegen angemerkt, dass die Kinder weniger aufmerksam seien, wenn sie auf bereits Bekanntes aus dem Kindergarten treffen, weil sie der Meinung sind, dass sie das ja schon alles wissen. In diesem Zusammenhang wurde darauf verwiesen, dass die Motivation für die Schule dadurch schnell beeinträchtigt werden könne. In den Diskussionen um die Ausarbeitung eines Themenbereiches für mehrere Entwicklungsniveaus wurde im Verbund Oslebshausen insgesamt deutlich, dass hier Schwierigkeiten hinsichtlich der Gestaltung und Organisation dieser Aufgabe bestanden.

4.3 Zielbezogene Entwicklungen im zweiten Projektjahr

Der Verbund Oslebshausen hatte im ersten Projektjahr, dem Kindergarten- und Schuljahr 2003/04 vornehmlich auf der Leitungsebene an strukturgebenden Rahmenbedingungen zur Zusammenarbeit gearbeitet. Die durchgeführten Engpassanalysen in den einzelnen Einrichtungen im Verbund offenbarten deutlich, dass Ziele und Inhalte des Projektes „Frühes Lernen" zunächst kaum die operative Ebene in den Einrichtungen selbst erreicht hatten. Diese Problematik der bis dahin mangelnden Transparenz der Projektarbeit war auf der Leitungsebene durchaus bewusst. Im Anschluss an die strukturellen Arbeiten stieg der Verbund Oslebshausen schließlich noch zum Ende des ersten Projektjahres in die Phase gegenseitiger Hospitationen ein, die es auch den MitarbeiterInnen im Verbund ermöglichten, sich näher kennen zu lernen.

Dieses Vorgehen wurde im zweiten Projektjahr fortgeführt und wie in allen anderen Verbünden aus zweierlei Gründen als sehr positiv bewertet: Zum einen weil sie die Menschen der jeweils „anderen" Institution persönlich erlebten sowie einen Einblick in den jeweiligen Tagesablauf inklusive der verschiedenen Arbeitsweisen erhielten. Zum anderen, weil sie die Kinder in der ihnen „fremden" Umgebung erlebten. Dies war insbesondere für die LehrerInnen von Bedeutung, die oftmals über das, was die Kinder im KTH bereits alles erarbeiten, staunten. Ausgelöst durch die Begegnung und den Austausch untereinander, erhielt das Projekt hinsichtlich seiner Ziele und der geplanten Vorhaben auf Verbundebene zusätzlich eine stärkere Transparenz auf der Ebene der MitarbeiterInnen.

Der Verbund Oslebshausen hatte auch für das zweite Projektjahr, dem Kindergarten- und Schuljahr 2004/05, gemeinsam einen Jahresplan „Frühes Lernen" für den Zeitraum von September 2004 bis einschließlich August

2005 erarbeitet[52]. Im Projektplan wurden alle das Projekt betreffenden Termine und Veranstaltungen des Verbundes, der Teilverbünde oder Einzeleinrichtungen festgehalten und im Laufe des Jahres gegebenenfalls ergänzt.

Zum Schuljahresbeginn 2004/05 fand in der Grundschule Auf den Heuen in Kooperation mit MitarbeiterInnen aus den Kindertagesheimen Am Nonnenberg und Auf den Hunnen das Erhebungsverfahren zum Entwicklungsstand des Kindes statt. Dieses Verfahren zur Schuleingangsdiagnostik wird in Bremer Schulen in Form der „Hexe Mirola" durchgeführt. Die gemeinsame Veranstaltung wurde insbesondere aufgrund des gegenseitigen Austausches der Beobachtungen als sehr positiv bewertet. Aus diesem Grund wurde vereinbart, das Instrument der Schuleingangsdiagnostik, die „Hexe Mirola", in der Grundschule Auf den Heuen auch für das Schuljahr 2005/06 auf der Ebene eines Teilverbundes mit MitarbeiterInnen der Kindertagesheime durchzuführen. Aus dieser gemeinsamen Erfahrung wurde zudem vereinbart, dieses diagnostische Verfahren zukünftig vor die Sommerferien zu verlegen, um insbesondere im Falle von Karenzzeitkindern die Eltern gemeinsam beraten zu können.

Darüber hinaus hatte der Verbund sich für das zweite Projektjahr zwei weitere Aufgabenbereiche vorgenommen: Zum einen wurden die Produkte, die durch die Arbeit des Kernverbundes entstanden waren von Ulrike Bahr-Gräber und Annegret Glienke mit Hilfe eines Rasters dokumentiert. Zum anderen führte der Verbund im Rahmen des Praxisprojektes „Mathe von Anfang an" gemeinsam eine Projektarbeit zur Abstimmung der thematischen Arbeit zwischen KTH und Schule durch. Das Vorhaben des Praxisprojektes war darauf ausgerichtet, auf der Ebene des Verbundes erste Vorbereitungen dahingehend zu treffen, in einem Bildungsbereich ein gemeinsames Curriculum für den Elementar- und Primarbereich zu entwickeln. Dazu einigte der Verbund sich darauf, in allen Einrichtungen das Projekt „Mathe von Anfang an" durchzuführen. Inhaltlich basierte das Projekt auf einem von Prof. Erich Wittmann und Prof. Gerhard N. Müller (Universität Dortmund) erarbeiteten Konzept zum mathematischen Lernen, das für Kinder bzw. Jugendliche im Alter von 3-18 Jahren entwickelt wurde.

Im Fokus des Praxisprojektes standen Kinder im Alter von 3-7 Jahren. Anhand von zehn so genannten Kernspielen aus dem Programm „Das Kleine Zahlenbuch" zum Thema „Mathematik", wurde in spielerischer Form das mathematische Verständnis der Kinder geweckt und/oder (weiter-) entwickelt. Ziel des Projektes war, dass alle zukünftigen Schulkinder die zehn Kernspiele bis zu den Sommerferien beherrschen. Jens Hager vom KTH Schwarzer Weg hatte dazu u.a. eine Matrix für die Dokumentation der Zielerreichung erstellt.

---

[52] Siehe Anhang

Alle an diesem Projekt beteiligten Personen im Verbund wurden auf gemeinsamen Planungstreffen durch entsprechenden Input der MitarbeiterInnen der Universität Dortmund inhaltlich fortgebildet. Am Projekt „Mathe von Anfang an" waren mit den Leitungen des Verbundes sowie den Gruppenleitungen und KlassenlehrerInnen insgesamt 40 Personen beteiligt. Nach einigen Vorgesprächen mit den Professoren fand am 07.12.04 eine gemeinsame Auftaktveranstaltung „Mathe von Anfang an" in der St.-Joseph-Gemeinde statt.[53]

Es erfolgt nun eine Darstellung der auf die vier Oberziele des Projektes bezogenen Auswertung der Projektarbeit im Verbund Oslebshausen bis zum Ende der Projektlaufzeit im August 2005. Hiermit wird aufgezeigt, wie weit der Verbund in der Erreichung der einzelnen Ziele seit Projektbeginn vorangekommen ist. Grundlage der Ergebnisse sind die Daten der Engpassanalyse, des Fragebogens 2004 und aller zur Verfügung stehenden Unterlagen aus dem Verbund. Gleichzeitig werden die Erkenntnisse der Abschlusserhebung im Juni 2005 einbezogen, in der per Gruppendiskussion auf der Leitungsebene ein Rückblick zum Projektverlauf erörtert wurde.

Aufbau von Arbeits- und Kooperationsstrukturen

Der Verbund Oslebshausen hatte im Laufe des ersten Projektjahres, dem Kindergarten- und Schuljahr 2003/04, umfangreiche Strukturen zur Kooperation zwischen KTH und Schule entwickelt.

Zunächst wurde auf der Leitungsebene daran gearbeitet, verbindliche Rahmenbedingungen für eine Kooperation aller am Projekt beteiligten Einrichtungen zu installieren. Hierzu zählte neben der Etablierung regelmäßig stattfindender Arbeitstreffen auch eine aktive Teilnahme am Projektprozess. Im Rahmen dieser Vereinbarung wurde von allen am Projekt beteiligten Einrichtungen sowie den VertreterInnen des ZUS, Gabriella Novello und Rainer Metze, ein Kontrakt zur gemeinsamen Arbeit am Projekt „Frühes Lernen" unterzeichnet.

Zum Kooperationsstart führte der Verbund Oslebshausen auf der Leitungsebene eine Vorstellungsrunde jeder Institution durch, wodurch ein intensives Kennen lernen der KollegInnen unterstützt wurde. Im Rahmen dieser Runde wurden darüber hinaus die verschiedenen Organisationsstrukturen und pädagogischen Konzepte, die in den einzelnen Einrichtungen verfolgt werden, transparent. Dieses Vorgehen hatte einerseits dazu beigetragen, das Wissen des Einzelnen um Arbeitsweisen und –methoden der unterschiedlichen Einrichtungen zu erweitern sowie andererseits ein besseres Verständnis für den

[53] http://www.mathematik.uni-dortmund.de/didaktik/mathe2000/_materialien/_content/kleines_zb.htm, hier gibt es weitere Informationen zum Lernmittel Spielen, die in Oslebshausen erprobt werden.

jeweils „anderen“ Arbeitsbereich zu entwickeln. Um diese Informationen auch auf die Ebene der MitarbeiterInnen zu tragen, wurde eine Informationsmappe zusammengestellt, die seit Anfang 2005 in allen Einrichtungen ausliegt.

Im Vergleich zu den übrigen Verbünden im Kernprojekt, verging im Verbund Oslebshausen ein längerer Zeitraum, bis man in die Phase der gegenseitigen Hospitationen eingestiegen war und erste direkte Kooperationskontakte zwischen den MitarbeiterInnen stattgefunden hatten. Der Grund dafür lag darin, dass der Verbund zunächst auf der Leitungsebene einen Hospitationskatalog erarbeitet hatte, anhand dessen alle hospitierenden MitarbeiterInnen ihre Erfahrungen und Beobachtungen dokumentieren und den übrigen KollegInnen zur Einsicht zur Verfügung stellen. Die Hospitationserfahrungen wurden ausnahmslos als positiv bewertet und haben rückblickend erheblich zu einem verbesserten gegenseitigen Verständnis der Arbeitsweisen und –methoden von KTH und Schule beigetragen. Zudem hatten einige ErstklasslehrerInnen die Möglichkeit, ihre zukünftigen Schulkinder in den Räumlichkeiten des Kindertagesheimes kennen zu lernen.

Des Weiteren wurde die Durchführung eines gemeinsamen Praxisprojektes (Mathematik) für den gesamten Verbund vereinbart, das im Januar 2005 startete. Auch in diesem Zusammenhang hatte die Leitungsebene in gegenseitiger Absprache ein Projekt ausgewählt und einen entsprechenden Ablaufplan für die Organisation, Durchführung sowie Dokumentation dieses Vorhabens erarbeitet. Eingebunden in dieses Praxisprojekt wurden die Leitungen aller Einrichtungen, Gruppenleitungen der Kindertagesheime und LehrerInnen der Grundschulen. Darüber hinaus hatte der Verbund für das 2. Projektjahr einen gemeinsamen Jahresplan entworfen, in dem Veranstaltungen und Termine festgehalten wurden.

Anhand der Ausführungen wird deutlich, dass der Verbund Oslebshausen hinsichtlich des Aufbaus von Arbeits- und Kooperationsstrukturen bereits ein hohes Entwicklungsniveau erreicht hatte. Auf der Leitungsebene konnte eine kontinuierliche und aktive Beteiligung an der Projektarbeit installiert werden. Die einzelnen Einrichtungen haben sich gegenseitig kennen gelernt und in Anbetracht der dargelegten Ergebnisse, sowie unter Berücksichtigung unserer Erfahrungen während der Erhebungsphase der Engpassanalyse, konnte auf ein recht ausgewogenes Miteinander im doch sehr großen und zudem heterogenen Verbund geschlossen werden. Es wurden verbindliche Strukturen für verschiedene Bereiche der Kooperationsarbeit (Hospitationen/gemeinsame Projekte) verankert und es hatte sich eine selbstverständliche Zusammenarbeit entwickelt. Zudem wurde die Kooperation, die sich anfänglich in der Hauptsache auf der Leitungsebene bewegte, durch die Hospitationen im Laufe der Projektzeit auf die Ebene der MitarbeiterInnen ausgedehnt. Rückblickend war es dem Verbund ein besonderes Anliegen, zunächst Strukturen für Arbeits- und Kooperationszusammenhänge zu installieren. Es besteht zwar nach wie vor eine personenabhängige Struktur, doch sind die ersten Schritte hin zu einer personenunabhängigen Struktur, die in Zukunft weiter ausgebaut werden soll, bereits grundlegend verankert.

Verstärkung der Elternarbeit

Bereits vor Projektbeginn hatten im Verbund gemeinsam organisierte und gestaltete Elternabende für die Eltern zukünftiger Schulkinder im Kindertagesheim oder in der Schule stattgefunden. Im weiteren Verlauf verständigten sich die Kindertagesheime und Grundschulen darauf, gemeinsam einen Elternabend für die Eltern der zukünftigen Schulkinder anzubieten, um auf diesem Weg eine größere Elternschaft zu erreichen. Dieses Vorgehen hat sich insgesamt positiv ausgewirkt, auch wenn es in zwei Einrichtungen des Stadtteils nach wie vor schwierig geblieben ist, die Eltern diesbezüglich zu mobilisieren. Abgesehen von dieser eingerichteten Struktur wurde das Ziel der Verstärkung der Elternarbeit im Verbund Oslebshausen nachrangig bearbeitet. Durch die Übereinkunft, dass von den Kernverbünden nicht alle vier Oberziele gleichzeitig bearbeitet werden mußten, war das Setzen von Prioritäten durchaus sinnvoll. Es stand zudem außer Frage, dass es sich beim Verbund Oslebshausen um einen sozial benachteiligten und bezüglich der Elternschaft um einen recht heterogenen Stadtteil handelte, so dass zu erwarten war, dass eine gemeinsame Elternarbeit von Schwierigkeiten begleitet sein würde. Im Rückblick waren viele Einrichtungen mit ihrer Elternarbeit nicht zufrieden. Nach wie vor gestaltet sich dieser Themenbereich in Oslebshausen größtenteils als sehr schwierig. Aber die Elternarbeit wird weiterhin Bestandteil der gemeinsamen Verbundarbeit sein. In diesem Zusammenhang will man auf die Zukunft gerichtet insbesondere von den Angeboten und Erfahrungen der St.-Joseph-Schule lernen.

Thematische Abstimmung zwischen Kindertagesheim und Grundschule

Im Rahmen der Vorstellungsrunde, die im Verbund auf Leitungsebene stattgefunden hatte, erfolgte u.a. auch ein erster Austausch über die verschiedenen pädagogischen Konzepte und Arbeitsinhalte der Einzeleinrichtungen. Die Auswertungen der Engpassanalysen verwiesen darauf, dass der Verbund darüber hinaus zum Teil in erste Diskussionen um die verschiedenen Bildungsschwerpunkte, die im Elementar- bzw. Primarbereich verankert sind, eingestiegen war.

Es erstaunte allerdings, dass ausgehend von den PISA-Projekten „Kinder entdecken die Welt der Schrift" (KTH Auf den Hunnen) und dem Qualifizierungsprojekt des Universum Science Center (KTH Am Kammerberg) für die Wissenschaftliche Begleitung davon keine Impulse im Verbund zu spüren waren. Das deutete darauf hin, dass diese Projekte nicht auf eine übergreifende Arbeit zwischen KTH und Schule abzielten, bzw. dass diese jedenfalls nicht von großer Bedeutung für den Verbund gewesen sein konnten. Zugleich verwies dieser Befund auf ein generelles Problem im Projekt „Frühes Lernen“, nämlich den noch nicht vorhandenen systematischen Austausch von Wissen[54].

Zu Beginn des zweiten Projektjahres, dem Kindergarten- und Schuljahr 2004/05 intensivierte der Verbund die Diskussion um die Abstimmung der thematischen Arbeit zwischen KTH und Schule und einigte sich auf das gemeinsame Praxisprojekt „Mathe von Anfang an“. In Zusammenarbeit der Projektgruppe und Professoren der Universität Dortmund, an deren Konzept sich das Projekt orientierte, wurde dazu nachfolgende grobe Projektplanung für den Zeitraum Dezember 2004 bis Oktober 2005 abgestimmt.

Ziele des Projektes „Mathe von Anfang an“:

- Alle zukünftigen Schulkinder lernen die10 ausgewählten Kernspiele kennen und beherrschen sie bis zur Einschulung nach ihren individuellen Möglichkeiten und Fertigkeiten.
- In der Grundschule erweitern und vertiefen die Kinder ihre individuellen Kenntnisse, lernen die weiteren Spiele des kleinen Zahlenbuchs kennen und beherrschen sie.

Verlaufsplan des Projektes „Mathe von Anfang an“

Wann	**Was**	**Wer**	**Wie**	**Wo**
Bis zum 23.12.04	Erstellen 1. Entwurf der Tabelle/Matrix für die Dokumentation der Lernfortschritte	Hr. Hager	PC-Vorlage, per Rundmail an alle Projekteinrichtungen	KTH Schwarzer Weg
20.01.05	Absprachen zum Projekt „Mathe von Anfang an“: - Organisation - Verbindlichkeit - Aufgaben der Leitungen - Dokumentation für „Frühes Lernen“ und Uni Dortmund - Öffentlichkeit, etc.	Projektgruppe Oslebshausen, Fr. Novello, Hr. Metze	Diskussion Absprachen, Protokoll	Landesverband Evang. KTH Slevogtstraße
Ab 24.01.05	Spiel-Start in der KTH-Praxis	Alle Gruppenteams im Elementarbereich/ Schule/ Kinder	Verwenden der zehn ausgewählten Spiele	(Teil-) Gruppen, andere Settings
Ab 24.01.05	Dokumentation der Praxis (Vorlage am 21.01. durch Hr. Hager zugemailt	Dto., Heimleitungen	Verbindlich, mit Hilfe einfachen Vorlage	Dto.

[54] Vgl. hierzu: http://www.tqse.uni-bremen.de/checklisten/check_wissen_main.html

Ab 24.01.05	Praxiserfahrungen und –fragen zeitnah an Prof. Wittmann und Prof. Müller	Dto.	Fax, e-Mail etc.	Leitungsbüros
17.02.05	Präsentation Stand „Mathe von Anfang an“ in Oslebshausen	Zwei ProjektvertreterInnen	Diverse Medien	Forum III, Uni Bremen
14.04.05	2. Treffen „Mathe von Anfang an“: - Entwicklungen - Einführung in den 2. Band - Aufgaben der Grundschulen	Projektgruppe, Fr. Novello, Hr. Metze, Prof. Wittmann, Prof. Müller, künftige Erstklasslehrer	Kurzberichte, Dokumentation, Input, Spielen, Absprachen,...	Pfarrsaal der St.-Josef-Gemeinde
22.06.05	Vermittlung des Testverfahrens	Mitarbeiterin der Uni Dortmund, Projektgruppe, GruppenleiterInnen, LehererInnen, Kinder	Präsentation	Schule Auf den Heuen
Ab September 05	Aufnahme des „Spielbetriebes“ in den Grundschulen	Alle LehrerInnen der 1. Klassen, Kinder, MitarbeiterInnen aus den KTH`en	Siehe oben	In unterschiedl. Unterrichtssituationen in den Grundsch.
Anfang Oktober 05	Auswertung und Beenden des Projektes „Mathe von Anfang an“ mit der Uni Dortmund	Alle Mitarbeitenden aus dem Projekt „Mathe von Anfang an“ in Oslebshausen, evt. Gäste	Kurzberichte aus den Institutionen nach Raster, Abschlussfeier des Projektes „Mathe von Anfang an“	?

Abbildung 4-2: Arbeitsplan „Mathe von Anfang an“

In der Abschlusserhebung zum Projekt „Frühes Lernen“ wurde deutlich, dass die gemeinsame Teilnahme von KTH und Schule an diesem Projekt erheblich dazu beigetragen hat, sich auch gemeinsam über Lern- und Entwicklungswege von Kindern auseinanderzusetzen. Wenn gleich oder gerade weil dieses Thema teilweise auch kontrovers diskutiert wurde, liegt hierin eine große Chance, sich zukünftig der bedeutenden Thematik der thematischen Abstimmung zwischen KTH und Schule weiter anzunähern.

Ausarbeitung eines Themenbereiches für mehrere Entwicklungsniveaus

Die erhobenen Daten der Engpassanalyse im Sommer 2004 zeigten, dass das 4. Projektziel, die Ausarbeitung eines Themenbereiches für mehrere Entwicklungsniveaus, im Kooperationsverbund Oslebshausen kaum in das

Blickfeld gerückt worden war. Insbesondere in den Einzeleinrichtungen bestand Unklarheit darüber, welche Bedeutung dieses Ziel für den Übergang vom KTH in die Schule haben könnte. In den Problemdiskussionen wurde deutlich, dass dieses Thema inhaltlich kaum greifbar geworden war, teilweise auch auf Vorbehalte stieß. Insofern bestand zur Erreichung dieser Zielstellung ein verstärkter Entwicklungsbedarf. Vor dem Hintergrund des Projektes „Mathe von Anfang an" konnte aber gleichzeitig vermutet werden, dass der Verbund sich diesem Themenbereich bis zum Ende des Projektes „Frühes Lernen" ein großes Stück weit annähernd würde. Rückblickend betrachtet trug die Durchführung des Projektes tatsächlich dazu bei, die Existenz verschiedener Entwicklungsniveaus stärker ins das Bewusstsein aller am Projekt beteilgten Personen zu rücken. Ausgelöst durch die positiven Erfahrungen im Rahmen des Projektes „Mathe von Anfang an", beschäftigte der Verbund sich zum Ende des zweiten Projektjahres mit möglichen weiteren Themen, die nach Abschluss des Matheprojektes analog durchgeführt werden könnten. Darunter der Schrift-Sprach-Erwerb, naturwissenschaftliche Themen oder auch musisch-ästhetische Thematiken.

4.4 Fazit

Ein Teil der Einrichtungen, die den Verbund Oslebshausen bildeten, kooperierte hinsichtlich der Übergangsthematik bereits vor Projektbeginn. Dadurch war gegeben, dass sich verschiedene MitarbeiterInnen des Verbundes bereits gut kannten, wodurch der Prozess der gegenseitigen Annäherung zumindest teilweise nicht mehr am Anfang stand. Dennoch berichteten, wie im Verbund Rönnebeck auch, KTH-MitarbeiterInnen zwar verhalten, aber doch häufig über Schwierigkeiten hinsichtlich der Absprache von Terminen, fühlten sich von „Schule" zu wenig ernst genommen und empfanden eine geringe Wertschätzung für ihre Arbeit im Kindertagesheim. Darüber hinaus fragten sie sich, ob „Schule" überhaupt ein Interesse an der Zusammenarbeit habe. Da die Leitungsebene des Verbundes im ersten Projektjahr sich hauptsächlich mit strukturgebenden Arbeiten wie der Vorstellungsrunde mit anschließender Erstellung der Informationsmappe für alle Einrichtungen oder der Erstellung von Hospitationsbögen beschäftigte, waren die MitarbeiterInnen lange Zeit kaum in den Prozess der Projektarbeit einbezogen worden. Erst zum Ende des ersten Projektjahres ermöglichten erste gegenseitige Hospitationen von KTH und Schule, dass auch die MitarbeiterInnen sich näher kennen lernten.

Diese Phase wurde wie in allen anderen Verbünden aus zweierlei Gründen als sehr positiv bewertet: Zum einen weil sie die KollegInnen der jeweils „anderen" Institution persönlich erlebten und einen Einblick in den jeweiligen Tagesablauf inklusive der verschiedenen Arbeitsweisen erhielten. Zum anderen, weil sie die Kinder in einer ihnen „fremden" Umgebung erlebten. Insbesondere die LehrerInnen staunten oftmals über das, was die Kinder im

KTH bereits alles bewerkstelligten, so dass sich diese Erfahrung als sehr bedeutsam für das gegenseitige Verständnis der Professionen aber auch für das eigene Verständnis vom jeweiligen Kind herausstellte. Mit Beginn des Projektes „Mathe von Anfang an“ im Januar 2005, an dem neben den Leitungen des Verbundes auch mehrere Gruppenleitungen der Kindertagesheime sowie LehrerInnen der Grundschulen beteiligt waren, vertiefte sich dieser Prozess.

Abgesehen von dieser positiven Entwicklung des Miteinanders, eröffnete sich in diesem Kontext auch der Raum, die Projektarbeit stärker als bisher auf der operativen Ebene zu verankern. Unter Nutzung der erarbeiteten Konzepte, wie die Hospitationsbögen, das Raster der Dokumentation oder dem Jahres- und Projektplan, baute der Verbund Oslebshausen die Arbeits- und Kooperationsstrukturen im Gesamtverbund anhand des ersten gemeinsamen Mathe-Projektes zur thematischen Abstimmung zwischen KTH und Schule langsam aber kontinuierlich aus und stieg damit gleichzeitig bereits in die Arbeit zur Abstimmung der Curricula ein. In diesem Zusammenhang wurden sogleich weitere Themenbereiche fokussiert. In der relativ kurzen Laufzeit wurden damit bereits grundlegende Elemente zur strukturgebenden und inhaltlichen Arbeit im Projekt „Frühes Lernen“ erreicht. Aufgrund der positiven Erfahrungen durch das Projekt betonte der Verbund während der Abschlusserhebung sein starkes Interesse, die Projektziele auch zukünftig gemeinsam zu verfolgen.

5 Kooperationsverbund Rönnebeck

Der Kooperationsverbund Rönnebeck bildete den zweitgrößten Zusammenschluss im Kernprojekt „Frühes Lernen“, der sich aus einer Grundschule (GS) mit einer Dependance sowie fünf unterschiedlich großen Kindertagesheimen (KTH) zusammensetzte. Die Einrichtungen des Verbundes liegen im Stadtgebiet Bremen-Nord und sind damit, im Vergleich zu den anderen im Projekt beteiligten Institutionen, relativ weit von der Bremer Innenstadt entfernt. Das Einzugsgebiet ist sozial besser gestellt als das der Verbünde Vahr und Oslebshausen. Die Elternschaft gehört der unteren bis gehobenen Einkommensschicht[55] an.

An der Kooperation waren folgende Träger beteiligt:

- Senator für Bildung und Wissenschaft,
- KiTa Bremen, Eigenbetrieb der Stadtgemeinde Bremen[56],
- Landesverband Evangelischer Kindertageseinrichtungen,
- Caritas Bremen-Nord.

Während der Projektlaufzeit wurde der Verbund durch Ulrich Hütter und Ilse Peppel vom Zentralen Unterstützungssystem (ZUS) begleitet.

Dem Kooperationsverbund Rönnebeck gehörten die folgenden Einrichtungen an:

Grundschule Rönnebeck Standort Helgenstraße (Verwaltungssitz) Helgenstr. 10-12 28777 Bremen Standort Hechelstraße Hechelstraße 13 28777 Bremen Telefon: (0421) 361-7284/-7747 eMail: 053@bildung.bremen.de Leitung: Elisabeth Kreis	KTH Reepschlägerstraße Reepschlägerstr. 121 28777 Bremen Telefon: (0421) 361-7829 eMail: Johanna.Hellmerichs@kita.bremen.de Leitung: Johanna Hellmerichs
Ev. KTH der Paul-Gerhardt-Gemeinde Lichtblickstr. 7-9 28777 Bremen Telefon: (0421) 69 01 863 eMail: paul-gerhardt@kiki-bremen.de Leitung: Rosemarie Frank	KTH St. Nicolai Hechelstr. 13 w und x 28777 Bremen Telefon: (0421) 60 23 27 eMail: Kiga-St-Nicolai@caritas-bremen-nord.de Leitung: Insa Beushausen

[55] Dies lässt sich aus den KTH-Gebühren sowie aus dem Benachteiligtenindex (Rönnebeck: ca. 31, Neue Vahr ca. -70, Oslebshausen ca. –51) schließen

[56] Seit August 2004, vorher Amt für Soziale Dienste

KTH Landrat-Christians-Straße Landrat-Christians-Str. 138 28777 Bremen Telefon: (0421) 361-7443 eMail: Renate.Meyer-Moelleringhof@kita.bremen.de Leitung: Renate Meyer-Mölleringhof	Ev.-ref. KTH Rönnebeck-Farge Farger Str. 19-21 28777 Bremen Telefon: (0421) 68 91 82 eMail: roennebeck-farge@kiki-bremen.de Leitung: Angelika Junge

5.1 Einrichtungsbezogene Daten

Der folgende Abschnitt bietet einen kurzen Überblick der zum Kooperationsverbund Rönnebeck gehörenden Einzeleinrichtungen. Es werden zunächst die Schule und anschließend die Kindertagesheime beschrieben. Die einrichtungsspezifischen Daten beinhalten eine über den Projektzeitraum 2003-2005 zusammenfassende Übersicht. Die Daten sind den Fragebögen aus den Jahren 2003 sowie 2004 entnommen, die an alle Einrichtungen verschickt wurden. Während im Projektjahr 2003/04 nicht alle Fragebögen fristgerecht zur Aufnahme in den 1. Projektbericht eingegangen waren, lag der fristgerechte Rücklauf im Kindergarten- und Schuljahr 2004/05 bei 100%. Die Daten wurden von der Wissenschaftlichen Begleitung anonymisiert und horizontal wie vertikal ausgewertet. Sofern sich die erhobenen Daten aus den Jahren 2003/04 bzw. 2004/05 nicht nennenswert voneinander unterscheiden, beziehen sich die Angaben auf den Fragebogen 2004, weil dieser die aktuelle Beschreibung des Feldes widerspiegelt. In Fällen erheblicher Abweichungen werden die Veränderungen verdeutlicht.

Die Grundschule Rönnebeck

Bei der Grundschule Rönnebeck handelte es sich eine vierzügige Grundschule, die bis zum Ende des Schuljahres 2003/04 aus einem Verwaltungsstandort und zwei Dependancen, Reepschlägerstraße und Hechelstraße, bestand. Zum Kindergarten- und Schuljahr 2004/05 wurde der Standort Reepschlägerstraße geschlossen, so dass die Schule seitdem aus dem Verwaltungsstandort in der Helgenstraße sowie der Dependance Hechelstraße besteht.

In den Schuljahren 2003/04 und 2004/05 besuchten jeweils 340-350 Kinder die Grundschule Rönnebeck. Je zwei Klassen einer Jahrgangsstufe waren an einem Standort untergebracht. Eine Ausnahme bildete der 3. Jahrgang, der nur dreizügig verlief. Zwei der 3. Klassen waren in der Helgenstraße angesiedelt, eine in der Hechelstraße. Die Klassenstärken lagen in beiden Schuljahren bei durchschnittlich 22 Kindern, die Klassenfrequenzen der dreizügigen 3. Klasse lagen mit durchschnittlich 27 Kindern allerdings deutlich höher.

Im Schuljahr 2004/05 umfasste das Kollegium der Grundschule Rönnebeck 22 pädagogische MitarbeiterInnen, deren Durchschnittsalter 39 Jahre betrug.

Es setzte sich aus der Schulleiterin, Elisabeth Kreis, 16 LehrerInnen, drei Sonderpädagoginnen und zwei Referendarinnen zusammen. Davon unterrichteten in der Helgenstraße neun LehrerInnen, eine Sonderpädagogin und eine Referendarin. In der Hechelstraße waren es acht LehrerInnen, zwei Sonderpädagoginnen sowie ebenfalls eine Referendarin. Zur Sicherstellung der Verlässlichen Grundschule waren acht Betreuungskräfte angestellt. Neben der Schulleitung waren am Projekt „Frühes Lernen“ weitere sechs Lehrkräfte der Schule aktiv beteiligt.

Im Schuljahr 2004/05 förderte die Grundschule Rönnebeck 21 Kinder mit besonderem Bedarf in den Bereichen Verhalten und Konzentration. Diese elf Jungen und zehn Mädchen wurden gezielt von Integrations- und SonderpädagogInnen binnendifferenziert gefördert.

Kindertagesheim Reepschlägerstraße

Das Kindertagesheim Reepschlägerstraße, das vom Eigenbetrieb der Stadtgemeinde Bremen, KiTa Bremen, getragen wird, war das größte KTH im Verbund Rönnebeck. Betreute das KTH im Kindergartenjahr 2003/04 noch 140 Kinder in sieben Gruppen, waren es im Kindergartenjahr 2004/05 nur noch 120 Kinder, die sich auf sechs Gruppen verteilten. Die Einrichtung musste eine ihrer Gruppen, die aktiv im Projekt mitgewirkt hatte, schließen. Im Kindergartenjahr 2004/05 umfasste das Gruppenangebot je zwei Halbtags- und Teilzeitgruppen, eine Ganztagsgruppe und eine Hortgruppe. Das MitarbeiterInnen-Team setzte sich aus der Leiterin Johanna Hellmerichs sowie elf PädagogInnen, davon drei IntegrationspädagogInnen, zusammen. Das Durchschnittsalter betrug 45 Jahre. Zehn Kinder (neun Jungen/ein Mädchen) erhielten eine besondere Förderung in den Bereichen Sprache, Motorik, Verhalten sowie Konzentration.

Das Wohngebiet um das KTH ist vor allem von kleinen, älteren Einfamilienhäusern geprägt, in denen hauptsächlich alteingesessene Rönnebecker in zweiter oder dritter Generation wohnen. So erklärt sich auch der Umstand, dass das KTH Reepschlägerstraße kaum von Kindern mit Migrationshintergrund besucht wurde, obwohl es sich insgesamt um einen Stadtteil mit Migrationsfamilien handelt. Etwa 10% der Elternschaft zahlte im Kindergartenjahr 2004/05 den höchsten Beitragssatz, 30% den niedrigsten.

Für das Projekt „Frühes Lernen“ waren die stellvertretende Heimleiterin, Bettina Wegmann, und die Gruppenleiterin, Maike Koopmann-Treu, zuständig.

Kindertagesheim Landrat-Christians-Straße

Das Kindertagesheim in der Landrat-Christians-Straße gehört dem Eigenbetrieb der Stadtgemeinde Bremen, KiTa Bremen, an. Im Kindergartenjahr 2004/05 besuchten 91 Kinder dieses etwas abseits von den anderen Einrichtungen im Verbund gelegene KTH, das eine Halbtags-, zwei Teilzeit-, eine Ganztags- und eine Hortgruppe anbot. Das Kollegium des Kindertagesheimes setzte sich neben der Leiterin Renate Meyer-Mölleringhof aus zehn MitarbeiterInnen, darunter fünf Erzieherinnen, ein Erzieher sowie vier Sozialpädagoginnen, zusammen. In der Einrichtung wurden neun Jungen und zwei Mädchen insbesondere in den Bereichen Sprache, Wahrnehmung, Verhalten und Konzentration gefördert.

Das KTH Landrat-Christians-Straße ist in einer alten Villa angesiedelt. Die soziokulturellen Voraussetzungen der Kinder, die das KTH besuchten, unterschieden sich im Vergleich zu den übrigen Kindertageseinrichtungen des Verbundes deutlich. Bereits vor und während der Projektlaufzeit verzeichnete das KTH den höchsten Anteil an Migrantenkindern (ca. 35%), den höchsten Anteil an Arbeit suchende Eltern (ca. 75%) sowie eine Elternschaft, die zu ca. 65% den niedrigsten Beitragssatz zahlte.

Da das KTH in unmittelbarer Nähe zur Grundschule Wigmodistraße liegt, wechselten zum Schuljahr 2004/05 neun Kinder an diese Schule. Aufgrund der durch das Projekt „Frühes Lernen“ entstandenen engen Kooperation des Kindertagesheimes mit der Grundschule Rönnebeck, entschieden sich gleichzeitig sieben Eltern für die weiter entfernt liegende Grundschule Rönnebeck. Im Kooperationsverbund wurde die Einrichtung durch das Leitungsteam, Renate Meyer-Mölleringhof und Beate Nagel, sowie die Erzieherinnen, Petra Hartmann und Marita Jerep, vertreten.

Kindertagesheim St. Nicolai

Im Kindertagesheim St. Nicolai, das dem Caritasverband Bremen-Nord angehört, verteilten sich im Kindergartenjahr 2004/05 69 Kinder auf vier Gruppen. Das zehnköpfige pädagogische Team setzte sich aus acht Erzieherinnen, einer Sozialpädagogin und einer Erzieherin im berufspraktischen Jahr zusammen. Zwei Erzieherinnen haben eine Zusatzqualifikation als Förderkräfte und betreuten sechs Kinder (fünf Jungen/ein Mädchen) mit anerkanntem Förderbedarf in den Bereichen Sprache, Wahrnehmung und Verhalten.

Das KTH St. Nicolai liegt direkt gegenüber der Grundschule Hechelstraße in einem relativ neuen Wohngebiet mit Reihen- und Doppelhausbebauung. Es ist in zwei Reihenhäusern untergebracht, die zwar nebeneinander liegen, aber nicht miteinander verbunden sind. In jedem Haus sind zwei Kindergruppen eingerichtet. Der Anteil von Kindern mit Migrationshintergrund lag bei ca. 25%. Durch die unmittelbare Nähe zur Dependance Hechelstraße der Grundschule Rönnebeck wechselten fast alle angehenden Schulkinder dorthin.

Das KTH St. Nicolai wurde im Verbund durch die Heimleiterin, Insa Beushausen, sowie die Erzieherinnen, Katja Jäger, Irene Niewiora und Annemie Westermeier, vertreten.

Kindertagesheim Paul-Gerhardt-Gemeinde und Kirchengemeinde Rönnebeck-Farge

Die beiden kleinsten Kindertagesheime im Verbund Rönnebeck, das KTH der Paul-Gerhardt-Gemeinde sowie das KTH der ref. Kirchengemeinde Rönnebeck-Farge, liegen in der Trägerschaft der Bremischen Evangelischen Kirche. Beide Einrichtungen waren vor Projektbeginn Spielkreise, die zum Kindergartenjahr 2003/04 in Kindertagesheime umgewandelt worden sind.

Das MitarbeiterInnen-Team des Kindertagesheimes Paul-Gerhardt-Gemeinde setzte sich im Kindergartenjahr 2004/05 aus drei Erzieherinnen zusammen, die 20 Kinder (elf Jungen/neun Mädchen) bis 13.00 Uhr betreuten. Ein Mädchen wurde speziell von einer Mitarbeiterin, die nur für diese Stunden in die Einrichtung kam, gefördert. Ein Großteil der Kinder (sieben im Jahr 2004) wechselte durch die räumliche Nähe zur Dependance Hechelstraße der Grundschule Rönnebeck. Nur ein Kind wurde im Grundschulstandort Helgenstraße eingeschult.

Der soziokulturelle Hintergrund der Elternschaft dieser Einrichtung war eher im unteren Mittelfeld angesiedelt. Zwar zahlten 5% der Eltern den höchsten Beitragssatz, 30% der Eltern zahlten allerdings auch den niedrigsten Beitragssatz. Das direkte Wohnumfeld ist, ähnlich wie das des KTH Reepschlägerstraße, das in unmittelbarer Nachbarschaft liegt, geprägt von kleineren, älteren Einfamilienhäusern. Eine weitere Parallele war die sehr geringe Anzahl von Kindern mit Migrationshintergrund, die auf das Wohnumfeld zurückzuführen ist. Für das Projekt „Frühes Lernen“ war vorwiegend die Leiterin, Rosemarie Frank, zuständig.

Im Kindergartenjahr 2004/05 wurde im KTH der Kirchengemeinde Rönnebeck-Farge eine Kindergruppe mit 20 Kindern, jeweils zehn Jungen und zehn Mädchen, betreut. Das MitarbeiterInnen-Team setzte sich aus einer Leiterin sowie einer Erzieherin zusammen, die den Tag mit den Kindern bis 13.00 Uhr gemeinsam gestalteten. Kinder mit besonderem Förderbedarf gab es im Kindergartenjahr 2004/05 in dieser Einrichtung nicht.

Das KTH der Kirchengemeinde Rönnebeck-Farge liegt wie das KTH Landrat-Christians-Straße abseits von den anderen Einrichtungen, nur in die entgegengesetzte Richtung. Unter Berücksichtigung der Entfernungen und der Kinderwege (s. Abb. 5-1, 99), wird deutlich, dass die Einrichtung mehr zum Ortsteil Farge als zu Rönnebeck gehört. Trotzdem pflegte die Leiterin der Einrichtung schon seit Jahren einen guten Kontakt zur Grundschule Rönnebeck und fühlte sich hinsichtlich der Übergangsarbeit eher dieser zugehörig. Zum Schuljahr 2004/05 wechselten vier Kinder von der Einrichtung an die

Grundschule Farge, zwei an die Grundschule Rekum und nur ein Kind an die Grundschule Rönnebeck, Dependance Hechelstraße.

Die soziokulturellen Voraussetzungen der Kinder im Kindertagesheim Rönnebeck-Farge unterschieden sich stark von denen der anderen Einrichtungen im Verbund. 50% der Eltern zahlten den höchsten Beitragssatz, nur 5% den niedrigsten. Die Einrichtung wurde von keinem Kind mit Migrationshintergrund besucht und nur wenige der Eltern waren ohne Arbeit. Zum Einzugsgebiet des Kindergartens gehört ein exklusives Wohngebiet direkt an der Weser.

Die Einrichtung wurde im Kooperationsverbund auf der Leitungsebene durch die Heimleiterin, Angelika Junge, auf der Ebene der praktischen Arbeit im Teilverbund durch die Erzieherin, Kirsten Wesemann, vertreten.

Vermittlung von Praktikumsplätzen

Im Rahmen des Kooperationsprojektes „Frühes Lernen" wurden auch zum Schul- und Kindergartenjahr 2004/05 wieder Praktikumsplätze für Studierende der Integrierten Eingangsstufe Lehrerbildung an der Universität Bremen vermittelt. Initiiert durch das Projekt konnten die Praktika erstmals auch in Kindertageseinrichtungen absolviert werden. Folgende Einrichtungen des Verbundes Rönnebeck stellten hierzu Praktikantenstellen zur Verfügung:

Grundschule Rönnebeck:	5 Plätze
KTH Landrat-Christians-Straße:	2 Plätze
KTH St. Nicolai:	3 Plätze

Kinderwege im Verbund Rönnebeck

Die Schülerschaft der Grundschule Rönnebeck setzte sich vornehmlich aus Kindern zusammen, die zuvor eines der fünf Kindertagesheime, die zum Kooperationsverbund gehörten, besucht hatten. Darüber hinaus verteilten sich die Kinder der Kindertagesheime auf vier weitere Grundschulen. Die untere Abbildung stellt dar, wie sich die Verteilung der Kinder von den Kindertagesheimen auf die Schulen im Einzugsgebiet Rönnebeck gestaltete, wobei auch die nicht im Verbund mitarbeitenden Einrichtungen „Grundschule Farge", „Grundschule Wigmodistraße", „Grundschule Marßel" und „Grundschule Hammersbeck" aufgeführt sind, weil sie eine beträchtliche Zahl an Kindern aus mindestens einem am Projekt teilnehmenden Kindertagesheim aufnahmen.

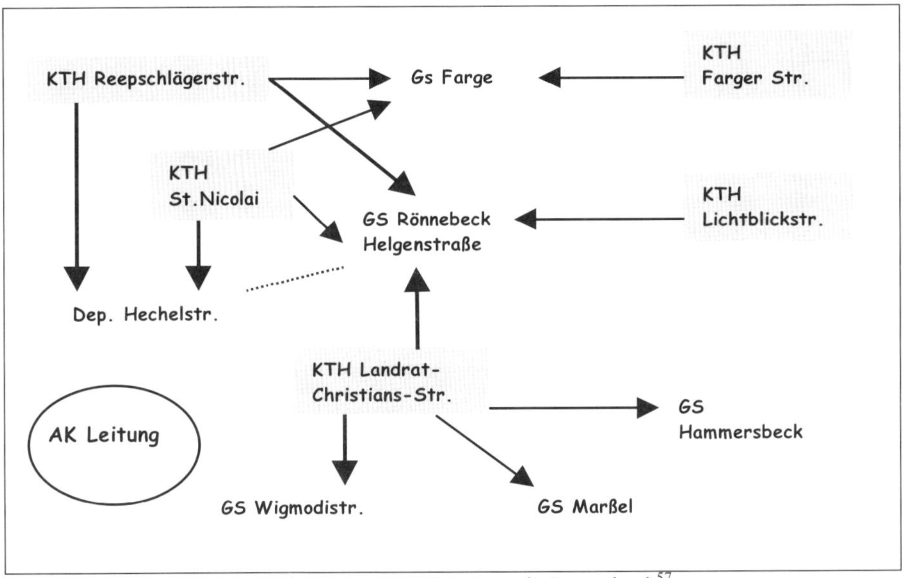

Abbildung 5-1: „Kinderwege" in Rönnebeck[57]

5.2 Entwicklungsverlauf im Kooperationsverbund Rönnebeck

Das folgende Kapitel stellt den Entwicklungsverlauf im Kooperationsverbund Rönnebeck über den Projektzeitraum von 2003 bis 2005 dar. Die Ausführungen sind in drei Abschnitte untergliedert. Zunächst wird auf die Ausgangssituation, die sich im Verbund zu Beginn des Projektes darstellte, eingegangen. Im Anschluss daran werden die Entwicklungen während der Projektjahre 2003/04 sowie 2004/05 aufgezeigt.

5.2.1 Ausgangssituation

Bereits vor Projektbeginn lag das Ziel der einzelnen Einrichtungen im Verbund Rönnebeck darin, den Übergang der Kinder vom Kindertagesheim in die Schule besser zu gestalten. Die Kinder sollten den Übergang von einer Institution in die andere vorbereitet vollziehen. Diesem Ziel dienten in den Kindertagesheimen spezielle Schulkinderprojekte, in denen die zukünftigen SchulanfängerInnen zusammengefasst und anhand ausgewählter Materialien mit schulvorbereitenden Aufgaben betraut wurden.

Auf Initiative der Kindertagesheime wurden darüber hinaus Schulbesuche zu den aufnehmenden Grundschulen unternommen. Das Anliegen der Kindertagesheime lag einerseits darin, aus einem sicheren Raum heraus den angehenden Schulkindern zu ermöglichen, ihre zukünftige Schulumgebung ken-

[57] Um die Auflösung der Dependance Reepschlägerstraße aktualisierte Grafik aus: Berthold/Bischoff/Carle 2004, 69.

nen zu lernen sowie anderseits darin, einen Einblick in den Schulalltag zu vermitteln. Das Treffen hierfür notwendiger Absprachen und Terminierungen mit den jeweiligen Schulen gestaltete sich nach Aussagen der KTH-MitarbeiterInnen zu diesem Zeitpunkt schwierig. Teilweise hatten die ErzieherInnen den Eindruck, dass diese Besuche auf wenig Interesse in den Schulen stießen.

Eine weitere bestehende Form der Übergangsarbeit bestand in Informationsgesprächen zu den zukünftigen Schulkindern, die vor den Sommerferien in den Kindertagesheimen stattfanden. Darüber hinaus leistete die Lehrerin, Inge Terres, die zum Ende des Jahres 2003 aus dem Schuldienst ausgeschieden ist, in Zusammenarbeit mit verschiedenen ErzieherInnen Vorschularbeit mit den zukünftigen SchulanfängerInnen des Einzugsgebietes.

Im Rahmen des Projektantrages Anfang des Jahres 2003 formulierte der Verbund Rönnebeck folgende Zieldimensionen:

- Einrichtung einer räumlich gemeinsamen Lernwerkstatt;
- Projekte in einem gemeinsamen Handlungsfeld zwischen KTH und Schule, beispielsweise „Rund ums Buch“, „Gemeinsames singen und musizieren“, „Forschen und entdecken“, „Bewegung und Sport“;
- Schaffung einer lernanregenden Umgebung für die Schulanfänger;
- Flexibilisierung des Schuleintrittstermins;
- Elternarbeit (gemeinsame Elternabende, Einladung von Experten, Ausbau der Elternberatung am Schuleintritt).

1. Was soll die Zusammenarbeit unseren Kindern/uns bringen?
Einen angstfreien Schulanfang für Kinder und Eltern. Die Kinder sollen die Lehrer kennen lernen – die Lehrer die Kinder. Es ist wichtig, dass wir in der Schule mehr über die Voraussetzungen der Kinder erfahren. Wenn wir mehr über die Kinder wissen, brauchen wir am Schulanfang nicht mehr soviel Zeit dafür. Wir haben weniger „Arbeit“ mit Angstabbau und Stärkung der Kinder. Wenn KTH und Schule gemeinsame Elternarbeit betreiben würden, könnten Eltern stärker und früher „in die Pflicht“ genommen werden. Die Entwicklung der Kinder ist die gemeinsame Aufgabe von Eltern, KTH und Schule.

2. Was haben wir bereits an Zusammenarbeit?
Arbeit von Inge Terres:
Gespräche in den 6 KTH`s, Teilnahme an Elternabenden, Elterngespräche, Arbeit mit den 5jährigen in KTH und Schule, Beobachtungsnotizen aus dieser Arbeit.
Ziel ihrer Arbeit: Kinder sicherer machen für die Schule, Abkürzen der Zeit der Schulanfangsphase, Struktur der KTH`s, den Wechsel von Spiel und „Arbeit“ kennen lernen und übernehmen.
Diese Arbeit soll nun nicht mehr allein von Inge Terres getragen werden.
Zusammenarbeit der Leitungen:

Regelmäßige Treffen (ca. alle 2 Monate),
Ziel war gegenseitiges Kennen lernen und informieren, Austausch von Terminen, Teilnahme der Grundschulleitung an Elternabenden im KTH.

3. Was sollten/wollen wir noch leisten?
Gemeinsame Elternabende zu Erziehungsfragen veranstalten,
Infos über Entwicklung und Erziehung von Kindern sammeln und an die Eltern weitergeben,
Die Schule soll sich informieren über:
Programme (z.B. Hippie und Sprachprogramme),
Veranstaltungen zu Erziehungsfragen,
Leitlinien der verschiedenen KTH-Einrichtungen.
Die Schule sollte mithelfen, die KTH-Arbeit und die Ziele der Arbeit aufzuwerten. Auch die Schule sollte den Eltern die Wichtigkeit der Arbeit der Erzieherinnen aufzeigen. Ein Zusammennehmen des Erziehungsauftrages von Eltern, KTH und Schule muss ganz deutlich werden.
[...]

5. Konkrete Planung für das nächste Schuljahr/Wer kooperiert mit wem?
Hospitationsplan für Lehrkräfte:
In jeder Einrichtung sollen zu verschiedenen Zeitpunkten jeweils zwei Lehrkräfte hospitieren, möglichst jeweils in einer Gruppe von 8.00 Uhr bis mittags und danach ein Gespräch mit der Erzieherin führen.
Ein Beobachtungsprotokoll soll geführt und bei Frau Kreis abgegeben werden, mit dem Ziel, daraus Erkenntnisse über Fragen und Aufgabenkomplexe abzuleiten.
Leitungssitzungen sollen weitergeführt und dabei gemeinsame Elternberatungsarbeit geplant werden.
Die Entwicklung einer gemeinsamen Dokumentation über die Kinder.
Hospitationsplan für Lehrkräfte:

28.08.03	Fr. Elsbröker	KTH-St. Nicolai
04.09.03	Fr. Regehr	KTH-Landrat-Christians-Straße
11.09.03	Fr. Müller	KTH-Landrat-Christians-Straße
18.09.03	Fr. Boehlke	KTH-ev. Kirche Farge
25.09.03	Fr. Schunke	KTH-ev. Kirche Farge
02.10.03	Fr. Mascher	KTH-Reepschlägerstraße
09.10.03	Fr. Keller	KTH-Reepschlägerstraße
30.10.03	Fr. Ludwig	KTH-ev. Kirche Lichtblickstraße (Paul-Gerhardt-Gemeinde)
06.11.03	Hr. Albrecht	KTH-ev. Kirche Lichtblickstraße (Paul-Gerhardt-Gemeinde)
13.11.03	Fr. Brünger	KTH-St. Nicolai

Abbildung 5-1a: Aus dem Projektantrag des Verbundes Rönnebeck

Zum 1. Regionalen Forum des Projektes „Frühes Lernen“ im Mai 2003 hatte der Kooperationsverbund seine Zielsetzungen in einem ersten Schritt konkretisiert und auf die folgenden Ziele herunter gebrochen:

- Kennen lernen der unterschiedlichen Arbeitsbereiche;
- Verknüpfung von Inhalten und Methoden;
- gemeinsame Fortbildungen;
- gemeinsame Elternarbeit;
- Erarbeitung gemeinsamer Themen auf unterschiedlichen Niveaustufen;
- gemeinsame Erarbeitung der Grundlagen des Schreib/Leseerwerbs.

Im Laufe der nächsten Monate erarbeitete der Kooperationsverbund eine inhaltlich differenzierte Zielformulierung aus, die einem Protokoll einer Dienstbesprechung des Kollegiums der Grundschule Rönnebeck im August 2003 wie folgt entnommen ist:

Anhand dieser Zielplanung wird deutlich, dass der Verbund Rönnebeck im Vergleich zu den anderen Kooperationsverbünden bereits sehr früh in die Phase der Hospitation eingestiegen war, um die Arbeit der jeweils „anderen“ Institution, zunächst die der Kindertagesheime, deren MitarbeiterInnen sowie die Kinder, kennen zu lernen.

Zum Kindergarten- und Schuljahr 2003/04 waren regelmäßige Treffen auf Verbundebene eingerichtet, an denen die Leitungen von Schule und Kindertagesheim teilnahmen. Von einer Einrichtung war regelmäßig auch die stellvertretende Leitung vertreten. Bis Ende des Jahres 2003 existierte noch kein ausgearbeiteter Projektplan, anhand dessen verschiedene Aktivitäten hinsichtlich der Projektziele beispielsweise inhaltlich oder zeitlich strukturiert waren. Bis auf ein Kindertagesheim hatten alle Einrichtungen die Eltern über das Projekt „Frühes Lernen“ informiert. Zwei Einrichtungen waren bereits einen Schritt weiter gegangen und hatten die Öffentlichkeit per Zeitungsartikel, Handzettel, mittels der Träger sowie auf Heimleitertreffen oder Stadtteilrunden in Kenntnis gesetzt.

5.2.2 Stärken und Schwächen

Um den Entwicklungsstand des Kooperationsverbundes zu Beginn des Projektes zu eruieren, wurde in der Zeit vom 28.05.2003 bis 05.06.2003 eine Stärken-Schwächen-Analyse (SWOT)[58] durchgeführt. Der Erhebungszeitraum wurde mit einer Gruppendiskussion auf Leitungsebene eröffnet. Im Anschluss fanden an allen Kindertagesheimen mehrstündige Hospitationen

[58] Siehe Kapitel 3.4

statt, an die sich Gruppendiskussionen mit den MitarbeiterInnen anschlossen. Im gleichen Umfang wurde an jedem Standort der Grundschule hospitiert sowie eine gemeinsame Gruppendiskussion mit den Kollegien aller drei Standorte durchgeführt. Die Ergebnisse der Hospitationen wurden, wie bei den anderen Verbünden, in die Auswertung einbezogen.

Chancen und Wünsche

Die MitarbeiterInnen des Kooperationsverbundes Rönnebeck sahen in der gemeinsamen Arbeit die Chance, bestehende Vorurteile abzubauen und die Arbeitsweise der jeweils anderen Institution kennen zu lernen. Es gab ein großes Interesse daran, in der Zusammenarbeit neue Wege zu gehen. Dabei waren die meisten Beteiligten thematisch offen und sahen verschiedenste Projektthemen als denkbar und auch umsetzbar. Besonders die MitarbeiterInnen der großen Kindertagesheime fühlten sich dazu in der Lage *„mit Schule hinsichtlich jedes Themas in einem Projekt zu kooperieren“*. Den Kindertagesheimen wäre es am liebsten gewesen, sich inhaltlich mit einem Sachthema auseinanderzusetzten und dieses gemeinsam mit den Schulen für die verschiedenen Anspruchsebenen zu entwickeln. *„Ein Sachthema kann man wirklich von so vielen Seiten gut betrachten....da hat jeder gleiche Chancen sich einzubringen, da müssen wir uns nicht verstecken, da brauchen die sich nicht verstecken“*.

Außerdem wurde ein großer Bedarf an Fort- und Weiterbildungen deutlich. Die betroffenen PädagogInnen sahen in dem Projekt „Frühes Lernen“ auch eine Chance, sich selbst weiterzubilden. Die Leitungsgruppe des Verbundes wünschte sich insbesondere Schulungen hinsichtlich des Veränderten Schulanfangs. Man wollte beispielsweise mehr erfahren über die Theorie der Übergangsprozesse oder über curriculare Ansätzen im Elementar- und Primarbereich. Ebenso bestand Interesse an entwicklungspsychologischen Grundlagen. Neben den theoretischen Grundlagen des Projektes waren Schulungen im Bereich der praktischen Elternarbeit gewünscht.

Die Leitungsgruppe Rönnebeck begrüßte die Einrichtung eines Unterstützungssystems. Gewünscht und erwartet wurde eine Projektbegleitung und -unterstützung im Zielfindungsprozess, beim Projektmanagement, der Personalführung sowie beim Aufbau der Kooperationsstrukturen. Genauso wichtig war ihnen die Rolle der Unterstützer als Vermittler zwischen dem Verbund und der Behörde. Sie sollten aktiv helfen, gegenseitiges Vertrauen aufzubauen.

Besondere Stärken

Als Stärke des Kooperationsverbundes Rönnebeck benannten die Mitglieder der Leitungsgruppe die didaktisch methodische Kompetenz großer Teile der Mitarbeiterschaft. Sie sahen eine überdurchschnittliche Professionalität in der Arbeit vieler einzelner PädagogInnen sowie ganzer MitarbeiterInnen-Teams gegeben.

Zudem wurde betont, dass es in den Einzeleinrichtungen viele Ressourcen im Ausstattungsbereich, aber auch im Bereich spezieller Kompetenzen, die das pädagogische Profil des gesamten Verbundes prägen könnten, gäbe.

Hinsichtlich möglicher Schwächen und Schwierigkeiten, die im Rahmen der Projektarbeit auftreten könnten, ließen sich aus dem erhobenen Datenmaterial mehrere Schwerpunkte zusammenfassen, die im Folgenden dargestellt sind.

Gegenseitige Unkenntnis

Ein besonders großer Teil der Ängste und Befürchtungen lag im Kooperationsverbund Rönnebeck im Bereich des „Halbwissens" über das jeweilige Gegenüber „Schule" und „Kindertagesheim". MitarbeiterInnen der Kindertagesheime teilten mit, dass sie sich im Vergleich zu den KollegInnen in der Schule in ihrer pädagogischen Arbeit abqualifiziert fühlten. Sie äußerten den Eindruck, LehrerInnen würden die pädagogische Arbeit der Kindertagesheime entwerten. Es gab ErzieherInnen, die bezweifelten, dass LehrerInnen wirklich interessiert daran seien, zu erfahren, wie Kindertagesheime arbeiten. Sie nahmen weiterhin an, dass LehrerInnen Probleme damit hätten, mit Defiziten bei Kindern im Bereich Bewegung, Wahrnehmung und Emotion umzugehen. Des Weiteren vermuteten sie, dass „Schule" die Entscheidungsfreiheit von Kindern stark einschränke und zu wenig ganzheitlich arbeite. Generell wunderten sie sich, dass in der Schule so viele Vorgänge wiederholt werden, welche die Kinder seit Jahren im KTH einüben: *„Im KTH können Kinder Tuschkästen holen, in der Schule wird das eingeübt. Oder dass erst angefangen wird, einen Stuhlkreis einzuüben, da bin ich fast vom Glauben abgefallen. Lehrer könnten es viel einfacher haben"*. Die PädagogInnen im Kindertagesheim sahen sich in ihrer pädagogischen Arbeit von den Fragen der Kinder ausgehend und diese verfolgend, während LehrerInnen ihrer Ansicht nach selten vom Kind ausgehend arbeiten würden. Hier waren alte Ressentiments auf beiden Seiten offenkundig, denn ErzieherInnen gaben auf der anderen Seite zu: *„Wir wissen nicht genau, was Schule macht"*. LehrerInnen befürchteten hauptsächlich gegenseitige Schuldzuschreibungen für nicht vorhandene Basiskompetenzen der Kinder.

Angst vor Ungewissheit und davor, Gewissheit zu schaffen

Ähnlich wie in den anderen Kooperationsverbünden, war auch in Rönnebeck eine gewisse Unsicherheit in Bezug auf die Anforderungen und die Entwicklung im Projekt spürbar: *„Wir wissen nicht, was auf uns zukommt"*. Ebenso gering wie in den anderen Verbünden war die Kenntnis über die Inhalte und Ziele sowie der praktischen Vorgehensweise im Projekt: *„Mir ist das alles* *noch unklar: Räume, Personal, Zeit, Kooperation ...*". Den Aussagen einiger LehrerInnen zu folge, ließ sich vermuten, dass sie keinen persönlichen Bezug zum Antrag herstellen konnten.

Immer wieder trat auch die Unsicherheit der Kindertagesheime in Bezug auf die Zusammenarbeit mit den Schulen zu tage: „*Ich weiß, wie man Projekte macht. Aber ich weiß nicht, wie das mit der Schule funktionieren soll*". Manche ErzieherInnen befürchteten, sie sollten die Kooperationsarbeit ganz allein tragen: „*Wäre Schule auch mal bereit, hierher zu kommen?*".

Angst vor Vereinnahmung

Ängste auf Seiten der Kindertagesheime von der Schule vereinnahmt oder ihr gar untergeordnet zu werden, sind auch im Kooperationsverbund Rönnebeck deutlich geworden. Die Vorbehalte gegenüber der Institution „Schule" waren offensichtlich: „*Es kann nicht sein, dass wir auf einmal den Kindergarten verschulen müssen. Wir wissen zu wenig von Schule. Schule weiß noch weniger von uns. Die glauben ja immer noch nicht, dass wir mehr können, als kneten*".

Die ErzieherInnen fürchteten konkret, dass Schule sie immer stärker dominieren könnte und schon bald von ihnen verlange, „*dass die Kinder das ABC können, wenn sie in die Schule kommen*". Wenn sie diese Anforderungen der Schule nicht erfüllen, so die ErzieherInnen, würde man ihnen letztendlich die Verantwortung für neue, weniger gut ausfallende Testergebnisse zuschieben: „*Gewisse Dinge sollten die Kinder können, es nützt ja nichts, selbst wenn ich das nicht denke, es wird von der Schule erwartet und wenn wir das nicht machen, sind wir am Ende die Schuldigen*".

Benennung von Strukturproblemen

Es wurde deutlich, dass auch die Strukturprobleme zu einem großen Teil ihren Ursprung in den Verschiedenheiten von Schule und KTH haben. ErzieherInnen wünschten sich mehr Transparenz am Schulanfang, z.B. ist es für sie oft nicht nachvollziehbar, welches Kind in welche Dependance der Grundschule kommt. Vielfach wurde auch angemerkt, dass es für die Kindertagesheime nicht nachvollziehbar sei, warum die Schule so spät festlege, welche LehrerInnen im nächsten Schuljahr die 1. Klassen übernehmen werden und wie sich die Klassen zusammensetzen. Die Kinder lernen vor den Sommerferien oft eine LehrerIn kennen, die später gar nicht ihre KlassenlehrerIn sei. ErzieherInnen stellten dazu fest: „*Schule arbeitet anders: für Schule sind andere Dinge wichtig!*" oder „*Kinder bekommen in Schule eine Schau, keine Realität zu sehen, wenn sie vor Schulanfang dort hingehen*". Letzteres hatten auch einige Kinder, die zuvor einen Schulbesuch unternommen hatten, ausgesagt, als sie vom Team der Wissenschaftlichen Begleitung während der Hospitation in einem KTH zu ihren Vorstellungen zur Schule interviewt wurden.

Da die Einrichtungen in den allermeisten Fällen nicht voneinander wissen, wie sie arbeiten, welche Kompetenzen die Kinder mit Hilfe der ErzieherInnen schon im KTH entwickeln, baut die inhaltliche Arbeit auch nicht aufeinander auf. So beklagten MitarbeiterInnen der Kindertagesheime: *„Schule macht alle Kinder gleich und baut nicht auf Kompetenzen auf, die in KTH angebahnt wurden. Z.B. wenn die Kinder Geschichten erfinden, spielen und der Erzieherin diktieren, Märchen der Reihenfolge nach malen, dann fangen sie in der Schule dennoch wieder mit Fibeln an"*.

Ein weiteres strukturelles Problem offenbarte sich darin, dass Schulstandorte nicht den Kindertagesheimen zugeordnet sind. In der Konsequenz muss das einzelne KTH mit allen naheliegenden Grundschulen kooperieren, um für alle Kinder eine gute Vorbereitung auf die Schule zu gewährleisten.

Eine spezielle Schwierigkeit betraf die kleinen Kindertagesheime. Hier lagen Leistungs-, Veränderungs- und Leitungsaufgaben in einer Hand. Für diese Einrichtungen konnte die Mitarbeit in Projekten problematisch sein, falls die wenigen MitarbeiterInnen neben der Leitung nicht ausreichend qualifiziert sind, kein Interesse am Projekt zeigen oder den normalen Tagesablauf nicht allein bewältigen können. Im Gegensatz dazu würden sich in großen Einrichtungen leichter MitarbeiterInnen finden, welche die Leitung bei der Wahrnehmung der Projektarbeit unterstützen können.

Generell stellte sich das enge Zeit- und Personalkontingent der Kindertagesheime als ein großes strukturelles Hemmnis für positive Entwicklungen heraus. Es schien den ErzieherInnen fast unmöglich zu sein, ohne eine Zweitkraft in den Gruppen gezielte Beobachtungen durchzuführen oder die Entwicklung von Kindern zu dokumentieren und anschließend zu reflektieren.

Mögliche Schwierigkeiten auf der Leitungsebene

Die Leitungsgruppe hatte, wie in den anderen Gruppen auch, eine in Bremer Bildungseinrichtungen weit verbreitete Angst vor Behördenwillkür: *„Oft genug mussten Einrichtungen erleben, wie Projekte angefangen und Mittel vergeben wurden, um dann wieder gestrichen zu werden"*. Es wurden im Laufe des Projektes Unklarheiten zwischen den Auftraggebern Soziales und Bildung erwartet, die zu Problemen in der Vergabe von Mitteln bzw. Stunden führen könnten.

Das Leitungsteam befürchtete Reaktionen der leistungsorientierten Eltern auf das Projekt und fand es schwierig, Eltern das Projekt im Hinblick auf seine Ziele und Inhalte transparent zu machen, weil es den Leitungen selbst noch relativ unklar war.

Die Zukunftssicht auf das Projekt wurde in der Leitungsgruppe eher pessimistisch eingeschätzt. Die Leitungsebene sah allerhand Probleme, die einen positiven Fortgang des Projektes blockieren könnten. Dazu gehörte insbesondere eine hohe Fluktuation unter den MitarbeiterInnen durch Versetzung, Erkrankung oder befristete Verträge. Es wurde befürchtet, dass sich die Mitwirkenden im Projekt immer wieder neu gruppieren müssen. Außerdem sahen sie die Heterogenität der PädagogInnen als problematisch an, die nicht nur bezüglich des Alters und der Ausbildungsqualität bestand, sondern auch in der Motivation, im Interesse und der Bereitschaft, am Projekt mitzuwirken.

Weiter wurden eine Reihe von konzeptionellen Gefahren, wie eine Verzettelung durch die vielen unterschiedlichen Ziele und Konzepte der einzelnen Einrichtungen, gesehen. Darüber hinaus erwarteten die MitarbeiterInnen der Kindertagesheime Unstimmigkeiten in der Kooperation mit den Schulen, die nicht am Projekt beteiligt waren. Schließlich sahen einige Mitglieder des Leitungsteams auch das Risiko der Verschulung des Kindergartens als sehr naheliegend an.

5.2.3 Zielbezogene Auswertung zu Beginn des ersten Projektjahres

Die zielbezogene Auswertung basiert auf dem Datenmaterial der Gruppendiskussionen im Rahmen der SWOT-Analyse (2003) sowie der Hospitationen (2003) in den Einzeleinrichtungen und des Fragebogens 2003. Die Ergebnisse spiegeln somit insbesondere die ersten Schritte auf dem Weg einer gemeinsamen Zielfindung und Zielbearbeitung im Verbund wider.

Aufbau von Arbeits- und Kooperationsstrukturen

Mit Beginn des Projektes „Frühes Lernen“ schienen sich die Kontakte auf der Leitungsebene intensiviert zu haben. Bereits im Juli 2003 wurden Gruppen zusammengestellt, die intensiver miteinander in Kontakt treten sollten. Monatliche Treffen mit VertreterInnen des Unterstützungssystems wurden durchgeführt, welche die Zieldiskussion sowie die Projekt- und Arbeitsplanung voranbringen sollten. Erste Kooperationsstrukturen werden angebahnt. Über die Leitungsebene hinaus wurden diese durch gegenseitige Hospitationen der MitarbeiterInnen ausgebaut. Die Hospitationen wurden seitens des Verbundes im Dezember 2003 als ein Produkt des Projektes interpretiert, das auf andere Regionen übertragbar sei. Erste Erkenntnisse waren daraus erwachsen, die für die gemeinsame Arbeit fruchtbar gemacht werden konnten. Die Schulen stellten für sich beispielsweise fest, dass sie Regeln, Rituale oder auch bestimmte Inhalte, die im Kindergarten erarbeitet worden sind, in der Schule gezielter aufgreifen können, so dass auf diesem Wege anschlussfähige Bildungsprozesse ermöglicht werden können.

Verstärkung der Elternarbeit

Die einzelnen Einrichtungen im Kooperationsverbund hatten bereits vor Projektbeginn erkannt, dass Eltern wichtige Erziehungs- und Bildungspartner sind. Auf vielfältige Weise wurde versucht, die Elternschaft in den Erziehungs- und Bildungsprozess ihrer Kinder einzubinden. Elterngespräche, Feste, Hospitationen, Elternabende, Elternstammtische, Bildungsangebote, gemeinsame Projekte, Elternbriefe waren nur einige der Angebote an die Eltern. Es gab bereits eine Basis für die „normalen“ Abläufe zwischen Eltern und pädagogischer Institution. Mit Blick auf das Projekt „Frühes Lernen“ stellten sich trotzdem emotional besetzte Fragen: Wie soll man es schaffen, ein Projekt, das für einen selbst noch neu und unkonkret erscheint, nach außen zu vertreten? Wie gelingt es, die Eltern als Unterstützer zu gewinnen? Im Rahmen des Projektes strebten die einzelnen Einrichtungen nun eine gemeinsame Elternarbeit an. Im Zentrum sollte die Entwicklung des Kindes als gemeinsame Aufgabe von Eltern, Kindertagesheim und Schule stehen. Zur Unterstützung dieses Prozesses wünschte sich der Kooperationsverbund Rönnebeck Unterstützung von ReferentInnen des Landesinstituts für Schule.

Thematische Abstimmung zwischen Kindertagesheim und Grundschule

Einblicke in die Arbeit der jeweils anderen pädagogischen Institution verschafften die im Herbst 2003 realisierten gegenseitigen Hospitationen. Sie legten die nötige Basis für die Abstimmung der thematischen Arbeit zwischen Kindertagesheim und Grundschule und für die Ausarbeitung eines exemplarischen Themenbereiches. Diese Annäherung wurde von allen Einrichtungen als sehr positiv bewertet. Denn selbst die Vorschularbeit, die sowohl an der Schule wie auch in den Kindertagesheimen, meist in speziellen „Schulkindergruppen“ praktiziert wurde, war inhaltlich kaum abgestimmt. Es gab keine Themenpläne, die Inhalte der unterschiedlichen Gruppen im Projektverbund wurden nicht koordiniert. Zu diesem Zeitpunkt galt es, dieses „zarte Pflänzchen“ zu pflegen und den eingeschlagenen Weg schrittweise weiterzuentwickeln.

Ausarbeitung eines Themenbereiches für mehrere Entwicklungsniveaus

Die exemplarische Ausarbeitung eines gemeinsamen Angebots für Kinder kann dazu genutzt werden, Themenpläne abzustimmen. Ein solches Vorgehen wurde seitens der Leitungen des Kooperationsverbundes von Anfang an begrüßt. Sie sahen darin die Möglichkeit, an der Stärke ihres Verbundes, der pädagogischen, didaktischen und methodischen Kompetenz der PädagogInnen unterschiedlicher Profession anzusetzen, und von hier ausgehend die Entwicklung voranzubringen. Im Hinblick dieser Zielstellung wurde hier eine Ebene gesehen, auf der sich die VertreterInnen des Elementar- und Primarbereichs gleichberechtigt gegenüber treten konnten.

Im Verlauf der zweiten Hälfte des ersten Projektjahres entwickelten sich vor diesem Hintergrund intensive Kooperationsprojekte zwischen KTH und Schule, die der Wissenschaftlichen Begleitung erst im Rahmen der zweiten Erhebungsphase (TOC) ab Mai 2004 in ihrem Umfang und inhaltlichen Kontexten deutlich wurden. Im Laufe der im Juni 2005 durchgeführten Abschlusserhebung zum Projekt zeigte sich darüber hinaus, dass diese Kooperationsprojekte entscheidend dazu beigetragen haben, eine Verbesserung der Beziehungsebene beider Professionen zu initialisieren und die Arbeit im Projekt „Frühes Lernen“ insgesamt zu intensivieren.

5.2.4 Teilverbünde im Verbund Rönnebeck

Nach der ersten Phase der Zielentwicklung sowie des persönlichen Kennen lernens der MitarbeiterInnen, bildeten sich im Februar 2004 drei Teilverbünde, die kleine Kooperationsprojekte gemeinsam durchführten, heraus. Diese Kooperationen, die im Rückblick entscheidend dazu beigetragen haben, die Projektarbeit im Verbund insgesamt zu stärken, wurden für die Wissenschaftliche Begleitung erst während einer weiteren Erhebung im Sommer 2004 in ihrem vollen Umfang sichtbar. Um die Projektentwicklung in ihrem zeitlichen Verlauf aufzuzeigen, erfolgen die Aktivitäten dieser Arbeitsphase an dieser Stelle.

Teilverbund 1:

Den Teilverbund 1 bildeten die Klassen 1b und 4b der Dependance Hechelstraße, zwei Gruppen aus dem KTH Reepschlägerstraße, die Kindergruppe des KTH der Paul-Gerhardt-Gemeinde sowie die Kindergartengruppe der Kirchengemeinde Rönnebeck-Farge. Alle Einrichtungen arbeiteten gemeinsam das ganze Frühjahr bis zu den Sommerferien intensiv am **„Kartoffelprojekt“**. Für das Projekt setzten sie sich folgende Ziele:

- Abbau von Schulangst;
- Stärkung des Sozialverhaltens (Toleranz, verschiedene Altersgruppen kooperieren);
- Kinder lernen Kinder und LehrerInnen aus der Schule kennen, haben so bereits Spiel- und Ansprechpartner;
- Kinder sind bereits mit dem Schulgebäude vertraut.

Teilverbund 2:

Der Teilverbund 2 setzte sich aus zwei 3. Klassen der mittlerweile geschlossenen Dependance Reepschlägerstraße der Grundschule Rönnebeck und allen Kindern des KTH St. Nicolai zusammen und arbeitete im Frühjahr gemeinsam im „Steineprojekt". Die Inhalte dieses Vorhabens waren:

- Was kann man alles mit Steinen tun?
- Wie verändern sich Steine?
- Themenbereich Gewicht: leicht – schwer.
- Lernen an Stationen (13 verschiedene Angebote für die Kinder).
- Mandalas mit Steinen.

Nach den Sommerferien führte dieser Verbund ein weiteres gemeinsames Projekt durch, das „Wasserprojekt". Ein Arbeitsschwerpunkt des Projektes war die gemeinsame Arbeit „Am Teich". Hierzu lieferten die Schulkinder, die mittlerweile die 4. Klasse besuchten, den fachlichen Hintergrund für die Kindergartenkinder. So ging es u.a. darum, dass

- die Viertklässler den kleineren Kindern das Fachwissen und die Zusammenhänge möglichst einfach vermitteln;
- sie den Kindergartenkindern elementare naturwissenschaftliche Erkenntnisse ermöglichen;
- die Rücksichtnahme und das Einfühlungsvermögen der großen Kinder gestärkt wird.

Ein dritter Arbeitsbereich dieses Teilverbundes war die „Lesezeit". Eine der 3. Klassen schloss eine Vorlesepatenschaft mit den Vorschulkindern des KTH St. Nicolai. Ab Ende Mai bis zu den Sommerferien besuchten Vorschulkinder jeden Freitag morgen die Schulkinder, die ihnen ca. eine Dreiviertelstunde vorlasen. Dabei standen folgende Ziele im Vordergrund:

- Kennen lernen von Büchern;
- Förderung de sprachlichen Ausdrucksfähigkeit;
- Eltern Einblicke in den Schulalltag ermöglichen.

Teilverbund 3:

Zu einem dritten Teilverbund schlossen sich zwei Kindergruppen des KTH Landrat-Christians-Straße mit zwei 4. Klassen der Grundschule Rönnebeck in der Helgenstraße zusammen. Unter dem Titel „Fit für die Schule" ging es um folgende Ziele:

- Kennen lernen der zukünftigen Erstklasslehrer;
- vertraut werden mit den Räumlichkeiten der Schule;
- gemeinsame Rituale finden;
- Einführung einer gemeinsamen „Lesezeit".

5.2.5 Engpässe zum Ende des ersten Projektjahres

Im Projektverbund Rönnebeck lässt sich im Rückblick eine Entwicklung beschreiben, die durch zwei „Zugkräfte" beeinflusst wurde. Einerseits entstand die Notwendigkeit, im Rahmen des Projektes „Frühes Lernen" Ziele zu verfolgen, die nicht ganz den eigenen Zielen entsprachen, und gleichzeitig drängten die Begleiter vom Unterstützungssystem auf eine systematische und zielgerichtete Arbeit mit diesen Zielen. In Gesprächen zwischen Unterstützern und dem Team der wissenschaftlichen Begleitung stellte sich die Entwicklung zunächst nicht so klar dar, wie sie retrospektiv aufgezeigt werden kann. Vielmehr wurden immer wieder Stockungen sichtbar. Lange Zeit blieb unklar, wie die recht hochgesteckten Projektziele durch die Vorhaben tatsächlich erreicht werden konnten. Mit der Durchführung der Engpassanalyse wurde transparent, welche Kernprobleme zu diesem Zeitpunkt maßgeblich dafür verantwortlich waren, dass das Projekt nicht so stringent vorankam, wie erwartet und an welchen Stellen des Entwicklungsprozesses stärker investiert werden musste.

Im Verbund Rönnebeck wurde die Engpassanalyse (TOC) [59] in allen sechs Einrichtungen separat durchgeführt. Vorangestellt wurde im Mai 2004 eine Erhebung auf Leitungsebene im Verbund. Die anschließende Auswertung berücksichtigt sowohl die Ergebnisse der Einzelerhebungen in den Einrichtungen als auch diejenigen der Leitungsebene. In den beiden kleinen kirchlichen Einrichtungen der Paul-Gerhardt-Gemeinde und der Gemeinde Rönnebeck-Farge wurde die Erhebung aufgrund der geringen MitarbeiterInnenzahl abgewandelt. Die relevanten Aspekte wie Ziele, eingerichtete Strukturen oder Engpässe wurden im Gespräch zwischen den beiden Mitarbeiterinnen sowie einer wissenschaftlichen Mitarbeiterin erarbeitet.

Im Folgenden werden die Diskussionen um die einzelnen Ziele wiedergegeben.

Aufbau von Arbeits- und Kooperationsstrukturen

Mit Blick auf das Projektziel, Arbeits- und Kooperationsstrukturen im Verbund aufzubauen, ließ sich feststellen, dass die genannten Ziele sich eher auf sehr grundlegender Ebene, als auf der strukturellen Ebene, wie sie mit dem Oberziel 1 formuliert ist, bewegten. Die Schwerpunkte lagen auf dem gegenseitigen Kennen lernen der Einrichtungen und Personen sowie dem Austausch der Konzepte. Außerdem wurden häufig Ziele genannt, welche die gegenseitige Akzeptanz zum Thema hatten. Die am häufigsten genannten Probleme waren solche, die zum einen mit dem Faktor Zeit/Termine zu tun hatten und zum anderen mit der Motivation und Bereitschaft zur Kooperati-

[59] Die Engpassanalysen fanden im Zeitraum von Anfang bis Ende Juni 2004 statt.

on innerhalb der Mitarbeiterschaft. Hierzu und zu weiteren Punkten wurden beispielsweise folgende Problemkarten formuliert:

- „Absprachen sind z.T. schwierig - Terminfindung“;
- „Abbau von Vorurteilen“;
- „unterschiedliche Wertigkeit der Berufe Lehrer – Erzieher (Gesellschaft/Bewertung)“;
- „großer Zeitaufwand, der andere Problematiken in den Hintergrund drängt“;
- „großer organisatorischer Aufwand und viel Flexibilität von Kollegen erforderlich“;
- „schulische Bildung wird höher bewertet (Gesellschaft)“;
- „Teamwork ist keine vertraute Arbeitsform für Lehrer“;
- „Bereitschaft der Lehrer zur Zusammenarbeit gering“;
- „gegenseitige Akzeptanz“;
- „Konkurrenzdenken zwischen KTH und Schule“;
- „mit wenig Personal Strukturen verändern“;
- „Stolperstein Nr. 1: mangelnde Motivation“;
- „unterschiedliche Arbeitszeiten“;
- „ein Drittel der Kinder besucht andere Kindertagesheime, mit denen wir nicht kooperieren“.

Darüber hinaus wurde offenkundig, dass es den MitarbeiterInnen der Rönnebecker Einrichtungen zum einen wichtig wurde, personenunabhängige Kooperationsstrukturen zu entwickeln sowie zum anderen eine gemeinsame Jahresplanung der miteinander kooperierenden Einrichtungen zu erstellen. Der Schwerpunkt lag hier insbesondere auf verlässliche Absprachen zwischen KTH und Schule. Außerdem wurde dem Verbund deutlich, dass die Transparenz der Arbeit in den unterschiedlichen Institutionen für die Zusammenarbeit und die gegenseitige Akzeptanz unerlässlich ist.

Verstärkung der Elternarbeit

Qua Engpassanalyse stellte sich heraus, dass sich das zweite Projektziel, die „Verstärkung der Elternarbeit“, als das am wenigsten bearbeitete aber gleichzeitig als das am stärksten problembelastete Ziel des Verbundes herausstellte. Obwohl die Zieldiskussion zu Beginn des Projektes viele die Elternarbeit betreffenden Ziele benannt hatte, waren diese während der Erhebung kaum ein Thema. Die wenigen Ziele im Hinblick auf die Elternarbeit waren folgende:

- „Wunsch nach gemeinsamer Elternarbeit“;

- „Transparenz der Arbeit des KTH`s und der Schule für die Eltern";
- „Eltern auf neuen Lebensabschnitt vorbereiten";
- „mehr Mitwirkung der Eltern";
- „Unsicherheiten der Eltern abbauen";
- „höhere gegenseitige Akzeptanz von Eltern und Pädagogen";
- „wie können wir Eltern miteinbeziehen? – Stressabbau für die Kinder...";
- „Ängste/Vorurteile abbauen bei Eltern die Schule als „Ernst des Lebens" sehen".

Die Probleme, welche die PädagogInnen im Verbund Rönnebeck in Bezug auf eine Verstärkung der Elternarbeit sahen, waren wesentlich umfangreicher. Gleichzeitig wurde deutlich, dass sich die Einbindung der Eltern in die pädagogische Arbeit in den kleinen kirchlichen Einrichtungen als weniger problematisch erwies. Die MitarbeiterInnen dieser Einrichtungen berichteten von einer hohen Bereitschaft der Eltern, mit den ErzieherInnen zusammenzuarbeiten. Aus diesem Grund gelten die folgenden Aussagen auf den Problemkarten weniger für diese Einrichtungen:

- „Schwellenangst der Eltern";
- „die Entwicklung der Kinder wird gestört, weil sie den Zwist zwischen Eltern und Pädagogen spüren";
- „KTH als Parkplatz für Kinder";
- „Eltern haben eigene Probleme und können sich nicht einlassen";
- „Sprache mit der wir Eltern gegenüber treten";
- „Eltern akzeptieren Lehrer und Erzieher nicht";
- „wir kümmern uns zu wenig individuell um die verschiedenen Eltern";
- „Eltern kümmern sich zu wenig oder zu viel um ihre Kinder";
- „weniger Bildungseffekte des Elternhauses";
- „KTH hat intensiveren emotionalen Kontakt zu Kindern und Eltern";
- „was können Eltern tun? (Elternvertreterin)";
- „Elternarbeit im KTH – Anwesenheit 20% - War denn was Wichtiges?";
- „Erzieherinnen fühlen sich von Eltern kontrolliert";
- „Bewertung der Schule wird höher eingestuft";
- „das Interesse der Eltern an konkreten Aufgaben ist gleich Null".

Die Hauptprobleme in der Zusammenarbeit mit Eltern in Rönnebeck waren ähnlich wie in den anderen sozial heterogenen Einzugsgebieten des Kernprojektes. Die Bildungshintergründe der Elternschaft differierten stark voneinander. Während ein Teil der Elternschaft über einen hohen Bildungsgrad verfügte, gab es eine größere Gruppe an Eltern mit geringerem Bildungshintergrund. Nach Aussagen der MitarbeiterInnen zeigten sich insbesondere bei Eltern mit niedrigerem Bildungsgrad häufig Unsicherheiten und Ängste gegenüber den Bildungsinstitutionen. Speziell ausländische Eltern hätten zudem oftmals eine andere Auffassung von Erziehung. In problembelasteten Familien überlagere der Familienhintergrund oft die Bildungsproblematik, so dass wenig Interesse von Seiten dieser Eltern gezeigt werde. Eltern mit einem hohen Bildungsgrad hätten nach Ansicht der MitarbeiterInnen wiederum oft eine überzogene Erwartungshaltung gegenüber den Bildungsinstitutionen. Insgesamt ließ sich feststellen, dass die gegenseitige Akzeptanz von PädagogInnen und Eltern sich noch auf einem sehr niedrigem Niveau bewegte. Die PädagogInnen äußerten, sie empfänden Elternarbeit oft als *„zeitaufwändig, arbeitsintensiv und undankbar"*.

Thematische Abstimmung zwischen Kindertagesheim und Grundschule

Das Ziel der Abstimmung der thematischen Arbeit zwischen Kindertagesheim und Grundschule war für die MitarbeiterInnen oft missverständlich. Unter diesem Ziel wurden häufig auch Zielkarten geordnet, auf welchen die Kinder betreffende Ziele formuliert waren. Auch die eine gemeinsame Projektarbeit betreffenden Ziele, die eher unter Oberziel 4 (s.u.) gehören, machten einen Teil der Karten aus. Zielkarten zur inhaltlichen Abstimmung der pädagogischen Konzepte, Ausarbeitung eines gemeinsamen Bildungsplanes und gemeinsamen Fortbildungsveranstaltungen wurden u.a. wie folgt formuliert:

- „Gemeinsame Fortbildungen für Wege zur Erreichung gemeinsamer Ziele";
- „inhaltliche/motivierende Anknüpfungen an Themen und Erfahrungen der Kinder im KTH";
- „Arbeitsergebnisse aus dem KTH, die als Portfolio weitergegeben werden in die Grundschule und zwecks individueller Motivation dort aufgegriffen werden";
- „gemeinsames Gestalten von Bildungsinhalten";
- „gemeinsame Zielsetzung für Erziehungsziele";
- „gemeinsame Regeln und Strukturen";
- „Abstimmung der pädagogischen Konzepte zwischen Kiga und Schule, dadurch Vermeidung von Brüchen".

In der darauf folgenden Sammlung der Hemmnisse und Probleme auf dem Weg zu einer gemeinsamen thematischen Arbeit wurde deutlich, wie breit der „Graben" zwischen den beiden Institutionen inhaltlich noch klaffte. ErzieherInnen äußerten viele Vorbehalte bezüglich der Sichtweise der LehrerInnen über Ziele und Inhalte der pädagogischen Arbeit. In diesem Zusammenhang hoben sie besonders die von beiden Professionen unterschiedlich vorgenommene Gewichtung und Wertschätzung in Bezug auf die Fähigkeiten von Kindern hervor. Einige ErzieherInnen fühlten sich zudem von den LehrerInnen anfänglich stark bewertet und hatten Unsicherheiten und Ängste hinsichtlich der Zusammenarbeit aufgebaut. Diese Gefühle hätten im Laufe der Kooperation aber immer mehr nachgelassen, so die ErzieherInnen. Nachfolgend werden einige Problemkarten, welche die MitarbeiterInnen verschiedener Rönnebecker Einrichtungen zur gemeinsamen thematischen Arbeit erarbeitet hatten, angeführt:

- „Das Kind ist noch nicht im Mittelpunkt der gemeinsamen Arbeit";
- „unterschiedliche Ausbildung – Praxiserfahrung und Fortbildung der ErzieherInnen werden nicht anerkannt";
- „andere Inhalte, Aufgaben bleiben zurück/ fallen weg";
- „unterschiedliche Vorstellungen von KTH und Schule";
- „Klärung des Qualitätsbegriffs";
- „durch Fortbildungen gemeinsamer Erziehungsansatz";
- „Fortbildungen sind zu weit vom Alltag weg – kein Transferkonzept";
- „unterschiedliche Wertigkeit von Fähigkeiten der Kinder (Kognition, sozial-emotional, Motorik...)";
- „die Sicht auf das Kind, der Blickwinkel, ist bei Erziehern/Lehrern unterschiedlich".

Zur inhaltlichen Annäherung der beiden Institutionen hatten sich einige Meilensteine heraus kristallisiert, deren Erreichung unbedingt nötig schien, wenn eine Abstimmung der thematischen Arbeit gelingen sollte. Dazu gehörte, gemeinsame pädagogische Ziele zu diskutieren und festzulegen, Konzepte für die pädagogische Arbeit aufeinander abzustimmen, Fortbildungen gemeinsam zu besuchen sowie eine Klärung des Qualitätsbegriffes vorzunehmen.

Ausarbeitung eines Themenbereiches für mehrere Entwicklungsniveaus

Ziele, die sich unter das Ziel 4 „Ausarbeitung eines Themenbereiches für mehrere Entwicklungsniveaus" ordnen lassen, wurden häufig verfasst, aber von den TeilnehmerInnen nicht unbedingt diesem Ziel zugeordnet. So waren auch Ziele, welche die Kinder betrafen unter Ziel 1 (Kooperation) und Ziel 3 (Abstimmung der thematischen Arbeit) zu finden. Auch Ziele, welche die Projektarbeit betrafen, wurden zum Teil dem 3. Projektziel zugeordnet. Hier wurde deutlich, wie wenig eindeutig und wie schwierig voneinander abzugrenzen die Oberziele des Projektes formuliert waren. Exemplarisch für die tatsächlich unter das Oberziel 4 geordneten Zielkarten sind die folgende Aussagen zu sehen:

- „Kinder von Kindern lernen (z.B. bei den Projekten mit Aufgaben betreut werden)";
- „Ängste abbauen helfen durch häufigere Besuche und Projekte";
- „sich vertraut machen mit den Räumlichkeiten";
- „Kinder mit neuen Begriffen vertraut machen (Unterricht, Tafel, Melden etc.)";
- „Schule/ Schulweg wahrnehmen";
- „Wissen altersgerecht vermitteln";
- „dass Kinder sich ihren Fähigkeiten und Neigungen zuordnen können!";
- „Gefühl haben, schon etwas zu wissen/können".

Die am häufigsten genannten Schwierigkeiten bei der Umsetzung des 4. Oberzieles hatten mit der Findung von jahrgangsübergreifenden Themen bzw. des inhaltlichen Gestaltung eines Themenbereiches für mehrere Entwicklungsniveaus zu tun. Einige LehrerInnen hatten es als problematisch empfunden, mit den altersgemischten Gruppen im KTH zu arbeiten, weil die Kinder doch zum Teil noch sehr klein seien. Nicht in allen Teilverbünden wurde allerdings mit altersgemischten Gruppen gearbeitet, manchmal waren auch nur die zukünftigen Schulkinder in die Projektarbeit der Teilverbünde involviert. Zudem war der Zeit- und Arbeitsaufwand für die Planung und Durchführung der Projekte phasenweise immens, wie die PädagogInnen berichteten. Die LehrerInnen der Grundschule Rönnebeck hatten im 1. Projektjahr keine zusätzlichen Stunden für ihre Bemühungen in der Zusammenarbeit mit den Kindertagesheimen erhalten. Wenn sie dennoch ein starkes Engagement zeigten, wurde dies insbesondere von den ErzieherInnen, die sicher auch Extrastunden in die Projektarbeit gesteckt haben, aber auch mehr Stunden zur Verfügung hatten, immer wieder lobend erwähnt. Folgende Problemkarten wurden von den MitarbeiterInnen zum 4. Oberziel verfasst:

- „Zurückstellung von anderen Dingen (z.B. 4. Klasse viel Zeit fürs Projekt, andere Dinge fehlen evtl.)";
- „Zeit: Planung und Durchführung von gemeinsamen Projekten";
- „altersgemischte Gruppen im KTH";

- „Themenfindung (sollte alle Altersstufen ansprechen)“;
- „großer Zeitaufwand der andere Problematiken (Rest der Gruppe) in den Hintergrund drängt“;
- „es waren immer nur Teilgruppen beteiligt, nicht die ganze Kindergruppe“;
- „erfüllen aller anfallenden täglichen Arbeiten in der Gruppe“.

Die zum Abschluss der TOC-Erhebung in allen Einrichtungen (außer in den beiden kleinen kirchlichen Einrichtungen, in denen die Erhebung abgewandelt wurde) durchgeführte Gewichtung der Hemmnisse und die darauf folgende Benennung der Meilensteine für die weitere Projektarbeit im Kooperationsverbund Rönnebeck ergab, dass es zum einen dem Verbund wichtig war, personenunabhängige Kooperationsstrukturen zu schaffen und eine gemeinsame Jahresplanung mit festen Terminen für die Übergangsarbeit anzustreben. Zum anderen wurde festgehalten, dass die Einrichtungen das Interesse der Eltern an der Kooperation wecken bzw. steigern wollen, indem sie ihre Arbeit diesen transparenter machen.

5.3 Entwicklungen im zweiten Projektjahr

Während der TOC-Erhebung Ende des ersten Projektjahres wurde deutlich, dass der Verbund sich nicht nennenswert mit dem Ziel der Verstärkung der Elternarbeit auseinandergesetzt hatte. Bereits zu Beginn des zweiten Projektjahres kam schließlich der Anstoß aus dem Verbund, eine Elternbefragung zum Thema „Übergang“ durchführen zu wollen. Vanessa Willers, Studentin des Grundschullehramtes und von Haus aus Erzieherin, zeigte großes Interesse, diese Elternbefragung im Verbund Rönnebeck als Grundlage für ihre Examensarbeit zusammen mit der Leitungsgruppe zu konzipieren und für diese durchzuführen. Die Ergebnisse der Elternbefragung (Kap. 5.3.1) erfolgen gesondert im Anschluss an den Abschnitt zum Entwicklungsverlauf im zweiten Projektjahr.

Der Verbund Rönnebeck hatte in seiner Projektplanung für das zweite Projektjahr, dem Kindergarten- und Schuljahr 2004/05 beschlossen, dass die drei oben angeführten Teilverbünde in der gleichen Konstellation weiter miteinander arbeiten. Wie eingangs erwähnt, war die Dependance Reepschlägerstraße der Grundschule Rönnebeck zu diesem Schuljahr geschlossen worden. Die Lehrkräfte dieser Dependance, die im 1. Projektjahr mitgearbeitet hatten, unterrichteten seitdem an der Dependance Hechelstraße der GS Rönnebeck und arbeiteten weiterhin mit dem KTH St. Nicolai zusammen.

Konkrete Vorhaben des Teilverbundes 1 für das Kindergarten- und Schuljahr 2004/05 waren der Wissenschaftlichen Begleitung zum Zeitpunkt der Engpassanalyse nicht bekannt. Der Teilverbund 2, das KTH St. Nicolai und die zwei Lehrerinnen der Grundschuldependance Hechelstraße mit ihren 4.

Klassen, führte sein nach den Sommerferien begonnenes „Wasserprojekt“ weiter. Dabei wurden, anders als im ersten Projektjahr, die Vorhaben nicht mehr gemeinsam von den LehrerInnen und den ErzieherInnen geplant, sondern arbeitsteilig vorbereitet. Auch die „Lesezeit“ wurde, anknüpfend an den Erfolg des ersten Projektjahres, fortgeführt. Für das Frühjahr 2005 waren zudem gemeinsame Pausenzeiten der Schul- und Kindergartenkinder auf dem Schulhof mit konkreten Spielangeboten vorgesehen. Der Teilverbund 3, die ErzieherInnen des Kindertagesheimes Landrat-Christians-Straße und zwei LehrerInnen der Schule Helgenstraße (neu dabei von der Schule: Yvonne Kaller, Lehrerin 1. Klasse), hatten sich darauf geeinigt, dass sie im laufenden Kindergarten- bzw. Schuljahr 2004/05 ein Projekt mit dem Titel „Spiele“ durchführen wollten. Dazu sollten gemeinsam Spiele hergestellt und Lernspiele behandelt werden. Der Verbund hatte sich zudem vorgenommen, die Projektarbeiten zu dokumentieren und anschließend zu evaluieren.

Darüber hinaus wurde der Wunsch geäußert, dass der Verbund auch im zweiten Projektjahr gemeinsame Fortbildungsveranstaltungen, organisiert durch das ZUS, durchführen möchte. Dazu wurden in der letzten Sitzung im Jahr 2004 mit allen beteiligten MitarbeiterInnen im Projekt einige mögliche Fragestellungen formuliert:

1. Wie kann eine Zeittaktung gelingen, die die verschiedenen Lerngeschwindigkeiten von KTH-Kindern und Grundschulkindern berücksichtigt?
2. Wie groß können die Gruppen im Rahmen von Lernen an Stationen sein?
3. Was bedeutet eigentlich Zahlenverständnis oder Buchstabenverständnis in der Entwicklung von Kindern?
4. Welche Anregungen aus anderen Ländern könnte man nutzen, um „Frühes Lernen“ systematisch aufzubauen?

Bereits im April 2004 hatte mit der Referentin Waltraut Döring in der Aula der Dependance Reepschlägerstraße (GS Rönnebeck) eine gemeinsame Fortbildung zum Thema „Frühes Lernen und Entwicklung im Dialog“ stattgefunden. Diese Veranstaltung hatte bei den zahlreichen TeilnehmerInnen viel Anklang gefunden. Allerdings fehlte ihnen generell die Transfermöglichkeit für ihre pädagogische Arbeit im Alltag. Es wurde mehrfach angeregt, neben dem theoretischen Input stärker auf die Praxis einzugehen. Außerdem wünschten sich viele MitarbeiterInnen im Anschluss an die Fortbildung eine weitere Veranstaltung, um die Übertragbarkeit der Ergebnisse in den Alltag gemeinsam diskutieren zu können.

Im Juni 2005 wurde das Verfahren der Schuleingangsdiagnostik in Form der „Hexe Mirola“ gemeinsam von ErzieherInnen und LehrerInnen für die angehenden Schulkinder des Schuljahres 2005/06 durchgeführt. Nach Mitteilung der Schulleitung habe sich in diesem Rahmen insbesondere die mittlerweile sehr intensive Zusammenarbeit zwischen KTH und Schule bemerkbar gemacht. Es sei zwischen ErzieherInnen und LehrerInnen eine positive Atmosphäre entstanden, die sich auch auf die Kinder übertragen habe. In diesem Zusammenhang merkte die Schulleiterin weiter an, dass die Überwindung der Berührungsängste und Vorurteile bereits zu einem sanfteren Übergangsprozess der Kinder von der einen Institution in die andere beitrage.

5.3.1 Erhebung und Auswertung der Elternbefragung im Verbund Rönnebeck

Im Rahmen des Projektes „Frühes Lernen – Kindergarten und Grundschule kooperieren" äußerte der Verbund Rönnebeck zu Beginn des 2. Projektjahres den Wunsch, eine Elternbefragung zum Thema „Übergang" durchzuführen. Die einzelnen Einrichtungen im Kooperationsverbund hatten längst erkannt, dass Eltern[60] wichtige ErziehungspartnerInnen darstellen. Über die bestehende Kooperation mit den Eltern hinaus, stellte der Verbund sich beispielweise die Frage, inwieweit die Eltern stärker in den Übergangsprozess einbezogen bzw. wie die Eltern überhaupt als UnterstützerInnen gewonnen werden könnten. Parallel dazu diskutierten die MitarbeiterInnen mögliche Konsequenzen, die sich durch eine engere Kooperation mit den Eltern für ihre eigene Arbeit ergeben könnten.

Die im Folgenden dargestellte Kurzform der Konzeption, Durchführung und Auswertung der Elternbefragung erfolgte durch Vanessa Willers. Eine ausführliche Darstellung der Befragung ist ihrer Examensarbeit zu entnehmen.

Konzept der Befragung

„Die Entwicklung der Kinder ist die gemeinsame Aufgabe von Eltern, KTH und Schule" war eine vom Kooperationsverbund 2003 formulierte wichtige Intention des gesamten Projektes. Mit Unterstützung der Leitungsgruppe des Verbundes wurden die folgenden Fragen, die die Schwerpunktfragen der Elternbefragung darstellten, formuliert:

1. Wurden die Eltern an der Gestaltung des Überganges beteiligt?
2. Wie haben die Eltern den Übergang bzw. die Vorbereitung des Überganges ihrer Kinder erlebt?
3. Gibt es Unterschiede in der Erfahrung der beiden Elterngruppen?

---

[60] In der vorliegenden Auswertung sind unter dem Begriff „Eltern" folgende Personengruppen gefasst:
- partnerschaftlich erziehende leibliche Mütter und leibliche Väter;
- allein erziehende leibliche Mütter und leibliche Väter;
- andere für das Kind verantwortliche Erziehungsberechtigte.

Die Gruppe der befragten Elternschaft setzte sich aus Eltern, deren Kinder den Übergang bereits vollzogen hatten (Einschulung im Schuljahr 2004/05) sowie Eltern, deren Kinder sich gerade im Übergangsprozess befanden (Einschulung im Schuljahr 2005/06) zusammen.

Ein wichtiger Aspekt, der die Konzeption der Fragen entscheidend beeinflusste, war der, dass sich das Projekt „Frühes Lernen" zum Zeitpunkt der Konzeption bereits seit über einem Jahr in der Erprobungsphase befand, so dass eine Zusammenarbeit zwischen ErzieherInnen und LehrerInnen vorausgesetzt werden konnte.

Das Ziel dieser Elternbefragung bestand darin, zu eruieren, wie die Eltern den Übergang ihrer Kinder erlebt haben, und ob sie die Möglichkeit hatten, diesen Übergang aktiv mitzugestalten.

Methode und Instrument der Befragung

Die anonyme Befragung der jeweiligen Personengruppen erfolgte in Form von Fragebögen mit offenen und geschlossenen Antwortmöglichkeiten.

Die Fragestellung

Das Konzept der Befragung orientierte sich an den vom Verbund formulierten drei Schwerpunktfragen. In der Auswertung wurden die in der Befragung zugrunde liegenden sechs Fragen auf folgende relevante drei Fragen gekürzt:

1. Wie erlebten die Elterngruppen die Schulvorbereitung durch das KTH? Gab es eine Zusammenarbeit zwischen Eltern und ErzieherInnen (Frage 2 des Fragebogens)?
2. Wie erlebten die Elterngruppen die Schulvorbereitung durch die Grundschule? Gab es eine Zusammenarbeit zwischen Eltern und Schule (Frage 3 des Fragebogens)?
3. Welche Ängste und Probleme hatten die KTH-Eltern bzgl. des Schulbeginns bzw. welche Ängste und Probleme ergaben sich für die Erstklässler-Eltern und ihr Kind (Frage 6 des Fragebogens)?

Befragte Personengruppen

Befragt wurden:

- Eltern,
- ErzieherInnen[61],
- LehrerInnen[62].

---

[61] In der folgenden Auswertung liegt der Fokus ausschließlich auf der Befragung der beiden Elterngruppen. Die Auswertung zeigte deutlich, dass die ErzieherInnen und auch die LehrerInnen im Sinne des Projektes geantwortet hatten.

Die Elterngruppe unterteilte sich in Eltern, deren Kinder den Übergang bereits vollzogen hatten (Einschulung im Schuljahr 2004/05) sowie Eltern, deren Kinder sich gerade im Übergangsprozess befanden (Einschulung im Schuljahr 2005/06). Die befragte ErzieherInnengruppe bestand aus 17 am Projekt beteiligten ErzieherInnen. Die befragte LehrerInnengruppe setzte sich aus den vier LehrerInnen der Klassen 1a bis 1d zusammen.

Die befragten Personengruppen und Rücklauf der Fragebögen

An der KTH-Elternbefragung haben insgesamt 89 Eltern aus den fünf Kindertagesheimen des Kooperationsverbundes, deren Kinder im Kindergarten- und Schuljahr 2005/06 eingeschult wurden, teilgenommen. Außerdem nahmen 17 ErzieherInnen aus den fünf Kindertagesheimen an der Befragung teil. Die Verteilung der Elternbögen und der ErzieherInnenbögen stellte sich wie folgt dar:

	KTH Landrat-Christians-Straße	KTH Reepschlägerstraße	KTH St. Nicolai	Ev. KTH Lichtblickstraße	Kinderspielkreis ev.-ref. G. Rönnebeck - Farge	Gesamt	Rücklauf
Elternbögen	29	33	13	9	5	89	57
ErzieherInnenbögen	2	8	3	2	2	17	12

An der Erstklässler-Elternbefragung haben insgesamt 90 Eltern aus der Grundschule Rönnebeck des Kooperationsverbundes teilgenommen. Die Verteilung der Elternbögen der Erstklässler stellte sich wie folgt dar:

Klasse	1a	1b	1c	1d	Gesamt	Rücklauf
Elternbögen	23	24	22	21	90	42
LehrerInnenbögen	1	1	1	1	4	2[63]

Auswertung und Fazit

Im Folgenden werden die aussagekräftigsten Ergebnisse der Elternbefragung (KTH- und Ertsklässler-Elternbefragung) in kurzer Form zusammengefasst.

[62] s.o.

[63] Aufgrund der anonymisierten Fragebögen kann nur der gesamte Rücklauf der LehrerInnenbögen genannt werden.

Die Ergebnisse der Befragung weisen darauf hin, dass sich beide Elterngruppen noch nicht ausreichend in den Übergangsprozess involviert fühlten. Aussagen wie die folgenden bestätigen dies:

- „Ich möchte noch mehr über die Schule erfahren";
- „wo liegen die Stärken/ Schwächen meines Kindes?";
- „ich hätte mir mehr Entwicklungsgespräche gewünscht";
- „mehr Transparenz in der KTH – Arbeit";
- „wie kann ich mein Kind fördern?";
- „wo steht mein Kind?".
- „bessere Einblicke in die Schule";
- „ein persönliches Gespräch mit der Klassenlehrerin vor der Einschulung";
- „genauere Informationen von der Schule; ALLE waren sehr vage!";
- „ich hätte mir einen Infoabend in der Schule vor der Einschulung gewünscht".

Den Befragungsergebnissen ist zusammenfassend zu entnehmen, dass Eltern zwar hohe Ansprüche an KTH und Schule stellten, jedoch nur eingeschränkt dazu bereit waren, sich am Übergangsprozess ihrer Kinder aktiv zu beteiligen. So erwähnten zum Beispiel ¾ der Eltern, dass sie sich an Festen, Elternfrühstück, Elterncafe oder Elternabenden (zu Erziehungsfragen) beteiligten, jedoch weniger als $^1/_3$ der Eltern tiefergehende Möglichkeiten wie etwa gemeinsame Projekte mit den Kindern, Hospitationen in der Kindergarten-Gruppe, Entwicklungsgespräche mit der ErzieherIn oder Hausbesuche durch die ErzieherIn aktiv nutzten. In den meisten Fällen benannten die Eltern mangelnde Zeit oder „ungünstige Zeiten" als Gründe dafür, diese Angebote nicht in Anspruch zu nehmen.

Die der ErzieherInnen-Befragung entnommenen Aussagen führten in dieselbe Richtung:

- „Die Eltern sollten intensiver mit uns zusammenarbeiten wollen";
- „die Eltern sollten mit uns kooperieren und Angebote und Ratschläge annehmen";
- „ich würde mir wünschen, dass die Eltern das Gespräch mit mir suchen";
- „Ratschläge der Erzieherin ernst nehmen und befolgen";
- „Eltern sollten die Erzieher in ihrer Arbeit unterstützen";
- „Eltern sollten unsere Absprachen einhalten und mit uns zusammenarbeiten";

- „sie sollten uns und unsere Kompetenz genau so anerkennen wie die der Lehrkräfte".

Zusammenfassend kann festgehalten werden, dass der Wunsch nach einem Dialog zwischen Eltern und ErzieherInnen bzgl. des Überganges prinzipiell vorhanden war, dieser Austausch jedoch nach den Aussagen beider Seiten nur unzureichend stattgefunden hatte.

Des Weiteren war festzustellen, dass ein Dialog zwischen den Eltern und der Schule in nur sehr geringem Maße entwickelt worden war. Den Aussagen beider Elterngruppen war größtenteils zu entnehmen, dass eine Kommunikation und ein konstanter Informationsaustausch fehlten. Vor allem den Erstklässler-Eltern fehlte ein Informationsabend vor der Einschulung. Diesen hatte es für die KTH-Eltern, deren Kinder im Schuljahr 2005/06 eingeschult wurden, gegeben.

Auch wenn die Aussagen der befragten Elterngruppen viele Fragen und Unsicherheiten bzgl. des Überganges ihrer Kinder offen lassen, war festzustellen, dass sie fast ausschließlich eine „konsumierende" und demzufolge passive Haltung einnahmen. Ihren Aussagen war immer wieder zu entnehmen, dass sie von den Institutionen mit Informationen versorgt werden wollten, ohne diese aktiv einzufordern oder aktiv am Übergang ihrer Kinder mitzuarbeiten. Beide Elterngruppen schienen die Haltung zu vertreten, Kindertagesheim und Schule seien für die Kontaktaufnahme zu ihnen und für die Organisation des Überganges ihrer Kinder verantwortlich.

Die von beiden Elterngruppen genannten Ängste und Probleme bezüglich des Schulanfangs lassen sich hauptsächlich in drei Kategorien einteilen:

1. Anpassungsschwierigkeiten des Kindes:

- „Dass mein Kind keinen Anschluss findet";
- „dass mein Kind Probleme mit der Lehrerin hat";
- „dass mein Kind sich nicht selbst organisieren kann";
- „dass mein Kind Schulangst entwickelt";
- „Probleme mit dem langen, strukturierten Tag";
- „mein Kind wollte nicht in die Schule";
- „die meisten Kinder sind 8-12 Monate älter".

2. Sozialverhalten des Kindes:

- „Dass mein Kind keine Motivation/kein Interesse an der Schule hat";
- „Rücksichtnahme auf andere Kinder fiel meinem Kind schwer";
- „ich bin unsicher, ob mein Kind schulreif ist";
- „ich wünsche mir eine Vorschule für mein Kind".

3. Unsicherheiten und Probleme bezüglich organisatorischer Aspekte:

- „Die Kinder sollten die Schule besuchen, auf die sie kommen!";
- „die Schulvorbereitung sollte durchgängig passieren, nicht erst im letzten Jahr!";
- „es wäre schön gewesen, wenn mein Kind den Klassenraum und die Lehrerin vorher kennen gelernt hätte";
- „der Einschulungstermin sollte rechtzeitig bekannt gegeben werden";
- „detailliertere Informationen vor der Einschulung! Nicht erst so spät!";
- „dass die Kinder ihre MitschülerInnen früher kennen lernen";
- „dass Anmeldewünschen Rechnung getragen wird";
- „mehr Informationen über die Lehrpersonen an der Schule";
- „das Kind sollte sich in der Schule mehr willkommen wissen";
- „die Einschulung verlief sehr nüchtern";
- „eine kleine Cafeteria während der Schuleingangsfeier wäre schön gewesen".

Da sich knapp die Hälfte der KTH-Eltern zu den Ängsten und Problemen bzgl. des Schulanfangs geäußert haben, und von diesen rund 30% keine Probleme am Schulanfang ihres Kindes befürchteten, kann vermutet werden, dass die befragten Eltern den Übergang ihres Kindes nicht in der Form problematisieren, wie es möglicherweise KTH und Schule tun. Für mehr als ¾ der Erstklässler-Eltern verlief der Schulanfang angst- und problemlos.

Die Zusammenarbeit mit den Eltern sollte weiterhin ein vorrangiges Ziel des Kooperationsverbundes sein, da hierin ein wesentliches Potenzial liegt, eine positive Grundhaltung der Eltern gegenüber den Institutionen Kindertagesheim und Schule zu erzeugen. Es ist von entscheidender Bedeutung, ihnen zu verdeutlichen, dass sie als gleichberechtigte Partner für die Gestaltung des Überganges ihrer Kinder verantwortlich sind. Die Kinder können das KTH nur als ernst zu nehmende Bildungsinstitution begreifen, wenn ihre Eltern das auch tun, genauso wie sie die Schule nur als positive Herausforderung empfinden können, wenn ihnen dieses Bild auch von ihren Eltern vermittelt wird.

5.3.2 Zielbezogene Entwicklungen im zweiten Projektjahr

Dieses Kapitel stellt die Auswertung der Rönnebecker Projektarbeit in Bezug auf die vier Oberziele bis zum Ende der Projektlaufzeit im August 2005 dar. Hiermit wird aufgezeigt, wie weit der Verbund in der Erreichung der einzelnen Ziele seit Projektbeginn vorangekommen ist. Grundlage der Ergebnisse sind die Daten der Engpassanalyse, des Fragebogens 2004 und aller zur Verfügung stehenden Unterlagen aus dem Verbund. Gleichzeitig werden die Erkenntnisse der Abschlusserhebung im Juni 2005 einbezogen, in der per Gruppendiskussion auf der Leitungsebene ein Rückblick zum Projektverlauf erörtert wurde.

Aufbau von Arbeits- und Kooperationsstrukturen

Im Verbund Rönnebeck hatte es im ersten Projektjahr Kooperationen auf zwei Ebenen gegeben. Zum einen gab es regelmäßige Treffen auf der Leitungsebene. Diese fanden ungefähr alle vier Wochen unter der Leitung des ZUS-Tandems Hütter/Peppel statt. In diesem Rahmen wurde gemeinsam an inhaltlichen Themen des Projektes gearbeitet, es gab einen regen Austausch von Ideen und es wurden gemeinsame Veranstaltungen geplant. Des Weiteren hatte eine intensive Kooperation in drei Teilverbünden stattgefunden. In diesen Teilverbünden gab es während des ersten Projektjahres Kennenlern,-Planungs- und Reflexionstreffen, in denen die gemeinsame Projektarbeit und die gegenseitigen Hospitationen besprochen wurden.

Da die Einteilung in diese Teilverbünde auch im zweiten Projektjahr beinahe unverändert beibehalten wurde, kann man hier bereits von einer strukturgebenden Maßnahme sprechen. Es hatte vor allem durch die sehr praktische Zusammenarbeit eine intensive Auseinandersetzung der beiden Institutionen KTH und Schule sowie der beiden Professionen ErzieherIn/LehrerIn stattgefunden. Außerdem war es sehr positiv, dass die Kooperation bereits im ersten Projektjahr auf die MitarbeiterInnenebene ausgedehnt wurde.

Mit der Abschlusserhebung offenbarte sich rückblickend, dass die gegenseitigen Hospitationen einen ersten wichtigen Schritt im Aufbau von Arbeits- und Kooperationsstrukturen darstellten. So lösten sich die zunächst bestehenden Vorurteile, aber auch Unsicherheiten und Berührungsängste gegenüber der „anderen“ Profession im Laufe der Projektzeit zunehmend auf. Unterstützt wurde dieser Prozess durch die Teilprojekte, die durch die gemeinsame Vorbereitungsarbeit dazu beitrugen, dass sich die MitarbeiterInnen von KTH und Schule besser kennen gelernt haben. Ein absolutes Highlight im Verbund, das die Kooperation nachhaltig beflügelt hat, sehen die Rönnebecker MitarbeiterInnen in der starken Begeisterung der Kinder für die Aktivitäten in den einzelnen Projekten. Die gemeinsamen Erlebnisse mit den Kindern haben den MitarbeiterInnen selbst nicht nur viel Freude bereitet, sondern auch die eigene Motivation im Hinblick auf die Projektarbeit „Frühes Lernen" gestärkt.

Verstärkung der Elternarbeit

Das Ziel, die Elternarbeit zu verstärken, war im ersten Projektjahr im Verbund Rönnebeck nachrangig bearbeitet worden. Durch die Übereinkunft, dass von den Kernverbünden nicht alle vier Oberziele bearbeitet werden müssen, war das Setzen von Prioritäten durchaus sinnvoll. Zwar gab es Bemühungen, die Eltern gemeinsam zum Übergang ihrer Kinder zu informieren, in Form von gemeinsamen Elternabenden beispielsweise, aber eine Einbindung in den Übergangsprozess hatte nicht stattgefunden. Die Eltern wurden nicht als drittes Standbein in die Übergangsarbeit einbezogen. Da allerdings schon während der TOC-Erhebung deutlich wurde, dass die Einrichtungen an diesem Ziel kaum, weder gemeinschaftlich noch alleine, gearbeitet hatten, war es sehr zu begrüßen, dass bereits zu Beginn des 2. Projektjahres der Anstoß aus dem Verbund kam, eine Elternbefragung zum Thema „Übergang" durchführen zu wollen. Vanessa Willers, Studentin des Grundschullehramtes und von Haus aus Erzieherin, zeigte großes Interesse, diese Elternbefragung im Verbund Rönnebeck als Grundlage für ihre Examensarbeit zusammen mit der Leitungsgruppe zu konzipieren und für diese durchzuführen. Eine Kurzfassung der Ergebnisse der Elternbefragung erfolgte im vorangegangen Kapitel.

Obwohl dieser Schritt in die richtige Richtung wies, ist auch nach der Datenanalyse der Abschlusserhebung insgesamt noch ein großer Entwicklungsspielraum in der Zusammenarbeit mit Eltern im Verbund Rönnebeck feststellbar. Für sich gesehen haben die Einrichtungen sehr unterschiedliche Entwicklungsstufen in ihrer Elternarbeit erreicht, hierbei spielen die soziokulturellen Hintergründe der jeweiligen Elternschaft eine übergeordnete Rolle. Es wurde deutlich, dass keine der Einrichtungen von sich aus die Eltern mehr als notwendig in ihre Abläufe einbindet, in manchen Einrichtungen zeigen die Eltern einfach deutlich mehr Interesse und bringen sich selbstständig in den Institutionen ein. Ein interessantes Ergebnis im Verbund Rönnebeck ist, dass die Begeisterung der Kinder, die eine so positive und kraftvolle Wirkung auf die MitarbeiterInnen ausgeübt hatte, insgesamt nicht auch die Eltern erreicht hat. Ein möglicher Grund könnte darin liegen, dass die Eltern nicht direkt an der Erlebnissituation teil hatten. Diese Hypothese wäre zu überprüfen, indem zukünftig versucht wird, Eltern stärker in Kooperationsprojekte der Teilverbünde zu integrieren.

Für die Schule stellt sich die Zusammenarbeit mit Eltern auch als ein strukturelles Problem dar. Während im KTH die meisten inoffiziellen, d.h. ungeplanten Elterngespräche zwischen „Tür und Angel" stattfinden, verlagern sich diese in der Grundschule schnell auf das Telefon. Die Schule möchte mit Recht die Selbstständigkeit der Kinder fördern und bittet die Eltern, nach einer mehr oder weniger langen Eingewöhnungsphase, ihre Kinder nicht mehr bis in den Klassenraum zu bringen. Selbst wenn sie es täten, wäre keine Zeit für Gespräche vor dem Unterricht, da es keine „Gleitzeit" für den Schulbeginn gibt. An dieser Stelle zeigt sich ein Widerspruch zwischen dem Ziel „Verstärkung der Elternarbeit" und dem Wandel der Selbstständigkeit des Kindes. Elternarbeit in Schule muss demnach eine andere als im KTH sein.

Thematische Abstimmung zwischen Kindertagesheim und Grundschule

Im Hinblick auf das 3. Ziel des Projektes hat sich während der Projektlaufzeit ein reger Austausch über verschiedene pädagogische Fragestellungen entwickelt, der häufig auch zu intensiven Diskussionen führte und weiterhin führt. Die PädagogInnen sahen die Notwendigkeit zur Abstimmung der pädagogischen Konzepte zwischen KTH und Schule, um "Brüche für die Kinder zu vermeiden", doch eine inhaltliche Abstimmung im Sinne eines gemeinsamen Bildungsplanes war zum Ende der Projektlaufzeit noch nicht erfolgt. Anfang September 2005 hatte der Verbund sich allerdings auf eine gemeinsame Jahresplanung für die weitere Zusammenarbeit geeinigt.

Im Verbund Rönnebeck hatte es den lobenswerten Versuch gegeben, die Projektarbeit der Teilverbünde nach ihrer Durchführung in Text und Bild zu dokumentieren. Dass diese Dokumentation noch recht unsystematisch verlief, ist vielleicht darauf zurückzuführen, dass es für die meisten MitarbeiterInnen der erste Versuch einer strukturierten Dokumentation war. So ist es eher zu einer großen Sammlung von Materialien, Zeitplänen und Verlaufsberichten gekommen. Auch hier war erkennbar, dass es kaum Abstimmungen über die Vorgehensweise gegeben hatte. Katrin Bahlmann, ebenfalls Studentin des Grundschullehramtes, hatte sich angeboten, bei der Strukturierung der Dokumentation behilflich zu sein und auf die Evaluation dieses Prozesses ihre Examensarbeit zu stützen. Während der Abschlusserhebung äußerten die PädagogInnen, dass sie in diesem Prozess vom ZUS oder auch dem Team der wissenschaftlichen Begleitung mehr Unterstützung erwartet hatten.

Bereits im ersten Projektjahr hatte es im Verbund Rönnebeck die bis dahin einzige projektinterne Fortbildungsveranstaltung gegeben. Diese wurde vom ZUS-Tandem Ilse Peppel und Ulrich Hütter für alle MitarbeiterInnen des Kooperationsverbundes Rönnebeck organisiert. Im Vorfeld hatten die Mitglieder der Leitungsgruppe in Rönnebeck gemeinsam mit dem ZUS überlegt, welchen Fortbildungsbedarf sie vorrangig im Verbund sahen. Schließlich hatte im April 2004 eine Fortbildung der Bremer Psychologin und Leiterin des Instituts für Entwicklungsbegleitung, Waltraut Döring, zum Thema

„Frühes Lernen und Entwicklung im Dialog" stattgefunden. Im Mai 2005 wurde eine weitere Fortbildung mit Kerensa Lee Hülswitt von der Universität Bremen zum Thema „Mit Kindern Mathematik erfinden" durchgeführt. Nach Aussagen der ErzieherInnen erlebten die TeilnehmerInnen eine spannende Fortbildungsveranstaltung, bei der die Wissensvermittlung im Vordergrund stand, wodurch leider wenig Zeit für eine Diskussion über die eigenen und sehr verschiedenen Arbeitsweisen blieb. Während die ErzieherInnen sich sehr positiv äußerten, waren die Lehrkräfte nach Aussage der Schulleiterin der Grundschule Rönnebeck mit der Fortbildung nicht zufrieden, weil der Raum zu klein war für das vielfältige Material und wenig theoretischer Hintergrund vermittelt wurde.

Einige MitarbeiterInnen im Verbund Rönnebeck formulierten, dass sie sich generell mehr Fort- und Weiterbildungen gewünscht hätten. Diese hätte das zuständige ZUS-Tandem thematisch auswählen und organisatorisch vorbereiten sollen.

Ausarbeitung eines Themenbereiches für mehrere Entwicklungsniveaus

Dieses Ziel hat der Verbund Rönnebeck in Form seiner Projektarbeiten in den Teilverbünden sehr intensiv bearbeitet. Wie oben beschrieben, hatten sich die Einrichtungen in drei Teilverbünde aufgeteilt, die miteinander zum Übergang arbeiteten. Die ProjektteilnehmerInnen hatten in langfristiger Planung mehrere komplexe Übergangsprojekte für verschiedene Entwicklungsniveaus mit sehr vielen beteiligten Erwachsenen und Kindern durchgeführt und diese zum Teil dokumentiert sowie evaluiert. Die Projektarbeit wird, wenn sie nach Projektende beibehalten wird, mit jedem Durchgang ein Stück weiter optimiert werden. Gerade der konzeptionelle Teil der Projektarbeit, das Erstellen von Projektplänen, die Formulierung von Zielen sowie die Dokumentation und Auswertung von Projekten, war vielen der PädagogInnen eher neu und löste zunächst Anfangsschwierigkeiten aus. Im Rückblick wurde deutlich, dass alle im Verbund beteiligten Einrichtungen für diese Arbeit sehr viel mehr Input von der Wissenschaftlichen Begleitung oder dem ZUS erwartet hatten. Den MitarbeiterInnen zufolge wäre es eine große Hilfe gewesen, wenn sie ausgearbeitete Vorgaben zu verschiedenen Themen erhalten hätten. Insbesondere das Ausarbeiten der Themen für verschiedene Entwicklungsniveaus war zum Teil sehr unklar und inhaltlich schwierig, weil entwicklungspsychologische Grundlagen zu wenig vertraut waren. Aus diesem Grund wünschten die MitarbeiterInnen sich zukünftig gemeinsame Fort- und Weiterbildungen zur Entwicklungspsychologie.

5.4 Fazit

Im Verbund Rönnebeck bestanden zu Beginn des Projektes erhebliche Bedenken, die Projektarbeit bewältigen zu können. Neben Befürchtungen mangelnder finanzieller und personeller Ressourcen, die in allen Verbünden thematisiert wurden, gab es auch tiefgreifende Bedenken hinsichtlich einer gelingenden Zusammenarbeit von ErzieherInnen und LehrerInnen. Vor dem Hintergrund der Erfahrungen, die diesbezüglich vor dem Projekt gesammelt worden waren, traten im Verbund viele Vorbehalte für eine Kooperation auf. Diese reichten vom Ärger über nicht eingehaltene Termine, die in der Regel schon schwer zwischen KTH und Schule zu vereinbaren waren, bis hin zu dem Gefühl, vom Gegenüber nicht ernst genommen oder akzeptiert zu werden.

Es bestanden eine Menge Ressentiments zwischen den Professionen. So gestalteten sich die ersten Schritte auf beiden Seiten auch nicht einfach. Berührungsängste, Unsicherheiten und Ärger über mangelnde Wertschätzung für die Arbeit wurden insbesondere von den KTH-MitarbeiterInnen offen geäußert. LehrerInnen hingegen befürchteten, für mangelnde Schulleistungen der Kinder verantwortlich gemacht zu werden. Mit Eintritt in die Phase der Hospitationen lösten sich die gegenseitigen Vorbehalte durch das persönliche Kennen lernen bereits langsam auf. Im Zuge der Durchführung der einzelnen Projekte entwickelte sich schließlich ein vertrautes Arbeitsklima zwischen den daran beteiligten MitarbeiterInnen.

Die gemeinsame Arbeit hat sich im Laufe der Projektzeit „Frühes Lernen" sehr positiv entwickelt. Zusammenfassend wurde der Wunsch und die Notwendigkeit geäußert, die durch das Projekt begonnene Arbeit normalisieren zu können, d.h. auch nach Beendigung die Möglichkeit zu bekommen, ihre Erfahrungen und bisherigen Arbeitsergebnisse zu verfestigen und in den Alltag zu integrieren. Eine personenunabhängige Struktur konnte indes noch nicht installiert werden. Inzwischen wurde allerdings in Zusammenarbeit mit Ulrich Hütter vom ZUS eine Struktur erarbeitet, die im Schuljahr 2005/06 getestet werden soll. Der Verbund will daran, wie auch an den Zielrichtungen des Projektes, zukünftig weiterarbeiten.

6 Kooperationsverbund Vahr

Der Kooperationsverbund Vahr bildete einen der beiden kleinen Verbünde im Kernprojekt „Frühes Lernen“. Zum Verbund gehörten die Schule In der Vahr sowie das Kindertagesheim (KTH) Bispinger Straße. Beide Einrichtungen liegen in einem Stadtteil, der als sozial benachteiligt eingestuft ist[64].

An der Kooperation waren folgende Träger beteiligt:

- Senator für Bildung und Wissenschaft,
- KiTa Bremen, Eigenbetrieb der Stadtgemeinde Bremen[65].

Der Kooperationsverbund Vahr wurde während der Projektlaufzeit durch Ilse Peppel und Ursula Wehr vom Zentralen Unterstützungssystem (ZUS) begleitet. Dem Verbund gehörten die beiden folgenden Einrichtungen an:

Schule In der Vahr In der Vahr 75 28329 Bremen Telefon: (0421) 361-3343 eMail: 062@bildung.bremen.de Leitung: Rita Schumacher	Kindertagesheim Bispinger Straße Bispinger Str. 16b 28329 Bremen Telefon: (0421) 361-3140 oder 96011 eMail: Baerbel.Reineke@kita.bremen.de Leitung: Bärbel Reineke

6.1 Einrichtungsbezogene Daten

Im folgenden Abschnitt erfolgt ein kurzer Überblick der zum Kooperationsverbund Vahr gehörenden Einzeleinrichtungen. Es werden zunächst die Schule und anschließend das Kindertagesheim beschrieben. Die einrichtungsspezifischen Daten beinhalten eine über den Projektzeitraum 2003-2005 zusammenfassende Übersicht. Die Daten sind den Fragebögen aus den Jahren 2003 sowie 2004 entnommen, die an alle Einrichtungen verschickt wurden. Während im Projektjahr 2003/04 nicht alle Fragebögen fristgerecht zur Aufnahme in den 1. Projektbericht eingegangen waren, lag der fristgerechte Rücklauf im Kindergarten- und Schuljahr 2004/05 bei 100%. Die Daten wurden von der Wissenschaftlichen Begleitung anonymisiert und horizontal wie vertikal ausgewertet. Sofern sich die erhobenen Daten aus den Jahren 2003/04 bzw. 2004/05 nicht nennenswert unterscheiden, beziehen sich die Angaben auf den Fragebogen 2004, weil dieser die aktuelle Beschreibung des Feldes widerspiegelt. In Fällen erheblicher Abweichungen werden die Veränderungen verdeutlicht.

---

[64] Benachteiligtenindex Neue Vahr ca. -70

[65] Seit August 2004, vorher Amt für Soziale Dienste

Schule In der Vahr

Bei der Schule In der Vahr handelte es sich um eine Grund- und Hauptschule, wodurch sie sich von allen anderen Schulen im Kernprojekt, die ausschließlich Grundschulen waren, unterschied. Zum Zeitpunkt unserer Erhebung im 2. Projektjahr (Kindergarten- und Schuljahr 2004/05) setzte sich das Grundschulkollegium in der Schule In der Vahr wie im Vorjahr aus zwölf LehrerInnen zusammen. Das Durchschnittsalter betrug 45 Jahre. Die Schülerschaft der Klassen 1 bis 4 zählte zum Schuljahresbeginn 2004/05 186 SchülerInnen. Die meisten Kinder, die zum Schuljahr 2004/05 eingeschult wurden, besuchten zuvor das KTH Heinrich-Imbusch-Weg (21 Kinder) sowie das KTH Bispinger Straße (17 Kinder). Darüber hinaus gab es noch sechs weitere Kindertagesheime, die Kinder an die Schule In der Vahr abgaben.

Bis auf die 1. Klasse, die mit jeweils 19 SchülerInnen dreizügig angeboten wurde, verliefen die Klassenstufen 2 bis 4 in der Grundschule der Schule In der Vahr im Schuljahr 2004/05 jeweils zweizügig. Die durchschnittliche Klassengröße der Klassen 2 bis 4 lag zwischen 19 und 24 SchülerInnen. Für das als sozial benachteiligt geltende Umfeld der Schule erhielten im Schuljahr 2004/05 auffallend wenige Kinder (zwei Jungen der 3. Klasse sowie ein Junge der 4. Klasse) eine besondere Förderung, die sich hauptsächlich auf die Bereiche Sprache, Wahrnehmung sowie Verhalten konzentrierte. Im Vergleich zum Vorjahr, in dem ebenfalls drei Kinder eine besondere Förderung erhielten, lag hier keine Veränderung vor. Zum Schuljahresbeginn 2004/05 wechselten insgesamt fünf Jungen sowie ein Mädchen nach der 4. Klasse in ein Förderzentrum. Jeweils zwei Jungen und zwei Mädchen wurden zum Schuljahresbeginn 2004/05 zurückgestellt. Kein Kind wurde vorzeitig eingeschult.

Nach Angaben der Schule haben sich die soziokulturellen Verhältnisse im Vergleich zum Vorjahr dahingehend verändert, als dass der Anteil der Kinder mit Migrationshintergrund auf über 50% angestiegen ist. In unserer vorangegangenen Erhebung hatte sich dieser Trend nicht angedeutet. Als Auslöser dieser Veränderung sehen die MitarbeiterInnen den Wandel der Bevölkerungsstruktur im Stadtteil Vahr. Aufgrund dieser Entwicklung wird in Zukunft ein erhöhter Bedarf an Maßnahmen zur Sprachförderung wie auch zum Erwerb der Schriftsprache erwartet.

Die Schule In der Vahr wurde im Kooperationsverbund durch die Schulleitung, Rita Schumacher, sowie durch die derzeitige Viertklasslehrerin, Ilse Lucke, vertreten.

Kindertagesheim Bispinger Straße

Träger des Kindertagesheimes Bispinger Straße ist der Eigenbetrieb der Stadtgemeinde Bremen, KiTa Bremen. Die meisten der Vorschulkinder werden in die Schule In der Vahr eingeschult. Zum Schuljahr 2004/05 waren dies 17 Kinder. Im Kindergartenjahr 2004/05 betreute das KTH Bispinger Straße 55 Kinder, die sich auf drei Gruppen, darunter eine Ganztagsgruppe, eine Teilzeit- sowie eine Halbtagsgruppe, verteilten. Die Gruppengröße lag bei 18 bzw. 19 Kindern. Für die pädagogische Arbeit standen fünf ErzieherInnen (zum Teil in Teilzeit) in der Funktion als Gruppenleitung bzw. Differenzierungskraft sowie zwei SozialpädagogInnen in der Funktion als Integrationspädagogin und stellvertretende Heimleitung sowie als Differenzierungskraft der Vorschularbeit zur Verfügung. Als ungünstige Faktoren in der Zusammensetzung der Gruppen nannte das KTH einen *„hohen Anteil an Kindern aus ausländischen Familien“* sowie einen hohen *„Anteil von ganz jungen Kindern“*. Im Kindergartenjahr 2004/05 wurden fünf Vorschulkinder (vier Jungen und ein Mädchen) mit besonderem Förderbedarf der Hilfsbedarfsgruppen (HBG) 1 und 2 betreut. Der Förderbedarf richtete sich vorwiegend auf die Bereiche Sprache, Wahrnehmung sowie Verhalten und wurde durch den Einsatz der Integrationspädagogin sowie durch Binnendifferenzierung abgedeckt. Neben dem Angebot der drei Vorschulgruppen bot die Einrichtung auch zwei Hortgruppen an. Im Kindergarten- und Schuljahr 2004/05 besuchten 40 Kinder, welche die Schule In der Vahr und die Schule Parsevalstraße besuchten, den Hort. Die Betreuung der Hortkinder wurde durch eine Erzieherin, eine Sozialpädagogin sowie eine Psychologin gewährleistet.

Das KTH liegt in einem Stadtgebiet mit hohem MigrantInnenanteil. Nach Angaben des Kindertagesheimes stammen 49% der KTH-Kinder aus Migrationsfamilien, in denen beide Elternteile ausländischer Herkunft sind. Weitere 10,9% der Familien haben ein Elternteil mit Migrationshintergrund. 12% der Kinder kommen aus Aussiedler-Familien. Darüber hinaus handelt es sich um einen sozial benachteiligten Stadtteil. Der Anteil Alleinerziehender liegt bei 30,9%, der Anteil der von Arbeitslosigkeit betroffenen Familien bei 41%. Nahezu 73% aller Kinder haben Schwierigkeiten mit der deutschen Sprache. Bezüglich gravierender soziokultureller Veränderungen im Vergleich zum Vorjahr, machte das KTH Bispinger Straße folgende Aussagen:

„Wir bemerken zunehmend eine Veränderung bei den Familieneinkommen. Es kommt öfter vor, dass Eltern ihre Kinder vom Kindergarten abmelden möchten, weil sie sich die Beiträge nicht mehr leisten können. In diesem Jahr haben wir auch mehr ganz junge Mütter. Außerdem ist die Fluktuation im Stadtteil sehr hoch. So verlassen viele Kinder im Laufe des Jahres den Kindergarten und andere werden im Jahr aufgenommen“.

Die Gründe für diese Entwicklung sah das KTH Bispinger Straße in der zunehmend schwierigen Situation auf dem Arbeitsmarkt. In der Konsequenz wurde erwartet, dass nicht alle Kinder, die eigentlich eine Kindertageseinrichtung besuchen sollten, angemeldet werden.

In der Projektgruppe „Frühes Lernen“ wurde das Kindertagesheim durch die Leitung, Bärbel Reineke, sowie deren Stellvertreterin, Maike Roewer-Jüttner, vertreten.

Vermittlung von Praktikumsplätzen

Im Rahmen des Kooperationsprojektes „Frühes Lernen“ wurden auch zum Schul- und Kindergartenjahr 2004/05 wieder Praktikumsplätze für Studierende der Integrierten Eingangsstufe Lehrerbildung an der Universität Bremen vermittelt. Initiiert durch das Projekt konnten die Praktika erstmals auch in Kindertageseinrichtungen absolviert werden. Folgende Einrichtungen des Verbundes Vahr stellten hierzu Praktikantenstellen zur Verfügung:

Schule In der Vahr: 3 Plätze

KTH Bispinger-Straße: 1 Platz

Kinderwege im Verbund Vahr

Die Schülerschaft der Schule In der Vahr setzte sich vornehmlich aus Kindern zusammen, die zuvor das KTH Heinrich-Imbusch-Weg oder das KTH Bispinger Straße besucht hatten. Darüber hinaus wurden in der Schule In der Vahr Kinder aus dem KTH Epiphanias Gemeinde sowie dem KTH Jona Gemeinde eingeschult. Zugleich wechselten vom KTH Bispinger-Straße einige Kinder in die Schule Parsevalstraße. Die folgende Abbildung zeigt, wie die Kinder sich von den Kindertagesheimen auf die Schulen im Einzugsgebiet Vahr verteilten.

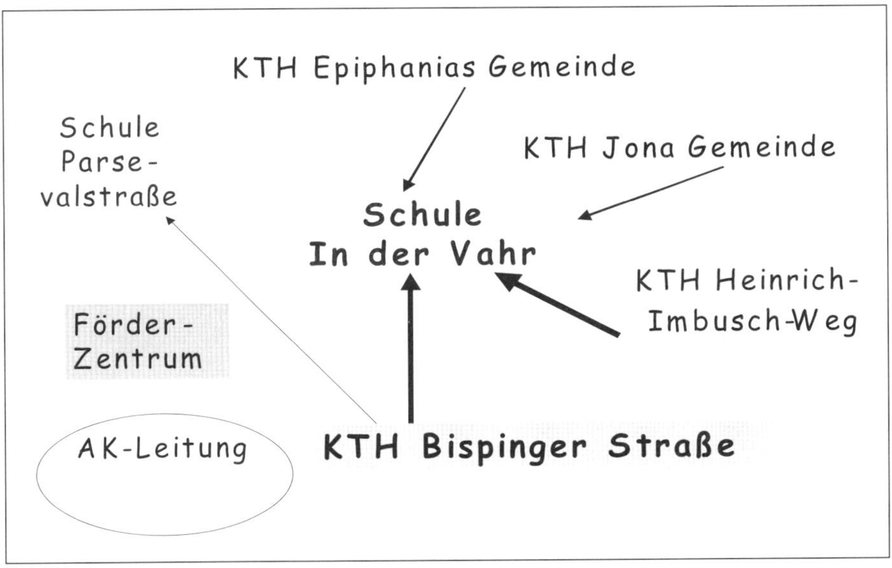

Abbildung 6-1: „Kinderwege“ im Verbund Vahr

6.2 Entwicklungsverlauf im Kooperationsverbund Vahr

Das folgende Kapitel stellt den Entwicklungsverlauf im Kooperationsverbund Vahr über den Projektzeitraum von 2003 bis 2005 dar. Die Ausführungen sind in drei Abschnitte gegliedert. Zunächst wird auf die Ausgangssituation, die sich im Verbund zu Beginn des Projektes darstellte, eingegangen. Im Anschluss daran werden die Entwicklungen während der Projektjahre 2003/04 sowie 2004/05 aufgezeigt.

6.2.1 Ausgangssituation

Im Rahmen des Projektantrages Anfang des Jahres 2003 formulierte der Verbund Vahr folgende Zieldimensionen:

1. Eine „Frühe Diagnostik“ zur Erkennung von Förderbedarf soll gemeinsam entwickelt und durchgeführt werden.
2. Eine bessere Förderung älterer Kinder in den folgenden Bereichen wird angestrebt:
   - Persönliches Erfahrungswissen
   - soziale Handlungskompetenz
   - Inhaltliches Basiswissen
   - Metakognitive Fähigkeiten
   - Sprachentwicklung.
3. Die Elternberatung und –information soll verbessert werden.

Darüber hinaus verständigten sich beide Einrichtungen auf folgende erste Schritte der Zusammenarbeit im Kooperationsverbund Vahr:

- Konzeptioneller Austausch;
- Entwicklung von Arbeitsmaterial;
- gemeinsame Beobachtung der Vorschulkinder;
- Dokumentation des Förderbedarfs;
- gemeinsame Elternabende und Beratungsgespräche zu den Kindern (Eltern, ErzieherInnen, LehrerInnen);
- Initiierung der Sprachförderung;
- Mitnutzung der Schulturnhalle;
- Einbezug von LehrerInnen in kognitive Förderung im Kindertagesheim;
- Vorschulkinder nehmen nach Ostern an einer Unterrichtseinheit in der Schule teil;
- gemeinsame Jahresplanung.

Die genannten Zielsetzungen wurden im weiteren Verlauf konkretisiert und in einem ersten Zeit- und Arbeitsplan festgehalten, der im Mai 2003 an die Wissenschaftliche Begleitung weitergeleitet wurde. Im Anschluss daran folgten bis Juli 2003 zwei weitere Planungsphasen. Zur Verdeutlichung dieses Entwicklungsprozesses werden die jeweiligen Planungsschritte im Folgenden angeführt. Die gemeinsame Planung sah zunächst folgende Zeit- und Arbeitsphasen vor:

Kindergarten und Schule gehen gemeinsame Wege (Voraussetzung für die Durchführung des Projektes in der folgenden Form ist die Zuweisung der beantragten Stunden für Kooperationszeiten und Vorbereitungszeit) 20 Kinder, kleine Altersmischung, 1 Gruppenleitung, 1 Differenzierungskraft Treffen am 06.05.03 in der Schule **Es wurde der folgende Fahrplan entwickelt:**	
Erstes Kooperationstreffen Erzieher und Lehrer, Kennen lernen/Austausch über Struktur und Arbeitsweisen, Sichtung der Materialien für die Beobachtungsphase, gemeinsamer Elternabend zur Information der Eltern	Ende August 2003
Beobachtung der Kinder, Klärung der Förderbedarfe, Entwicklung von Arbeitsvorhaben, Einzelgespräche mit den Eltern nach Auswertung der Beobachtungen, Absprachen und Vereinbarungen mit den Eltern	September bis Oktober 2003
Durchführung der geplanten Arbeitsvorhaben (Grundlage Beobachtungen). Durchgängig für das ganze Jahr ist Sprache als besonderer Schwerpunkt zu berücksichtigen	Nach den Herbstferien bis Weihnachten 2003
2. Planungsphase: Rückschau auf das bisher Erreichte, Planung der weiteren Arbeitsvorhaben bis Sommer, z.B.: Konkretere Vorbereitung auf die anstehende Einschulung in Form von weiterführende Arbeitsvorhaben, z.B.: Besuch der Schule, Anlegen einer Projektmappe, evtl. Ausstellung von Arbeitsergebnissen in der Schule, Sportunterricht in der Turnhalle, Durchführen von kleineren Unterrichtseinheiten, Experimente und Exkursionen, das Thema „Ich“, Kontakt mit Schrift und Symbolen, Mengen und Ordnungsprinzip	Ab Januar bis Ostern 2004
Kontakt mit Identifikationsfiguren (zwei Kinder kommen in die Schule). Hierzu Geschichten usw.. Das Einbringen dieser Figuren, z.B. als Handpuppen, die die weiteren Projekte begleiten und die Kinder auch in der ersten Phase in der Schule begleiten. Fest als Projektabschluss mit den Familien	Nach Ostern bis zum Sommer 2004
Die Arbeitsgruppe wird in der Binnendifferenzierung nur aus den zukünftigen Schulkindern bestehen. Für die jüngeren muss es andere Angebote geben.	

Abbildung 6-2: Erster Zeit- und Arbeitsplan im Verbund Vahr

Nach einem weiteren Treffen der Leitungen von Kindertagesheim und Schule wurde der bestehende Zeit- und Arbeitsplan überdacht und in Teilen wie folgt revidiert:

„Der ursprünglich von uns angestrebte Zeitrahmen für Kooperation, Beobachtung der Kinder, Austausch und kennen lernen der miteinander kooperierenden Kollegen, wurde als zu kurz erkannt. Die Beobachtungsphase soll bis Dezember ausgedehnt werden. Beobachtungsbogen des Kindertagesheims sollen eingesetzt werden. […] Die Kollegen klären untereinander, wer was macht. Zur Planung wurden für die Erzieher und die Kollegin von der Schule zwei Mittwochstermine bis Ende des Jahres frei gehalten. […] Es wurde als sinnvoll festgestellt, wenn die Kolleginnen des Kindertagesheimes auch in der Schule hospitieren, um einen Einblick in die dortigen Strukturen zu erhalten“.

Veränderter Zeit- und Arbeitsplan für die Vorschulgruppe bis Dezember 2003:

Zeitplan	**Geplante Aktivität**	**Ziel**
November – Dezember 2003	Beobachtungsphase Gesellschaftsspiele (Memory, Labyrinth) Wettkampf z.B.: Seilspringen, Balancieren, auf einem Bein hüpfen, vorwärts und rückwärts auf Zehen und Hacken gehen	Wo sollte eine Unterstützung der einzelnen Kinder ansetzen? Unterstützung der Konzentration, Spielregeln einhalten lernen, Gewinnen und Verlieren Grobmotorische Fähigkeiten sollen sich altersgemäß entwickeln
Dezember 2003	Singspiele, Begleitung durch Instrumente	Spaß am Musizieren wecken, Umgang mit Instrumenten lernen, Texte üben
Dezember 2003	evtl. ein Gedicht in Szene setzen	Stärkung des Selbstbewusstseins, Kinder übernehmen eine Rolle

Abbildung 6-3: Zweiter Zeit- und Arbeitsplan im Verbund Vahr

Die nachstehende Tabelle zeigt die abschließende Zeit- und Arbeitsplanung für das Kindergarten- und Schuljahr 2003/04, die im Juli 2003 erarbeitet worden war.

Bis zu den Herbstferien: Hospitation von Frau Brieske (Schule) mittwochs 9.30 bis 11.30 in der Gruppe Ziel: Kennen lernen der Kollegen, der Kinder und der Arbeitsweise in der Gruppe, gemeinsame Beobachtung der Kinder, Feststellung der Bedarfe, Austausch über Strukturen und Arbeitsweisen	August bis September 2003
Konkrete Planung von Arbeitsvorhaben auf Grundlage der Beobachtung der Kinder, Materialien austauschen, Schwerpunkte bestimmen, Vorbereitung eines Elternabends für die Vorschulkinder evtl. Einzelgespräche mit den Eltern	September bis Ende Oktober 2003
Elternabend Beginn der konkreten Angebote in Zusammenarbeit mit der Lehrerin; muss noch mit dieser geplant werden. Beginn der Binnendifferenzierung für Vorschulkinder (Gruppenleitung / Differenzierungskraft), Vereinbarungen/Planungen für die Zusammenarbeit mit Schule für den Zeitraum bis Ostern 2004	November/Dezember 2003
2. Phase Rückschau auf das bisher Erreichte, Planung der weiteren Arbeitsvorhaben bis zum Sommer z.B. Konkrete Vorbereitung auf den Besuch der Schule: Anlegen einer Projektmappe, Besuch der Schule, Ausstellung von Arbeitsergebnissen in der Schule, Sportunterricht in der Turnhalle der Schule, Durchführung von kleineren Unterrichtseinheiten, Experimente und Exkursionen, Thema „Ich“, Kontakt mit Schrift und Symbolen Mengen und Ordnungsprinzipien.	Januar bis Sommer 2004

Abbildung 6-4: Dritter Zeit- und Arbeitsplan im Verbund Vahr

6.2.2 Stärken und Schwächen

Um den Entwicklungsstand des Kooperationsverbundes zu Beginn des Projektes zu eruieren, wurde eine Stärken-Schwächen-Analyse (SWOT) durchgeführt. Anders als in den Großverbünden Oslebshausen und Rönnebeck wurde im Verbund Vahr nur eine Gruppendiskussion durchgeführt, an der neben den Leitungen auch MitarbeiterInnen von KTH und Schule teilnahmen. Die veränderte Vorgehensweise war der geringen Einrichtungszahl in den kleinen Kooperationsverbünden geschuldet. Diese Vorgehensweise war nicht nur zeitlich, sondern auch inhaltlich effektiver als eine Paardiskussion zwischen zwei Leitungen. Abstimmungen auf der Leitungsebene sind zwar erforderlich, doch für das Verfahren der SWOT-Analyse, mit dem das Ziel verfolgt wird, den Prozess der Strategiebildung im Kooperationsverbund anzuregen, erweist sich ein größerer Diskussionskreis in der Regel als vorteilhaft, wenn bereits eine Arbeitsbasis geschaffen wurde, die eine kritische Selbstsicht aller Beteiligten in der Gruppe zu lässt. Vor dem Hintergrund der gemeinsamen Antragstellung sowie der gemeinsam erarbeiteten Zeit- und Arbeitspläne ging die Wissenschaftliche Begleitung davon aus, dass dieses Kriterium erfüllt war.

Die Erhebung im Kooperationsverbund Vahr fand im September 2003 statt. Der Termin war zuvor angekündigt worden, allerdings gab es Missverständnisse bezüglich des zeitlichen Rahmens, die dazu führten, dass die Durchführung der SWOT-Analyse unter Zeitdruck stand. Außerdem genehmigten die TeilnehmerInnen die Aufzeichnung der Diskussion per Tonband nicht. Infolge dessen musste die Erhebung handschriftlich protokolliert werden und war entsprechend weniger detailliert als ein anhand einer Tonbandaufnahme erstelltes Transkript. In den darauf folgenden zwei Erhebungen stimmte der Verbund Vahr der Aufzeichnung der Diskussionen auf Tonträgern zu.

Im Anschluss an die Gruppendiskussion fanden mehrstündige Hospitationen im Kindertagesheim wie in der Schule statt. Die Ergebnisse der Hospitationen gingen wie bei den anderen Verbünden in die Auswertung ein.

Heterogene Ansatzpunkte für das Projekt „Frühes Lernen“

Die Kooperation zwischen Kindertagesheim und Schule bewegte sich zum Zeitpunkt der Erhebung bereits in einem festgefügten Rahmen, der von beiden Einrichtungen getragen wurde. Die Zusammenarbeit orientierte sich an einem Fahrplan, der in monatlichen Abständen die gemeinsamen Aktivitäten für das Kindergarten- und Schuljahr 2003/04 festhielt und von den Leitungen regelmäßig ergänzt wurde.

Auf der praktischen Ebene gestaltete sich die Kooperation in der Form, dass eine Kollegin der Schule regelmäßig das KTH aufsuchte, um dort bis Dezember 2003 die Gruppe der zukünftigen Schulkinder zu beobachten. Die Beobachtungen erfolgten in enger Kooperation mit den ErzieherInnen und wurden anhand von Beobachtungsbögen, mit denen das Kindertagesheim generell arbeitet, dokumentiert. Die Ergebnisse sollten die Grundlage für die weitere inhaltliche Arbeit sowie für Elterngespräche bilden. Es wurde vereinbart, dass die ErzieherInnen und die Lehrerin bis Ende des Jahres 2003 zwei Mittwochstermine für Absprachen erhielten. Zudem sollten die ErzieherInnen die Möglichkeit bekommen, an der Schule zu hospitieren. Für das Frühjahr 2004 war geplant, kooperativ ein Schulprojekt durchzuführen. Diese Aktivitäten sollten den gemeinsam veranstalteten Elternabend vor Schulbeginn ergänzen.

Die MitarbeiterInnen von Kindertagesheim und Schule deuteten das Interesse der Eltern sowie ihre Mitwirkung an Erziehungsaufgaben insgesamt als zu gering.

Stärken im Kooperationsverbund Vahr

Als Stärke des Verbundes sahen die MitarbeiterInnen beider Einrichtungen ihr großes Engagement sowie ihre Erfahrungen in der pädagogischen Arbeit. Sie merkten insbesondere ihre Fähigkeit zur Beobachtung von Kindern und zum Feststellen von Förderbedarfen an. Darüber hinaus sahen sie vor dem Hintergrund, *„dass LehrerInnen und ErzieherInnen [...] nicht miteinander [können]"* ihre Bereitschaft zur Kommunikation als Chance an, die Kooperation zwischen KTH und Schule im Rahmen des Projektes „Frühes Lernen" zu vertiefen. Eine gute Materialausstattung für die Arbeit im ersten Schuljahr wurde als hilfreich hervorgehoben, auch wenn vieles davon privat angeschafft worden war und generell Modi des Umgangs damit gefunden werden müssen. Die PädagogInnen verbanden mit dem Projekt die Chance, ihre Arbeitszufriedenheit zu verbessern.

Schwächen und Befürchtungen

Die MitarbeiterInnen befürchteten, dass neben der Gewährleistung der Alltagsarbeit im Kindertagesheim wie auch in der Schule der zeitliche Rahmen wenig Raum für die Kooperation bzw. erforderliche Zusatztermine hinsichtlich des Projektes lassen würde. Ihre Gedanken kreisten um Stundenvergabe und Mittelzuweisungen. Mit Blick auf die Behörden zeigten sich die TeilnehmerInnen zudem verunsichert. Wie in den übrigen Verbünden auch, wurden bezüglich der zur Verfügung stehenden Ressourcen kurzfristige Neuregelungen befürchtet, die den Prozess der Projektarbeit empfindlich stören könnten.

Ein Leitungskonzept zur Steuerung des Veränderungsprozesses bezüglich der beiden Einrichtungen im Verbund lag noch nicht vor. Ein entsprechendes Konzept, das sämtliche Spielräume wie auch Grenzen zur Gestaltung der Zusammenarbeit berücksichtigte, musste noch ausgearbeitet werden. Die auf die Zukunft gerichtete Verankerung des Projektes in weiteren Einrichtungen des Stadtteils wurde als besonders schwierig zu realisieren empfunden.

Während der SWOT-Analyse entwickelte sich eine angeregte Diskussion darüber, wer die aus Sicht der LehrerInnen unzureichende Schulvorbereitung zu verantworten habe. Zunächst wurde vermutet, dass das KTH die Kinder nicht ausreichend vorbereite. Die MitarbeiterInnen des Kindertagesheimes verwiesen ihrerseits darauf, dass das Verständnis der Eltern für die eigene Erziehungsverantwortung heute oftmals ein anderes sei, als noch vor zehn Jahren. So kämen heute viele Kinder ohne elementarste Fähigkeiten in die Einrichtungen. Dieser Umstand sowie die große Altersmischung in den Gruppen und die verschiedensten kulturellen Hintergründe und Sprachen der Kinder tragen dazu bei, so die ErzieherInnen, dass sie ihre Arbeit als sehr schwierig empfinden. Als besonders kritischer Punkt in dieser Frage kristallisierte sich schließlich die Elternschaft heraus. Die MitarbeiterInnen beider

Einrichtungen zeigten sich davon überzeugt, dass die Eltern ihrer Erziehungsaufgabe nicht gerecht würden, wodurch sie selbst vor Anforderungen stünden, die nicht als originäre Aufgabe von Kindertagesheim und Schule anzusehen und kaum zu bewältigen seien. Daraus folgten Probleme in Kindertagesheim und Schule, die sich auch auf den Projektverlauf hemmend auswirkten.

6.2.3 Zielbezogene Auswertung zu Beginn des ersten Projektjahres

Die zielbezogene Auswertung basiert auf dem Datenmaterial der Gruppendiskussion im Rahmen der SWOT-Analyse (2003), der Hospitationen (2003) in den Einzeleinrichtungen sowie des Fragebogens 2003. Die Ergebnisse spiegeln somit insbesondere die ersten Schritte auf dem Weg einer gemeinsamen Zielfindung und Zielbearbeitung im Verbund wider.

Aufbau von Arbeits- und Kooperationsstrukturen

Die Kooperation im Projektverbund Vahr war in einem „Fahrplan“ festgeschrieben. Die LeiterInnen von KTH und Schule stützten den Prozess, indem sie Ressourcen zuwiesen. Personell beschränkte sich die Kooperation zu Beginn des Projektes über die Leitungsebene hinaus auf der Seite der Schule auf eine Lehrerin, die Kinder im Kindertagesheim beobachtete. Im Kindertagesheim waren diejenigen ErzieherInnen im Projekt involviert, die zu der Zeit in ihren Gruppen zukünftige Erstklässler betreuten. Zeitliche Ressourcen für Absprachen und Vorbereitungen der einzelnen Aktivitäten wurden zur Verfügung gestellt. Insofern waren erste Schritte für die Kooperation vollzogen worden. Im Sinne des Projektes sollte jedoch der Kreis der Kooperierenden vergrößert werden. Unklar blieb beispielsweise noch die Rolle der ErstklasslehrerInnen. Das Projektvorhaben sollte zudem stärker in die Schule hinein wirken.

Verstärkung der Elternarbeit

Die Eltern(mit)arbeit kristallisierte sich während der SWOT-Analyse als kritischer Punkt heraus, als Risiko mit Blick auf die Entwicklungen im Projekt „Frühes Lernen“. Positiv gewendet stellte sich folgende Frage: Wie kann Elternarbeit so gestaltet werden, dass Eltern für Kindertagesheim und Schule zu stützenden Partnern werden und echte Erziehungspartnerschaften entstehen? Nach Ansicht der Wissenschaftlichen Begleitung bot es sich an, im Stadtteil ein gemeinsames Konzept für die Elternarbeit zu entwickeln. Die MitarbeiterInnen beider Einrichtungen signalisierten während der Erhebung ihr Interesse an einer solchen Initiative. Erste Überlegungen hierzu wurden bereits angestellt: Der Kooperationsverbund wünschte sich für die Verstärkung der Elternarbeit Unterstützung von außen. Eine gemeinsame Diskussion zu den Übergängen Familie – Kindergarten – Schule wurde angeregt. Allerdings fand sich diese Idee noch nicht in einem weiteren Projektfahrplan wieder.

Thematische Abstimmung zwischen Kindertagesheim und Grundschule

Zu Beginn des Projektes bestanden kaum Initiativen, sich hinsichtlich der Bildungsprogramme von Kindertagesheim und Schule auszutauschen und gemeinsame Abstimmungen zu treffen. Die Wissenschaftliche Begleitung vermutete jedoch, dass sich erste bestehende Ansätze hierzu durch die Teilnahme am Projekt „Frühes Lernen" verstärken könnten, wenn der Verbund tiefer in diese Diskussion einsteige. Eine mögliche Unterstützung dieses Prozesses wurde in den ab Oktober 2003 angestrebten Hospitationen von ErzieherInnen in der Schule gesehen. Die geplante Änderung des bestehenden Einschulungsplanes eröffnete darüber hinaus die Chance, neben organisatorischen Aspekten auch inhaltliche Schwerpunkte aufzunehmen.

Ausarbeitung eines Themenbereiches für mehrere Entwicklungsniveaus

Nach Auffassung der Wissenschaftlichen Begleitung wäre ein kleiner Verbund wie Vahr prädestiniert dafür gewesen, ein übergreifendes Projekt durchzuführen, in dem mit den Kindern aus Kindertagesheim und Schule an einem Phänomen gearbeitet wird. Ein gemeinsames Angebot konnte schließlich nicht bedeuten, ähnliches Material zur Verfügung zu stellen, sondern es mussten herausfordernde Aufgaben gefunden werden. Mit Hilfe einer Dokumentation dieser Arbeit, beispielsweise in Form von Lernstories und/oder Portfolios der Kinder, hätte ein für andere Einrichtungen interessantes Produkt entstehen können, aus dem alle lernen könnten, wie Kinder sich auf unterschiedlichen Entwicklungsniveaus dem gemeinsamen Gegenstand nähern. Es entsprechendes Vorhaben wurde im Verbund Vahr bis zu diesem Zeitpunkt jedoch noch nicht thematisiert.

6.2.4 Erste Arbeitsschritte

Im Juli 2003 hatte der Verbund Vahr für das erste Projektjahr, dem Kindergarten- und Schuljahr 2003/04, vier Arbeitsphasen mit unterschiedlichen Schwerpunkten festgelegt:

Phase 1: Für die erste Phase der Projektarbeit wurde vereinbart, dass die Erstklasslehrerin, Frau Brieske, im Zeitraum von August bis September 2003 im KTH Bispinger Straße einmal wöchentlich hospitiert, um die zukünftigen Schulkinder, die KollegInnen des Kindertagesheimes sowie die Arbeitsweisen in den Gruppen kennen zu lernen. Außerdem war eine gemeinsame Beobachtung der Kinder sowie ein Feststellen der Bedarfe vorgesehen. Im Zuge der Hospitation sollte zudem ein Austausch über die Strukturen und Arbeitsweisen der beiden Einrichtungen erfolgen.

Phase 2: Auf der Grundlage der zuvor statt gefundenen Beobachtung der Kinder nahm sich der Verbund Vahr für den Zeitraum September bis Ende Oktober 2003 konkrete Planungen von Arbeitsvorhaben vor. Hierzu zählten u.a. das Bestimmen von Schwerpunkten, der Austausch von Arbeitsmaterialien und die Vorbereitung eines Elternabends für die Eltern der Vorschulkinder.

Phase 3: Die dritte Phase war für den Zeitraum November/Dezember 2003 angesetzt. Die inhaltliche Planung sah einen gemeinsam veranstalteten Elternabend für die Eltern der zukünftigen Schulkinder sowie eine weitere Konkretisierung der Zusammenarbeit mit der Lehrerin vor. Zudem war der Beginn der Binnendifferenzierung für die Vorschulkinder vorgesehen. Darüber hinaus sollten weitere Planungen für die Zusammenarbeit mit der Schule bis Ostern 2004 erarbeitet werden.

Phase 4: Von Januar 2004 bis zum Frühsommer 2004 waren einerseits eine Rückschau auf die bis dahin erreichten Etappenziele geplant sowie andererseits weitere Planungen bis zu den Sommerferien, wie beispielsweise den Schulbesuch der KTH-Kinder in der Schule.

Als einziger Verbund im Kernprojekt hatten die beiden Einrichtungen sich im ersten Projektjahr zunächst entschieden, auf eine Begleitung ihrer Arbeit durch das Zentrale Unterstützungssystem (ZUS) zu verzichten. Ausgelöst durch die Begegnung mit anderen am Projekt beteiligten Einrichtungen, die im Februar 2004 durch die Veranstaltung des FORUM II in der Universität Bremen zustande kam, revidierte das KTH Bispinger Straße seine Entscheidung in diesem Punkt. Durch den gegenseitigen Austausch über bereits laufende Aktivitäten sowie geplante Arbeitsvorhaben in den anderen Verbünden, stellte sich den MitarbeiterInnen des Kindertagesheimes die Frage nach der eigenen Verortung im Projekt.

Vor diesem Hintergrund nahm das KTH telefonischen Kontakt zum ZUS auf und äußerte den Wunsch, zukünftig eine Begleitung ihrer Projektarbeit in Anspruch nehmen zu wollen. Im Zuge der zweiten Erhebungsphase (TOC), welche die Wissenschaftliche Begleitung Ende Mai 2004 im Verbund Vahr durchführte, kam es zu einem ersten persönlichen Kontakt zwischen den Einrichtungen und dem ZUS. Im Anschluss daran entwickelte sich im Laufe der zweiten Jahreshälfte 2004 zwischen dem KTH und der seitdem zuständigen ZUS-Vertreterin, Ilse Peppel, ein intensiver Austausch. Im Vergleich dazu verhielt sich die Schule In der Vahr in Bezug auf eine Kooperation im Verbund wie auch der Zusammenarbeit mit dem ZUS zunächst eher zurückhaltend. Zu Beginn des Kindergarten- und Schuljahres 2004/05 wurde die Unterstützungsarbeit im Verbund Vahr gemäß der Tandem-Struktur durch Ursula Wehr ergänzt.

6.2.5 Engpässe zum Ende des ersten Projektjahres

Die Erhebung der Engpassanalyse gemäß der Theory of Constraints (TOC)[66] hatte im Verbund Vahr im Mai 2004 während einer gemeinsamen Veranstaltung mit der Schule In der Vahr und dem KTH Bispinger Straße stattgefunden. Die Schule In der Vahr wurde von der Schulleitung, Rita Schumacher, sowie drei weiteren LehrerInnen vertreten. Vom KTH Bispinger Straße waren die Leitung, Bärbel Reineke, deren Stellvertreterin, Maike Roewer-Jüttner, sowie drei weitere KTH-MitarbeiterInnen anwesend. Als VertreterInnen des ZUS nahmen Ilse Peppel und Ulrich Hütter an der Veranstaltung teil.

In einem ersten Prozess der Erhebung wurden zunächst alle TeilnehmerInnen aufgefordert, selbstformulierte Ziele, die sie mit dem Projekt „Frühes Lernen" und der Arbeit in ihrer Einrichtung verbinden, zu notieren. Anschließend wurden diese Ziele von den MitarbeiterInnen der Einrichtungen den vier oben erwähnten Oberzielen des Projektes zugeordnet. Durch dieses Vorgehen wurde deutlich, ob und inwiefern die notierten Ziele mit den Oberzielen des Projektes konform verliefen oder differierten. Außerdem wurde erkennbar, an welchen Oberzielen bereits intensiv gearbeitet wurde bzw. welche bislang kaum Beachtung gefunden hatten. In einem zweiten Schritt wurden die TeilnehmerInnen aufgefordert, Schwierigkeiten, die sie auf dem Weg der Zielerreichung alltäglich erleben, zu notieren. Im dritten Schritt, der Problemdiskussion, wurden die aufgeführten Schwierigkeiten geclustert und heraus gearbeitet, welche Kernprobleme den Arbeitsprozess zur Zeit blockierten. Zur Erarbeitung des Problemnetzes kam es nicht mehr, da die Diskussion sehr intensiv war.

Im Folgenden wird die Diskussion um die einzelnen Ziele wiedergegeben.

Aufbau von Arbeits- und Kooperationsstrukturen

Im Verbund Vahr wurde neben einigen Zielen zur Verbesserung der Elternarbeit und zur Arbeit „am Kind" eine Vielzahl an Zielen genannt, welche die Kooperation zwischen Schule und Kindertagesheim betrafen. Zum Projektziel „Verstärkung der Kooperation zwischen KTH und Schule" werden einige Ziele exemplarisch angeführt:

- „Gemeinsame Zielsetzungen";
- „mehr Anerkennung im KTH durch die Schule";
- „Lehrer kennen die KTH-Arbeit aus eigener Hospitation, haben Einblick in die Tagesabläufe";
- „Verbindungen in der Zusammenarbeit mit Schule optimieren";

[66] Näheres siehe: Carle/Berthold 2004

- „größeres Interesse zwischen Kindergarten und Schule erwecken";
- „gegenseitige Unterstützung KTH und Schule".

Betrachtete man diesen exemplarischen Auszug zum Ziel der Kooperation, so wurde deutlich, dass zum Zeitpunkt der Engpassanalyse im Verbund Vahr in der Zusammenarbeit von ErzieherInnen und LehrerInnen noch Entwicklungsbedarf bestand. Ziele wie „gemeinsame Zielsetzungen" oder „Gegenseitige Unterstützung KTH und Schule" unterstreichen dies. In der Diskussion wurde sichtbar, dass es sich bisher nicht um eine Kooperation zwischen KTH und Schule handelte, sondern um die zeitweise Mitarbeit der zukünftigen ErstklasslehrerIn im KTH. Es wurde vereinbart, die bestehende Kooperationsstruktur, nämlich die Arbeit der ErstklasslehrerIn mit den Vorschulkindern, im kommenden Projektjahr auf alle angehenden Erstklässler auszudehnen.

Die im Anschluss an die Zielformulierung durchgeführte Sammlung möglicher Schwierigkeiten im Prozess der Kooperation zwischen KTH und Schule eröffnete mehrere Problemfelder. Zur Verdeutlichung werden exemplarisch Schwierigkeiten angeführt, die dem Ziel „Verstärkung der Kooperation zwischen KTH und Schule" untergeordnet wurden:

- „Die Zusammenarbeit muss Teil unserer Arbeitszeit sein und kann nicht ehrenamtlich von uns gemacht werden";
- „auch Elternarbeit (30% zu denen wir gehen müssten) machen wir nicht außerhalb unserer Arbeitszeit";
- „Schwierigkeiten bei der Koordination der Kooperationsformen, zum Beispiel unterschiedliche Arbeitszeiten";
- „Wunsch nach Hilfen in der Durchführung/wissenschaftliche Begleitung";
- „Unsicherheit bei Anzahl der Schulanfänger -> 3 Gruppen";
- „Überforderung der ErzieherInnen und LehrerInnen";
- „Bereitschaft aller Beteiligten".

Bei der Betrachtung der Schwierigkeiten, die im Zusammenhang mit der Kooperation genannt wurden, war auffällig, dass es sich weniger um konkrete Hemmnisse zum Gelingen gegenseitiger Absprachen und notwendiger Kommunikationswege handelte, als viel mehr um „übergeordnete" Themenbereiche. So ist der Schwerpunkt „Arbeitszeiten" zu nennen, das heißt, dass anstehende Aufgaben im Projekt von den MitarbeiterInnen nicht außerhalb der regulären Arbeitszeit erbracht werden wollen. Außerdem wurde zum Zeitpunkt, als die Kooperation mit dem ZUS noch abgelehnt wurde, die „Bereitschaft aller Beteiligten", sich im Projekt zu engagieren, die „Überforderung der ErzieherInnen und LehrerInnen" sowie der Wunsch nach „Hilfestellung durch die wissenschaftliche Begleitung" angeführt. Sowohl die Karten als auch die Diskussion machten deutlich, dass das gelebte Modell (LehrerIn in der Vorschulgruppe im KTH) dominierte und den Blick für andere Möglichkeiten versperrte. Diese Problemformulierungen verwiesen auf verschiedene Bedingungsebenen, die es galt, in der weiteren Kooperation in Bezug zur Projektebene zu setzen.

Verstärkung der Elternarbeit

Zum Ziel „Verstärkung der Elternarbeit" wurden im Verbund Vahr wenige Zielkarten formuliert, von denen an dieser Stelle die folgenden Ziele auszugsweise genannt werden:

- „Größere Einbeziehung der Eltern bei der Vorbereitung auf die Schule";
- „Elternmitarbeit";
- „Elternberatung".

Die Zielformulierungen ließen erkennen, dass das Thema „Eltern" bzw. „Elternarbeit" im Blickfeld beider Einrichtungen stand. Inhaltlich wurden die Arbeitsfelder des Einbeziehens der Eltern in den Übergangsprozess KTH – Schule, Mitgestaltung der Eltern in den Arbeitsprozessen KTH und Schule sowie Beratung der Eltern durch KTH und Schule fokussiert.

In der Diskussion um den nächsten Schritt hatten die TeilnehmerInnen sich für das 2. Projektjahr, dem Kindergarten- und Schuljahr 2004/05, darauf verständigt, den Eltern in Bezug auf die Arbeit in beiden Bildungseinrichtungen mehr Transparenz zu bieten. Es wurde darüber hinaus das Ziel vereinbart, ca. 70% der Eltern für den Besuch der Elternabende zu gewinnen.

Als Schwierigkeiten, die mit dem Erreichen dieser Zielvorgabe verbunden sein können, wurden folgende Themenbereiche angeführt:

- „Sprachverständnis der Eltern";
- „Überforderung der Eltern";
- „Eltern nehmen Erziehungsverantwortung nicht wahr";
- „falsche Einschätzung der Kinder durch ihre Eltern".

In der anschließenden Problemdiskussion wurde deutlich, dass es den Kindern des Stadtteils teilweise an grundlegenden Kompetenzen mangelt. Nach Aussagen der ErzieherInnen wie auch der LehrerInnen bestehe beispielsweise zunehmend eine ihrer Aufgaben darin, auch ältere Kinder bei elementarsten Bedürfnissen, wie beispielsweise dem Toilettengang, Unterstützung geben zu müssen. In der Diskussion zeigte sich zudem, dass Eltern zunehmend mit der Erziehung ihrer Kinder überfordert seien und insbesondere Schwierigkeiten hätten, ihren Kindern klare Grenzen zu setzen. Eine mögliche Lösung dieser Situation wurde darin gesehen, die Eltern zu stärken: ... *„wenn man die Eltern stärker macht, wird die Überforderung weniger ... Das ist, denke ich mal, so ein Prozess, der sich bedingt"*. In der Folge, so die TeilnehmerInnen, würde dies bedeuten, dass ErzieherInnen wie LehrerInnen ihre Zeit wieder verstärkt ihrer pädagogischen Aufgabe widmen und auch die Aufgaben des Projektes intensiver bearbeiten könnten. Insgesamt zeigte sich in der Diskussion, dass es im Stadtteil weitreichender Verbesserungen in der Elternarbeit, auch im Sinne der Familienbildung, bedarf.

Thematische Abstimmung zwischen Kindertagesheim und Grundschule

Dem Ziel „Abstimmung der thematischen Arbeit zwischen Kindertagesheim und Grundschule" wurden im Verhältnis zu den anderen Projektzielen wenige Zielkarten untergeordnet:

- „Erkennen, an welchen Punkten die Übergänge für die Kinder fließender geschehen können";
- „mehr Investition (mehr Lehrpersonal) in Schulen";
- „Austausch".

Die einzelnen Ziele wurden in der anschließenden Diskussion nicht eingehend erörtert. Da bereits mit Beobachtungsbogen für Kinder gearbeitet wurde, um einen eventuellen Förderbedarf festzustellen, wurde vereinbart, diese anfängliche Struktur im zweiten Projektjahr auszubauen. Das heißt, einerseits eine Struktur für die Beobachtung der Kinder zu entwickeln sowie andererseits eine Form der Dokumentation mit der Option, diese in der Schule fortzuführen, zu erarbeiten.

In Bezug auf mögliche Schwierigkeiten, die auf dem Weg zur Erreichung des 3. Projektzieles auftreten könnten, wurden folgende Hemmnisse genannt:

- „Entwicklungsniveaus bei Kindern sehr unterschiedlich (auch bei altershomogenen Gruppen)";
- „Orientierungslosigkeit der Kinder".

Eine anschließende Problemdiskussion hatte aus Zeitmangel nicht mehr stattgefunden. Dem Ziel 4 „Ausarbeitung eines Themenbereiches für mehrere Entwicklungsniveaus" wurden keine Ziel- und auch keine Problemkarten zugeordnet. Damit wurde deutlich, dass die Abstimmung von Themen bzw. Lerninhalten zwischen Kindertagesheim und Schule zu diesem Zeitpunkt des Projektes noch ausstand.

6.2.6 Allgemeine Entwicklungen im zweiten Projektjahr

Zur Ausweitung und Vertiefung der im ersten Projektjahr begonnenen Zusammenarbeit traf sich der Verbund Vahr zu Beginn des Kindergarten- und Schuljahres 2004/05 für weitere konkrete Planungen.

Auf einem Arbeitstreffen am 16.09.2004, an dem neben der stellvertretenden Leitung des Kindertagesheimes, Maike Roewer-Jüttner, sowie der Schulleitung, Rita Schumacher, auch drei weitere KTH-MitarbeiterInnen beteiligt waren, einigte die Gruppe sich darauf, dass

- alle Vorschulkinder, einschließlich der Karenzzeitkinder, für die Vorbereitung auf die Schule zusammengefasst werden und die zukünftige Erstklasslehrerin, Frau Lucke, nach einer Beobachtungsphase entscheidet, welche der Karenzzeitkinder an der Schulvorbereitung weiterhin teilnehmen werden;
- KTH und Schule die Eltern in dieser Frage gemeinsam beraten;
- ein Schulprojekt zum Thema „Gemeinsame Rituale und Regeln in KTH und Schule“ durchgeführt wird.

Am 27.09.2004 fand ein weiteres Arbeitstreffen zwischen der KTH-Leiterin, Bärbel Reineke, ihrer Stellvertreterin sowie der Schulleiterin statt. Bei diesem Treffen wurden weitere konkrete Vereinbarungen zur Gestaltung der gegenseitigen Hospitationen sowie der Schulvorbereitung getroffen. Dazu wurde folgende Jahresplanung aufgestellt:

1. KollegInnen aus dem Elementarbereich sollen in der Zeit von Januar 2005 bis zu den Sommerferien 2005 dreimal in der Schule hospitieren. Die ersten zwei Hospitationen sind in der 1. Klasse vorgesehen, die dritte Hospitationsphase in einer 4. Klasse. Um die Terminabsprachen zu erleichtern, wurde festgelegt, dass jeweils die derzeitige ErstklasslehrerIn, in diesem Jahr Frau Brieske, die Terminvereinbarung mit den KollegInnen aus dem KTH trifft.
2. Des Weiteren wurde vereinbart, dass KlassenlehrerInnen der 4. Klasse ebenfalls ab Januar 2005 dreimal im KTH hospitieren. Einmal zum Abschlussfest eines internen KTH-Projektes, das eine Theateraufführung beinhaltet, einmal nach den Osterferien sowie vor den Sommerferien. Die Terminabsprache mit den KollegInnen der Schule erfolgt über die KTH-Leitung.
3. Als weiteres Vorhaben wurde festgehalten, dass ErzieherInnen zu Beginn des Schuljahres 2005/06 an der Schuleingangsdiagnostik (Mirola) teilnehmen werden.

4. Das KTH Bispinger Straße wünscht sich darüber hinaus umfangreichere Kenntnisse zum forschenden und entdeckenden Lernen, die für den Übergang vom KTH zur Schule genutzt werden sollen. Hierzu hat das KTH eine gemeinsame Fortbildung mit der Schule vorgeschlagen. Zum weiteren Vorgehen werden sich die Leitungen beider Institutionen austauschen.

Die Ergebnisse der Abschlusserhebung im Juni 2005 im Verbund Vahr zeigten auf, dass die für das zweite Projektjahr, dem Kindergarten- und Schuljahr 2004/05, geplanten Vorhaben gemeinschaftlich umgesetzt wurden. Die Arbeit der jeweils zukünftigen Erstklasslehrerin mit den angehenden Schulkindern wurde fortgeführt. Wie geplant, wurde das Arbeiten mit den Vorschulkindern auf alle angehenden Schulkinder des Kindertagesheimes ausgeweitet. Inhaltlich lag der Schwerpunkt insbesondere auf der Vermittlung von Regeln und Ritualen, die in der Schule Anwendung finden. Mit dieser Arbeit wurden drei Ziele verfolgt: Zum einen sollten die Kinder die Chance erhalten, mögliche Ängste vor der Schule abbauen zu können. Des Weiteren sollte die zukünftige ErstklasslehrerIn die Gelegenheit erhalten, die Kinder vor der Einschulung kennen zu lernen und schließlich sollten die Kinder individuell gefördert werden. Darüber hinaus nahmen die Vorschulkinder an der Projektwoche der Schule In der Vahr zum Thema „Ich und die anderen - die anderen und ich“ teil. Die zukünftigen Schulkinder sollten mit dem Projekt die Schulsituation besser kennen lernen, indem eine Einbindung über eine ganze Woche in den Unterricht ihnen Personen, Räume, Inhalte und Methoden nahe bringt. Gemeinsam mit den Kindern der 4. Jahrgangsstufe, der Integrationsklasse von Frau Lucke, verbrachten die Vorschulkinder eine Woche zusammen mit den Viertklässlern und näherten sich im gegenseitigen Austausch der Welt der Buchstaben in Form eines Stationen-Lernens an. Dazu wurden verschiedene Stationen mit unterschiedlichen Aufgaben zum Thema „Buchstaben“ eingerichtet, welche die Kinder zu absolvieren hatten. Jedes Kindergartenkind wurde hierbei von einem Schulkind in Form einer Patenschaft begleitet. Die übrigen Schulkinder hatten die Aufgabe übertragen bekommen, die einzelnen Stationen hinsichtlich der korrekten Ausführung durch die Kindergartenkinder sowie der Bereithaltung der Materialien, zu betreuen. Die inhaltliche und organisatorische Arbeit wurde von der Erstklasslerin, Frau Lucke, vorbereitet und in Zusammenarbeit mit ErzieherInnen des Kindertagesheimes vor Ort umgesetzt. Im Rahmen des Sommerfestes der Schule wurden die Ergebnisse, die mit Photos dokumentiert wurden, den Eltern vorgestellt. ErzieherInnen wie LehrerInnen betonten, dass die gemeinsame Durchführung der Projektwoche allen beteiligten viel Spaß gemacht habe und den Austausch zwischen den PädagogInnen selbst, aber auch zwischen den PädagogInnen und den Eltern der angehenden Schulkinder, verstärkt habe. Die Vorschulkinder waren begeistert und berichteten im Kindergarten als auch ihren Eltern gegenüber stolz von ihren Erlebnissen in der Schule. Sie freuten sich auf den richtigen Schulbeginn. Die Kinder der 4. Klasse entwickelten ein hohes Maß an Verantwortung und Ernsthaftigkeit für ihre Aufgabe. Einige Kinder entwickelten Kompetenzen, z.B. beim Vorlesen, die sie in der normalen Klassensituation nicht zeigen. Zudem bekamen Eltern auf diesem Weg einen offenen Zugang zur Schule und erkannten die Bedeutung der Zusammenarbeit beider Institutionen. Die PädagogInnen des Kindertagesheimes fühlten sich in ihrer Arbeit anerkannt. Die Pädagogin der Schule stellte fest, den Schulanfang in ihrer Planung stärker auf die Kinder bezogen ausrichten zu können, da sie viele der Kinder bereits kannte.

Hinsichtlich der Elternarbeit wurden die gemeinsam veranstalteten Elternabende für die Eltern der angehenden Schulkinder weiterhin durchgeführt. Ebenso wurde die Beratung der Eltern, insbesondere hinsichtlich der Karenzzeitkinder, auf der Grundlage der Arbeit mit den Vorschulkindern gemeinsam vorgenommen. Durch die Anwesenheit der Lehrerin im Kindertagesheim hatte sich zudem bereits eine Annäherung zwischen der zukünftigen Lehrerin und den Eltern der angehenden Schulkinder ergeben. Dieses gegenseitige Kennen lernen wurde von beiden Seiten positiv aufgenommen und hatte, wie die Diskussion während der Abschlusserhebung zeigte, dazu beigetragen, dass erste Schwellenängste der Eltern gegenüber der Schule überwunden wurden. Ein weiterer Effekt lag darin, dass den Eltern durch das Zusammenwirken der Lehrerin mit den ErzieherInnen im Kindertagesheim in Ansätzen vermittelt werden konnte, dass sowohl die Arbeit im Kindertagesheim als auch die in der Schule für den Bildungsprozess ihrer Kinder gleichbedeutend von Relevanz ist. Den Lehrkräften war es darüber hinaus ein besonderes Anliegen, den Eltern zu vermitteln, dass das Lernen in der Schule nicht nur mit ernsthaften Charakter erfolge, sondern sich auch als ein spielerisches Lernen vollziehe. Inwieweit sich die Bedeutsamkeit von Lernen in KTH wie auch in Schule den Eltern gegenüber vermitteln ließ, wird sich nach Ansicht der PädagogInnen erst in der Praxis des Schuljahres 2005/06 beurteilen lassen.

Jeweils das diesjährige interne Projekt des Kindertagesheimes zum Thema „Wasser“ sowie die Arbeit mit den Vorschulkindern im Rahmen der Projektwoche „Ich und die anderen“ wurden mit einem gemeinsamen Fest mit den Eltern, die sich sehr interessiert zeigten, abgeschlossen.

Darüber hinaus fanden die ersten gegenseitigen Hospitationen, die von allen Beteiligten als positiv und bereichernd geschildert wurden, statt. Wie in den übrigen Verbünden, trugen die gegenseitigen Hospitationen zu einem verbesserten Verständnis des jeweils anderen Tätigkeitsfeldes bei und wirkten sich insgesamt positiv auf die Kooperation zwischen beiden Institutionen aus. Herausgestellt wurde, dass insbesondere das gegenseitige Kennen lernen dazu beigetragen hatte, die Zusammenarbeit auf der strukturellen wie auch inhaltlichen Ebene zu fördern. Dabei war diese Phase durchaus von intensiven inhaltlichen Auseinandersetzungen zwischen allen Beteiligten begleitet.

Vor dem Hintergrund, dass beide Einrichtungen zu über 50% von Kindern mit Migrationshintergrund besucht werden, haben VertreterInnen beider Einrichtungen an einer Fortbildung zur Phonologischen Bewusstheit, die an der Schule In der Vahr stattfand, teilgenommen. Die Veranstaltung wurde vom Bremer Landesinstitut für Schule angeboten. Darüber hinaus haben beide Einrichtungen an einer Chemol-Fortbildung, (ChemOl = Chemie und Oldenburg) an der Universität Oldenburg teilgenommen, die sich damit befasste, naturwissenschaftliche Inhalte stärker in die Schule und in den Kindergarten zu transportieren. Zudem nahm der Verbund an einer Fortbildung der Universität Bremen zum Experimentieren im Kindergarten und in der Schule teil, die von Prof. Marquardt-Mau angeboten wurde.

6.2.7 Zielbezogene Entwicklungen im zweiten Projektjahr

In diesem Abschnitt erfolgt eine Darstellung der auf die vier Oberziele des Projektes bezogenen Auswertung der Projektarbeit im Verbund Vahr bis zum Ende des Projektes im August 2005. Hiermit soll aufgezeigt werden, wie weit der Verbund in der Erreichung der einzelnen Ziele seit Projektbeginn vorangekommen ist. Grundlage der Ergebnisse sind die Daten der Engpassanalyse, des Fragebogens 2004 sowie die der Wissenschaftlichen Begleitung zur Verfügung stehenden Unterlagen aus dem Verbund. Gleichzeitig werden die Erkenntnisse der Abschlusserhebung im Juni 2005 einbezogen, in der per Gruppendiskussion auf der Leitungsebene ein Rückblick zum Projektverlauf erörtert wurde.

Aufbau von Arbeits- und Kooperationsstrukturen

Inwiefern und wie nachhaltig die vorgenommenen Ziele im ersten Jahr des Projektes, dem Kindergarten- und Schuljahr 2003/04, erreicht wurden, ließ sich im Vergleich zu den übrigen Verbünden nur recht grob einschätzen. Dies lag u.a. daran, dass aufgrund des spät angelaufenen Austausches mit dem Zentralen Unterstützungssystem von dieser Seite kaum Informationen über den Entwicklungsverlauf der vier genannten Arbeitsphasen vorlagen. Aus diesem Grund konnte kaum auf schriftlich fixierte Arbeitsergebnisse der Einrichtungen selbst, etwa in Form von Dokumentationen, zurückgegriffen werden. Aus den erhobenen Daten der Engpassanalyse (TOC) im Sommer 2004 sowie des Fragenbogens 2004 ließen sich allerdings folgende Ergebnisse ableiten:

Das anvisierte Ziel der Hospitation der Erstklasslehrerin wurde umgesetzt. Die angehende Erstklasslehrerin besuchte einmal wöchentlich das KTH, um dort mit einem Teil der zukünftigen Schulkinder schulvorbereitend zu arbeiten. Für das zweite Projektjahr war weiterhin geplant, gemeinsam ein Schulprojekt zum Thema „Regeln und Rituale in KTH und Schule" durchzuführen. Zum Ende des ersten Projektjahres wurden Absprachen über gegenseitige Hospitationen getroffen, die für den Zeitraum Januar bis Juli 2005 geplant waren. Die Organisation der Hospitationen, d.h. das Treffen inhaltlicher Absprachen und Termine, wurde so strukturiert, dass die Erstklasslehrerin, die mit den angehenden Schulkindern gearbeitet hatte, zukünftig für Absprachen mit den ErzieherInnen zuständig ist, während die Absprachen mit den LehrerInnen durch die KTH-Leitung erfolgt.

Abgesehen von der eingerichteten Struktur der Arbeit mit der Schulkindergruppe und den geplanten Vorhaben für das zweite Projektjahr, bestand nach Einschätzung der Wissenschaftlichen Begleitung noch erheblicher Entwicklungsbedarf im Aufbau einer Kooperationsstruktur zwischen den Einrichtungen.

Mit der Abschlusserhebung im Juni 2005 wurde deutlich, dass die Kooperation sich im Verbund Vahr im Laufe des zweiten Projektjahres auf mehreren Ebenen qualitativ entscheidend verbessert hatte. Dies ist zum einen an der intensiven Zusammenarbeit der Lehrerin und der ErzieherInnen im Rahmen der schulvorbereitenden Arbeit mit den Kindern festzuhalten. Hier hat es neben der gemeinsamen Durchführung der Projektwoche in der Schule eine intensive Zusammenarbeit und Auseinandersetzung um die Gestaltung der schulvorbereitenden Arbeit gegeben, die insgesamt zur einer Stärkung der Kooperation beigetragen hat. Mit der Durchführung der gegenseitigen Hospitationen wurde diese Entwicklung darüber hinaus gestützt und hat sich durch den gegenseitigen Kontakt auf das weitere Kollegium beider Einrichtungen ausdehnen können. So ist das Thema „Übergang" sowie die Zusammenarbeit beider Institutionen in diesem Bereich inzwischen sehr viel präsenter und bedeutsamer geworden, als im ersten Projektjahr. Im Laufe des zweiten Projektjahres fand zudem eine verstärkte Zusammenarbeit des Verbundes mit den VertreterInnen des ZUS statt. Es gab verschiedene Arbeitstreffen zur Planung und Durchführung sowie zum reflexiven Austausch der Vorhaben.

Verstärkung der Elternarbeit

Eine eingerichtete Struktur zur Verstärkung der Elternarbeit im Verbund Vahr bestand im ersten Projektjahr darin, dass Elternabende für die Eltern zukünftiger Schulkinder mit Anwesenheit der Erstklasslehrerin im KTH angeboten wurden. Über diese Struktur hinaus lagen der Wissenschaftlichen Begleitung keine Unterlagen über weitere, konkrete Aktivitäten oder Überlegungen im Hinblick auf Verstärkung der Elternarbeit vor.

Im zweiten Projektjahr hatte der Verbund Vahr diese Arbeit fortgesetzt. Durch die Anwesenheit der Lehrerin im Kindertagesheim hatte sich zudem bereits eine Annäherung zwischen der zukünftigen Lehrerin und den Eltern der angehenden Schulkinder ergeben. Dieses gegenseitige Kennen lernen wurde von beiden Seiten positiv aufgenommen und hatte, wie die Diskussion während der Abschlusserhebung zeigte, dazu beigetragen, dass erste Schwellenängste der Eltern überwunden wurden. Ein weiterer Effekt lag darin, dass den Eltern durch das Zusammenwirken von Lehrerin und ErzieherInnen in Ansätzen vermittelt werden konnte, dass sowohl die Arbeit im Kindertagesheim als auch die in der Schule für die Bildungsprozesse ihrer Kinder von gleichbedeutender Relevanz ist. In diesem Zusammenhang zeichnete sich im Laufe des zweiten Projektjahres eine deutlich positive Entwicklung hinsichtlich der Elternarbeit ab, die zwar noch nicht als eingerichtete Struktur Bestand hat, aber eine gute Ausgangssituation für eine zukünftige, strukturiert angelegte Elternarbeit bietet.

Thematische Abstimmung zwischen Kindertagesheim und Grundschule

Hinsichtlich des Zieles, eine Abstimmung der thematischen Arbeit zu erreichen, lagen nach dem ersten Projektjahr keine konkreten Ergebnisse aus dem Verbund Vahr vor. Inhaltlich wie auch strukturell war das Ziel im Kooperationsverbund kaum thematisiert worden. Vor diesem Hintergrund stand der Verbund Vahr noch am Anfang dieser Zielerreichung.

Im Verlauf der Abschlusserhebung zeigte sich hingegen, dass sich im Rahmen der schulvorbereitenden Arbeit der Schulkindergruppe zum Thema „Regeln und Rituale im KTH und in der Schule“ im Kindergarten- und Schuljahr 2004/05 eine erste intensive Diskussion zur thematischen Abstimmung hinsichtlich des Überganges entwickelt hatte. Des Weiteren wurden gemeinsame Fortbildungsbedarfe erörtert, die zur gemeinsamen Teilnahme an Fortbildungen zur „Phonologischen Bewusstheit“, zum „naturwissenschaftlichen Verständnis im Bereich der Chemie“ sowie zum „Experimentieren und Forschen in KTH und Schule“ führten.

Vor diesem Hintergrund wird deutlich, das der Verbund sich im zweiten Projektjahr intensiv mit dem Aufgabenfeld zur Abstimmung der thematischen Arbeit zwischen KTH und Schule auseinander gesetzt hatte und erste vorbereitende Schritte dieser Zielerreichung gegangen war, die in einer weiteren Zusammenarbeit zu konkretisieren und auszubauen wären.

Ausarbeitung eines Themenbereiches für mehrere Entwicklungsniveaus

Hinsichtlich der Ausarbeitung eines Themenbereiches für mehrere Entwicklungsniveaus lagen zum Ende des ersten Projektjahres noch keine konkreten Arbeiten im Verbund Vahr vor.

Mit der schulvorbereitenden Arbeit der Schulkindergruppe zum Thema „Regeln und Rituale in KTH und Schule“ wurden im Verbund Vahr erste Schritte unternommen, einen Themenbereich, der als relevant für den Übergang erachtet wurde, inhaltlich auszuarbeiten. In gegenseitiger Abstimmung, die von kontrovers geführten Diskussionen begleitet war, wurde dieses Thema inhaltlich wie strukturell entwickelt. Anschließend wurden diese Inhalte den Vorschulkindern im Rahmen der Schulkindergruppe vermittelt, die schließlich in der gemeinsam durchgeführten Projektwoche mit Vorschulkindern und Schulkinder ihre Anwendung in der alltäglichen Schulpraxis fanden. Dazu wurden Materialien entwickelt und der Projektverlauf wurde per Fotoaufnahmen dokumentiert. Insofern hat sich der Verbund hinsichtlich der Zielerreichung im zweiten Projektjahr gut entwickelt.

Ob dieses Vorgehen, d.h. das Arbeiten mit den Vorschulkindern an einem Thema und deren oben geschilderte Anwendung im Schulalltag ein zukünftiges Modell hinsichtlich der Ausarbeitung eines Themenbereiches auf mehreren Entwicklungsniveaus sein könnte, blieb während der Abschlusserhebung noch ungeklärt. Vielmehr wurde darauf hingewiesen, dass diese Art der Arbeit stark von der jeweiligen PädagogIn der Schule abhängig sei. Unter der Voraussetzung, dass für diese Form der Zusammenarbeit eine Struktur entwickelt würde, welche die bisher stark ausgeprägte Personenabhängigkeit entzerren würde, könnte sich dieses Modell nach Ansicht der Wissenschaftlichen Begleitung hinsichtlich der Abstimmung der Bildungspläne wie auch der Stärkung der Kooperation insgesamt als sehr positiv bewähren.

6.3 Fazit

Der Kooperationsverbund Vahr war im Verlaufe des ersten Projektjahres kaum über die geplanten Vorhaben der Zusammenarbeit in Form der Schulkindergruppe hinaus gekommen. Es fanden zwar gemeinsame Beobachtungen der angehenden Schulkinder hinsichtlich der Feststellung möglicher Förderbedarfe statt, doch ein intensiver Austausch zwischen den PädagogInnen von KTH und Schule über eine inhaltlich gemeinsame Gestaltung der Übergangsarbeit hatte sich nicht entwickelt. Dies zeigte sich deutlich an den sehr unregelmäßig stattfindenden Planungstreffen zwischen KTH und Schule, wie auch daran, dass bis zum Ende des Kindergarten- und Schuljahres 2003/04 keine gemeinsame Jahresplanung im Hinblick weiterer gemeinsamer Aktivitäten erarbeitet war. Zudem hatte der Verbund die in der Projektstruktur angelegte unterstützende Begleitung zur Entwicklung der Projektarbeit durch das ZUS abgelehnt, so dass auch in diesem Punkt zunächst keine Kooperation zustande gekommen war. Darüber hinaus verhielt sich der Verbund Vahr hinsichtlich der Zusammenarbeit mit der Wissenschaftlichen Begleitung im ersten Projektjahr äußerst zurückhaltend. Unter Einbezug der Erhebung im Rahmen der SWOT-Analyse gab es hier zunächst sogar erhebliche Schwierigkeiten, eine für die Projektarbeit erforderliche Kooperationsbasis aufzubauen.

Rückblickend kann durch die Teilnahme des Verbundes am FORUM II im Februar 2003 eine positive Trendwende in der Projektarbeit beobachtet werden. Angeregt durch das Wissen um Aktivitäten in den anderen Verbünden des Kernprojektes, entwickelte sich im Laufe des zweiten Projektjahres eine zunehmend intensive Zusammenarbeit zwischen KTH und Schule. Diese spiegelt sich zum einen insbesondere in der gemeinsamen Übergangsarbeit der PädagogInnen im Rahmen der Schulkindergruppe wider, zum anderen in den ab Januar 2005 durchgeführten gegenseitigen Hospitationen in KTH und Schule, wodurch die Projektarbeit auf einen größeren Kreis der MitarbeiterInnen beider Einrichtungen ausgedehnt wurde. Weiterhin positiv entwickelte sich im Laufe des zweiten Projektjahres auch die durch das Kindertagesheim initiierte Aufnahme der Kooperation mit dem ZUS. Anfänglich war diese Zusammenarbeit noch vornehmlich auf das KTH und das ZUS begrenzt, mittlerweile hat sich aber auch die Schule vollständig in diese Kooperationsarbeit integriert.

In der Gesamtbetrachtung der Entwicklungen des Verbundes Vahr ist festzuhalten, dass hier auf dem Weg der Projektarbeit ähnliche Annäherungs- und Zielfindungsprozesse wie in den anderen Verbünden stattgefunden haben, wenn gleich diese Prozesse vergleichsweise deutlich mehr Zeit in Anspruch nahmen. Mit der gemeinsam geplanten, organisierten und durchgeführten Teilnahme der Kindergartenkinder an der Projektwoche der Schule zum Thema „Ich und die anderen – die anderen und ich" hat die Zusammenarbeit zum Übergangsprozess einen qualitativen Entwicklungssprung erfahren. Sowohl die Kooperationsarbeit der PädagogInnen beider Einrichtungen als auch die inhaltliche Abstimmung von Lerninhalten wurden dadurch vertieft. Die Bedeutsamkeit der Zusammenarbeit im Übergangsprozess der Kinder vom Kindergarten in die Schule wurde verstärkt und bezog gleichzeitig die Eltern ein. Die bisherige Projektarbeit wird von den MitarbeiterInnen beider Einrichtungen noch als stark personen- wie auch ressourcenabhängig eingeschätzt. Dennoch hat der Kooperationsverbund Vahr beschlossen, auch nach Ablauf der Projektlaufzeit die begonnene Übergangsarbeit fortführen. Dazu ist geplant, nach und nach die übrigen Kindertagesheime im unmittelbaren Umfeld der Schule einzubeziehen.

7 Kooperationsverbund Mitte

Der Kooperationsverbund Mitte gehörte zu den beiden kleinen Verbünden im Kernprojekt. Schule und Kinderhaus orientieren sich in ihrer Arbeit am pädagogischen Konzept der Reformpädagogin Maria Montessori. Das Montessori Kinderhaus wird vom gemeinnützigen Verein zur Förderung der Montessori-Pädagogik in Bremen getragen. Die Bürgermeister-Smidt-Schule hingegen ist keine private Montessori Schule, sondern eine staatliche Regelschule, die seit dem Schuljahr 1994/95 das besondere Profil der Montessori Pädagogik verfolgt. Das Montessori Kinderhaus Fedelhören wurde 1993 gegründet.

Der Kooperationsverbund Mitte wurde während der Projektlaufzeit durch Ilse Peppel und Ursula Wehr vom Zentralen Unterstützungssystem (ZUS) begleitet. Dem Verbund gehörten die beiden folgenden Einrichtungen an:

Bürgermeister-Smidt-Schule Contrescarpe 26 28203 Bremen Telefon: (0421) 361-4148 eMail: 023@bildung.bremen.de Leitung: Barbara Bittner	Montessori Kinderhaus Fedelhören Fedelhören 45 28203 Bremen Telefon: (0421) 33 99 182 EMail: info@montessori-bremen.de (Landesverband) Päd. Leitung: Nicole Theisz

7.1 Einrichtungsbezogene Daten

Im folgenden Abschnitt erfolgt ein kurzer Überblick der zum Kooperationsverbund Mitte gehörenden Einzeleinrichtungen. Es wird zunächst die Schule und anschließend das Kinderhaus beschrieben. Die einrichtungsspezifischen Daten beinhalten eine über den Projektzeitraum 2003-2005 zusammenfassende Übersicht. Die Daten sind den Fragebögen aus den Jahren 2003 sowie 2004 entnommen, die an alle Einrichtungen verschickt wurden. Während im Projektjahr 2003/04 nicht alle Fragebögen fristgerecht zur Aufnahme in den 1. Projektbericht eingegangen waren, lag der fristgerechte Rücklauf im Kindergarten- und Schuljahr 2004/05 bei 100%. Die Daten wurden von der wissenschaftlichen Begleitung anonymisiert und horizontal wie vertikal ausgewertet. Sofern sich die erhobenen Daten aus den Jahren 2003/04 bzw. 2004/05 nicht nennenswert voneinander unterscheiden, beziehen sich die Angaben auf den Fragebogen 2004, weil dieser die aktuelle Beschreibung des Feldes widerspiegelt. In Fällen erheblicher Abweichungen werden die Veränderungen verdeutlicht.

Bürgermeister-Smidt-Schule

Bei der Bürgermeister-Smidt-Schule handelte es sich um eine zweizügige Grundschule, die im Schuljahr 2004/05 200 Kinder besuchten. Ein Teil der

Kinder kam aufgrund des Montessori-Profils an die Schule, die anderen aufgrund der Zugehörigkeit zum Einzugsgebiet der Schule. Die Elternschaft der Schule war sehr engagiert, besonders die Eltern, die ihre Kinder bereits in einem der beiden Montessori Kinderhäuser Bremens angemeldet hatten, beteiligten sich rege am Schulleben. Zum Schuljahr 2004/05 war noch eine Vorklasse mit zwölf Kindern eingerichtet. Zum Schuljahr 2005/06 wurde das Angebot der Vorklasse eingestellt. Die Klassenstärken lagen zwischen 19 und 27 Kindern. Im Schuljahr 2004/05 erhielten neun Kinder eine pädagogische Förderung in den Bereichen Sprache, Verhalten und Konzentration. Die Förderung erfolgte binnendifferenziert. Das Kollegium setzte sich aus 22 MitarbeiterInnen zusammen: Zwölf Lehrerinnen, davon vier mit Montessori Diplom, eine Sonderpädagogin, eine Kunstpädagogin, eine Referendarin mit Montessori Diplom, eine Erzieherin, zwei Hortleiterinnen, eine davon mit Montessori Diplom, eine Lehrerin aus Frankreich, Studenten und Betreuer. Das Durchschnittsalter lag bei 47 Jahren. Der Schule angegliedert sind zwei Hortgruppen, die durch Eigeninitiative der Eltern entstanden sind und ebenfalls nach der Montessori-Pädagogik arbeiten. Anders als in den meisten Einrichtungen des Projektes, war im 2. Projektjahr nicht mehr die Schulleiterin, Barbara Bittner, für die Projektarbeit verantwortlich, sondern eine Kollegin, die Klassenlehrerin Cornelia Haacke.

Kinderhaus Fedelhören

Die Strukturen des Kinderhauses Fedelhören hatten sich im Laufe des Kindergartenjahres 2003/04 verändert. Die relativ große Gruppe mit 28 Kindern wurde in zwei gleich große Gruppen, darunter eine Ganztagsgruppe, aufgeteilt. Außerdem wurde die päd. Leitung des Kinderhauses mit Nicole Theisz neu besetzt, nachdem die ehemalige päd. Leiterin, Elke Bittkau, sich aus dieser Funktion zurückgezogen hatte. Frau Bittkau war allerdings weiterhin für das Projekt „Frühes Lernen" zuständig.

Im Kinderhaus arbeiteten auch im Kindergartenjahr 2004/05 drei Erzieherinnen mit zusätzlichem Montessori-Diplom, unterstützt von einem Zivildienstleistenden. Es gab im Kinderhaus keine Kinder mit besonderem Förderbedarf. Am Projekt haben neben Frau Bittkau auch die sieben Vorschulkinder, die im August 2004/05 allesamt an die Bürgermeister-Smidt-Schule wechselten, aktiv teilgenommen.

Kinderwege im Verbund Mitte

Der Verbund Mitte hob sich durch einen hohen Akademikerelternanteil und wenig Kindern mit Migrationshintergrund deutlich von den anderen drei Verbünden ab. Die Schule weist aufgrund des Einzugsgebietes eine strukturelle Besonderheit auf. Aus insgesamt 19 Kindertagesheimen, Kindergruppen und Spielkreisen wechseln mehr oder weniger viele Kinder an die Bürgermeister-Smidt-Schule. Dieser Umstand erschwert es der Schule, zu jeder

Kindereinrichtung einen Kontakt aufzubauen, eine Kooperation mit allen wird fast unmöglich.

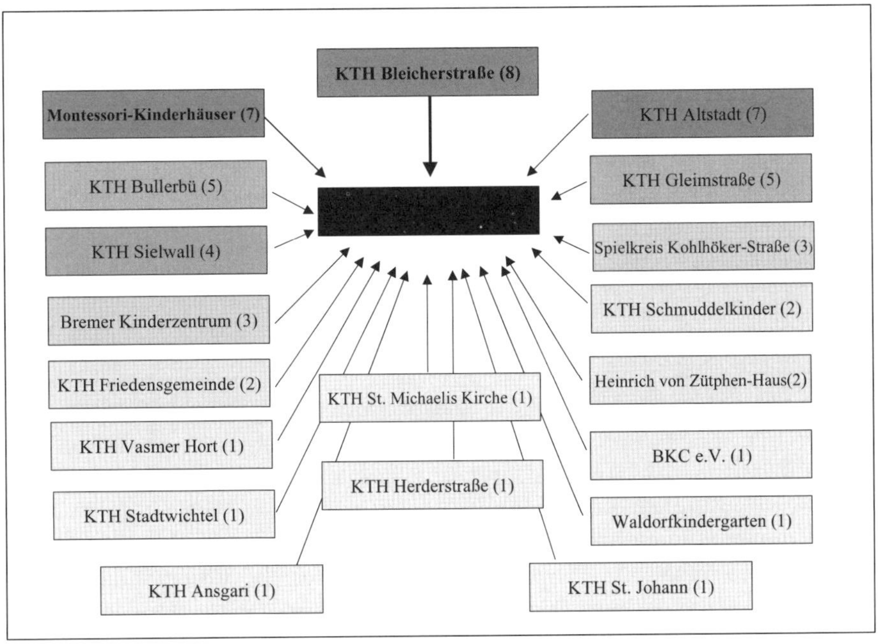

Abbildung 7-1: „Kinderwege“ im Verbund Mitte

7.2 Entwicklungsverlauf im Kooperationsverbund Mitte

Das folgende Kapitel stellt den Entwicklungsverlauf im Kooperationsverbund Mitte über den Projektzeitraum 2003-2005 dar. Die Ausführungen sind in drei Abschnitte untergliedert. Zunächst wird auf die Ausgangssituation, die sich im Verbund zu Beginn des Projektes darstellte, eingegangen. Im Anschluss daran werden die Entwicklungen während der Projektjahre 2003/04 sowie 2004/05 aufgezeigt.

7.2.1 Ausgangssituation

Die Bürgermeister-Smidt-Schule und das Kinderhaus Fedelhören verbindet das gemeinsame Profil der Pädagogik Maria Montessoris. Auf dem Regionalen Forum im Mai 2003 arbeiteten die beiden Einrichtungen zur ersten Zielklärung in der Gruppe Mitte/Östliche Vorstadt. Dieser gehörten weitere drei Einrichtungen, das KTH Humboldtstraße, KTH Friedensgemeinde sowie die Schule Lessingstraße an.

Folgende Ziele waren zu diesem Zeitpunkt von der Projektgruppe Mitte/Östliche Vorstadt für die gemeinsame Arbeit im Projekt „Frühes Lernen" formuliert worden:

1. Die bestehende Projektarbeit (20 Std.) am Kinderhaus Humboldtstraße und der Schule Lessingstraße soll ausgeweitet und der Elementarbereich mit einbezogen werden.
2. Die Kooperation zwischen LehrerInnen und ErzieherInnen soll aufgebaut werden,
3. Die Übergänge der Kinder in die Schule sollen fließender gestaltet werden (Besuche von LehrerInnen im Kindertagesheim, Besuche und Teilnahme von Vorschulkindern an Schulveranstaltungen z.B. Kleingruppenunterricht, Chor, Arbeitsgemeinschaften).

Es kristallisierte sich bereits in dieser frühen Projektphase heraus, dass es innerhalb der Gruppe bestehende Unterkooperationen gab. Aus diesem Grund wurde die Zusammensetzung des Kooperationsverbundes von der Wissenschaftlichen Begleitung überdacht und schließlich wurden zwei kleine Kooperationsverbünde gebildet. Der Kooperationsverbund Mitte wurde dem Kernprojekt, der Kooperationsverbund Östliche Vorstadt dem Erweiterten Projekt zugeordnet. Der Kooperationsverbund Mitte stand somit vor der Aufgabe, sich neu auszurichten.

7.2.2 Stärken und Schwächen

Um den Entwicklungsstand des Kooperationsverbundes zu Beginn des Projektes zu eruieren, wurde im September 2003 eine Stärken-Schwächen-Analyse (SWOT) durchgeführt. An der Erhebung nahmen neben den MitarbeiterInnen der Schule auch ElternvertreterInnen von Kinderhaus und Schule teil. Die MitarbeiterInnen des Kinderhauses waren nicht vertreten, da diese die Nachmittagsbetreuung gewährleisten mussten.

Anhand der SWOT-Analyse wurde deutlich, dass der Zielfindungsprozess im Kooperationsverbund Mitte im September 2003 nicht weiter vorangeschritten war. Den Leitungen war es noch nicht gelungen, die MitarbeiterInnen einzubinden. Während der Erhebung, die mit einer Projektvorstellung und Zielklärung des Projektes „Frühes Lernen" eröffnet wurde, signalisierten die MitarbeiterInnen ihr Interesse und ihre Bereitschaft zur Mitarbeit. Unterstützt wurde dies durch die anwesenden Eltern, besonders des Kinderhauses, deren Kinder in der Regel gemeinsam in die Bürgermeister-Smidt-Schule wechseln. Sie wünschten sich eine stärkere Verzahnung der beiden Einrichtungen.

In den folgenden Monaten trafen sich die Beteiligten des Projektverbundes Bremen-Mitte bis Ende Dezember 2003 mehrfach, um ihre Ziele zu konkretisieren. An diesen Treffen nahmen die Leitungen von Kinderhaus und Schule, LehrerInnen, ErzieherInnen und Eltern teil. An der nahezu vollständigen Teilnahme aller Eingeladenen zeigte sich das große Interesse am Projekt sowie der Zusammenarbeit von Schule und Kinderhaus. Ziel der Arbeitstreffen war es, die Ergebnisse der schon bestehenden Arbeitsgruppe von Eltern und LehrerInnen zur Weiterentwicklung in der Schule aufzunehmen und sie mit den Zielen des Projektes "Frühes Lernen" abzustimmen bzw. Verknüpfungspunkte zu finden. Folgende Themenschwerpunkte waren Ende Dezember 2003 erarbeitet:

- Einführung jahrgangsübergreifender Klassen;
- Teamarbeit in den Klassen;
- Stärkung des Montessori – Profils;
- Einführung offener Klassen;
- Zusammenarbeit mit Eltern.

Bezüglich des Themenfeldes "Jahrgangsübergreifende Klassen" in Verbindung mit der Gestaltung eines flexiblen Überganges, entwickelte sich eine engagierte Diskussion. Während insbesondere die Eltern diese Veränderungen befürworteten, hielten die LehrerInnen die vermuteten Schwierigkeiten in der Umsetzung dagegen. Sie argumentierten, dass eine solche grundsätzliche Neugestaltung der Schule einer intensiven Vorbereitungsphase bedürfe, die zu diesem Zeitpunkt nicht leistbar sei. Gemeinsam wurde vereinbart, dieses Thema zu einem späteren Zeitpunkt wieder aufzunehmen. Statt dessen wurde sich darauf geeinigt, gemeinsam ein Projekt zu entwickeln, das folgende Ziele berücksichtigen sollte:

- Stärkung der Zusammenarbeit der beteiligten LehrerInnen, ErzieherInnen und Eltern;
- Inhalte und Methoden sollen sich an der Montessori-Pädagogik orientieren;
- die Durchführung sollte in offenen Klassen und Kindergarten-Gruppen geschehen;
- die Beteiligung der Eltern soll aufgenommen werden und Formen dafür entwickelt werden.

Chancen und Wünsche

Die Profilierung der Grundschule und des Kinderhauses im Projektverbund Mitte orientierten sich an der Pädagogik Maria Montessoris. Diese Gemeinsamkeit sahen die VertreterInnen beider Einrichtungen als Basis und Brücke für den Aufbau einer Kooperation. Das Ziel der Zusammenarbeit bestand darin, Brüche im Entwicklungsverlauf der Kinder zu vermeiden. Eine Verzahnung der inhaltlichen Arbeit von Kinderhaus und Schule wurde begrüßt. Die gemeinsame Basis der Montessori-Pädagogik bot erste Ansatzpunkte, miteinander ins Gespräch zu kommen. Außerdem wurden perspektivisch eine flexible Einschulung und die Einrichtung altersgemischter Gruppen an der Schule angestrebt.

Besondere Stärken

Die LehrerInnen der Bürgermeister-Smidt-Schule waren für eine vertiefte Auseinandersetzung bezüglich der Konzeption und Arbeit des Kinderhauses offen. In diesem Zusammenhang betonten sie, dass zu einer Systematisierung des Überganges mehr gehöre, als eine gemeinsame Orientierung: *„[...] das gleiche Material im Regal stehen zu haben, reicht alleine nicht. Ich fände es auch interessant, mal genauer hinzugucken, wie so ein Tag im Kinderhaus aussieht und vielleicht mal Sachen abzusprechen. Deswegen bin ich jetzt auch hier"*.

Die Elternschaft im Verbund Mitte zeichnete sich dadurch aus, dass sie die Profilbildung beider Einrichtungen mit hohem Engagement vertrat. Die Eltern wählten den Besuch ihrer Kinder im Montessori-Kinderhaus wie auch den in der Schule zu einem überwiegenden Teil bewusst aus. Viele beförderten den Prozess der Schulentwicklung, beteiligten sich aktiv in Projektgruppen und leisteten somit eine wichtige Unterstützungsfunktion innerhalb der Einrichtungen. Für die Projektarbeit „Frühes Lernen" zeigten sie ein starkes und engagiertes Interesse.

Daneben hat die Schule im Bereich der Schulentwicklung Erfahrungen mit einer Schulentwicklungsgruppe sammeln können. Ziel der Gruppe war es, eine „Offene Ganztagsschule" zu entwickeln. Diese Arbeit wurde durch Ursula Wehr vom Zentralen Unterstützungssystem unterstützt. Zugunsten des Projektes „Frühes Lernen" sollte die Gruppe in die Arbeit des Kooperationsverbundes integriert werden.

Überlegungen zur Übertragbarkeit der Ergebnisse aus dem Projekt „Frühes Lernen" auf weitere Einrichtungen im Einzugsgebiet der Bürgermeister-Smidt-Schule lösten starke Bedenken aus. Ein Gelingen dieser Zielvorgabe wurde in Frage gestellt, weil die Schule Kinder aus über 20 verschiedenen Einrichtungen aufnimmt (zum Schuljahresbeginn 2003-2004 kamen Kinder aus 25 Einrichtungen). Eine entsprechende Kooperation mit dieser Vielzahl an Einrichtungen wurde als nicht zu bewältigen eingestuft.

Hemmend für die Projektarbeit könnten sich nach Meinung der LehrerInnen angestrebte strukturelle Veränderungen im Land Bremen auswirken, die zusätzliche Kräfte und Ressourcen binden. So ist der Eingangsbereich der Grundschule durch eine anstehende Auflösung der Vorklasse mit Veränderungen konfrontiert. In diesem Zusammenhang wurde beispielsweise deutlich, dass die weitere Arbeit der Vorklassenlehrerin noch ungeklärt war. Mit

Blick auf die angestrebte Flexibilisierung der Einschulung und der Bildung von altersgemischten Lerngruppen boten sich durch einen integrativen Schulanfang aber auch gleichzeitig neue Chancen für einen am Kind orientierten Übergang.

Wie in den anderen Verbünden wurde befürchtet, dass die Ressourcen zur Bewältigung der Arbeit im Projekt „Frühes Lernen“ nicht ausreichen.

7.2.3 Zielbezogene Auswertung zu Beginn des ersten Projektjahres

Die zielbezogene Auswertung basiert auf dem Datenmaterial der Gruppendiskussionen im Rahmen der SWOT-Analyse (2003) sowie der Hospitationen (2003) in den Einzeleinrichtungen und des Fragebogens 2003. Die Ergebnisse spiegeln somit insbesondere die ersten Schritte auf dem Weg einer gemeinsamen Zielfindung und Zielbearbeitung im Verbund wider.

Aufbau von Arbeits- und Kooperationsstrukturen

Die Verbindung der beiden Einrichtungen wurde hauptsächlich über die Eltern und deren Kinder getragen. Eltern, deren Kinder eine Montessori-Kindergruppe besuchten, suchen i. d. R. anschließend eine Schule, die sich an der Montessori-Pädagogik orientiert. Vor diesem Hintergrund erklärte sich die Bürgermeister-Smidt-Schule auf Anfrage des Landesverbandes zu einer Profilierung im Bereich der Montessori-Pädagogik bereit.

Verstärkung der Elternarbeit

Die Elternschaft beider Einrichtungen zeigte sich sehr am Bildungsprozess ihrer Kinder interessiert. Eltern nahmen am Lernen und Leben ihrer Kinder im Kinderhaus wie auch in der Schule aktiv teil. Die Eltern beider Häuser wurden von Anfang an in das Projekt „Frühes Lernen“ einbezogen, sie übernahmen Aufgaben und bildeten damit eine stützende Funktion für die Arbeit der jeweiligen Einrichtung. Mit dem Engagement der Eltern war gleichzeitig eine Entwicklungsaufgabe für die PädagogInnen verbunden. Diese Aufgabe bestand darin, die eigenen Ansätze und Ziele im Sinne der Kinder mit den Ansprüchen der Eltern stets in einem Gleichgewicht zu halten.

Thematische Abstimmung zwischen Kindertagesheim und Grundschule

Zum Zeitpunkt der SWOT-Analyse war noch kein intensiver Austausch von Kinderhaus und Schule über die praktische Realisierung der Projektarbeit in Verbindung mit der Pädagogik Maria Montessoris sichtbar geworden. Es existierte beispielsweise kein Austausch zu Arbeitsweisen oder über gemeinsame Rituale u.ä.. Eine Abstimmung der thematischen Arbeit zwischen Kindertagesheim und Grundschule hatte noch nicht stattgefunden.

Ausarbeitung eines Themenbereiches für mehrere Entwicklungsniveaus

Das Feld der Ausarbeitung eines gemeinsamen Themenbereiches für mehrere Entwicklungsniveaus war bis Ende des Jahres 2003 im Verbund Mitte noch nicht thematisiert worden.

7.2.4 Erste Arbeitsschritte

Ausgehend von der gemeinsam erarbeiteten Planung im Dezember 2003 entschied sich der Verbund, im Laufe des ersten Projektjahres ein Kooperationsprojekt mit dem Kinderhaus Fedelhören zu den Themen „Licht“ oder „Wasser“ durchzuführen. Langfristig gesehen blieb jedoch der Wunsch bestehen, jahrgangsgemischte Klassen einzuführen. Nach längerer Diskussion hielt der Verbund fest: *„Die Klärung der Ziele in unserem Verbund hat zu Beginn des Projektes einen enormen Zeitraum in Anspruch genommen...Trotz der gemeinsamen pädagogischen Basis (oder vielleicht gerade deshalb,) haben wir uns nach langer Diskussion auf nahe, mittelfristige und langfristige Ziele einigen können“.*

Vor diesem Hintergrund wurden folgende Schritte formuliert:

Nahziele

- Konkrete Planung von gemeinsamen Projekttagen für Kinderhaus- und Grundschulkinder im April/Mai 2004;
- Durchführung der Projekttage;
- Auswertung der Projekttage und Dokumentation (04.10.2004);
- Planung und Organisation einer Gesprächs- und Informationsreihe für Eltern beider Einrichtungen;
- Suche von Partnern und Sponsoren.

Mittelfristige Ziele

- Stärkung der Zusammenarbeit der beteiligten Erzieherinnen, LehrerInnen und Eltern (gegenseitige Hospitationen, gemeinsame Fortbildungen,....);
- Stärkung und Ausdifferenzierung des Montessori-Profils (Abstimmung thematischer Schwerpunkte für die Schuleingangsphase; Lernrhythmen, Rituale, Arbeitsweise,....);
- Konkrete Einbindung der sehr engagierten Eltern beider Einrichtungen in die Schulentwicklungsarbeit;
- Qualifizierungsmaßnahmen.

Langfristige Ziele

- Altersgemischtes Lernen;
- Öffnung des Unterrichts, Differenzierung und Individualisierung des Lernens;
- Förderung jedes Kindes entsprechend seiner Lernmöglichkeiten;
- Unterrichtsentwicklung im Sinne der Montessori-Pädagogik;
- Teamarbeit.

Zusammen wurde entschieden, das Thema „Wasser" in gemeinsam zu planenden, zu organisierenden und durchzuführenden Projekttagen in einem Zeitraum von drei Wochen vor den Osterferien zu beginnen. Die Teilnehmer einigten sich im Einzelnen darauf, dass die Vorschulkinder des Kinderhauses zusammen mit Frau Bittkau, drei Eltern des Kinderhauses und/oder der Schule jeden Freitag Vormittag gemeinsam mit einer 1. Klasse und zwei 2. Klassen an einem Projekt arbeiten. Dazu wurde vereinbart, dass sich die Beteiligten in Arbeitsgemeinschaften aufteilen und zum Thema „Wasser" malen, schreiben, forschen und experimentieren.

Parallel dazu arbeitete eine zweite Projektgruppe an der Intensivierung der Zusammenarbeit mit Eltern. Mit Hilfe eines Fragebogens, der in der Gruppe entwickelt wurde, ermittelten sie das Interesse der Eltern an einer Beteiligung der Projekttage im Wasserprojekt. Im Rahmen dieser Projektgruppe war die angebotene Unterstützung von Seiten der Elternschaft so groß, dass nicht alle Eltern teilnehmen konnten. Darüber hinaus hatte die Projektgruppe sich vorgenommen, innerhalb der Elternschaft zu eruieren, ob Wünsche hinsichtlich spezieller Seminarangebote bestünden. Ausgehend von der Befragung wurde im Kindergarten- und Schuljahr 2004/05 eine Seminarreihe zu „Starke Eltern – starke Kinder" angeboten.

7.2.5 Engpässe zum Ende des ersten Projektjahres

Im Verbund Mitte wurde die Engpassanalyse (TOC) im Mai 2004 während einer gemeinsamen Veranstaltung mit der Bürgermeister-Smidt-Schule und dem Kinderhaus Fedelhören durchgeführt. Von der Schule nahmen neben der Schulleitung mehrere LehrerInnen und Eltern an der Erhebung teil. Das Kinderhaus war durch Elke Bittkau vertreten. Als VertreterInnen des ZUS nahmen Ilse Peppel und Ursula Wehr an der Veranstaltung teil.

Im Folgenden werden die Diskussionen um die einzelnen Ziele wiedergegeben.

Aufbau von Arbeits- und Kooperationsstrukturen

Mit Blick auf das Projektziel, Arbeits- und Kooperationsstrukturen im Verbund aufzubauen, ließ sich feststellen, dass die Ziele der MitarbeiterInnen stark an den Bedürfnissen der Kinder orientiert waren. Es wurden eine Reihe kindzentrierter Ziele genannt, wie z.B.:

- „Einblick für die zukünftigen Schulkinder in die Schule“;
- „die Kinder mit der Schule, den Räumlichkeiten, den LehrerInnen, der Arbeit bekannt machen, um sie angstfrei dorthin zu entlassen“;
- „Kindergartenkindern schon vorab das Gefühl der Zugehörigkeit vermitteln“;
- „Kooperation zwischen Schulkindern und Kindergartenkindern“.

Diese Ziele wurden von den MitarbeiterInnen selbstständig unter das erste Projektziel „Aufbau von Arbeits- und Kooperationsstrukturen“ geordnet. Erstaunlich war, dass es keine Zielkarten gab, welche die direkte Kooperation zwischen den ErzieherInnen und LehrerInnen betrafen. Formulierungen wie beispielsweise „Gegenseitiges Kennen lernen der verschiedenen Arbeitsinhalte und -formen“, „Intensive Kooperation mit den anderen Einrichtungen – Verzahnung KTH/Schule“ oder „Abbau von Hemmnissen/ Vorurteilen zwischen den beiden Professionen“, wie sie in allen anderen Verbünden genannt wurden, standen im Verbund Mitte zunächst nicht im Blickfeld der Diskussion.

Die nach den Zielformulierung durchgeführte Sammlung zur Erreichung des genannten Zieles, zeigte allerdings durchaus einige Kommunikationsprobleme, die während des Arbeitsprozesses aufgetaucht waren. Diese waren aber zum Zeitpunkt der Erhebung bereits überwiegend bewusst gemacht und zum Teil auch überwunden. Die TeilnehmerInen nannten folgende Strategie zur Problemlösung: *„Muster entwickeln, um Kommunikationsschwierigkeiten zu überwinden“*. Dass das Thema Kooperation immer auch Entwicklungsbedarf mit sich bringt, bestätigen auch zwei weitere Problemkarten, die mehr Möglichkeiten für den Austausch, den persönlichen Kontakt und verschiedene Formen der Zusammenarbeit einforderten. Hier zeigte sich eine Akzeptanz, die Weiterentwicklung der Kooperation systematischer, mit mehr Möglichkeiten, in Mustern und Formen, zu gestalten.

Ein weiterer schwieriger Punkt, der im Verbund Mitte sichtbar wurde, bezog sich auf eine gewünschte Verknüpfung der zu erarbeitenden Seminarangebote für Eltern mit anderen Trägern oder Einrichtungen im Stadtteil. In diesem Zusammenhang stellte sich heraus, dass dem Verbund die Einrichtung einer regionalen Organisation für die Koordinierung solcher Angebote ein großen Anliegen war. Auch das Erfordernis, eine gemeinsame Struktur der Zusammenarbeit zu entwickeln, um möglichen Schwierigkeiten vorzugreifen, fand Zustimmung bei den TeilnehmerInnen.

Verstärkung der Elternarbeit

Häufig genannt wurden neben die Kooperation betreffenden Ziele auch die Ziele zur Elternarbeit. Hier lässt sich ein Spezifikum des Verbundes festmachen. Die gemeinsame und sehr intensive Zusammenarbeit beider Einrichtungen mit den Eltern hatte bereits vor Projektbeginn Bestand und gestaltete sich vorbildlich. Gemäß dieser bestehenden Kooperation war die Elternschaft auch in alle Planungen des Verbundes im Rahmen des Projektes „Frühes Lernen“ eingebunden. Sie waren beispielsweise in der bestehenden Arbeitsgruppe zur Konzeption der Elternarbeit vertreten und wurden von beiden Einrichtungen als vollwertiger Kooperationspartner betrachtet. Dies spiegelte sich ebenfalls in der starken Vertretung der Elternschaft während der Erhebung wider. Hinsichtlich der Elternarbeit wurden beispielsweise folgende Ziele benannt:

- „Intensivierung Beziehungsgeflecht Schule – Eltern – KTH“;
- „Zusammenarbeit der Kindergarten- und Schuleltern“;
- „Eltern der Kindergartenkinder schrittweise in die Schularbeit einführen“;
- „stärkere Einbindung der Eltern“.

Beim anschließenden Herausarbeiten der Stolpersteine in Bezug auf eine Verstärkung der Elternarbeit, ließen sich drei Aspekte festhalten: Voraussetzung für diese Art der Kooperation seien dauerhaft und immer nachrückende, sehr interessierte und aktive Eltern. Das heißt, die Zusammenarbeit mit den jeweils neuen Eltern muss sowohl von der Schule als auch vom Kinderhaus permanent gepflegt werden. Hierzu wurden folgende Problemkarten geschrieben:

- „Interessierte Eltern?“;
- „ohne Eltern geht es nicht“;
- „vormittags arbeiten Eltern“.

Ein weiterer wichtiger Punkt war, dass ausländische Eltern, die im Verbund Mitte eine Minorität darstellen, wesentlich schlechter erreicht werden, als die meisten deutschen Eltern dieses Verbundes. Dazu wurden folgende Kartenbeiträge verfasst:

- „Schwellenangst: Eltern trauen sich nicht“;
- „werden über Seminarangebote die entsprechenden Eltern erreicht? Welche Eltern werden erreicht?“;
- „Eltern die ihre Kinder in Montessori-Einrichtungen schicken, haben sich bereits mit Erziehungsfragen beschäftigt – sind eine Auswahl der Elternschaft“;
- „Einbeziehung ausländischer Eltern in das Projekt“.

Eine letzte Schwierigkeit im Zusammenhang mit der Elternarbeit, die von den TeilnehmerInnen der Erhebung eingebracht wurde, betraf die Komplexität der Aufgaben, die an die Eltern herangetragen wird. Beispielsweise sprach eine Problemkarte an, dass es ein hoher Anspruch an die Eltern sei, eine große Kindergruppe zu leiten, wenn sie nicht über entsprechende Erfahrungen auf diesem Gebiet verfügten.

Der folgende Befund betrifft sowohl die Kooperationsstrukturen als auch die Elternarbeit: Ein gemeinsames pädagogisches Profil basierend auf der Pädagogik Maria Montessoris verbindet die beiden Einrichtungen im Verbund Mitte. Dieses stellt die inhaltliche Basis ihrer Kooperation dar. Allerdings erreicht die Schule so nur einen Bruchteil ihrer zukünftigen SchülerInnen. Zum Schuljahr 2004/05 waren dies lediglich sieben Kinder, die zuvor das Montessori-Kinderhaus besuchten. Wie anfangs erwähnt, geben aber zwischen 20 und 25 Einrichtungen Kinder an die Bürgermeister-Smidt-Schule ab. Da die Schule zum Schuljahr 2004/05 insgesamt 56 Erstklässler aufgenommen hat, kamen 49 Kinder aus anderen Einrichtungen. Zu diesem Problemfeld gab es ebenfalls eine Reihe von Beiträgen. Sie wurden von den TeilnehmerInnen wie folgt formuliert:

- „Montessori ist nicht allen vertraut“;
- „viele Kindergärten schicken – Auseinandersetzung mit vielen verschiedenen Gruppen“;
- „Vorspann: Alle Kinder zu informieren: 18 Institutionen! Sehr/zu viel“;
- „Übertragbarkeit auf andere Kindergärten unserer Schule“;
- „wir können nicht alle Kinder erreichen“;
- „was wollen die anderen? Können sie Kräfte freistellen, z.B. private Gruppen?“.

Erstaunlicher Weise gab es zwar sehr viele Problemkarten zu dieser Fragestellung, aber nur eine Zielkarte, nämlich „Einbindung des Stadtteils“. Resümierend wurde deutlich, dass die Gewährleistung der Übertragbarkeit des zu erarbeitenden Übergangskonzeptes auf die anderen Kindergruppen im Einzugsgebiet der Schule, wenn es nicht auf Dauer nur einen elitären Teil der Kinder erreichen soll, ein zentrales Problem darstellt, das nur langfristig zu lösen ist.

Thematische Abstimmung zwischen Kindertagesheim und Grundschule

Bei der Sammlung der Zielvorstellungen wurden hinsichtlich des Zieles, eine thematische Abstimmung zwischen dem Montessori Kinderhaus und der Bürgermeister-Smidt-Schule zu erreichen, keine Zielkarten formuliert. In der Diskussion stellte sich heraus, dass dieses Themenfeld aufgrund des gemeinsamen Profils noch nicht bewusst ins Blickfeld gerückt worden war. Vor diesem Hintergrund wurden in der anschließenden Sammlung der Hemmnisse auf dem Weg, dieses Ziel zu erreichen, auch keine Problemkarten formuliert.

Während der Abschlusserhebung im Juni 2005 wurde deutlich, dass der Verbund sich dieser Thematik im Laufe des 2. Projektjahres angenommen hatte. Es entwickelte sich eine intensive Diskussion um die Abstimmung der thematischen Arbeit zwischen Kindertagesheim und Grundschule, welche die MitarbeiterInnen auch in Zukunft beschäftigen wird.

Ausarbeitung eines Themenbereiches für mehrere Entwicklungsniveaus

Der Verbund Mitte hatte intensiv das Ziel „Ausarbeitung eines Themenbereiches für mehrere Entwicklungsniveaus“ bearbeitet. Die Durchführung der Projekttage zum Thema „Wasser“ war zum Zeitpunkt der Erhebung bereits beendet. Die beteiligten Personen hatten dazu die folgenden expliziten Zielvorstellungen formuliert:

- „Auswertung der Arbeit in den jahrgangsübergreifenden Arbeitsgruppen zum Thema Wasser“;
- „ganz viele „Aha-Erlebnisse“;
- „Miteinander-Lernen“;
- „Erfahrungen von „Ich kann schon“ ermöglichen; dies betrifft die Kinder aus der Schule und dem KTH gleichermaßen“;
- „ganzheitliche Erfahrungen für die Kinder“;
- „jahrgangsübergreifendes Lernen“.

Natürlich gab es bei dieser intensiven, sehr aufwendigen Zusammenarbeit, wie sie das Projekt „Wasser“ mit sich brachte, auch Schwierigkeiten, die im Erhebungsprozess deutlich wurden. Nach Aussagen der TeilnehmerInnen sollten diese im nächsten Durchlauf stärker berücksichtigt und schließlich vermieden werden. In der Diskussion wurde beispielsweise die an manchen Stellen etwas chaotische Organisation des Wasserprojektes benannt. Als schwierig erwiesen sich in diesem Kontext insbesondere verspätete Anmeldungen der Kinder sowie Raumprobleme. Auch die freie Wahl der Arbeitsgruppen, an denen die Kinder teilnehmen konnten, war problematisch, weil sich daraus sehr ungleichmäßige Gruppenstärken ergaben. Im kommenden Durchlauf sollte dieses Problem durch ein Zuteilungssystem gelöst werden. Es stellte sich ebenfalls heraus, dass die Projektarbeit einen hohen Unruhefaktor für die 1. Klassen bedeutete.

Zusammenfassende Bewertung durch die TeilnehmerInnen

Die TOC-Erhebung wurde nach der Zielerfassung der Engpassanalyse durch eine Gewichtung der Problemkarten mit Klebepunkten abgeschlossen. Die TeilnehmerInnen nahmen folgende Gewichtung vor:

- „Auswertung der unterschiedlichen Erfahrungen“ (9 Punkte);
- „Verknüpfung von Seminarangeboten mit anderen Trägern/ Einrichtungen im Stadtteil“ (8 Punkte);
- „übergreifende regionale Organisation für Angebote der Einrichtungen“ (7 Punkte);
- „Kommunikations- „muster“ entwickeln – Persönliche Ansprache nötig?“ (5 Punkte);
- „Möglichkeiten für Austausch schaffen – Persönlicher Kontakt“ (3 Punkte);
- „Übertragbarkeit auf andere Kindergärten unserer Schule“ (3 Punkte);
- „verschiedene Formen der Zusammenarbeit“ (3 Punkte).

Anhand der Gewichtung wurde deutlich, dass im Verbund Mitte eine zielgerichtete Auswertung des eigenen Handelns, und damit der Erfahrungen, im Vordergrund stand.

Gleich mehrere Fragen spiegelten Probleme, die sich aus der spezifischen Situation in Folge des Montessori-Profils und der Öffnung des Einzugsgebietes ergeben, wider. Die Kooperation mit einer Vielzahl von Einrichtungen in der Stadt verlangt neue und andere Bemühungen, die Eltern schon vor der Schule zu erreichen, als in Einrichtungen mit einem regional klar begrenzten Einzugsgebiet.

Der entscheidende Engpass der Entwicklung lag in der Notwendigkeit, zugleich den anspruchsvollen montessori-pädagogischen Ansprüchen derjenigen Eltern gerecht zu werden, die ihr Kind nicht regional, sondern konzeptgebunden einschulen und sich gleichermaßen der sehr viel größeren Gruppe Kinder mit demselben pädagogischen Anspruch zuzuwenden, die einzig aufgrund des Einzugsgebietes diese Schule besuchen. Deren Eltern sind folglich nicht von vornherein am pädagogischen Konzept interessiert, häufig kennen oder verstehen sie es auch nicht. Die Mitarbeit der bildungsorientierten Eltern am „Wasserprojekt“ stellte damit noch keinen Schlüssel zu den Eltern aus dem Einzugsgebiet dar, die sich weniger für die Arbeit der Schule interessieren. Schulische Schwierigkeiten wurden jedoch seitens der LehrerInnen vor allem bei den Kindern erwartet, deren Elternhäuser sich weniger um eine Förderung kümmern.

7.2.6 Zielbezogene Entwicklungen im zweiten Projektjahr

Für das zweite Projektjahr hatte der Verbund Mitte beschlossen, vorrangig die Dokumentation des Wasserprojektes abzuschließen und dieses anschließend zu evaluieren. Nach den Herbstferien 2004 startete eine weitere Seminarreihe für Eltern, die wie im vorherigen Jahr in Kooperation mit dem Kinderschutzzentrum geplant wurde. Inwieweit das Kinderhaus in diese Prozesse eingebunden war, wurde für die Wissenschaftliche Begleitung nicht eindeutig sichtbar, zumal hierzu keine eigenen Aussagen des Kinderhauses angegeben wurden.

Zudem stellte der Verbund Mitte neue Überlegungen zur Einführung jahrgangsgemischter Klassen an. Vor diesem Hintergrund besuchte das Kollegium der Schule die „Montessorischool T´Heem“ in Hengelo/Niederlande, an der jahrgangsgemischt unterrichtet wird. Im Zuge dieser Fortbildung reifte der Gedanke, sich doch an die Einführung der jahrgangsgemischten Klassen im Kontext der Montessori-Pädagogik heranzutrauen. Diese Struktur sollte aufgrund der langwierigen Vorbereitungen, die erforderlich wären, um dieses Vorhaben zu verwirklichen, aber erst zum Schuljahr 2006/07 eingeführt werden. Die Schule und das Kinderhaus hatten dazu vereinbart, sich im zweiten Projektjahr intensiv mit der theoretischen Vorbereitung auseinanderzusetzen. Gemeinsam sollte ein Curriculum auf der Basis der Montessori-Pädagogik für Kinder im Alter von 5-7 Jahren entwickelt werden, das die Sprachförderung und Differenzierung der Arbeit berücksichtigt. Dazu wünschte sich das Team eine kompetente, kontinuierliche Begleitung.

Ela Eckert, tätig an der Universität Oldenburg, wurde hierzu angefragt und hatte bereits ihr Interesse an der Begleitung geäußert. Sie ist Montessori-Pädagogin mit langjährigen Erfahrungen in Schweden. Im Laufe des zweiten Projektjahres wurde ein Treffen anberaumt, aus dem sich leider keine engere Zusammenarbeit in Form einer Beratung oder möglichen Konzeption für jahrgangsgemischte Gruppen ergab. Daraufhin hospitierten einige LehrerInnen in verschiedenen Schulen, die bereits jahrgangsgemischten Unterricht anbieten, um Ideen und mögliche Vorgehensweisen zu sammeln und sich so diesem Vorhaben anzunähern. Während der Abschlusserhebung stellten sie dazu fest, dass sich ihre derzeitige pädagogische Arbeit nicht grundsätzlich von den Schulen, die sie kennen gelernt haben, unterscheidet. Als einen weiteren Schritt, die Einführung jahrgangsgemischter Lerngruppen vorzubereiten, hat sich der Verbund vorgenommen, zunächst alle Materialien zum Lernbereich „Sprache“, die im Kinderhaus wie auch in der Schule verwendet werden, zu sichten, zu dokumentieren und daraufhin inhaltliche Abstimmungen zwischen beiden Einrichtungen zu erarbeiten.

Eine weitere Überlegung für das zweite Projektjahr bestand darin, sich im Rahmen einer gemeinsamen Projektarbeit nochmals dem Thema „Wasser“ zu widmen. Unter einer veränderten inhaltlichen Schwerpunktsetzung wurden im Laufe der ersten Jahreshälfte 2005 erneut Projektgruppen zu diesem Thema gebildet. Dabei wurden die Erfahrungen aus dem Vorjahr berücksichtigt.

Wie aus dem Fragebogen 2004 hervor ging, hatten die LehrerInnen der Bürgermeister-Smidt-Schule für das zweite Projektjahr geplant, verstärkt in den Kinderhäusern zu hospitieren, um den Erfahrungsaustausch sowie den persönlichen Kontakt zu stärken und auszubauen. Aufgrund der engen zeitlichen Ressourcen hospitierte im Wesentlichen die Schulleiterin in verschiedenen Kinderhäusern bzw. Kindertagesheimen des Einzugsgebietes. Die Hospitationen ermöglichten es, an viele bisher locker bestandene Kontakte anzuknüpfen. Um diese Entwicklung auszubauen, wurde für November 2005 ein Treffen aller im Stadtteil Mitte ansässigen Kindertagesheime, zu der die Bürgermeister-Smidt-Schule einlädt, anberaumt.

In den folgenden Abschnitten erfolgt eine Darstellung der auf die vier Oberziele des Projektes bezogenen Auswertung der Projektarbeit im Verbund Mitte bis zum Ende des Projektes im August 2005. Hiermit soll aufgezeigt werden, wie weit der Verbund in der Erreichung der einzelnen Ziele seit Projektbeginn vorangekommen war. Grundlage der Ergebnisse sind die Daten der Engpassanalyse, des Fragebogens 2004 sowie die der Wissenschaftlichen Begleitung zur Verfügung stehenden Unterlagen aus dem Verbund. Gleichzeitig werden die Erkenntnisse der Abschlusserhebung im Juni 2005 einbezogen, in der per Gruppendiskussion auf der Leitungsebene ein Rückblick zum Projektverlauf erörtert wurde.

Aufbau von Arbeits- und Kooperationsstrukturen

Im Verbund Mitte hat eine intensive Kooperationsarbeit stattgefunden. Allerdings war diese Kooperation aufgrund der strukturellen Beschaffenheit deutlich von der Schule dominiert, sie wurde fast von der Kooperation zwischen der Schule und den Eltern überlagert. Inwieweit die ErzieherInnen des Kinderhauses bei der Entwicklung von Kooperationsstrukturen eine aktive und tragende Rolle einnahmen, wurde nicht eindeutig ersichtlich. Dennoch hatte sich eine selbstverständliche Zusammenarbeit etabliert, in deren Rahmen häufige Treffen stattfinden. Darüber hinaus gab es gemeinsame Veranstaltungen, wie die Seminarreihe für Eltern, und es wurde gemeinsam eine Projektarbeit geplant, organisiert und durchgeführt.

Konkret wurden folgende Strukturen zur Kooperation eingerichtet: Eine Arbeitsgruppe „Frühes Lernen", zusammengesetzt aus Eltern, LehrerInnen und ErzieherInnen, die sich in regelmäßigen Abständen mit dem ZUS-Tandem Peppel/Wehr[67] traf. Zudem hatte sich eine Untergruppe zur Eltern-

[67] Ursula Wehr hatte den Verbund auch schon vor Beginn des Projektes „Frühes Lernen" moderiert.

arbeit etabliert, deren Inhalte differenzierter unter Ziel 2 behandelt werden. Während der Durchführung des Projektes „Wasser“ im April/Mai 2004, gab es für LehrerInnen, ErzieherInnen und Eltern einen gemeinsamen Arbeitsvormittag in der Woche. Zwei LehrerInnen hatten im Kinderhaus Fedelhören hospitiert. Zudem wurde ein Sommerfest zum Abschluss des „Wasser-Projektes“ für alle Beteiligten in der Schule veranstaltet. Im Rückblick auf die gemeinsame Projektzeit stand der Aufbau von Arbeits- und Kooperationsstrukturen im Verbund Mitte nicht wesentlich im Vordergrund. Bereits vor Projektbeginn waren Strukturen der Zusammenarbeit ein fester Bestandteil zwischen beiden Einrichtungen. Allerdings bedauerte die Bürgermeister-Smidt-Schule, dass die Integration des Kinderhauses bislang noch nicht zur Zufriedenheit gelungen war und möchte diesen, wie auch eine Kooperation mit den übrigen Kindertageseinrichtungen des Stadtteils, zukünftig auf- bzw. ausbauen.

Verstärkung der Elternarbeit

Wie kein anderer Verbund hatten es die Bürgermeister-Smidt-Schule und das Montessori-Kinderhaus Fedelhören geschafft, die Eltern als vollwertiges Mitglied in die Projektarbeit zu integrieren. Dass die soziokulturellen Bedingungen des Verbundes diesen Prozess begünstigten, steht außer Frage. Die Elternschaft brachte von sich aus soviel Engagement, Interesse und Bildungshintergrund mit, dass die Angebote der Einrichtungen zur aktiven Beteiligung auf fruchtbaren Boden fielen und gerne angenommen oder sogar eingefordert wurden.

Eltern stellten neben dem Kinderhaus und der Schule ein drittes Standbein beim Übergang ihrer Kinder in die Schule dar. Das bedeutete, sie waren in die Planung, Organisation, Durchführung und Auswertung der Übergangsprojekte als gleichberechtigter Partner involviert. Es bleibt aber der Vorbehalt, dass es sich nur um eine relativ kleine Gruppe von Eltern handelt, die an der Kooperation mitwirkten.

In der Arbeitsgruppe „Stärkung der Zusammenarbeit mit Eltern“, bestehend aus LehrerInnen, Eltern und ErzieherInnen, wurden folgende Themen intensiv diskutiert, geplant und durchgeführt:

- Besuche der „Kindergarteneltern“ in der Schule;
- Informationselternabend der Schule im Kinderhaus;
- gemeinsames Sommerfest;
- Befragung der Schul- und Kinderhauseltern zu ihren Wünschen bezüglich der Seminarreihe;
- Seminarreihe mit inhaltlichen Schwerpunkten (Beginn der Veranstaltungen nach den Herbstferien 2004: die erste Veranstaltung mit dem Thema „Montessoripädagogik“ hat bereits stattgefunden);

- Planung von Veranstaltungen mit dem Kinderschutzbund und Schattenriss e.V.

Der Elternschaft im Verbund Mitte wurde generell eine wichtige Funktion beigemessen. Durch das Projekt „Frühes Lernen“ wurden die Eltern darüber hinaus insbesondere in die Abläufe der Schule intensiver eingebunden. Parallel dazu hatte sich das an sich schon hohe Engagement einiger Eltern verstärkt. So richteten sie im Schuljahr 2004/05 beispielsweise in voller Eigenverantwortung und -regie das Sommerfest der Bürgermeister-Smidt-Schule aus. Die MitarbeiterInnen der Schule wünschten sich für die Zukunft, dass Eltern sich stärker als bisher auch in den „normalen“ Schulalltag, d.h. nicht nur im Rahmen verschiedener Projektangebote, wie das Wasserprojekt, einbringen. Während die Schule das Engagement der Eltern sehr begrüßt, merkte das Kinderhaus Fedelhören an, dass die pädagogische Arbeit des Hauses nicht immer eine positive Unterstützung durch die Elternschaft erhalte. Speziell beim Kinderhaus Fedelhören wurde deutlich, dass eine im pädagogischen Sinne gute Zusammenarbeit mit den Eltern sehr von den Personen, die den Vorstand des gemeinnützigen Vereines stellen, abhängig sei. Dieser Umstand gestalte die pädagogische Arbeit mit den Kindern oftmals sehr schwierig.

Thematische Abstimmung zwischen Kindertagesheim und Grundschule

Der Verbund Mitte hatte in diesem Punkt von vornherein einen Vorsprung vor den anderen Verbünden, da beide Einrichtungen die Montessori-Pädagogik als gemeinsame pädagogische Basis haben.

Dass über diese vorgegebene ähnliche Grundhaltung hinaus die Abstimmung eines gemeinsames Bildungsplanes zwischen Kinderhaus und Schule auf konzeptioneller Ebene erfolgt war, konnte bis Ende des Jahres 2004 anhand des vorliegenden Materials nicht festgemacht werden. Fortbildungen, wie die des Lehrerkollegiums in der Montessorischule in Hengelo, wurden beispielsweise nicht gemeinsam mit den MitarbeiterInnen des Kinderhauses Fedelhören durchgeführt.

Vor diesem Hintergrund war hinsichtlich dieser Zielerreichung noch ein größerer Entwicklungsspielraum auszumachen. Der Verbund war zwar durch das gemeinsame pädagogische Profil von einem höheren Entwicklungsniveau aus in die gemeinsame Projektarbeit gestartet, hatte sich aber in diesem Punkt noch nicht nennenswert weiterentwickelt.

Wie die abschließende Erhebung im Mai 2005 zeigte, hatte sich dieser Stand im Laufe der ersten Hälfte des Jahres 2005 grundlegend verändert. Zur thematischen Abstimmung wurde mittlerweile ein Terminplan von Kinderhaus und Schule erstellt. Dieser Plan sah mehrere Treffen zur Absprache verschiedener Materialien im Lernbereich „Sprache“ vor. Die Absprachen wurden schriftlich fixiert und den Eltern ausgehändigt.

Ausarbeitung eines Themenbereiches für mehrere Entwicklungsniveaus

Der Verbund hatte in intensiver Zusammenarbeit von Eltern, LehrerInnen und einer Erzieherin ein Kooperationsprojekt zum Thema „Wasser“ langfristig geplant, organisiert und schließlich im April/Mai 2004 durchgeführt. Nach den Sommerferien 2004 wurde das Projekt anschließend dokumentiert und ausgewertet. An diesem Projekt waren zum einen 61 Schulkinder der Klassen 1a, 2a und 2b sowie deren KlassenlehrerInnen beteiligt. Zum anderen 20 Kinder aus den Kinderhäusern Fedelhören und Am Stern sowie eine Erzieherin aus dem Kinderhaus Fedelhören. Darüber hinaus haben 13 Eltern aktiv am gesamten Projektverlauf mitgewirkt. Einige hatten eine eigene Arbeitsgruppe übernommen und/oder waren am Planungsgeschehen beteiligt.

Das Projektthema „Wasser“ wurde in insgesamt sechs Arbeitsgruppen bearbeitet:

1. **Gruppe „Lese- und Schreibwerkstatt“**

   Lesen des Bilderbuches „Der Regenbogenfisch“ und erarbeiten einer eigenen Geschichte zur Hauptfigur (Leitung: Lehrerin der Klasse 2a).

2. **Gruppe „Unter Wasser“**

   Die Unterwasserwelt und speziell das Tauchen (Leitung: Vater aus Klasse 1a).

3. **Gruppe „Experimente mit Wasser“**

   Versuche zu den Eigenschaften von Wasser (Leitung: Erzieherin des Kinderhauses Fedelhören).

4. **Gruppe „Bildnerisches Gestalten zum Thema Wasser“**

   Mit der Farbe Blau und verschiedenen Materialien experimentieren (Leitung: Lehrerin Klasse 1a).

5. **Gruppe „Bildnerisches Gestalten zum Thema Wasser“**

   Bilder mit Ölfarben zum Thema Wasser angelehnt an Wasser-Bilder berühmter Maler (Leitung: Lehrerin Klasse 2b).

6. **Gruppe „Musik und Theater“**

   Eine Wassergeschichte mit Musik und Bewegung spielen und vorführen (Leitung: Mutter aus Klasse 1a).

Aus dem Datenmaterial der Abschlusserhebung wurde deutlich, das die Projektarbeit zum Thema „Wasser“ den MitarbeiterInnen, Eltern und insbesondere den Kindern sehr viel Freude bereitet hatte. Über gemeinsame Erlebnisse zum Thema „Wasser“ entwickelten sich im Laufe des Projektes kleine Partnerschaften zwischen den Schulkindern und den Kinderhaus-Kindern. Die Durchführung des Wasserprojektes hatte gleichzeitig zu einem erlebnisreichen Miteinander zwischen den MitarbeiterInnen von KTH und Schule sowie den Eltern geführt.

7.3 Fazit

Aufgrund des gemeinsamen Profils der Montessori-Pädagogik stellte der Verbund Mitte eine Ausnahme im Projekt „Frühes Lernen“ dar. Im gesamten Projekt war diese Konstellation der Profilierung einmalig. Kinderhaus, Schule und Teile der Elternschaft zeichneten sich durch einen gemeinsamen Bildungs- und Erziehungshintergrund aus. Hinzu kam, dass lediglich zwei Einrichtungen den Verbund Mitte bildeten, wodurch der Aufwand, miteinander in Kooperation zu treten, allein hinsichtlich der Vereinbarung von Absprachen erheblich reduziert war. Diese Rahmenbedingungen verleiteten auf den ersten Blick dazu, anzunehmen, die Projektziele könnten in kurzer Zeit und in großem Umfang umgesetzt werden.

Bis auf die vollständige Integration einer sehr engagierten Elterngruppe durchlief der Verbund den Gesamtprozess betrachtend allerdings ähnliche Phasen der Zielfindung und Umsetzung wie die übrigen Kernverbünde. Gleichzeitig ist der Verbund Mitte, wie die übrigen Verbünde auch, an diesen Prozessen gewachsen. Die gelungene Projektarbeit zum Thema „Wasser“ hatte nicht nur dazu beigetragen, Kinder verschiedener Entwicklungsstände zu einem Thema zusammenzubringen oder die Kooperation zwischen den Professionen sowie mit den Eltern zu fördern, sondern auch dazu, das Ziel der thematischen Abstimmung zwischen KTH und Schule stärker in den Vordergrund zu rücken. Damit einhergehend wurden auch Dokumentationen und Evaluationen der pädagogischen Arbeit zu einem Thema, mit dem sich die Einrichtungen auseinandersetzen.

Die geplante Ausdehnung der Kooperation auf weitere Kindertagesheime, von denen Kinder in die Bürgermeister-Smidt-Schule wechseln, sowie das Ziel, auch die Eltern zu erreichen, die bislang keine aktive Beteiligung zeigen, wird als große Herausforderung wahrgenommen, der sich der Verbund zukünftig stellen will. Unterstützt durch die Teilnahme am Projekt „Frühes Lernen“ sind im Verbund Mitte aber insbesondere die Impulse, jahrgangsübergreifende Arbeit zu entwickeln, verstärkt worden. Dieses Vorhaben wird der Verbund perspektivisch intensiv weiterverfolgen, eine Umsetzung ist für das Schuljahr 2006/07 geplant.

8 Das Zentrale Unterstützungssystem

Am Projekt „Frühes Lernen – Kindergarten und Grundschule kooperieren" waren sieben verschiedene Träger beteiligt. Im Bereich der Grundschule handelte es sich um die Schulbehörde mit staatlichen Schulen sowie den Katholischen Gemeindeverband Bremen mit einer Konfessionsschule. Die Träger der Kindertageseinrichtungen setzten sich aus der Sozialbehörde mit dem städtischen Träger KiTa Bremen, dem Landesverband Evangelischer Tageseinrichtungen für Kinder sowie dem Katholischen Gemeindeverband Bremen als konfessionelle Träger, einer Stiftung und einem Verein zusammen. Vor Projektbeginn existierte kein gemeinsames trägerübergreifendes Unterstützungsangebot. Die getrennten Beratungs- und Fortbildungssysteme brachten es sogar mit sich, dass die Gestaltung des Überganges der Kinder von der Kindertageseinrichtung in die Grundschule, wenn überhaupt, dann nur in Beratungs- und Fortbildungsangeboten aus der engen trägerspezifischen Perspektive bestanden.

Auf Anraten der Wissenschaftlichen Begleitung wurde daher für das Projekt „Frühes Lernen" ein multiprofessionelles und von Trägern (weitestgehend) unabhängiges Unterstützungssystem eingerichtet. Hätte es sich um ein Projekt eines bestimmten Trägers gehandelt, so wäre diese Aufgabe bei Schule beispielsweise dem Landesinstitut für Schule (LIS) zugefallen, bei den Kindertageseinrichtungen den FachberaterInnen des jeweiligen Trägers. Normalerweise beansprucht jeder Träger die Fortbildung bzw. die In-Prozess-Begleitung seiner Einrichtungen, übt im Falle der Kindertageseinrichtungen auch die Aufsicht über diese Einrichtungen aus und gewährleistet ihre Qualitätssicherung.

Für Bremer Schulen existierte zum Zeitpunkt des Beginns des Modellprojektes „Frühes Lernen – Kindergarten und Grundschule kooperieren" keine analoge Fachaufsicht. Qualitätssicherung in Schule wurde erst im Jahre 2005 systematisch eingerichtet. Umgekehrt existierten für die Kindertageseinrichtungen zwar trägerspezifische Konzepte, aber noch kein für alle gleichermaßen gültiger staatlicher Bildungsplan, wie er für Schule seit fast 100 Jahren üblich ist. Trotz aller Unterschiede fanden sich zu Beginn des Modellprojektes bei den Trägern der beteiligten Einrichtungen wie auch beim Landesinstitut für Schule Kompetenzen für ein gemeinsames Unterstützungssystem. Es lag somit nahe, auf diese Kompetenzen zurück zu greifen. Für die anstehenden Aufgaben wurden daher sowohl SchulentwicklungsberaterInnen des LIS mit Kenntnissen des Arbeitsfeldes „Schule" als auch FachberaterInnen der Kindertagesbetreuung mit Kenntnissen des vorschulischen Arbeitsbereiches gewonnen.

Die entscheidende neue Aufgabe des Zentralen Unterstützungssystems (ZUS) bestand folglich in der Überwindung der Trägerperspektive und im gleichzeitigen Aufbau eines übergreifenden, projektbezogenen Beratungs- und Fortbildungsangebotes, das sich nun nicht mehr ausschließlich an den Interessen des Trägers orientieren sollte, sondern statt dessen an den Bedürfnisses eines Verbundes, der im Idealfall die Verantwortung für einen gelungenen Schuleintritt der Kinder eines Ortsteils übernommen hatte.

8.1 Aufbau der Arbeitsstrukturen im Zentralen Unterstützungssystem

Das Zentrale Unterstützungssystem setzte sich aus FachberaterInnen der Kindertagesbetreuung sowie SchulentwicklungsberaterInnen der Schularten Förderzentrum, Gymnasium und Grundschule des Landesinstituts für Schule (LIS) zusammen. Neben den drei Hauptverantwortlichen, Ilse Peppel, Fachberaterin (Städtischer Träger), Rainer Metze, Fachberater (Landesverband Evangelischer Tageseinrichtungen für Kinder) und Ulrich Hütter (Schulentwicklungsberater am Landesinstitut für Schule), bildeten die Schulentwicklungsberaterinnen, Gabriella Novello und Ursula Wehr, sowie kurzfristig zu Beginn des Projektes der Schulentwicklungsberater Hajo Kuckero das ZUS-Team.

Um die Aufgabe des Unterstützungssystems für die Ausbildung einer Kooperationsstruktur in den Verbünden auch in der alltäglichen Arbeit des ZUS abzubilden, wurden professionsgemischte Teams gebildet. Die zu betreuenden Verbünde teilten die Teams untereinander auf. Auf diese Weise konnte dort, wo ein Team arbeitete, ein grundlegender Bezug zum Verbund aufgebaut und die Kontinuität der Arbeit gesichert werden.

Die hauptverantwortlichen MitarbeiterInnen des Zentralen Unterstützungssystems standen den Projektverbünden wie folgt als AnsprechpartnerIn zur Verfügung:

Ilse Peppel[68] (KiTa-Fachberatung[69]) Tel.: (0421) 77012 eMail: ilsep@t-online.de	Ulrich Hütter (LIS-Berater[70]) Tel.: (0421) 361-7129 eMail: frueheslernen@bildung. bremen.de	Rainer Metze (BEK-Fachberatung[71]) Tel.: (0421) 346-1632, Fax 346-1618, eMail: rmetze@kirche-bremen.de
Kernprojekte Vahr und Bremen-Mitte	Kernprojekt Rönnebeck	Kernprojekt Oslebshausen

[68] Seit August 2004 KiTa Eigenbetrieb der Stadtgemeinde Bremen; Ilse Peppel war übergangsweise weiterhin beim Amt für Soziale Dienste beschäftigt.

[69] KiTa Eigenbetrieb der Stadtgemeinde Bremen

[70] Landesinstitut für Schule Bremen

[71] Landesverband Evangelischer Kindertagesstätten in Bremen

Erweiterte Projekte:	Erweiterte Projekte:	Erweiterte Projekte:
Osterholz Östliche Vorstadt Walle Horn – Lehe Osterholz-Tenever	Vegesack 1 Vegesack 2 Blumenthal 1 – 3 Burglesum	Woltmershausen Hemelingen Neustadt Gröpelingen

Abbildung 8-1: Verteilung der Zuständigkeiten im ZUS

Die Aufgaben der AnsprechpartnerInnen waren die Annahme von Beratungsanfragen, die Vereinbarung eines **Beratungsauftrages/-kontraktes** und/oder die Vermittlung an eine andere Beratungsperson bzw. –stelle.

Im laufenden Projektprozess bildeten die drei hauptverantwortlichen BeraterInnen des ZUS mit zwei SchulentwicklungsberaterInnen des LIS **drei Beratungstandems.** Diese Tandemstruktur erwies sich für die Arbeit mit den Projektverbünden als hilfreich, da sich die Zusammensetzung der Projektgruppe in Form von Kindertageseinrichtung und Grundschule auf der Seite der BeraterInnen widerspiegelte.

Die Beratungstandems setzten sich wie folgt zusammen:

- Ilse Peppel (KiTa Bremen) und Ursula Wehr (LIS),
- Gabriella Novello (LIS) und Rainer Metze (BEK),
- Ilse Peppel (KiTa Bremen) und Ulrich Hütter (LIS).

Für die Projektkoordination stand Ulrich Hütter dem Projekt „Frühes Lernen“ nach einer anfänglichen Übergangsphase mit 10,5 Zeitstunden wöchentlich zur Verfügung. Aus dem Beratungskontingent des Landesinstitutes für Schule (LIS) erhielten Ursula Wehr, Gabriella Novello und Ulrich Hütter für das Projekt jeweils 7,5 Zeitstunden. Die Projektauftraggeber hatten außerdem mit dem städtischen und dem evangelischen Träger eine Vereinbarung über je 10 Stunden/Woche für das Unterstützungssystem getroffen. Tatsächlich reichte der dafür zur Verfügung gestellte Betrag jeweils für 8 Stunden Freistellung für die Arbeit im Projekt „Frühes Lernen“. Allerdings hatte Ilse Peppel im ersten Jahr und Anfang des zweiten Jahres in ihrer Tätigkeit als KiTa-Fachberaterin keine Vertretung, so dass sie zwei Aufgabenbereiche (Fachberatung für KiTa Bremen und Mitarbeit im Projekt „Frühes Lernen“) gleichzeitig wahrgenommen hatte.

Die VertreterInnen des ZUS hatten sich auf der Ebene des eigenen Teams sowie der Ebene der Verbundarbeit bereits im Laufe des ersten Projektjahres gut integriert. Hinsichtlich der Zugehörigkeit zu unterschiedlichen Trägern bestanden ebenso wenig persönliche Probleme mit den verschiedenen professionellen Voraussetzungen. Die heterogenen Kompetenzen und Wissensbereiche wurden als wichtige Beiträge innerhalb der Teamarbeit betrachtet. Das Team sah nach einem halben Jahr Kooperation seine Stärken wie folgt:

- Erfahrungen und Wissen kann aus unterschiedlichen Bereichen, die sich ergänzen und auch widersprechen, eingebracht werden;
- gegenseitige Akzeptanz – Offenheit für neue Impulse, Interesse an den Erfahrungen des jeweils anderen ist vorhanden;
- die ZUS-MitarbeiterInnen bringen Kompetenz in den Bereichen Erwachsenenbildung, Beratung, Prozessbegleitung und Moderation mit. Sie besitzen umfangreiche Feldkompetenz in den Bereichen Kindertageseinrichtungen und Schule;
- zielorientiertes Vorgehen in der Gruppe gelingt;
- die Gruppe ist zu gemeinsamer Reflexion fähig;
- ein gutes Maß an Selbstbewusstsein als ZUS – Teams ist bereits vorhanden;
- bei der Aufgabenverteilung nutzt das ZUS die verschiedenen (auch bürotechnischen) Backgrounds.

Als Anfangsschwierigkeit der Projektarbeit formulierte das ZUS, die Aufgaben, Ziele und Standpunkte der Lenkungsgruppe, der Wissenschaftlichen Begleitung sowie des Unterstützungssystems zu klären und voneinander abzugrenzen. Projektstruktur sowie Projektaufträge waren zu Projektbeginn noch nicht ausreichend definiert. Die wissenschaftliche Begleitung und die damit u.a. gegebene Möglichkeit des inhaltlichen Austausches wurden vom ZUS von Beginn bis zum Ende des Projektes als bereichernder Faktor gesehen. Schwierigkeiten in der Abgrenzung gab es weniger intern, als gegenüber den Schulen, da das ZUS Aufgaben der in Bremen bisher etablierten „Schulbegleitforschung" (als Unterstützung der Schulentwicklung) streifte und die wissenschaftliche Begleitung die (für die Schulen anfangs neue) Aufgabe der begleitenden Evaluationsforschung. Zudem war zu berücksichtigen, dass die Kita-FachberaterInnen des ZUS-Teams im Rahmen der Projektarbeit trägerübergreifend zuständig und tätig waren, d.h. mit Einrichtungen der Konkurrenz arbeiteten und ggf. als VertreterInnen der Trägerkonkurrenz angesehen wurden.

Durch die Professionalität und das Engagement der beteiligten Personen an der Projektorganisation, gelang es innerhalb eines halben Jahres (erstes ZUS-Treffen am 17. 06 2003), das ZUS zu formieren, die Zielsetzung festzulegen und die Arbeit in den Verbünden strukturiert zu beginnen. Ein weiterer hilfreicher Faktor war die zügige Verteilung der Verantwortlichkeiten. Zu den anregenden, teilweise aber auch hinderlichen Umständen, gehörte für die ZUS-VertreterInnen am Anfang der Projektarbeit eine noch nicht existierende gemeinsame Basis zur Umsetzung der Unterstützungsarbeit. Alle vier schulischen VertreterInnen hatten gerade ihre gemeinsame Ausbildung zur Schulentwicklungsberatung abgeschlossen. Die anstehenden Aufgaben, die mit der Projektarbeit verbunden waren, bedeuteten daher einen ersten größeren Einsatz in der konkreten Praxis. Anders verhielt es sich bei den FachberaterInnen der Träger der Kindertageseinrichtungen. Beide VertreterInnen hatten bereits viele Jahre Erfahrung in ihrem Metier. Im Laufe des Prozesses stellte sich zudem heraus, dass nicht nur die praktische Erfahrung, sondern auch das Professionsverständnis zwischen FachberaterInnen und SchulentwicklungsberaterInnen deutlich differierte. Während die Ausbildung der SchulentwicklungsberaterInnen eher an klassischen Methoden der Prozessmoderation orientiert war, tendierten die FachberaterInnen aufgrund ihrer bisherigen Tätigkeit zum einen auch zu einer inhaltlichen Steuerung des Entwicklungsprozesses, sowie zum anderen zu einer möglichen Durchführung von Fortbildungsanteilen. Dies führte u.a. zu einem Diskurs darüber, wie viel Lenkung sein dürfe, ob die ZUS-VertreterInnen selbst auch inhaltliche Unterstützung geben dürften oder die Verantwortung für die Einhaltung der Projektziele in den von ihnen betreuten Verbünden übernehmen sollten. Es handelte sich um eine Diskussion, wie sie auch im Bereich der so genannten Bremer Schulbegleitforschung (die sich als systemische Schulentwicklung versteht) geführt wird (vgl. CARLE 2003). Hier fordern die Schulen i. d. R. mehr Beratung und Schulung und eben nicht nur Prozessmoderation. Im ZUS waren zu den Organisationsentwicklungsansätzen zusätzlich die fachlichen Hintergründe sehr verschieden. Der unten noch näher beschriebenen Teamentwicklung kam daher eine große Aufgabe zu.

8.2 Entwicklung der ZUS-Arbeit

Wie bei der Entwicklung der Zusammenarbeit der Institutionen in den Projektverbünden, benötigte auch das Beratungsteam des ZUS eine Phase, sich gegenseitig kennen zu lernen und eine tragfähige Arbeitsbeziehung aufzubauen. Die individuellen Beratungskonzepte, Rollen- sowie Aufgabenverständnisse wurden diskutiert und im Kontext der jeweiligen Hauptarbeitsbereiche (Fachberatung und Schulentwicklungsberatung) reflektiert. Das erste Konzept enthielt folgende Angaben: *„Als interdisziplinäres Beratungsteam arbeiten wir auf der Basis der Gleichberechtigung aller Projektbeteiligter unabhängig vom Status. Im Sinne einer (nicht parteiergreifenden) Neutralität und einem sich Hineinversetzen in die Situation anderer (Allparteilichkeit) nehmen wir die Ziele und Themen der Projektgruppen auf – unter Beachtung der Projektoberziele. Die Haltung der Neutralität schließt dabei eine eigene und auch kommunizierte fachliche Position nicht aus. Sie ist in diesem Projektkontext sogar gefordert. Durch eine Strukturierung und Dokumentation der Arbeit und Absprachen mit den Bereichen des Projektes stellen wir Verbindlichkeiten her“*. Deutlich sichtbar wurde hiermit das Bemühen um eine gemeinsame und tragfähige Wissens- und Haltungsbasis, um ein abgestimmtes methodisches Vorgehen zu ermöglichen. Damit wurde die zentrale Aufgabe verfolgt, Verbindlichkeiten herzustellen und dem Prozess des Projektes eine Struktur zu geben, die nachhaltig Bestand hat.

Das Konzept

Das Zentrale Unterstützungssystem hatte im Projekt die Aufgabe, die Einrichtungen - vorrangig im Kernprojekt - in ihrem Entwicklungsprozess durch Beratung und Begleitung zu unterstützen. Zugleich sollte es eine übertragbare Konzeption für ein Unterstützungssystem in solchen Verbundkonstellationen entwickeln, wie sie im Projekt gegeben waren. Von Beginn an war deutlich, dass das ZUS die operative Arbeit nicht alleine würde bewältigen können. Vielmehr sollten die vorhandenen Organisationen (Landesinstitut für Schule, Fortbildungsbereich des Landesverbandes Evangelischer Tageseinrichtungen für Kinder, Universität u. v. m.) mit ihren Angeboten genutzt werden. Eine verknüpfte Beratungs- und Fortbildungsstruktur mit mehreren „Produktlinien", wie sie etwa im Thüringer Schulversuch „Veränderte Schuleingangsphase" aufgebaut wurde (CARLE/HAHN 2000 und BERTHOLD/CARLE/SCHNEIDER/ZIMMER 2004), intendierte das ZUS dafür nicht. Eine solche Vorgehensweise wäre möglicherweise zur Unterstützung der prozessbegleitenden Projektarbeit sinnvoll gewesen. Angesichts der intensiven Begleitarbeit in den Verbünden sowie der begrenzten zur Verfügung stehenden Ressourcen, war eine intensive Ausrichtung auf den Aufbau einer Beratungs- und Fortbildungsstruktur vom ZUS allerdings nicht leistbar. Mit Blick auf die verschiedenen Eingangsvorstellungen der Beteiligten und ohne etabliertes Fortbildungs- und Beratungsinstitut mit einer routinierten Organisationsstruktur im Hintergrund, konnte dieses Vorhaben nur begrenzt umgesetzt werden. Zudem berührte diese Thematik einerseits die verschiedenen Trägerinteressen, während andererseits keine verbindlichen Vorgaben bezüglich einer Strukturierung der Beratungs- und Fortbildungsangebote durch die Behörden bestanden. Unabhängig von einer fachlichen Position wird zum Aspekt eines trägerübergreifenden Beratungs- und Fortbildungskonzeptes an dieser Stelle deutlich, dass der Projektauftrag für das ZUS einerseits nicht eindeutig und realistisch formuliert war und die ZUS-VertreterInnen sich andererseits in einem Auftragskonflikt im Sinne „Diener zweier Herren" befanden.

Die im Folgenden dokumentierte, vom ZUS selbst erstellte Struktur, zeigt die Überlegungen im ersten Projektjahr (2003/04).

Orientiert an den vier Projektzielen sowie dem Projektauftrag der beteiligten Institutionen, formulierte das ZUS für sich selbst folgende Rahmenziele:

- Das Zentrale Unterstützungssystem unterstützt die Projekt-Verbünde in der Einlösung des Projektauftrages;
- das Zentrale Unterstützungssystem unterstützt die Projekt-Verbünde bei der gemeinsamen Erarbeitung und Erprobung eines Konzeptes des veränderten Überganges vom Kindergarten in die Schule;

- Konzepte sind durch Übertragbarkeit, Wiederverwertbarkeit und Nachhaltigkeit geprägt;
- das Zentrale Unterstützungssystem ist hilfreich bei der Erstellung von Arbeitsergebnissen und Produkten.

Die Zielerreichung sollte durch die Umsetzung der folgenden Aufgaben gesichert werden:

- Entwicklung eines Konzeptes für das Unterstützungssystem (zentral, übergreifend);
- Beratung, Begleitung, Moderation in den Kern- und den erweiterten Projekten;
- Vermittlung und Koordination von Anfragen aus den Projektverbünden;
- Planung, organisatorische Durchführung und Reflexion von Foren und Fortbildungen;
- Entwicklung eines Fortbildungskonzeptes, u. a. aktueller, perspektivischer Bedarf;
- Zusammenarbeit mit der wissenschaftlichen Begleitung;
- Rechenschaft gegenüber der Projektkoordination und der Lenkungsgruppe;
- Dokumentation von Arbeitsergebnissen (Berichte, Protokolle, Aufsätze, Öffentlichkeit);
- Kooperation im Projekt;
- (Weiter-) Entwicklung einer professionellen Arbeitskultur;
- erarbeiten von verbindlichen Arbeitsstrukturen;
- Strukturierung von Arbeitsprozessen;
- Vernetzung der Beteiligten;
- herstellen der Transparenz von Strukturen und Entscheidungen;
- Sorge für einen zügigen Informationsfluss und –austausch.

Für die Zielerreichung bzw. Entwicklung und Umsetzung des „perspektivischen“ Konzeptes in der Beratungspraxis wurden vom ZUS folgende Rahmenbedingungen formuliert:

- Eine grundsätzliche Entscheidung für einen ressortübergreifenden Beratungsansatz durch die jeweiligen senatorischen Behörden;
- die Bereitstellung einer Plattform (Personen, Auftrag, Zielsetzung,...) für eine gemeinsame Konzeptentwicklung durch VertreterInnen aus dem Elementar- und Primarbereich und ggf. anderen Experten;

- die Einrichtung einer Koordinationsstelle für die Beratung und Begleitung der gemeinsamen Entwicklung von Kindertageseinrichtung und Grundschule;
- ein entsprechend verbindlicher Beratungsauftrag für die existierenden Beratungssysteme;
- das Installieren von Beratungstandems mit jeweils einem Berater und einer Beraterin aus jedem Bereich;
- ein notwendiges Anforderungsprofil der BeraterInnen;
- die Bereitstellung entsprechender Ressourcen (Personalstunden, Sachkosten...).

In der alltäglichen Arbeit knüpfte das ZUS an die bisherige Arbeit der Einrichtungen in den Verbünden an. Von da ausgehend sollte das oben dargestellte anfängliche Konzept konkretisiert werden und sich erfahrungsbasiert für die Zukunft zu einem interdisziplinäres Beratungssystem entwickeln, welches auf Nachhaltigkeit angelegt war. So hieß es im Konzept weiter: *„Die Auftraggeber des Projektes haben das Interesse, auch über die Projektzeit hinaus ein interdisziplinäres Beratungssystem den Kindertageseinrichtungen und Grundschulen für die gemeinsame Arbeit zur Verfügung zu stellen"*.

Im Laufe des zweiten Projektjahres (Februar bis Juli 2005) entwickelte das Gesamtteam des Zentralen Unterstützungssystems ein erstes träger- und ressortübergreifendes Fortbildungs- und Beratungskonzept, das in den Ausführungen dieses Kapitels eingearbeitet wurde. In das Konzept flossen die Beratungserfahrungen aus dem zweijährigen Projekt „Frühes Lernen" ein. Darüber hinaus erfolgte eine inhaltliche Verzahnung mit den fachlichen Anforderungen an die Qualifizierung der Fachkräfte aus dem Elementar- und Primarbereich.

Im zweiten Projektjahr stellte sich die Entwicklung der Arbeit des ZUS wie folgt dar:

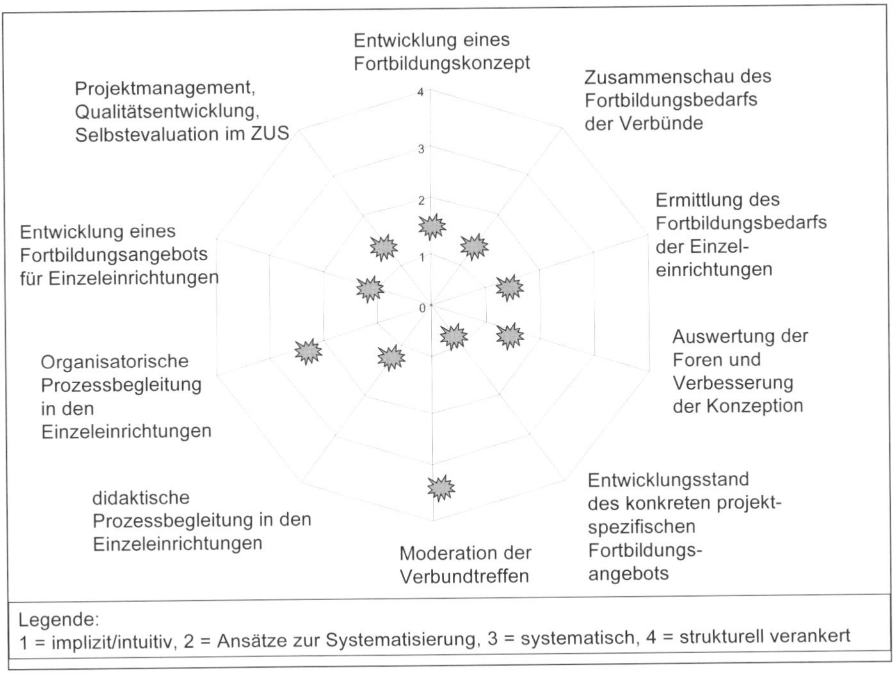

Abbildung 8-2: Entwicklung des ZUS im 2. Projektjahr

Die Grafik zeigt sehr deutlich, dass in den beiden Projektjahren das Hauptaugenmerk auf der Moderation der Verbundtreffen lag. Es gelang der Gruppe, wenn auch noch nicht systematisch, so doch mit gutem Gespür, die Chancen in den Verbünden aufzugreifen und wo immer es möglich war, dem betreuten Verbund hilfreich zu sein. Allerdings zeigte sich, dass es auch eine ganze Reihe ungeplanter Aufgaben zu bewältigen galt. In der Retrospektive nannten die ZUS-Mitglieder in der Abschlussbefragung folgende Aufgaben sowie Aspekte der Beratungs- bzw. Prozessbegleitung, die sich aus der Arbeit mit den Einrichtungen ergaben:

Akquise und Erstkontakt

Da es keine Verpflichtung der Verbünde gab, sich vom ZUS beraten zu lassen, musste in den meisten Fällen die Initiative zur Zusammenarbeit von den Beratungsteams selbst ausgehen. Über einen vorhandenen persönlichen oder dienstlichen Kontakt in einem Verbund, baten die BeraterInnen um Einladung zu einer Besprechung mit den Leitungen des Verbundes. *„Wir haben über eine bekannte Adresse angerufen und gefragt, wann ist eure turnusmäßige Sitzung? Wir würden uns gerne dazu einladen; im Rahmen des Projektes Frühes Lernen würden wir uns gerne vorstellen und über eine mögliche Zusammenarbeit sprechen. Das war unser Erstkontakt"*. Vor diesem Hintergrund sahen die ZUS-MitarbeiterInnen sich zunächst als Gäste, die an den gemeinsamen Treffen der Einrichtungen, sofern bereits Kooperationen bestanden, teilnehmen „durften". Dort stellten die ZUS-Tandems das Konzept des Modellprojektes und die Möglichkeiten, die das Zentrale Unterstützungssystem bieten konnte, vor. Im Anschluss daran entschieden alle Beteiligten darüber, eine Zusammenarbeit einzugehen oder auf eine Zusammenarbeit mit dem ZUS zu verzichten. Auf diesem Weg entwickelte sich schließlich die gemeinsame Arbeit im Projekt, es wurden Verbindlichkeiten abgesprochen, Verantwortlichkeiten festgelegt, die Planung und Durchführung der inhaltlichen Arbeit thematisiert und ggf. durch Fortbildungsangebote ergänzt.

Moderation der Sitzungen der Leitungen im Verbund

Die häufigste Aufgabe, die dem Unterstützungssystem übertragen wurde, war die Moderation der gemeinsamen Sitzungen von LeiterInnen der Kindertageseinrichtungen und Grundschulen in einem Verbund. *„Wir haben auch Kernarbeit übernommen, Plakate geschrieben, wo noch mal die Ziele aufgeschrieben wurden, Gruppenarbeit zur Zielklärung angeleitet oder Ergebnisse aufbereitet"*. Zudem regten die Tandems Verbindlichkeit erzeugende Arbeitsmethoden an, wo diese noch nicht eingeführt waren (Protokolle, Tagesordnungen). Zu Beginn unterschätzt wurde die Leitungsaufgabe, die implizit mit der Übernahme der Prozessmoderation verbunden war und die Bereiche des Projektmanagements im Verbund mit einschloss. So galt es, in Zusammenarbeit mit den Einrichtungen die Ziele zu schärfen, in Meilensteine herunterzubrechen - bis hin zur Verteilung konkreter Aufgaben. Ziele, Maßnahmen und sächliche, personelle wie zeitliche Ressourcen mussten zusammengebracht werden, um das Projekt in einem Verbund zu strukturieren. Am Ende eines solchen Prozesses sollte schließlich ein Kontrakt stehen, in dem sich die Beteiligten zur Übernahme bestimmter Aufgaben verpflichteten. Allerdings wurde dieser nur in einem Verbund abgeschlossen.

Konfliktmanagement

Konflikte entstanden an verschiedenen Stellen der Prozessbegleitung, nicht nur zwischen den moderierten Gruppen und dem ZUS. Ebenso traten Konflikte zwischen den Leitungen der Kindertageseinrichtungen und den Leitungen der Schule(n) auf. Mit dem beginnenden Kooperationsprozess lösten sich die Kontroversen nicht automatisch auf. Die Vorbehalte bestanden lange fort und kamen häufig wieder zutage. *„KindergartenleiterInnen äußerten vielfach: `Wir haben ganz viele Ideen, wir wollen die Zusammenarbeit! Die LehrerInnen sagen ja auch, sie wollen die Zusammenarbeit, aber in der konkreten Situation vor Ort mit den Lehrern kommt es einfach nicht dazu, weil wir dann ganz massiv auf Widerstand stoßen`.*

Des Weiteren beklagten die MitarbeiterInnen der Kindertageseinrichtungen, dass sich alle ihre Vorschläge und Anregungen, die sie einbrachten, immer nach Bedingungen der Schule richten müssten: *‚Wir müssen uns immer auf* *die Bedingungen der Schule einlassen. Und wo lässt sich die Schule eigentlich auf unsere Bedingungen ein? Wir arbeiten auch den ganzen Tag und haben...!' also, dieses alte Schema. Das kam zum Schluss wieder ganz massiv als Konflikt hoch"*. Es kam aber auch vor, dass Konflikte auf Verbundebene entstanden, weil bestehende Konflikte zwischen Leitung und MitarbeiterInnen in die Gruppe hineingetragen wurden oder weil eine bestimmte Person sich als zu dominant erwies und eine andere sich darüber beschwerte. Es handelte sich somit um übliche Konfliktbereiche im Rahmen der Gruppenentwicklung. In solchen Fällen verfolgten die ZUS-VertreterInnen ein dreischrittiges Verfahren. Erstens achteten sie darauf, den betreffenden Personen für ihr Anliegen Raum zu geben sowie darauf, dass das Gespräch nicht durch Bewertungen, Abwertungen oder Schuldvorwürfe geprägt war, sondern die Situation klar schilderte. Zweitens wurde der anderen Person die Möglichkeit gegeben, dazu Stellung zu nehmen und drittens schließlich das Gespräch dahingehend unterstützt, eine Einigung zu erzielen. Einige Konflikte blieben jedoch auch unbearbeitet und erwiesen sich langfristig als Hemmschuh. Beispielsweise der Konflikt zwischen dem eigenen Anspruch und den im Projekt verfügbaren Ressourcen. Insbesondere zum Ende des Projektes wurde deutlich, dass sich die Leitungen teilweise zu hohe Ziele gesetzt hatten, speziell für die Dokumentation der entstandenen Produkte. *„Keiner hatte die Zeit und die Kraft, um 120 Seiten Hochglanz zu produzieren. Und ich denke, das sind so die Sachen, die sind unverdaut und nicht aufgearbeitet"*.

Die Konfliktbearbeitung machte insgesamt einen großen Teil der Arbeitsbelastung der ZUS-Teams aus. Aufgrund ihrer Ausbildungen und Erfahrungen gelang es den BeraterInnen, diese durchaus kritischen Situationen soweit zu entzerren, dass die Projektarbeit vor Ort nicht übermäßig beeinträchtigt wurde.

Beratungsarbeit als „Kritischer Freund"

In-Prozess-Begleitung machte es erforderlich, dass die Arbeit im Verbund immer wieder einer Überprüfung und kritischen Würdigung unterzogen werden musste. Die Begleitung erforderte dadurch oftmals kritische Fragen, manchmal sogar eine gewisse Konfrontation mit der aktuellen Entwicklung der Projektarbeit. Dieser Aspekt der Beratungsarbeit bedeutete eine weitere große Herausforderung für die ZUS-VertreterInnen. Neben der Aufgabe, die Eigenaktivität der Verbünde bezüglich der Projektarbeit zu unterstützen, galt es ebenso, diese stets mit den Projektzielen in Beziehung zu setzen und ggf. zu korrigieren. Jeweils abhängig von der Gruppendynamik im Verbund, waren die BeraterInnen aufgefordert, eine angemessene Form zu finden, einzelne Ideen oder geplante Aktionen den Zielen entsprechend zu hinterfragen bzw. im Verbund zu klären, inwieweit diese zur Erreichung der Ziele beitragen. Die beratende Tätigkeit bewegte sich an diesen Stationen der Projektarbeit in einem äußerst sensiblen Feld. Für die ZUS-BeraterInnen bedeutete dies stets ein Balanceakt zwischen dem Erfordernis, durch kritische Rückfragen zu insistieren, gleichzeitig jedoch die in der Regel „unsichtbare" Grenze der Verletzung nicht zu übertreten und eine Abwehrhaltung zu produzieren, die möglicherweise eine Blockade des Entwicklungsprozesses zur Folge hätte.

In Abgrenzung zur Fachberatertätigkeit in den eigenen Einrichtungen gestaltete sich die Intervention in den trägerübergreifenden Leitungsrunden der Verbünde zusätzlich schwierig. Die Tatsache, dass im Hintergrund der gemeinsamen Projektarbeit verschiedene Träger und damit verbunden trägereigene Interessen standen, begleitete alle am Projekt beteiligten Institutionen und Personen. Für die beratende Tätigkeit beinhaltete diese Situation eine besondere Herausforderung. Unabhängig davon, den Projektprozess inhaltlich zu gewährleisten und Grenzen auf der persönlichen Ebene nicht zu überschreiten, war es zusätzlich erforderlich, spezifische Grenzen der Träger zu wahren. Die BeraterInnen, aber auch die MitarbeiterInnen in den einzelnen Verbünden, waren hier zu einem doppelten Balanceakt aufgefordert, zu dessen Gelingen sicherlich der Umstand beigetragen hat, diesen Sachverhalt nicht auszublenden, sondern als ein Bedingungsmoment zu akzeptieren und adäquate Umgangsweisen zu entwickeln.

Informationsvermittler zwischen Ebenen

Das ZUS war auf allen Ebenen des Projektes vertreten: In der Lenkungsgruppe (Behörden, Universität, ZUS), in der operativen Projektleitung (Sozialbehörde, ZUS), mindestens einmal monatlich auf dem Jour Fixe (Wissenschaftliche Begleitung und ZUS), bei den Leitungstreffen in den Verbünden des Kernprojektes und einigen Verbünden des Erweiterten Projektes, mehrmals monatlich in der Arbeitsgruppe des ZUS selbst, in den Tandems zusammen mit den MitarbeiterInnen des erweiterten Unterstützungssystems. Hinzu kam die Vernetzung der Projektarbeit mit anderen Bereichen der eigenen Dienststelle. Diese Vielzahl der Kontakte und die damit verbundene Informations- und Vermittlungsarbeit war sehr zeitintensiv.

Die Idee der Wissenschaftlichen Begleitung, diese Informationsarbeit räumlich durch ein Projektbüro zu symbolisieren und zu etablieren, um Arbeitswege zu verkürzen, wurde während der Projektlaufzeit nicht mit dieser Wirkung realisiert, obwohl ein Büro am Förderzentrum in Burgdamm eingerichtet und u. a. für Arbeitstreffen des ZUS, als Arbeitsplatz des Projektkoordinators, Ulrich Hütter, sowie als technischer Standort für Telefon und Internet genutzt wurde. Vermutlich lag das Büro nicht zentral genug, um bei der hohen Arbeitsbelastung des Einzelnen ein Anreiz für persönlichen Kontakt sein zu können. Die ebenfalls durch die Wissenschaftliche Begleitung zu Projektbeginn angeregte virtuelle Kommunikation (vgl. Konzept unter www.fruehes-lernen.uni-bremen.de) entwickelte sich ebenfalls zurückhaltend. Nach einer gewissen Anlaufzeit waren alle Mitglieder des ZUS und fast alle Einrichtungen per e-Mail erreichbar und die gesamte schriftliche Kommunikation (vom inhaltlichen Austausch über Protokolle bis hin zu Einladungen) konnte über dieses Medium abgewickelt werden. Die von der Universität Bremen bereit gestellte Arbeitsplattform wurde nur innerhalb des Teams der Wissenschaftlichen Begleitung rege genutzt. Um von den Einrichtungen und vom ZUS angenommen zu werden, wäre eine intensivere Einführung und Begleitung, sowie mehr Erfahrung mit dem Medium und eine Einbindung in ein projektinternes Informations- und Kommunikationssystem erforderlich gewesen.

Vor dem Hintergrund dieser Erfahrungen wird es bezüglich der Durchführung von Projekten mit ähnlicher Struktur erforderlich sein, dass zukünftige Beratungsteams ein gut gelingendes Informationsmanagement aufbauen, um die verschiedenen Arbeitsprozesse so effektiv wie möglich bewältigen zu können. Dies auch unter der Berücksichtigung bereits vorhandener trägerübergreifender Informationssysteme bzw. -wege.

Projektmanagement oder Qualitätsmanagement

Obwohl ein Mitglied des ZUS Kenntnisse in Qualitätsmanagementmethoden hatte, fruchtete die anfangs sehr massive Intervention der Wissenschaftlichen Begleitung, methodischer zu entwickeln und entsprechende Methoden des Projektmanagements und der Qualitätsentwicklung einzusetzen, Meilensteine zu formulieren und daraus konkrete Aufgaben abzuleiten sowie dabei Zeit- und Personalressourcen in Einklang zu bringen, erst allmählich. Im ersten Jahr führte die Wissenschaftliche Begleitung eine Zeitleiste ein, mit deren Hilfe retrospektiv und vorausplanend Meilensteine gesetzt werden konnten. Deutlich wurde dabei zum Beispiel, dass die Ferienzeiten das Jahr sehr strikt unterteilen und dass es beim ZUS bereits zu massiven Arbeitsballungen gekommen war. Es galt, die Arbeit zu entzerren und auf das Jahr zu verteilen. Meilensteine mussten so gesetzt werden, dass sie am Ende eines Zeitabschnittes erreicht werden konnten. Gleichfalls beachtet werden musste, dass die Erhebungszeiträume der Wissenschaftlichen Begleitung sich nicht zeitlich mit den Vorhaben des ZUS überschnitten und das ZUS die Möglichkeit erhielt, an den Erhebungen teilnehmen zu können, um zusätzliche Einblicke in die Verbünde zu gewinnen. Dieses erweiterte Wissen um die Situation vor Ort eröffnete den BeraterInnen zugleich, ihr Unterstützungsangebot kurzfristig detaillierter der Sachlage in den Verbünden anzupassen.

Von Anfang an wurde deutlich, dass die Perspektive und Kompetenz eines Projekt- und Qualitätsmanagements im Projekt stärker einzubeziehen gewesen wäre. Dadurch erreichbare größere Transparenz hätte dem Projekt einige Umwege erspart und die Evaluation erleichtert. Aufgrund der kurzen Projektlaufzeit wurde dennoch von der Wissenschaftlichen Begleitung im zweiten Jahr eine stärkere Konzentration auf die Konzeptentwicklung und den gleichzeitigen Einbezug externer Fachleute und Ressourcen hierfür empfohlen. In einem nächsten Projekt könnte jedoch ein erster Schritt die Wiederaufnahme der Zeitleistenarbeit mit Definition von Meilensteinen und der Aufteilung von Arbeitspaketen sein.

Gesamtprojektentwicklung

Da die operative Projektleitung kooperativ bei Ulrich Hütter (ZUS) und bei Petra Rannenberg-Schwerin (Sozialbehörde) lag, hatte das ZUS sehr großen Einfluss auf die Gesamtprojektentwicklung. Das ZUS war eindeutig am aktuellsten mit dem Entwicklungsprozess vor Ort verbunden und konnte so die Erfahrungen der verschiedenen Verbünde untereinander vermitteln und in die anderen Ebenen hineintragen. Von großem Interesse für die Verbünde war z. B. der Austausch über Fortbildungsveranstaltungen.

Die gewonnenen Erfahrungen aus dem Kernprojekt sowie dem Erweiterten Projekt wurden auf den Foren mit allen beteiligten Institutionen ausgetauscht. Mittels der regelmäßig stattfindenden Jour Fixe konnten die Entwicklungen in den Projektverbünden recht zeitnah zwischen dem ZUS und der Wissenschaftlichen Begleitung diskutiert werden. Das Ergebnis einer längeren Entwicklungsstrecke wurde in die Lenkungsgruppe eingebracht. Aus Sicht der Wissenschaftlichen Begleitung hat sich diese Arbeitsteilung bewährt.

Entwicklung eines Beratungs- und Fortbildungskonzeptes

Die Zugehörigkeit zu den verschiedenen Trägern war für die Mitglieder des Zentralen Unterstützungssystems nicht nur Zugang zu einem großen Fundus an Fortbildungsangeboten, sondern brachte auch Probleme mit sich. Es war durchaus nicht klar, dass die Kenntnisse aus früheren Konzeptentwicklungen in das ZUS eingespeist werden dürfen und können, beispielsweise ob ein Konzept, welches für einen bestimmten Träger konzipiert wurde, auch auf das ZUS übertragen werden dürfe. Denn die Struktur des bisherigen Angebotes war auf Seiten der FachberaterInnen verbunden mit der Verantwortung für die von ihnen betreuten trägereigenen Einrichtungen. Wie bereits dargestellt, hatten sie demgegenüber im Projekt „Frühes Lernen – Kindergarten und Grundschule kooperieren“ diese Verantwortung auf eine andere, erst vom ZUS selbst zu definierende und schließlich im Tandem zu konkretisierende Weise. Ihre Tätigkeit ähnelte stärker der einer selbstständigen Serviceeinrichtung. Auf Seiten der Schulentwicklungsmoderatoren war Fortbildung eine Sache des LIS, welches während der Projektlaufzeit von sehr grundsätzlichen Umstrukturierungen betroffen war.

Zunehmend - auch verbunden mit der Einführung eines Fortbildungsbudgets in den Schulen - muss das LIS mit Anbietern auf dem freien Markt konkurrieren. Das führte zeitweise zu Irritationen. In der Abschlusserhebung wurde deutlich hervorgehoben: „*Sowohl im Kindergarten als auch im schulischen Bereich, sind wir mit unserem Projekt in eine völlige Umbruchsituation hineingerutscht. Das ist so, rein zeitlich. In Schule war es bisher so, [...] jeder Lehrer war für die Fortbildung selbst verantwortlich. Da hat jeder gemacht, was er wollte. Und der Umbruch ist, dass ab diesem Schuljahr ein Zusammenhang zwischen der Jahresplanung und der Fortbildung bestehen muss, der von der Schulleitung kontrolliert wird. Und dasselbe in grün gilt ja auch hier für die Kindergärten. Da haben wir auch den Umbruch, dass jetzt der Rahmenplan da ist, das war vorher nicht. Und in der entstehenden Lücke besteht am Übergang vom Kindergarten in die Grundschule ein gemeinsamer Fortbildungsbedarf, beispielsweise, was die bereichsspezifische Entwicklung der Kinder angeht. Es gibt Fortbildungsinteressen und Fortbildungen zur mathematischen, zur sprachlichen und zur naturwissenschaftlichen Entwicklung von Kindern im Kern- und im Erweiterten Projekt*“.

Am Ende der Projektzeit sah das ZUS auch sein Angebotsumfeld deutlich weiter entwickelt als noch im ersten Projektjahr. „*Beim LIS gibt es ja in Zukunft dieses Onlineverzeichnis, der Ev. Landesverband hat ein gedrucktes Fortbildungsprogramm, nur Soziales selbst hat kein Verzeichnis. Das ist auch eine Forderung unseres Fortbildungskonzeptes, dass diese drei großen Fortbildungsträger künftig koordiniert werden [...] da könnten dann auch einrich-tungsübergreifende Personalentwicklungsüberlegungen eine Rolle spielen. Auf Seite der Fortbildung müsste alles getan werden, dass sie praxiswirksam wird*“.

Ganz problemlos wird dieser Übergang nicht vonstatten gehen, und es ist auch fraglich, ob der Weg einer Koordinierung alleine dieser drei Fortbildungsanbieter der richtige ist.

So wurden in Beratungssituationen auch Befürchtungen wach, BeraterInnen könnten ihre in Beratungssituationen gewonnenen Erkenntnisse dem Träger weitergeben. Die ZUS-MitarbeiterInnen waren stets mit der Situation konfrontiert, einerseits Beratungsarbeit im Auftrag des Projektes durchzuführen, während sie andererseits gleichzeitig den Status als VertreterInnen eines Trägers oder der Schulbehörde innehatten. Aufgrund dieser Konstellation war die konkrete Arbeit durchaus von Konkurrenzsituationen und daraus resultierenden Unsicherheiten begleitet. Diese Voraussetzungen führten auf beiden Seiten, den Einrichtungen in den Verbünden wie auch den BeraterInnen, zu Bedenken, ob die Grenzziehung zwischen Projektarbeit und möglichen Trägerinteressen immer gelingen kann. Dennoch konnten im Projekt fallspezifisch adäquate Lösungen gefunden werden, mit der gegebenen Situation umzugehen und die gemeinsame Projektarbeit zu fokussieren.

Unter Berücksichtigung der Historie der heutigen Fortbildungsanbieter wird deutlich, dass ein gemeinsames Unterstützungssystem einen klaren organisationalen Rahmen benötigt und Ressourcen, auf die es trägerunabhängig zurückgreifen kann. Notwendig wäre aus Sicht der Wissenschaftlichen Begleitung eine Kundenorientierung und fachliche bzw. problembezogene Profilierung aller Fortbildungsanbieter auf dem Markt. Mit Ausnahme von „Tendenz“-Fortbildung erscheint die bisherige Kopplung von Fortbildung und Träger (bzw. Fachaufsicht) aus fachlichen Gesichtspunkten nicht nötig.

Ein künftiges ZUS könnte regionale Verbünde nicht nur in der Fortbildungplanung, sondern auch darin unterstützen, ein Verbundkonzept mit einer einrichtungsübergreifenden Personalentwicklungsstrategie auszuarbeiten, etwa durch gemeinsame Qualifizierungsmaßnahmen. Es könnte behilflich sein, sich passende Fachleute dafür einzukaufen, Erfahrungen zu sammeln und damit helfen, dass Fortbildung spezifisch den Bedarfen angepasst ist.

Dass diese Beratungsarbeit und die Organisation der Fortbildungen nicht ohne längerfristige Integration in eine Personalentwicklungsstrategie im Rahmen eines institutionellen Entwicklungskonzeptes funktioniert, ist in der Literatur für Einzeleinrichtungen vielfach beschrieben worden (HAHN 2003) und könnte im Rahmen des verbundbezogenen Schulanfangskonzeptes auch für ortsteilbezogene Verbünde gelten. Wird Fortbildungsbedarf lediglich aus Stimmungen heraus erhoben oder wird er ohne langfristige, für alle transparente und verbindliche Strategie festgestellt, kann es leicht zu folgender oder ähnlichen Situationen kommen: *„Was mich in der Erhebung damals völlig verblüfft hat, dass von den Lehrern gesagt wurde, sie hätten sich mehr Fortbildung gewünscht. Dabei hatten wir immer wieder vorgeschlagen, der Verbund müsste die und die Fortbildung haben und das wurde immer wieder von den Leitungen, [...] abgelehnt, mit der Begründung, das schaffen wir nicht und wann sollen wir das auch noch unterbringen, wir haben schon so viele andere Verpflichtungen“.*

Im Rahmen einer langfristigen Strategie ist auch an eine arbeitsteilige Teilnahme an Fortbildung zu denken und an die Etablierung einer Struktur, wie die Erkenntnisse von den jeweiligen TeilnehmerInnen quasi als Multiplikatoren in den Verbund hinein getragen werden können. Ohne entsprechende Begleitung kann die Wirkung der Multiplikatorfunktion allerdings schnell verpuffen.

Der Erstellung eines großen Fortbildungsprogrammes steht das ZUS begründet skeptisch gegenüber. Das Team schätzt am Ende des Projektes ein: *„Es gibt noch kein ausreichendes Bewusstsein, dass sich Zusammenarbeit zwischen Kindergarten und Grundschule zum Übergang lohnt. Das ist noch nicht durchgängig vertreten. Ein Fortbildungsprogramm zum Übergang Kindergarten - Grundschule würde nur partiell auf fruchtbaren Boden fallen. Es gäbe keine wirkliche Basis, bisher. Sondern es gibt bestimmte Personen, es ist sehr personenabhängig, die sich da was raussuchen würden, aber* *die Basis für den gesamten Verbund, die würde nach wie vor fehlen"*. Dennoch werden einige Themen gesehen, für die es sich lohnen würde, sofort und vor Einführung verbundbezogener institutioneller und personalbezogener Entwicklungskonzepte ein trägerübergreifendes Programm zu entwickeln: *„Es sei denn, wir machen was völlig Neues, was anderes, was sich aus unserer Frühes-Lernen-Thematik heraus entwickelt. Ich glaube, dass es das geben könnte, vor dem Hintergrund der Erfahrungen aus dem Projekt Frühes Lernen. Die Entwicklung einer trägerübergreifenden Fortbildung oder Qualifizierung, wie auch immer, müsste die Kooperation des Kindergartens mit der Grundschule zum Thema machen. Dann haben wir das Thema Rahmenbildungsplan im Elementarbereich und sein Anschluss an den Grundschullehrplan. Und schließlich haben wir das Thema Entwicklungsdokumentation und Portfolio. Auch das kann ein guter Anlass sein, zusammen etwas zu entwickeln. Also alleine, dass jeder das lesen kann, was da steht und wir alle vom selben reden, alleine das wäre ein Fortschritt"*.

8.3 Zusammenfassung

Mit dem Start des Projektes „Frühes Lernen" zum Kindergarten- und Schuljahr 2003/04 stand das Zentrale Unterstützungssystem vor der Aufgabe, einen Arbeitsplan für zwei unterschiedliche Ebenen der Projektarbeit zu entwerfen. Zum einen galt es, auf der Ebene der Verbünde Strukturen zur Umsetzung der Projektziele zu installieren, zum anderen bestand die Aufgabe darin, auf der Ebene übertragbarer Konzepte ein Beratungs- und Fortbildungskonzept zu entwickeln, das im Hinblick auf die Projektziele trägerübergreifend angewendet werden kann.

Um in die Projektarbeit einzusteigen, stand für das Zentrale Unterstützungssystem im ersten Projektjahr zunächst die Moderation und Unterstützung der Verbünde im Vordergrund. Die Umsetzung dieser Aufgabe hatte das ZUS in erster Linie in beratender und begleitender Form der Projektarbeit vor Ort wahrgenommen. Im Kernprojekt erfolgte eine regelmäßige, monatliche Beratung und Begleitung der Verbünde, im Erweiterten Projekt fand die Beratung und Begleitung regelmäßig oder punktuell bei Bedarf statt. Die Mehrheit der Einrichtungen im Erweiterten Projekt hatte keine Begleitung angefragt.

Durch die Begleitung und Beratung verfolgte das Zentrale Unterstützungssystem im ersten Projektjahr folgende Ziele:

- Unterstützung der Projektverbünde bei der Einlösung des Projektauftrages;
- Unterstützung der Projektverbünde bei der gemeinsamen Erarbeitung und Erprobung eines Konzeptes für einen veränderten Übergang vom Kindergarten zur Grundschule;

- Unterstützung bei der Dokumentation von Arbeitsergebnissen bzw. Produkten.

Konkret bestand die Tätigkeit der ZUS-VertreterInnen im Wesentlichen darin, verbindliche Rahmenbedingungen für eine Kooperation zu schaffen, d.h. regelmäßige Arbeitstreffen auf Verbundebene zu vereinbaren, an denen sich alle Einzeleinrichtungen engagiert beteiligen, Zielentwicklungsprozesse zu initiieren, sowie die Arbeitsprozesse zu strukturieren. Es übernahm dazu die Moderation der Verbundtreffen und gab bei Bedarf richtungsweisende Inputs zur Unterstützung der weiteren Entwicklung im Verbund. Neben diesen organisatorischen Rahmenbedingungen der Zusammenarbeit bestand eine wesentliche Aufgabe darin, einen Raum des Miteinanders zu schaffen, der den Annäherungsprozess zwischen den Professionen ErzieherIn - LehrerIn unterstützte.

Hinsichtlich der Aufgaben auf Verbundebene kann für das erste und zweite Projektjahr, den Kindergarten- und Schuljahren 2003/04 und 2004/05, festgehalten werden, dass das ZUS insbesondere im Bereich der Kooperation zwischen den Einrichtungen initialisierende und stabilisierende Wirkung hatte, die aber noch nicht in jedem Verbund so weit etabliert und in eine eigene Projekt- und Qualitätsentwicklungsstruktur überführt werden konnte, dass sie überall ohne Unterstützungssystem weiterhin existieren würde. Eine weitere positive Wirkung der Arbeit kann darin gesehen werden, dass einige Verbünde sich selbst auf den Weg machten, für ihre gemeinsame, einrichtungsübergreifende Arbeit an inhaltlichen Projekten zu arbeiten. Die Teilprojekte „Mathe von Anfang an“, „Schrift und Sprache“, „Wasser“, „Steine“ sind nur einige Beispiele, die zur inhaltlichen Gestaltung des Überganges vom Kindergarten in die Grundschule durchgeführt wurden und für welche die Einrichtungen teilweise selbst gemeinsame Fortbildungen vorgeschlagen haben, wovon einige durch das ZUS organisiert bzw. moderiert wurden.

Darüber hinaus stand das ZUS für Anfragen hinsichtlich der Organisation von Fortbildungen zur Verfügung und gab zunehmend Erfahrungen von den Fortbildungen an andere Verbünde weiter. Die Verbreitung der Projekterfahrungen wurde insbesondere durch das 3. Forum unterstützt. Zudem wurde durch Vermittlung des ZUS in den Verbünden Rönnebeck und Vegesack1 je eine Fortbildung zum Thema „Frühes Lernen und Entwicklung im Dialog“ angeboten. Die Verbünde im Kernprojekt betonten die Notwendigkeit einer über Fortbildung hinausgehenden intensiveren inhaltlichen Fachberatung sowie eine Verknüpfung von Theorie und Praxis, um die in der Praxis auftretenden Fragen und Probleme besser lösen zu können.

Die konzeptionelle Ebene des ZUS umfasste die Aufgabe, ein über die einzelnen Verbünde hinausgehendes, trägerübergreifendes Beratungs- und Fortbildungskonzept zu entwerfen, das eine Systematisierung des Schulanfanges unterstützen und die MitarbeiterInnen von Grundschule und Kindergarten als gemeinsame Zielgruppe fokussieren sollte. Vor diesem Hintergrund erachtete das ZUS einerseits eine systematische Bedarfsermittlung, die in das Gesamtfortbildungskonzept einfließt, als bedeutend. Andererseits wurde deutlich, dass diese Ausrichtung nicht ausreichen würde, um eine durchgreifende qualitative Verbesserung am Schulanfang zu erreichen. Im Zuge der Tätigkeit auf Verbundebene haben die VertreterInnen des ZUS Vorstellungen zum Fortbildungsbedarf entwickeln können. Als zentral sahen sie eine erste initiierende Fortbildung an, die deutlich macht, warum der Übergang vom Kindergarten in die Schule koordiniert stattfinden sollte, und was dies für die einzelnen Beteiligten bedeutet. Aktuelle wissenschaftliche Erkenntnisse über die Entwicklung von Kindern in verschiedenen Bereichen (nicht nur mathematisch, sprachlich und naturwissenschaftlich, sondern auch sozial, emotional, motorisch etc.) sollten vermittelt werden.

Zur Stärkung der Selbstreflexion und Kommunikationsfähigkeit der pädagogischen MitarbeiterInnen wären Angebote notwendig, auch um den Sinn kindlichen Verhaltens zu erkennen und entsprechend zu reagieren. Gerade in der multiprofessionellen Kooperation sei es erforderlich, sich das eigene Rollenverständnis bewusst zu machen und sich mit den Aufgaben der eigenen und der fremden Profession auseinandersetzen. Als naheliegend wird die gemeinsame Fortbildung zum Rahmenbildungsplan im Elementarbereich und zu seinem Anschluss an den Grundschullehrplan empfohlen und in diesem Zusammenhang auch Entwicklungsdokumentationen und Portfolios.

Die Ebene der konzeptionellen, trägerübergreifenden Arbeit wurde vom ZUS eher sekundär behandelt, weil zunächst die Beratungsarbeit und deren Reflexion in den einzelnen Verbünden im Vordergrund stand. Zudem wäre das ZUS retrospektiv betrachtet ohne eine klare Strukturveränderung in der Fortbildungs- und Qualitätsverantwortung kaum in der Lage gewesen, ein wirksames trägerübergreifendes Konzept zu entwickeln. Dazu brauchte es:

- Die Fortbildungsbudgetverantwortung aller beteiligten Einrichtungen;
- eine Verbindlichkeit zur Entwicklung eines überprüfbaren einrichtungsübergreifenden und verbundbezogenen Konzeptes für den Schulanfang,
- damit verbunden Überlegungen zu langfristigen Personalentwicklungskonzepten unter gemeinsamer Nutzung von Spezialkompetenzen;
- die klare Kundenorientierung und fachliche Spezialisierung der FortbildungsanbieterInnen;
- die Kenntnis des Fortbildungsmarktes durch das ZUS;
- eine ausgeprägte Projekt- und Qualitätsentwicklungskompetenz im ZUS.

Zudem muss bedacht werden, dass das Zentrale Unterstützungssystem aus MitarbeiterInnen von Trägern zusammengesetzt war, die sie für einige Stunden zur Arbeit im Projekt „Frühes Lernen – Kindergarten und Grundschule kooperieren" freigestellt hatten. Damit waren auch die ZUS-MitarbeiterInnen dem „alten" System verpflichtet. Für ein neues Projekt sollte geklärt werden, ob eine solche grundsätzliche Veränderung, wie wir sie hier skizzieren und für richtig halten, überhaupt gewollt wird. Dies würde bedeuten, dass das ZUS die Aufgabe hätte, vor allem Unterstützung bei der Projektentwicklung inklusive Personalentwicklung und Qualitätsmanagement sowie beim Einkauf geeigneter Fortbildungsangebote zu leisten. Darüber hinaus ist zu empfehlen, zentrale Fortbildungen für jene Bereiche anzubieten, in denen inhaltlicher Bedarf für alle erkennbar ist. Derzeit besteht dieser Bedarf unbestritten im Zusammenhang mit dem Rahmenplan für Bildung und Erziehung im Elementarbereich in Abstimmung mit dem Rahmenplan der Grundschule - speziell der Schuleingangsphase - unter Berücksichtigung von Entwicklungsdokumentation und Portfolio. Hierfür sollten Weiterbildungsträger mit pädagogischen, entwicklungspsychologischen und fachdidaktischen Kompetenzen für Kindertageseinrichtungen und Grundschule gewonnen werden. In diesem Zusammenhang wäre in Bremen auch das Zentrum für Weiterbildung der Universität zu berücksichtigen, welches bereits ein Weiterbildendes Studium für ErzieherInnen und GrundschullehrerInnen entwickelt hat, wofür es 2004 den Deutschen Arbeitgeberpreis für Bildung erhielt.

Teile der Fortbildung könnten zukünftig mit der Fortbildung für die Praktika im Rahmen des im Wintersemester 2005/06 neu eingerichteten Bachelor „Fachbezogene Bildungswissenschaften Schwerpunkt Elementarbereich" gekoppelt werden. Auf jeden Fall sollte eine solche gemeinsame Aus- und Fortbildung als Entwicklungsprojekt gehandhabt werden, für das begleitend arbeits- und erziehungswissenschaftlich basierte Lehr-Lern-Forschung erforderlich ist. Erst wenn es gelingt, die Gemeinsamkeiten und Unterschiede in den Anforderungen der Tätigkeit im vorschulischen und schulischen Bereich auf wissenschaftlicher Basis zu identifizieren und den Aus- und Fortbildungsbedarf erfahrungsbasiert mit diesen Ergebnissen zu konfrontieren, besteht die Chance eines Qualitätsgewinns für beide Seiten - ErzieherInnen- und LehrerInnenausbildung (vgl. hierzu: CARLE 1999; BAYER/CARLE/WILDT 1997; CARLE 1997).

9 Zusammenfassende Ergebnisse

Im Folgenden werden die Ergebnisse des Projektes unter folgenden Fragestellungen dargestellt:

1. Inwieweit ist die angestrebte Strukturbildung (Aufbau von Arbeits- und Kooperationsstrukturen) gelungen?
2. Welche Anstrengungen wurden unternommen, um zu einer abgestimmten Elternarbeit zu kommen?
3. Wie entwickelte sich die Kooperation im Hinblick auf die Bildungspläne der beiden Systeme und die thematische Zusammenarbeit?

Dabei wird sichtbar, dass sich in den zwei Projektjahren im wissenschaftlich begleiteten Kernprojekt ein deutlicher Wandel vollzogen hat, dass aber noch viele Teilbereiche zur Gestaltung des Überganges offen geblieben sind (da eine Projektdauer von zwei Jahren für einen so umfassenden Entwicklungsprozess, wie er hier angestrebt war, nicht ausreichen kann).

9.1 Aufbau von Arbeits- und Kooperationsstrukturen

Die Ausgangslage der Arbeits- und Kooperationsstrukturen zeichnete sich aus durch

- unterschiedliche Einzugsgebiete von Kindergärten und Schulen (3 bis 20 Kindertageseinrichtungen pro Schule, mehrere Schulen pro Kindertageseinrichtung);
- dadurch hoher Aufwand für mögliche Kooperationsbemühungen;
- geringe Kenntnis der ErzieherInnen und GrundschullehrerInnen über die konkrete Arbeit in der Kooperationseinrichtung;
- Vorbehalte zwischen ErzieherInnen und GrundschullehrerInnen und ihren jeweiligen pädagogischen Konzepten.

9.1.1 Großverbünde – Kooperationsverbünde auf Ortsteilebene

Die Ergebnisse der zweijährigen Modellphase des Projektes „Frühes Lernen“ lassen darauf schließen, dass das Einrichten von Großverbünden für eine kontinuierliche Kooperation zwischen Kindergarten und Grundschule am sinnvollsten ist, weil auf Ortsteilebene die gemeinsame Verantwortung für eine gemeinsame, recht gut abgrenzbare Gruppe Kinder, die in einem Ortsteil leben, aufgebaut werden kann. Die Verantwortlichkeit kann objektiviert werden, denn es ließe sich nach einigen Jahren feststellen, ob die Verbundarbeit sich in besseren Leistungen der SchülerInnen niederschlägt. Die gemeinsame Verantwortung für die Kinder des Ortsteils ist offenbar eine wichtige Kraft, sonst hätten sich die Großverbünde nicht so schnell und so gut weiterentwickelt.

Für die gemeinsame Arbeit in ortsteilumfassenden Kooperationsverbünden sind folgende besondere strukturelle Maßnahmen erforderlich:

- Sie benötigen eine gute Informationsstruktur und gute Kooperationsstrukturen;
- eine Prozessmoderation erscheint nötiger als in kleineren Einheiten;
- in den Großverbünden ließ sich zeigen, dass die Einzugsgebiete von Schule und Kindertageseinrichtungen sich besser abstimmen lassen;
- dies ist sinnvoll, damit der Verbund sich für Kooperationsinhalte, für die man den großen Verbund nicht braucht (z.B. für gemeinsame Projekte), in kleinere Einheiten unterteilt;
- es sollten daher ortsteilbezogene Ziele und auf Teilverbünde bezogene Ziele und Arbeitspakete unterschieden werden, die aber in einem Gesamtplan zusammenzuführen sind;
- damit der Verbund sich systematisch entwickeln kann, sollte ein Feedbacksystem (Qualitätsmanagement) auf zwei Ebenen eingerichtet werden. Eine Ebene bezieht sich auf die Arbeit in der Einzeleinrichtung, eine zweite Ebene auf die Arbeit zwischen den Einrichtungen im Ortsteil.

9.1.2 Kleinverbünde - Kooperationsverbünde zwischen Einzeleinrichtungen

In den Kleinverbünden wirkten sich die Kooperationsstruktur lediglich auf einen kleinen Kreis von Kindern aus, denn die Schule bekam jeweils von vielen anderen Kindertageseinrichtungen Erstklässler, die nicht im Verbund waren und zu denen sich im Projekt auch keine Kooperationsstruktur aufbauen ließ. Gleichzeitig wechselten viele Kinder der kooperierenden Kindertageseinrichtung in weitere Schulen.

Kleinverbünde können sich auszeichnen durch einen

- hohen Anteil an Kindern in der Schule, die aus einer kooperierenden Kindertagesstätte kommen (eine Konstellation, die im Projekt nicht vertreten war, wäre aber vergleichbar einem Teilverbund s.o.);
- mittleren Anteil an Kindern in der Schule, die aus einer kooperierenden Kindertageseinrichtung kommen (Verbund Vahr);
- kleinen Anteil an Kindern in der Schule, die aus einer kooperierenden Kindertageseinrichtung kommen (Verbund Mitte).

Man kann daher vom Kernprozess her, dem Bildungsweg des Kindes aus betrachtet, das Modell der Kleinverbünde nur teilweise als Systematisierung des Überganges bezeichnen, vor allem dann, wenn nur wenige Kinder von der Kindertagesstätte in die kooperierende Grundschule wechseln. Allerdings wurde das Bewusstsein für die Notwendigkeit abgestimmter Bildungsprozesse generell auch hier deutlich gestärkt.

9.1.3 Transparenz zwischen den Bildungsinstitutionen

Die Eingangsvoraussetzungen für Kooperation war in allen Verbünden geprägt durch gegenseitige Fremdheit, erwartete Missachtung und erhebliche Vorbehalte gegenüber der Qualität der Arbeit der jeweils anderen Profession.

Zu Beginn des Projektes fiel in allen Verbünden insbesondere auf, dass die Beziehungsebene der ErzieherInnen und LehrerInnen durch deutliche Vorbehalte und Berührungsängste geprägt war. Für beide Professionen war eine intensive Kooperation teilweise fast undenkbar. Es bestanden kaum Vorstellungen darüber, wie eine solche Zusammenarbeit funktionieren könnte, noch darüber, wie diese Arbeit inhaltlich zu gestalten wäre. Diese Situation war von erheblichen Schwierigkeiten hinsichtlich einer gegenseitigen Akzeptanz der pädagogischen Arbeit im Kindertagesheim und in der Schule gekennzeichnet. Insbesondere ErzieherInnen äußerten den Einruck, dass ihre pädagogische Arbeit von LehrerInnen kaum Wertschätzung erhalte und hinsichtlich der Qualifikation, die Kinder für einen gelingenden Bildungsprozess in der Schule benötigen, als annähernd bedeutungslos wahrgenommen werde. LehrerInnen befürchteten ihrerseits eine generelle Schuldzuweisung für niedrige Leistungsniveaus von SchülerInnen.

Gleichzeitig maßen beide Professionen dem Übergang eine hohe Bedeutung bei. Um den Schritt in die gemeinsame Arbeit zu realisieren, war allen beteiligten Personen sehr schnell bewusst, dass es hierzu erforderlich war, zum einen den Arbeitsbereich und die Arbeitsweise der jeweils anderen Bildungsinstitution kennen zu lernen sowie zum anderen in den persönlichen Kontakt zu den KollegInnen der kooperierenden Einrichtungen zu treten. Dieser Entwicklungsschritt wurde in den Verbünden unterschiedlich schnell vollzogen, indem KollegInnen aus dem Kindertagesheim wie auch aus der Schule *gegenseitige Hospitationen* durchführten. MitarbeiterInnen beider Institutionen erwarben auf diesem Weg ein Verständnis für den Ablauf in den jeweils anderen Einrichtungen und gleichzeitig einen Einblick in die Bedeutung der pädagogischen Arbeit im Elementar- wie im Primarbereich. Retrospektiv wirkten sich diese Erfahrungen harmonisierend auf die Beziehungsebene der Beteiligten aus und schafften die Voraussetzung für eine gemeinsame Arbeit zum Übergang. Die gegenseitigen Hospitationen hatten entscheidend dazu beigetragen, die bestehenden Ressentiments abzubauen, Wissen über die pädagogische Arbeit im Kindergarten und in der Grundschule zu vermitteln, Verständnis sowie gegenseitige Wertschätzung zu entwickeln und damit die Wissens- und Beziehungsbasis für die Kooperation und eine inhaltliche Zusammenarbeit zu ermöglichen.

Teilweise beeinträchtigt wurde der Annäherungsprozess durch Sorge um die eigene berufliche Existenz, insbesondere bei den VorklassenlehrerInnen und kleineren Einrichtungen.

9.1.4 Prozessbegleitende Unterstützung

Beim Projekt „Frühes Lernen – Kindergarten und Grundschule kooperieren" handelte es sich um ein Netzwerk, das mit einem Kern und einem erweiterten Kreis einen großen Teil Bremens umspannte.

Netzwerkarbeit funktioniert nicht ohne System und Moderation. Die Chancen, dass das Netzwerk zu einem Lernnetz wird, sind aber sehr hoch, denn von anderen Einrichtungen und Verbünden lässt sich trefflich lernen. Wichtig ist die Einführung in das Projektieren, das systematische Entwickeln und die Selbstevaluation zur Qualitätssicherung. Hierfür, für die Wahrung der Kontinuität, die Einführung einer geeigneten Gesprächskultur und in Konfliktfällen, ist Begleitung erforderlich.

Eine bedeutende Rolle kam in diesem Zusammenhang den VertreterInnen des ZUS zu, die durch ihre kontinuierliche Begleitung und Unterstützung der Verbünde im Kernprojekt den Prozess der Annäherung und schließlich der konkreten Zusammenarbeit stützten und ein arbeitsmethodisch höheres Niveau anzuregen begannen (Zielvereinbarungen, Projektpläne, Sitzungsregeln und –regelmäßigkeit, Protokollführung). Was im Projekt „Frühes Lernen" nicht mehr angeregt werden konnte, war die Anleitung zur Selbstevaluation, mit deren Hilfe der Verbund mehr über seine eigene Entwicklung erlangen könnte - ein erster Schritt zur Qualitätssicherung.

Sehr deutlich wurde durch die Abschlussbefragung im Erweiterten Projekt, dass auch dort alle Einrichtungen in ihren Verbünden weiter gekommen sind. Allerdings hatten sie deutlich weniger Impulse und Unterstützung als im Kernprojekt erhalten. Es wundert daher nicht, dass dort die Auskünfte gegen Projektende vielfach noch ähnlich klangen wie die Ausgangslage, zumindest was die gegenseitigen Vorbehalte anging. Andererseits hat auch im Erweiterten Projekt die Moderation Früchte getragen. So konnte beispielsweise das Mathematikprojekt aus Oslebshausen in die Neustadt exportiert werden. Was fehlt, ist eine systematische Plattform, wo die Arbeiten der Einrichtungen gesammelt, aufgearbeitet und anderen zur Verfügung gestellt werden können. Noch verbreitet sich Wissen und Erfahrung zu langsam. Der Austausch würde jedoch auch eine personelle Unterstützung und damit Ressourcen brauchen.

9.1.5 Kooperationsanliegen aus Sicht der PädagogInnen

Durch die Kooperation von Kindertageseinrichtungen und Schulen wächst die gemeinsame Verantwortung für die Kinder im Ortsteil.

Die PädagogInnen im Kernprojekt wünschten sich zum Abschluss des Projektes noch mehr Nähe: Optimal wäre es, wenn Kindergarten und Schule unter einem Dach sein könnten. Es kam die Idee auf, wechselseitig in der jeweils anderen Institution zu arbeiten, um einen intensiveren Einblick in die pädagogische Arbeit beider Bildungsinstitutionen zu erhalten. Die Eltern möchte man mit sehr viel mehr Rechten und Pflichten am Erziehungs- und Bildungsprozess der Kinder beteiligen und zu einem echten Austausch kommen. Zahlreiche Modelle wurden diskutiert, wie Eltern für die Bildung ihrer Kinder interessiert werden könnten.

Zum Schluss der Ergebnisdarstellung sei noch darauf hingewiesen, dass die Bildungs- und Sozialbehörde mutiger gemeinsame Vorgaben zur Kooperation herausgeben könnten. Als hilfreich wurde von ProjektteilnehmerInnen genannt:

- Die Herausgabe eines allgemeinverbindlichen Übergangskalenders;
- die Verpflichtung zur gegenseitigen Hospitation;
- verpflichtende Aufnahme der Weiterentwicklung der Kooperation mit den Kindertageseinrichtungen in die Jahresplanung der Schulen;
- kostenlose Vorschulzeit in einer Kindertageseinrichtung;
- deutlichere Verpflichtung der Eltern mit Schule und Kindergarten zusammenzuarbeiten;
- bessere Hilfen dazu, wie nach dem Wegfall der Vorklassen Kinder mit erhöhtem Förderbedarf unterstützt werden können;
- berufliche Perspektive für die VorklasslehrerInnen, damit sie nicht mit den die Vorklasse ablösenden Regelungen hadern müssen.

9.2 Verstärkung der Elternarbeit

Die Verstärkung der Elternarbeit wurde in allen Verbünden intensiv diskutiert, blieb allerdings bis zur Beendigung des Projektes ein Themenbereich mit erheblichen Schwierigkeiten bezüglich einer erfolgreichen Umsetzung. In der Vergangenheit gab es bereits viele Versuche von Einzeleinrichtungen, den Kontakt zu den Eltern zu intensivieren. Diese hatten zumeist nicht zufriedenstellend gefruchtet. Lediglich vereinzelt existierten Ansätze zu einer institutionell übergreifenden Elternarbeit. Insgesamt mangelte es jedoch insbesondere an gemeinsamen Anstrengungen, schwer erreichbare Familien stärker an die Kindertageseinrichtung und Schule zu binden und durchgängig zu fördern.

9.2.1 Kooperation zwischen Eltern und PädagogInnen

Die Projektergebnisse zeigen, dass Eltern beider Bildungsinstitutionen ein stärkeres Interesse an der Kooperation mit ErzieherInnen und LehrerInnen sowie einem erfolgreichen Bildungsweg ihrer Kinder mitbringen, wenn sie die jeweilige Institution aufgrund des pädagogischen Profils oder aus anderen besonderen Gründen gewählt haben. Dies trifft insbesondere auf kirchliche Kindertagesheime, die Montessorischule sowie die Katholische St.-Joseph-Schule zu. Die Elternschaft dieser Institutionen verfügt über eine andere Sozialstruktur. Nicht ausschließlich, aber doch zu einem hohen Prozentsatz, handelt es sich dabei um eine bildungsorientierte Elternschaft (vgl. 1. und 2. Zwischenbericht).

Unabhängig von der bewussten Auswahl der Bildungsinstitution mancher Eltern, zeigt sich deutlich, dass in den Kindertageseinrichtungen die Kontaktaufnahme zur Elternschaft stärker gegeben ist, da diese ihre Kinder i. d. R in die Einrichtung bzw. in die Gruppenräume begleiten und von den ErzieherInnen direkt angesprochen werden können. Dadurch entsteht allerdings noch keine gemeinsame Verantwortung für das Kind, noch kein Vertrauen und folglich noch keine Kooperation. Dennoch existiert im Bereich der Kindertageseinrichtungen ein Erfahrungs- und Kenntnisstand bezüglich der Ansprache von Eltern sowie des Miteinanders, den Schulen nutzen könnten. Es gilt darüber hinaus, Strukturen für Elternarbeit im Verbund aufzubauen, damit die Elternaktivitäten mit den Kindern vom Kindergarten in die Schule wechseln.

Die Elternschaft ist im Rahmen des Schulanfangs fast komplett ansprechbar. Hier muss sofort eingesetzt werden, um sie an die Schule zu binden!

Zum Ende des Projektes steigt die Sensibilität für die Kooperation mit den Eltern. Aber es fehlen Wissen, Erfahrung und gute Beispiele. Gute Beispiele gibt es dort, wo bildungsorientierte Eltern bewusst eine bestimmte Institution gewählt haben. Alle am Projekt beteiligten ErzieherInnen und LehrerInnen wollen von diesen positiven Erfahrungen lernen. Indes besteht noch viel Entwicklungsbedarf hinsichtlich verschiedener Zugänge, durch die insbesondere bildungsfernere Eltern erreicht werden können.

9.3 Thematische Abstimmung zwischen Kindertagesheim und Grundschule

Die Ausgangslage bezüglich der Abstimmung thematischer Arbeit zwischen Kindertagesheim und Grundschule zeichnete sich dadurch aus, dass

- keine inhaltlichen Absprachen oder abgestimmte regionale Curricula für das Bildungsangebot von Kindertageseinrichtungen und Grundschulen vorlagen;
- stark voneinander abweichende Vorstellungen über Bildungsangebote vorherrschten sowie Fachbegriffe mit unterschiedlichem Inhalt gefüllt wurden (z.B. Unterricht – Angebot, Projekt);
- auf beiden Seiten fast keine Kenntnisse über bereichsspezifische kindliche Entwicklung, über Methoden der Lernbegleitung oder die Möglichkeit persönlicher Portfolios, die das Kind vom Kindergarten in Grundschule mitnehmen könnte, vorhanden waren;
- noch häufig wissenschaftlich nicht mehr haltbare Vorstellungen von Schulreife sowie die Vorstellung, auf Zurückstellungen nicht verzichten zu können, bestanden.

9.3.1 Abstimmung der Curricula

Die Zusammenarbeit hinsichtlich der Abstimmung der thematischen Arbeit zwischen Kindergarten und Grundschule zeigt eine deutlich positive Entwicklung. ErzieherInnen und LehrerInnen waren dazu übergegangen, *gemeinsame Projekte*, an denen beide Professionen sowie die angehenden und bereits schulpflichtigen Kinder beteiligt waren, zu planen, zu organisieren und durchzuführen. Diese Praxis wollen ErzieherInnen wie LehrerInnen auch zukünftig pflegen.

Abgestimmte Bildungspläne zwischen Kindertageseinrichtung und Grundschule liegen nach Beendigung des Projektes dagegen noch nicht vor. Die Abstimmung der Bildungspläne wird insbesondere dann erforderlich, wenn sich die ErzieherInnen und LehrerInnen am Bildungsweg des Kindes orientieren wollen. Das Bewusstsein für die notwendige Abstimmung der Curricula von Elementar- und Primarbereich entsteht durch äußere Impulse: den Erziehungs- und Bildungsplan für den Elementarbereich sowie die Jahresplanung in der Grundschule. Die Abstimmung der Curricula wurde im Verlauf des Projektes durch mehrere Entwicklungen verstärkt, nachdem durch LehrerInnen einige Missstände beim Forum II deutlich geworden waren. So fehlt beispielsweise die Abstimmung der Bereiche auch im Detail der staatlichen Pläne, selbst wenn die Rahmenvorgaben gut zueinander passen.

9.3.2 Gemeinsames Bildungsverständnis

Ein gemeinsames Bildungsverständnis von ErzieherInnen und LehrerInnen existiert nach Beendigung des Projektes noch nicht. Bislang ist zu wenig inhaltliches Verständnis und Wissen darüber vorhanden, warum welche Kompetenzen von Kindern besondere Bedeutung im Elementarbereich bzw. in der Schule haben. Die Begründung, weshalb Fähigkeiten, auf welche die Institutionen jeweils besonderen Wert legen, für den Bildungsprozess von

Kindern wichtig sind, fällt zum aktuellen Zeitpunkt noch sehr diffus und kaum differenziert aus.

9.3.3 Fort- und Weiterbildungsbedarf

Vor dem Hintergrund der gemeinsamen Erfahrungen hinsichtlich der Projektarbeit mit den Kindern, aber auch durch die Schwierigkeiten, solche Projekte für altersgemischte Gruppen zu erarbeiten, wurde gleichzeitig ein Bedarf an Fort- und Weiterbildungen deutlich. Dieser zeigt sich vor allem zu entwicklungspsychologischen, lerntheoretischen und fachdidaktischen Grundlagen bis hin zu speziellen Lernangeboten für Kinder, um ihnen die Welt naturwissenschaftlicher Gebiete, den Erwerb der Schrift-Sprache oder musisch-ästhetische Lernbereiche näher zu bringen. Während der Projektlaufzeit wurden zu diesen Themenfeldern mehrere Fortbildungsveranstaltungen durchgeführt. In diesem Zusammenhang wurde deutlich, dass Fort- und Weiterbildungen stärker auf die alltägliche Praxis Bezug nehmen müssen, um eine optimale Umsetzung im Praxisalltag zu unterstützen. Fortbildung und Weiterbildungen müssen daher theoretisch fundiert und dennoch nah am aktuellen Praxisproblem liegen. Bereits in den Fortbildung und Weiterbildungen muss die Erprobung des Erlernten angelegt sein.

9.4 Fazit

Das Projekt „Frühes Lernen – Kindergarten und Grundschule kooperieren" ging mit Erwartungen an den Start, die für die Ausgangslage des Unterstützungssystems, der Einrichtungen und der Verbünde entschieden zu hoch angesetzt waren. Gemessen an diesen Voraussetzungen lässt sich nach zwei Jahren dennoch eine enorme Entwicklung feststellen, die zumindest die vier Verbünde im Kernprojekt heute in die Lage versetzt, auf der Basis ausreichend entwickelter Kooperationsstrukturen in die curriculare Kooperation einzusteigen. Zudem wurde die Notwendigkeit erkannt, dass das Lebensumfeld der Kinder mit entwickelt werden muss, soll das Bildungsniveau nachhaltig steigen.

Auch im Erweiterten Projekt ist eine gewisse Entwicklung nachweisbar, nicht in allen Verbünden gleichermaßen. Durch die unterschiedlichen Ausgangslagen am Projektstart und dort, wo eine Prozessbegleitung erfolgte, gibt es auch im erweiterten Kreis Verbünde, die insbesondere ihre Arbeits- und Kooperationsstrukuren ausgebaut haben und eine dem Kernprojekt vergleichbare Entwicklung durchliefen. Der größere Teil jedoch hat die Schwelle der gegenseitigen Vorbehalte noch nicht ausreichend weit überschritten, um in eine vertiefte gemeinsame Arbeit einzusteigen. Nur bei zwei Verbünden kann eine deutlich suboptimale Entwicklung festgestellt werden.

Dass ein solches Vorhaben nach zwei Jahren nicht abgeschlossen sein kann, ist vor dem Hintergrund der Entwicklungszeit, die institutionelle Entwicklungsprojekte benötigen, erklärlich. Für eine qualitativ hochwertige Arbeit wäre vermutlich eine zweijährige stringente Vorlaufphase der Projektplanung und -vorbereitung (mit vorlaufender empirischer Erhebung der Ausgangslage) sowie fünf Entwicklungsjahre erforderlich gewesen. Diese Zeit und die entsprechenden Ressourcen standen nicht zur Verfügung. Damit die bisher erreichten Ergebnisse gefestigt sowie weitere Entwicklungen einer kindgerechten Übergangsgestaltung entfaltet werden können, müsste eine unterstützte Fortführung für alle gesichert werden. Ziel der Unterstützung müsste der Aufbau eines Qualitätssicherungssystems sein, in dessen Rahmen die Verbünde sich selbst geeignete Rückmeldung über die Wirkung ihrer Arbeit verschaffen können. Nach den Erhebungen der Wissenschaftlichen Begleitung wollen alle Verbünde ihre gemeinsame Übergangsarbeit fortsetzen.

Grundsätzlich ist festzuhalten, dass die für das Projekt zur Verfügung gestellte Zeit gemessen an der Ausgangslage und den Projektzielen zu gering angesetzt war. Künftig müssen komplexen Entwicklungsprojekten größere Zeitvolumina eingeräumt werden.

10 Empfehlungen

Aus den Ergebnissen der zweijährigen Modellphase „Frühes Lernen – Kindergarten und Grundschule kooperieren" leiten wir folgende Empfehlungen für eine Fortführung der Kooperation am Übergang zwischen Kindertagesheim und Grundschule ab.

10.1 Aufbau von Arbeits- und Kooperationsstrukturen

Die Ergebnisse der Untersuchungen deuten darauf hin, dass die Kooperation in Großverbünden die gemeinsame Verantwortung für die Kinder des Ortsteils stützen kann. Weil zudem die Ergebnisse der Bemühungen im Ortsteil in einigen Jahren überprüfbar sein werden, empfehlen wir, diese Strategie zu favorisieren.

Es sollte vorgeschrieben werden, dass jeder Ortsteil einen gemeinsam zwischen allen Einrichtungen der frühkindlichen Bildung und den Grundschulen (nachweislich) abgestimmten mehrjährigen Ablaufplan, wie er etwa vom Verbund Walle erarbeitet wurde (vgl. Abschlussbericht 2005, 196), bis zu einem festgelegten Termin veröffentlichen muss. Wir raten davon ab, den Plan von oben zu verordnen, da dadurch die Gefahr des mechanischen Abarbeitens gegeben wäre, wodurch der Entwicklungseffekt in seiner Wirkung beeinträchtigt würde.

Darüber hinaus bietet die Arbeit in ortsteilumfassenden größeren Kooperationsverbünden Chancen für eine

- gemeinsame inhaltliche Entwicklung (Verbünde Oslebshausen, Rönnebeck);
- gemeinsame Elternarbeit (Verbünde Oslebshausen, Walle);
- gemeinsame Fortbildung (Verbünde Oslebshausen, Rönnebeck);
- gemeinsam genutzte räumliche und ausstattungsbezogene Ressourcen (Verbund Rönnebeck);
- gemeinsame Strategien für den Umgang mit Problemen im Ortsteil (Verbünde Oslebshausen, Walle);
- eine kostengünstige gemeinsame Prozessmoderation.

10.1.1 Maßnahmen zur Verstetigung der Kooperation

Die zu entwickelnden Rahmenvorgaben, wie beispielsweise die Grundschulordnung, sollten die Kooperation zwischen Kindergärten und Grundschulen dergestalt vorschreiben, dass alle am Übergang beteiligten Institutionen, zwischen denen die Kinder wechseln, miteinander kooperieren müssen. Die Lösung mit größeren Verbünden, die ein „natürliches" Einzugsgebiet abdecken, bietet sich an.

Wir empfehlen für die Umsetzung über das Projekt „Frühes Lernen – Kindergarten und Grundschule kooperieren“ hinaus Anreize zu setzen, welche die Kooperation im und die Verantwortung für die Kinder im Stadtteil anregen. Diese könnten z. B. darin bestehen,

- dass für einen Zeitraum von zunächst drei bis vier Jahren eine externe (nicht aus einer der Institutionen kommende) Prozessmoderation finanziert wird, damit die gemeinsame Verantwortung für die Kinder des Stadtteils gelebt werden kann;
- dass jährlich gemeinsame Gelder für ein stadtteilbezogenes gemeinsames Entwicklungsprojekt und für gemeinsame Fortbildungen zur Verfügung gestellt werden;
- dass Anrechnungsstunden für die Leitungstreffen gegeben werden;
- dass für Teilverbünde in Abstimmung mit dem Ortsteilverbund bei besonderen Problemlagen besondere Mittel für (auch ungewöhnliche) kompensatorische und vorbeugende Maßnahmen eingesetzt werden.

Die positiven Initiativen zur Übergangsgestaltung zwischen Kindertagesheim und Grundschule, die einer Systematisierung des Schulanfangs nützen, sollten fortgesetzt werden:

- Einrichtung der jahrgangsgemischten Schuleingangsphase, um jedem Kind ein bis drei Jahre Zeit für diese Phase (Pensum von zwei Schuljahren) zu geben;
- Ganztagsschulen;
- zeitliche Flexibilisierung der Einschulung/des Überganges bei funktionierender Kooperation zwischen Kindertageseinrichtung und Schule und eingeführter jahrgangsgemischter Schuleingangsphase, ohne dass dadurch im Mittel das Alter beim Übergang in Klasse 3 ansteigen darf[72];
- Abstimmung und Fortführung kompensatorischer Maßnahmen strukturell verankern.

10.1.2 Einsatz von ExpertInnen

Die Ergebnisse der Untersuchungen hinsichtlich der begleitenden Unterstützungsarbeit zum Aufbau sowie zur Verstetigung der Kooperation des Elementar- und Primarbereiches zeigen, dass ExpertInnen in Unterstützungssys-

---

[72] Da teilweise auch bei PädagogInnen noch das überkommene „Schulreifekonzept“ vorherrscht, das davon ausgeht, Kinder reiften mit der Zeit heran, muss darauf geachtet werden, dass bei aller Flexibilisierung die bestmögliche Förderung der Kinder im Vordergrund jeder Maßnahme steht.

temen über Kompetenzen verfügen sollten, Entwicklungsmöglichkeiten vorweg zu denken, um einen passenden Arbeits- und Zeitplan anregen zu können sowie Fortbildungs- und Beratungsbedarf bei Antizipation des Ziels erkennen zu können. Hierzu sind folgende Kenntnisse und Fähigkeiten erforderlich:

- Sehr gute Kenntnis des Feldes, der Bildungs- und Erziehungspläne, der alltäglichen Arbeit, neuer Didaktik, Diagnostik;
- Erfahrung mit Prozessmoderation;
- Erfahrung im Konfliktmanagement;
- die Fähigkeit, zwischen verschiedenen Ebenen zu vermitteln;
- die Fähigkeit, ein Projekt mit Schulen und Kindertageseinrichtungen (im Ortsteilverbund) systematisch aufzusetzen;
- Kenntnis und Erfahrung mit Projektmanagement oder Qualitätsmanagement;
- Erfahrung mit der Konzeption systematischer Fortbildung (Fortbildungszyklen zielgerichtet und bedarfsgerecht planen, Transfer in die Praxis anlegen, geeignete Referenten finden können).

Um eine vertiefte Arbeit zu ermöglichen, wäre es wichtig, den einzelnen Personen im Unterstützungssystem größere Zeitvolumina zur Verfügung zu stellen (z.B. 0,5 Stelle).

10.1.3 Strukturelle Weiterentwicklung der Verbundarbeit

Es muss ein Anreiz gesetzt werden, dass sich neue Verbünde bilden, die sich in der Verantwortung für „ihre" Kinder sehen. Aus den Verläufen im Projekt „Frühes Lernen – Kindergarten und Grundschule kooperieren" lässt sich Folgendes lernen:

Der Beginn der Verbundarbeit sollte eine Prozessmoderation und spezifisch notwendige Unterstützung erhalten für:

- Strukturbildung (Kooperation, Information, Projektplanung) auf der Ebene von Schul- und Kindertagesheimleitung;
- Strukturbildung für die Information von der Leitungsebene in die Institutionen Kindertagesheim/Schule (wenn erforderlich Leitungsschulung und Support);
- Stützung des Kooperationsbeginns auf der operativen Ebene (gegenseitige Hospitationen) evtl. durch ProzessbegleiterInnen;
- spezifische Unterstützung von Teil- bzw. Kleinverbünden bei besonders großer Notwendigkeit kompensatorischer und vorbeugender Bildungsangebote, ungewöhnliche Lösungen zulassen und stützen (z.B. Wohler's Eichen, Verbund Vahr);

- Nachhaltigkeit: Einführung eines einfachen Feedbacksystems „Qualitätsmanagement“ (Einrichtungen, Verbund).

Speziell zur Weiterentwicklung der Schulstruktur sollten folgende Faktoren berücksichtigt werden:

1. Der Vorbereitung im Kindergarten muss ein angemessener Start in der Schule folgen. Als angemessen kann ein Beginn gelten, der es allen Kindern erlaubt, ihren Möglichkeiten entsprechend zu lernen. Sinnvoll ist eine Flexibilisierung des Schulanfangs (flexible und jahrgangsgemischte Schuleingangsphase, z.B. Grundschule „Auf den Heuen“). Ganztagsschulen (Rhythmisierung über den ganzen Tag) ermöglichen vertiefteres Lernen (z.B. die Grundschulen „An der Oslebshauser Heerstraße“ und „Auf den Heuen“).
2. Damit eine Kooperation zwischen Kindertagesheim und Grundschule möglich wird, müssen die ErstklasslehrerInnen rechtzeitig (vgl. Ablaufplan) feststehen. Als hinderlich hat sich die vierjährige Klassenführung deshalb erwiesen, weil die ViertklasslehrerInnen dann die Kooperation mit den Kindertagesheimen und mit den weiterführenden Schulen zugleich leisten müssen. Auch dem kann die jahrgangsgemischte Schuleingangsphase entgegenwirken.
3. Fachpersonal mit verschiedenen Kompetenzen (ErzieherInnen, SozialpädagogInnen, BehindertenpädagogInnen etc.) können in der Schule eine Bereicherung sein, wie Ganztagsschulbetrieb und integrierte Betreuungszeit in der Verlässlichen Grundschule zeigen (Verbünde Oslebshausen und Rönnebeck).
4. Kindertageseinrichtungen und Grundschulen könnten in Verbünden Personal mit Spezialkompetenzen gemeinsam nutzen (Verbund Vahr).
5. Grundschulen sollten darauf achten, dass Unterricht vom ersten Tag an geschieht, da die Kinder dies erwarten. Sie wollen in der Schule systematischer als im Kindertagesheim lernen. Strukturen wie Regeln und Rituale sollten hingegen fortgesetzt werden.

Zu berücksichtigen ist bei diesen Vorhaben die damit verbundene Arbeitsbelastung der PädagogInnen.

Es wurde an einigen Stellen sichtbar, dass insbesondere in Einrichtungen, die sich in der Projektzeit sehr stark entwickelt haben, mindestens die Leitungen in hohem Maße belastet, wenn nicht überlastet waren. Es gibt ein großes Gefälle zwischen

- Wollen und Können,
- geplanten Vorhaben und deren Umsetzung sowie Erfahrungen mit systematischem Entwickeln,
- Zielstellungen und Zeitressourcen.

10.2 Verstärkung der Elternarbeit

Eltern sind in Gebieten mit hohem Fluktuationsgrad unter den Einwohnern (z.B. Wohler's Eichen) besonders schwierig zu erreichen. Hier muss auch auf Ortsteilebene außerhalb der Bildungseinrichtungen gearbeitet werden. Eltern und Kinder leben in einem Umfeld, das maßgeblichen Einfluss auf ihr Verhalten hat. Kindertagesstätten und Schulen alleine haben hier zu wenig Möglichkeitsräume, ausreichend zu intervenieren. Die Verbundarbeit muss daher auf weitere ExpertInnen und Initiativen im Sinne integrierter Handlungskonzepte ausgeweitet werden.

Angebote für die Eltern, insbesondere niedrigschwellige Angebote für bildungsferne Eltern, sollten verstärkt werden. Bestehende Angebote, wie beispielsweise das Rucksack-Projekt, müssten zunächst stärker bekannt gemacht werden. Hierfür, und für weitere Projekte, wird es erforderlich sein, entsprechende Ressourcen zur Verfügung zu stellen.

Die Elternvertretungen von Kindertagesstätten und Schulen (ZEV und ZEB) sollten ihre Zusammenarbeit intensivieren und gemeinsam für eine bessere Bildung, Erziehung und Betreuung der Kinder im Land Bremen eintreten.

Es sollten folgende Handlungsstrategien in den Kindertageseinrichtungen und Schulen (in den Verbünden) entwickelt werden:

- Eltern auf gleicher Augenhöhe ansprechen;
- Eltern als ExpertInnen einladen;
- Eltern an Schule binden, indem sie zum Schulanfang sinnvolle Aufgaben („Ämter") aus einem Set wählen können und übertragen bekommen;
- Vertrauensbasis zu Eltern aufbauen;
- nicht Probleme in den Vordergrund der Kooperation stellen, sondern möglichst positive Vorhaben, für die man die Kompetenz der Eltern benötigt;
- die Lern- und Entwicklungsdokumentation sollte Grundlage für positive Elterngespräche werden;

- bei Übergabegesprächen vom Kindergarten in die Schule, die unter Beteiligung der LehrerInnen und der ErzieherInnen stattfinden, könnte das Portfolio des Kindes übergeben werden[73].

10.3 Abstimmung der Curricula

Die Abstimmung der Curricula könnte auf Verbundebene erfolgen. Anstelle schulinterner Lehrpläne wäre ein Ortsteilbildungsplan denkbar, anstatt der Jahresplanung in Kindertagesheimen und Schulen eine gemeinsame Jahresplanung der Leitungen im Verbund, die für die Institutionen maßgeblich ist.

Eine Abstimmung der Erziehungs- und Bildungspläne trägt

- zu einem aufbauenden Programm im Elementar- und Primarbereich bei;
- durch die Abstimmung zu einer vertieften Auseinandersetzung mit den jeweiligen Angeboten bei;
- durch die Beobachtungsinstrumente aus dem Elementarbereich, die in der Schule fortgesetzt werden können, vermutlich zu einer tiefergehenden diagnostischen Sichtweise bei.

Der Vorbehalt, dass durch einen möglichen Schulwechsel in einen anderen Ortsteil auf die Kinder Anforderungen zukommen, die sie in der vorherigen Schule nicht zu bewältigen gelernt haben, trägt nicht. Denn jede Schulklasse stellt beispielsweise durch ihre Zusammensetzung oder die Förder- und Forderhaltung der Lehrperson de facto spezifische Anforderungen an die Kinder, unabhängig von einer detailiierten Abstimmung des Bildungsplanes.

10.3.1 Theorie-Praxis-Transfer

Da derzeit auch die Wissenschaft noch über zu geringe Erkenntnisse bezüglich inhaltlicher und zugleich entwicklungsbezogener Abstimmung des Bildungsangebotes und bildungswegbezogener Portfolios verfügt, sollten Handlungsforschungsprojekte durchgeführt werden, um den Theorie-Praxis-Transfer zu intensivieren. Diese Projekte sollten wissenschaftlich begleitet werden. Aus den Forschungsergebnissen könnten sukzessiv für verschiedene Bereiche Handreichungen entstehen, die ein abgestimmtes Arbeiten in der Breite ermöglichen.

---

[73] In Italien wird ein Portfolio der Entwicklung vom Kindergarten bis zum Verlassen der Mittelschule geführt, an dem die Eltern aktiv mitarbeiten. Sie sind als Experten eingeladen, ihre Sicht der Entwicklung ihres Kindes in das Portfolio einzubringen.

10.3.1 Fort- und Weiterbildungsprogramme

Systematisch aufbauende und transparente Fort- und Weiterbildungsprogramme werden für Kindertagesheim und Grundschule gemeinsam benötigt, insbesondere zu folgenden Bereichen:

- Basiswissen, welches durch neuere Forschungen ergänzt ist; bspw. über die Entwicklung von Kindern, neue fachwissenschaftliche und fachdidaktische Forschung, Einführung neuer Modelle (Ganztagsschule, Flexible Schuleingangsphase);
- Methodenkenntnis; z. B. Lern- und Entwicklungsbeobachtung, Dokumentation, Auswertung, Schlussfolgerungen von Förderungsschritten und Angebotsplanung, aber auch Projektplanung, Qualitätssicherung;
- Ausbildung didaktischer Kompetenzen (Individualisierung, Öffnung des Unterrichts, zieldifferentes Arbeiten, Lernumgebung, vertieftes Lernen, anspruchsvolle Aufgabenstellungen in der Zone der nächsten Entwicklung - z.B. das Projekt „SINUS“).

Es sollten in den genannten Bereichen Zyklen von Anpassungsfortbildungen (zentral oder für größere Verbünde) angeboten werden. Was dort gelehrt wird, muss verpflichtend in der Praxis erprobt werden. Die Erprobungsergebnisse sollten in den folgenden Fort- und Weiterbildungen aufgegriffen werden, um ein Hineinwirken in die Einrichtungen sicher zu stellen. Diese Maßnahmen sollten in ein Personalentwicklungssystem eingebunden werden (gezielte Fortbildung Einzelner in spezifischen Gegenständen für die ganze Einrichtung bzw. für den Verbund).

Es sollte ein Qualitätsmanagementsystem auf beiden Ebenen entwickelt und sukzessive in den Ortsteilen eingeführt werden, um den Entwicklungsprozess transparent zu halten und systematische Qualitätsentwicklung zu ermöglichen[74]. Dabei sollte mit den Ortsteilen begonnen werden, in denen die Kooperation schon läuft.

Strukturell ist hierfür ein Verbund-Weg zu suchen. Dies könnte z. B. durch Trägerspezialisierung und Kooperation, gekoppelt mit einem Fortbildungsbudget für Verbünde, geschehen.

---

[74] Qualitätsmanagement bedeutet nicht Controlling, sondern ist nur ein Teil eines umfassenden Controllingsystems. Qualitätsmanagement ist die Organisation der Weiterentwicklung der Leistungsbeziehung in den Einrichtungen (Leistung von Bildung, Erziehung, Betreuung für die Kinder in der Einrichtung) und im Verbund (Leistung der Abstimmung, Systematisierung, integrierter Handlungskonzepte, Übernahme gemeinsamer Verantwortung für Bildung, Erziehung, Betreuung für die Kinder im Stadtteil). Ein Qualitätsmanagementsystem kann langfristig die organisationsbezogenen Anteile der Prozessmoderation ersetzen.

10.3.2 Budgetierung

Für die gemeinsame Arbeit der Kindertageseinrichtungen und Schulen ist das Angebot gemeinsamer Fort- und Weiterbildungen sinnvoll. Dafür sind Ressourcen und Angebote erforderlich. Ein gemeinsames Budget der Verbünde wäre für diesen Zweck empfehlenswert. Allerdings muss die Einführung einer Budgetierung untersetzt werden durch Schulungen der Personen, welche die Mittel verwalten, damit sie Fortbildungs- und Beratungsangebote gezielt zur Personalentwicklung einsetzen können. Sinnvoll wäre in diesem Zusammenhang eine Personalentwicklung für den gesamten Verbund, was allerdings bereits eine sehr gute Kooperation der Leitungen voraussetzt sowie perspektivisch das Denken in gemeinsamen Ressourcen und gemeinsamen Kompetenzen.

Im Gegenzug setzt Budgetierung nach Ende des Modellprojektes „Frühes Lernen" voraus, dass das Angebot des Zentralen Unterstützungssystems eine klare Struktur erhält, die es ermöglicht, Veranstaltungen kompetent auszuwählen. Ein solches Programm müsste sowohl zentrale Veranstaltungen zu Themen aller am Übergang beteiligten Personen bieten (Wissensvermittlung), als auch Beratung und Fortbildung im Kooperationsverbund (Handlungswissen, Kompetenzaufbau).

Die Wirkung der Fort- und Weiterbildung kann erhöht werden, wenn Rechenschaft darüber eingeholt wird, wie die erworbenen Kenntnisse in der Praxis erprobend umgesetzt werden. Dies kann über eine Mischung aus zentraler Fortbildung und Begleitung vor Ort geschehen. Die Begleitung der Umsetzung kann nach Aufbau einer entsprechenden Infrastruktur schließlich auch durch interessierte Kooperationspartner aus dem Verbund selbst in die Hand genommen werden. Angefragt werden aus den Verbünden:

- Foren zum thematischen Austausch der Verbünde über die Entwicklungen;
- Foren für getrennten Austausch für Kindertagesstätten oder Grundschulen;
- gemeinsame zentrale Fort- und Weiterbildungen in Bereichen, die beide Institutionen interessieren, woran aber nur ein oder zwei Personen aus jedem Verbund teilnehmen, welche die anderen Verbundmitglieder später über die eigenen Erkenntnisse aus der Veranstaltung unterrichten;
- dezentrale Fort- und Weiterbildungen in Kindertagesheimen und Grundschulen, wenn es um Inhalte geht, die sehr praxisnah und verbundspezifisch sind;
- unterstützende Prozessmoderation der Leitungstreffen der Verbünde beim Aufbau der Kooperation - jedoch mit der Strategie, die Moderationsaufgaben an die Gruppe zunehmend abzugeben;

- Unterstützung bei der Entwicklung des Projektplanes und der Etablierung eines Feedback-Systems zur Sicherung des Projektfortschrittes auf Verbund- und Einzeleinrichtungsebene;
- Konfliktmoderation auf Anfrage.

Damit zukünftige BeraterInnen ein solches System entwickeln können, müssen diese einen veränderten Status erhalten. Derzeit sind die BeraterInnen des Unterstützungssystems in erster Linie ihren Arbeitgebern (Landesinstitut für Schule, KiTa Bremen und Landesverband Ev. Kindertagesstätten) verpflichtet, die gerade hinsichtlich des Fortbildungs- und Beratungsgeschäfts miteinander konkurrieren. Zu empfehlen sind von Trägerinteressen unabhängige ExpertInnen, die ein solches System aufbauen. Schwierigkeiten durch die unterschiedlichen Trägerinteressen entstehen im Netzwerk nämlich kaum in der alltäglichen Zusammenarbeit der Institutionen, sondern immer dann, wenn Trägeraufsicht oder Trägerressourcen in den Vordergrund rücken. Aus Konkurrenzgründen zurückgehaltene Kenntnisse wirken sich jedoch nachteilig auf eine Kooperation aus. Problematisch ist, dass sich bei knappen Ressourcen das Konkurrenzverhalten verhärtet, die Kooperation ineffektiver wird und sich der Wirkungsgrad der zur Verfügung gestellten Ressourcen minimiert.

11 Ausblick

Das Projekt „Frühes Lernen – Kindergarten und Grundschule kooperieren" hatte den Anspruch, für die Kinder im Land Bremen bessere Übergangsbedingungen auf ihrem Bildungsweg vom Kindergarten in die Grundschule zu schaffen. Es wurde als ortsteilbezogenes Verbundprojekt konzipiert, weil die Verantwortung für die Erziehung, Bildung und Betreuung der Kinder nicht von den Eltern, nicht von der Kindertageseinrichtung und auch nicht von der Schule alleine übernommen werden kann. Vielmehr braucht es, wie ein Sprichwort sagt, ein ganzes Dorf, um ein Kind zu erziehen. Dieses Dorf galt es, zusammenzubringen. Weil dieser Prozess nach zwei Jahren Projektlaufzeit noch nicht abgeschlossen ist, wagen wir an dieser Stelle einen Ausblick, wohl wissend, dass diese Vorstellungen sehr leicht an mangelnden Ressourcen scheitern können. Doch was wäre ein wissenschaftlicher Bericht ohne ehrliche Konsequenzen.

Für diesen Ausblick unterscheiden wir zunächst zwischen den im Projekt bestehenden Verbünden und den Ortsteilen, die bisher noch keine Anstrengung zur Vernetzung ihrer pädagogischen Einrichtungen unternommen haben.

Bestehende Verbünde mit Ortsteilcharakter sind zwar dem Ziel schon am nächsten, durch ihre Komplexität aber auch am ehesten gefährdet, solange ihre Kooperationsstruktur noch nicht gefestigt ist – und dies ist bisher in keinem Verbund der Fall. Hier wird die wichtigste Maßnahme sein, die Moderation der Entwicklung abzusichern und fortzusetzen, allerdings mit dem mittelfristigen Ziel, durch ein einzurichtendes Feedback-System die Entwicklung und Qualitätssicherung im Verbund diesem selbst in die Hand zu geben. Kleinere Verbünde, die lediglich ein minimales Einzugsgebiet ihres Ortsteils abdecken, müssten sich nach dem bestehenden Konzept zunächst um eine Ausweitung der Kooperation bemühen, damit ein ortsteilbezogenes gemeinsames Übergangskonzept zustande kommen kann. Erst dann wäre es möglich, von einer gemeinsamen Verantwortung für den Bildungsweg der Kinder in diesem Ortsteil zu sprechen.

Nicht alle Grundschulen und Kindertageseinrichtungen in Bremen befinden sich in einem der Ortsteile, die im Projekt „Frühes Lernen" involviert waren. Um die Errungenschaften des Projektes nach Außen zu tragen, wäre es erforderlich, eine Implementationsstrategie zu entwerfen, die vorhandene Verbünde als Modelle und Multiplikatoren nutzt.

Insgesamt sollte die Entwicklung nach einer ersten Phase, in der die Ausgangslage offengelegt und erste Konzepte auf dem Weg zu den Zielen des Projektes entwickelt wurden, nun eine stärkere Strukturierung und Lenkung erfahren, angefangen bei der Einrichtung und Begleitung des Verbreitungsprojektes bis hin zum gezielten Aufbau eines Netzes, dessen Knoten die einzelnen Verbünde darstellen. Eine virtuelle Informationsplattform, wie sie mit der Internetseite www.fruehes-lernen.uni-bremen.de bereits angelegt ist, kann systematisch eingeführt und bestückt werden, denn zwischenzeitlich sind fast alle Kindergärten und Schulen in Bremen vernetzt und können dieses Medium nutzen. Für die Kooperation wichtige inahltlich Informationen könnten auf diesem Weg einem großen Pool an Institutionen zur Verfügung gestellt werden, ebenso könnten mögliche AnsprechpartnerInnen bei spezifischen Problemen benannt werden und schließlich MultiplikatorInnen der verschiedenen Themengebiete im Elementar- und Primarbereich. Das Unterstützungssystem könnte hierüber die Fortbildungs- und Beratungsangebote verbreiten.

Damit einzelne Bereiche gerade für eine künftige Multiplikation speziell ausgearbeitet werden, bedarf es spezifischer Projektaufträge an einige wenige Verbünde, die bereits eine etablierte Kooperationsstruktur besitzen und insofern nicht mehr vor der Schwelle der gegenseitigen Vorbehalte stehen. Im Bereich der Elternarbeit müsste ein Auftrag ausgearbeitet und an einen entsprechenden Verbund vergeben werden, der in einem Ortsteil mit vielen besonders belasteten Familien ein Konzept entwickelt, wie diese in die Bildungsarbeit einbezogen werden können. Hinsichtlich der didaktischen Schwerpunkte und der Abstimmung der Curricula zwischen Kindergarten und Grundschule bietet es sich an, die Bereiche der Entwicklungsdokumentation für den Elementarbereich zugrunde zu legen und für jeden Bereich Entwicklungsaufträge zu vergeben. Alle Aufträge müssten mit klar umrissenen und erreichbaren Zielen vergeben werden. Die Verbünde mit den didaktischen Aufträgen sollten alle gemeinsam einen Meilensteinplan entwickeln, der jährliche Foren vorsieht, auf denen die Zwischenprodukte präsentiert werden.

Um diese Übergangsgestaltung zwischen Kindertagesheim und Grundschule verstärkt voranzubringen, ist es erforderlich, dass das Unterstützungssystem zukünftig wesentlich stringenter arbeitet. Insbesondere hinsichtlich der Gesamtprojektplanung sollte von dort ein Projektplan vorgelegt werden, der neben einem Fortbildungs- und Beratungskonzept das Wissensmanagement im Netzwerk enthalten sollte. Aufgabe der Wissenschaftlichen Begleitung könnte die Moderation des Unterstützungssystems und gegebenenfalls die Beschaffung externer Expertise zur Weiterentwicklung des Unterstützungssystems sein. Demgegenüber sollte die Evaluation durch Feedbackschleifen im Projektplan verankert werden. Die Bildungswirkung des Gesamtprojektes müsste sich in spätestens drei Jahren auch in den Vergleichsarbeiten an den Grundschulen niederschlagen.

12 Anhang

12.1 Beispiele für Dokumentationen der Hospitationen

Beobachtungsbogen aus dem Verbund Oslebshausen:

Beobachtungsbogen / Kind

- als Vorbereitungshilfe, keine Entwicklungsdokumentation

Name:

Geb.:

Kompetenzstufen von 1 bis 5; 1= sehr gering bis 5= sehr ausgeprägt

- 1 -

Soziale Kompetenz:

Gruppenverhalten:

Grobmotorische Fähigkeiten:

Feinmotorische Fähigkeiten:

Belastbarkeit:

Durchhaltevermögen:

Selbstständigkeit:

Lerninteresse:

Interesse am gemeinsamen Spiel:

- 2 -

Besondere Stärken:

Besondere Auffälligkeiten:

Sprachstand:

Ansprechpartner/-in im KTH:

Protokollbogen für den Besuch der LehrerIn im Kindertagesheim

Allgemeine Informationen über das KTH

- als Notizgrundlage für die LehrerIn

Profil der Einrichtung

Kooperation der KTH-Mitarbeiter

Umsetzung des Rahmenplans (Themen)

Gemeinsame Projekte im ganzen KTH

Regeln, Rituale, eingeübte Tagesabläufe

Kennen lernen der jährl. Feste

bekannte Arbeitformen

Vorbereitung auf die Schule

Tagesrhythmus

Frühstückssituation

Liedgut

Spielsituation

Allgemeine Informationen über die Schule
© Frühes Lernen Kernprojekt Oslebshausen, Version 13.09.04

Konzept/Profil
Größe der Schule/Zügigkeit?
Welche Möglichkeiten/Schwerpunkte bietet die Schule?
Nach welchen Kriterien werden die 1. Klassen zusammengesetzt?
Wie viele Mitarbeiter gibt es?
Welche Qualifikationen bzw. Schwerpunkte haben die Mitarbeiter?
Welche Kooperations- und Besprechungszusammenhänge gibt es innerhalb und außerhalb der Schule?
Zusammenarbeit mit ...
Vernetzung mit ...
Unterrichtsinhalte und Methoden
Tagesablauf (Rituale)?
Welche Unterrichtsformen wechseln sich ab?
Gibt es Schuljahrgangsthemen und/oder Projekte?
Wie wird auf unterschiedliche Lernniveaus eingegangen?
Kinder mit besonderen Bedarfen (Lernentwicklung, Sprache, Hochbegabung, Verhalten): Welche Angebote gibt es für diese Kinder?
Konfliktkultur
Wie wird mit Konflikten umgegangen?
Wie werden Konflikte der Kinder gelöst?
Gibt es zu Konflikten Verabredungen im ganzen Kollegium?
Elternarbeit
Wie werden Eltern in den Schulalltag einbezogen?
Elternarbeit (Hospitation der Eltern, Elterngespräche).
Gibt es Schulveranstaltungen für alle Eltern?

12.2 Kooperationsbeispiele

Projektplan „Mathe von Anfang an“ Verbund Oslebshausen

Projektablaufplan Oslebshausen

Woche	September 04	Woche	Oktober 04	Woche	November 04	Woche	Dezember 04
13.-17.09.04	WB Leitfaden 13.09. 3. Woche 13.09. Erhebung St. Joseph-Schule 15.09. /für 05 Sprachstandserhebung 17.09. Erstellung Hospi.-Bögen	04-08.10.04	04.10. Kerntreffen Anmeldezeit St.-Joseph-Schule Kath. KiTa "Nach" - hospi	01.-05.11.04	03.11. Kerntreffen	29.11.-03.12.04	
20.-24.09.04	20.09. Erhebung GTS Oslebs. 21.09. Erhebung A.d.Heen 22.09. (1/4-jährl.) Koop. Anschub der Schulvorbereitg. 24.09. AK Kinderfest Schulvorbereitung der KTH Kinder *Beginn*	11.-15.10.04	FERIEN Beginn Jahresplanung Oktober 04	08.-12.11.04		06.-10.12.04	07.12.04 Kerntreffen
27-01.10.04	27.09. SGO (Sport) Spielmobil Vorstellung Anmeldezeit St. Joseph-Schule	18.-22.10.04	FERIEN	15.-19.11.04	Bis 17.11.: Rück	13.-17.12.04	
		25.-29.10.04	Bis 17.11.: Rückkopplungsgespräche gemeinsame Konferenz Kath. Kita+GS 29.10. Ev. KiTa Kinderfest	22.-26.11.04		20.-23.12.04	FERIEN

2. Projektjahr 2004/2005

Woche	Januar 05	Woche	Februar 05	Woche	März 05	Woche	April 05
03.-07.01.		31.01.-04.02.05		28.02.-04.03.05		04.04.-08.04.05	
10.-14.01	Anmelde Infoabend Eltern 13.01. Exp.Hearing	07.-11.02.05		07.-11.03.05	_.03.05 Kerntreffen	11.-15.04.05	
17.-21.01	zeiten	14.-18.02.05	17.02. Forum III 15-18 h	14.-18.03.05	Ende Jahresplanung März 05	18.-22.04.05	_.04.05 Kerntreffen
24.-28.01.	_.01.05 Kerntreffen	21.-25.02.05	_.02.05 Kerntreffen	21.-25.03.05		25.-29.04.05	Abschlusserhebung Mai
				28.03.-01.04.05	FERIEN		

Projektablaufplan Oslebshausen

Beginn Vorbereit. Klein-Projekte	**Beginn Durchf. Klein Projekte**	**Beginn Aufwert + Doku. Klein Projekte**	**Vorhaben von Teilverbünden**	*Eltern-Info-Veranstalt.	*Anmeldezeit *Fortbildung für Frühes Lernen	* WB-Planung * andere Proj. treffen

Woche	Mai 05	Woche	Juni 05	Woche	Juli 05	Woche	August 05
02.-06.05.05	Infogespräche Leitungen Päd.Konferenz für Ü'Verfahren	30.05.-03.06.05		04.-08.07.05		01.-05.08.05	
09.-13.05.05	Kerntreffen	06.-10.06.05	Schulbesuche Kinder 06.06.05 Kerntreffen	11.-15.07.05	_.07.05 Kerntreffen	08.-12.08.05	_.08.05 Kerntreffen
16.-20.05.05 Pfingsten		13.-17.06.05		18.-22.07.05		15.-19.08.05	
23.-27.05.05	Hospitationen Sprachstanderhebung für Kinder 06	20.-24.06.05	Infoabend Eltern der Schule	25.-29.07.05	FERIEN	22.-26.08.05	FERIEN bis 24.08.
		27.06.-01.07.05				29.08.-02.09.05	Abschluss Projekt "Frühes Lernen"

Kooperationsplan der Verbünde „Vahr“ und „Neustadt“

Name der Projektgruppe, TeilnehmerInnen © Frühes Lernen, Dok_Prod_S-Weg

Kernverbund Vahr: Kindertagesheim Bispingerstr. / Schule „In der Vahr“ - Frau Lucke

Name des Produktes

Projektwoche mit dem Thema: „Ich und die anderen – die anderen und ich“. Die Kinder der Schulvorbereitungsgruppe nehmen eine Woche an der Projektgruppe der 4. Schulklasse teil.

Kontextbeschreibung: Anlass, Umfeld, Einzugsgebiet, Klientel

Die zukünftigen Schulkinder sollen die Schulsituation besser kennen lernen. Die Einbindung der Kinder über eine ganze Woche in den Unterricht bringt ihnen Personen, Räume, Inhalte und Methoden nahe. Gleichzeitig hat die Lehrerin die Möglichkeit die Kinder besser kennen zu lernen.

Zielsetzungen (bitte benennen Sie die drei wichtigsten Ziele

Ängste der Kinder abbauen, die Kinder sollen mit dem Schulalltag vertraut werden, große und kleine Kinder sollen positive soziale Erfahrungen miteinander machen, die Eltern lernen die Schule kennen.

Inhalte

Kennen lernen der Räumlichkeiten der Schule

Veränderten Tagesablauf kennen lernen (Stundenrhythmus, Pause)

Kennen lernen verschiedener Lehrer

Orientieren in der Schule

Lernen an Stationen

Methoden

Während der gesamten Woche wird der Unterricht mit der Methode des Stations-Lernens durchgeführt. Die Stationen werden verantwortlich von den Kindern der vierten Klasse begleitet. Die Projektwoche endet mit einem Abschlussfest, zu dem auch die Eltern eingeladen sind

Ressourcen: Beteiligte Personen, Beratung, Kosten...

Die Eltern der Kindergartenkinder, die an der Vorbereitungsgruppe teilnehmen, bringen ihre Kinder in dieser Woche morgens direkt zur Schule. Die Kinder sind von 8.00 – 12.00 Uhr in der Integrationsklasse von Frau Lucke und zwei weiteren Lehrerinnen aus der Schule am Rhododendrenpark. Sie werden mittags von einer Mitarbeiterin des Kindertagesheims oder ihren Eltern abgeholt.

Die Durchführung einer solchen Projektwoche ist nur möglich, wenn zwei Fachkräfte vormittags in der Klasse sein können.

Erkenntnisse, Ergebnisse

Die Vorschulkinder waren begeistert und berichteten stolz von ihren Erlebnissen in der Schule, sowohl im Kindergarten als auch ihren Eltern gegenüber. Sie freuen sich auf den richtigen Schulbeginn.

Die Kinder der 4. Klasse entwickelten ein hohes Maß an Verantwortung und Ernsthaftigkeit für ihre Aufgaben, sowie Kompetenzen, z.B. beim Vorlesen, die sie in der normalen Klassensituation nicht zeigen.

Eltern bekamen einen offenen Zugang zur Schule und erkannten die Bedeutung der Zusammenarbeit.

Die Pädagogen des Kindertagesheims fühlten sich in ihrer Arbeit anerkannt. Die Pädagogin der Schule kann den Schulanfang in ihrer Planung stärker auf die Kinder bezogen planen, da sie viele der Kinder schon kennt.

Name der Projektgruppe, TeilnehmerInnen © Frühes Lernen, Dok_Prod_S-Weg

Projektgruppe Neustadt: Schule Odertraße in Kooperation mit den Kindertagesheimen Delmestraße, Hohentor, Neustadtswall, St. Pauli und Warturm im Erweiterten Projekt Neustadt

TeilnehmerInnen:

Grundschule Oderstraße: Angeli Kuipers, Brigitte Bergmann und Marlies Behrmann

KTH St. Pauli: Karin Straube

KTH Neustadtswall: Melanie Gräser

KJH Warturmer Platz: Chris Vogel und Bettina Schmid

KTH Delmestraße: Carola Sperling

KTH Hohentor: Julia Dargel

Name des Produktes: „Ich pass auf"

Verkehrserziehung

Kontextbeschreibung: Anlass, Umfeld, Einzugsgebiet, Klientel

Anlass war, dass die zukünftigen Schulkinder sich der Schule „nähern", und zwar auch ganz praktisch den Schulweg kennen lernen. Das Umfeld der Schule und Kindertagesstätten ist sehr verkehrsträchtig. Es gibt viele Ampeln, häufig Baustellen, Fahrrad- und Fußgängerweg sind unkenntlich getrennt (Langemarckstraße). Die Kinder haben kaum Erfahrungen im Straßenverkehr, sie können nicht alleine draußen spielen, sondern werden stets von ihren Eltern begleitet und häufig mit dem Auto „transportiert". Ein Großteil der Kinder wohnt in soziokulturell stark benachteiligten Gebieten (Hohentor, Alte Neustadt). Orientierungssinn, Konzentration, Selbständigkeit, Verantwortungsbewusstsein, Motorik etc. sind bei diesen Kindern überwiegend nicht ausreichend entwickelt.

Kinder, die aus dem Wohngebiet ‚Warturmer Platz' kommen, müssen auf ihrem Schulweg zur Oderstraße viele Ein- bzw. Ausfahrten der aus Osteuropa stammenden Autohändler passieren. Da durch regelmäßiges Rangieren der Autofahrer auf dem Rad- bzw. Fußweg sowie auch durch das Abstellen von Fahrzeugen auf diesen Wegen ein erhöhtes Gefahrenpotenzial für die Kinder besteht (die Kinder müssen teilweise auf die, besonders von LKW`s hoch frequentierte, viel befahrene Senator-Apelt-, bzw. Carl-Francke-Straße ausweichen), ist ein gezieltes Einüben des Schulweges und seiner Gefahren unumgänglich.

Zielsetzungen (bitte benennen Sie die drei wichtigsten Ziele)

Zu diesem Projekt wurden gemeinsam pädagogische Ziele erarbeitet, welche von den pädagogischen Fachkräften in den jeweiligen Einrichtungen unterschiedlich mit den Schulkindern (in der Schule) und mit den zukünftigen Schulkindern (im KTH) umgesetzt werden. Das Projekt wird bis Ende Juni durchgeführt und beendet durch eine Veranstaltung mit dem Kontakt-Polizisten und allen Beteiligten in der Grundschule Oderstraße.

Oberziel: Die Kinder bewältigen den Weg von Zuhause zum KTH/zur Schule und zurück selbständig und sicher.

Teilziel: Die Kinder lernen auf unterschiedlichen Wegen **sechs bestimmte Verkehrsregeln**:

Haltung und Aufmerksamkeit unterwegs,

Ampel; Überquerung ohne Ampel,

Bordstein als Haltepunkt,

Links-rechts gucken bei Überquerung,

Unterschiedliche Wege (Fuß- und Radweg sowie Straße),

Schule und KTH nähern sich fachlich an und arbeiten inhaltlich zusammen.

Inhalte

KTH Hohentor

- Ampel kennen lernen
- Tischverkehrsspiel
- Weg zur Schule geübt
- Mit einer zweiten Klasse eine Unterrichtsstunde mitgemacht
- Ampelfarben geübt
- Akustische Wahrnehmungen differenziert
- Schulweg kennen lernen

KTH Warturmer Platz

- Würfelspiel mit den Gefahren des speziellen Verkehrsweges vom Kinder- und Jugendhaus zur Schule entworfen und gestaltet
- Ampel und Ampelphasen erarbeitet
- Weg zur Schule geübt, dabei besonderes Augenmerk auf die Ein- und Ausfahrten der Autohändler gelegt (Haltegrenzen festgelegt), intensives Einüben der Überquerung der dreigeteilten Fußgängerampel unter der Oldenburger Straße
- Konzentrationsübungen, Wahrnehmungsdifferenzierung
- Besuch bei der Polizei
- Kontaktpolizist im Kindergarten zur Verkehrserziehung

GS Oderstraße

- Inhalte des Projektes „Ich pass auf“ werden gemeinsam in einer Sportstunde bearbeitet
- Inhalte des Projektes „Ich pass auf“ werden während eines Unterrichtsgangs überprüft
- Rücksichtsvolles Verhalten in einer Gruppe

KTH St. Pauli

- Bildbesprechung (Verkehrssituation)
- Turnstunde als Verkehrsübungsstunde
- Stetige Wiederholung der 6 genannten Verkehrsregeln während des Jahres
- Tischspiel sowie Spiele mit diversen Materialien (Holzfiguren, Playmobilutensilien, Verkehrsteppich, kleine Autos) auf Bauteppich, Bilderbücher
- Verkehrsstunde mit Kontaktpolizist
- Einbeziehung der Eltern
- Prüfungssituation: Weg vom KTH zur Schule

Kita Neustadtswall

- Fußgänger- und Verkehrsampel erarbeitet
- Straßenüberquerung ohne Ampel geübt
- Mit den Kindern eine Projektmappe erstellt

Kita Delmestraße

- Ampelfarben und deren Bedeutung erlernen
- Verkehrsschilder (sechs Wichtigsten) lernen
- Wege zur Schule üben
- Akustische und optische Wahrnehmungen in Bezug auf Verkehr fördern
- Tischverkehrsspiel
- Straßenüberquerung üben
- Verhalten im Straßenverkehr einzeln und in der Gruppe.

Methoden

KTH Hohentor

- Ampelfarben geübt (mit Tüchern, mit Farben)
- Ampel hergestellt
- Tischverkehrsspiel gebastelt
- Spielangebote
- Übungen auf dem Fußweg, am Bordstein, auf der Straße, an der Kreuzung (mit/ohne Ampel) – mit/ohne Begleitung.

Sing- und Tanzspiele, bezogen auf Verkehrserziehung

KTH Warturmer Platz

- mit den Kindern den Schulweg besprochen und die Kinder erarbeiten lassen, welche Gefahren auf diesem Schulweg liegen. Mit den Kindern dazu ein Würfelspiel gebastelt
- Ampelmalvorlagen (für Fußgänger und Autos) ausgemalt und geklebt
- Auf dem zukünftigen Schulweg gemeinsam mit den Kindern markante Punkte gesucht, an denen die - Kinder gefahrlos anhalten können um sich zu orientieren (Bordstein, Zaunende, Schilder, Toreinfahrten, etc.)

- Spiele, Bildersuchgeschichten, zur Wahrnehmungs- und Konzentrationsförderung
- Verkehrsgeschichten (z.B. mit Käpt'n Blaubär) vorgelesen und erarbeitet
- Ausflüge, auch in die weitere Umgebung unternommen um allgemein die Sicherheit und Aufmerk-samkeit der Kinder im Straßenverkehr zu erhöhen

GS Oderstraße

- Optische Wahrnehmung mit Schwungtüchern (Ampelfarben rot-gelb-grün)
- Akustische Wahrnehmung mit dem Tamburin (Signale: leise-laut, langsam-schnell, Halt!)
- Rücksichtsvolles Miteinander in einer größeren Gruppe (laufen mit Reifen)
- Richtiges Verhalten auf dem Gehweg – zu zweit nebeneinander
- Auf Zeichen des Lehrers achten
- Auf Verkehrsschilder achten
- Überqueren der Straße mit und ohne Ampel
- Begrüßung, Morgenkreis, Frühstück und Kernprojektzeiten

KTH St. Pauli

- sprechen über Verkehrssituation auf Bildern speziell im Hinblick auf die 6 Regeln in Kleingruppe (max. 7 Kinder), Bilder dann ausmalen (unterschiedliche Farben für unterschiedliche Wege, Ampelfarben, richtiges Verhalten besonders kennzeichnen)
- Methoden der Turnstunden: vgl. GS Oderstraße, 1. Spiegelstrich
- Farbunterscheidungen durch vielfältige Spiele sowie Elemente im Morgenkreis
- gleiches gilt für Unterscheidung rechts-links
- vorhandenes Spiele-Material gezielt anbieten und ggf. durch eigene Herstellungen ergänzen, Bilderbücher anschauen und drüber sprechen
- „learning by doing": in realen Situationen die 6 Regeln immer wieder thematisieren (mind. 1x wöchentl.)
- Eltern auf Elternabenden/Elternbeirat informieren und um Beachtung der 6 Regeln bitten

Kita Neustadtswall

- die Kinder haben ihre Adresse und Telefonnummer gelernt
- mit den Kindern gesprochen wie die Verkehrssituation in ihrem Wohnumfeld ist
- mit den Kinder darüber gesprochen, wie sie in die Kita kommen (zu Fuß, Fahrrad oder Auto)
- ein Papier mit den Kindern zum Thema Ampel erarbeitet
- auf Sparziergängen die verschiedenen Verkehrssituationen geübt und hierbei auch die Verkehrszeichen besprochen
- alles was besprochen wurde, haben die Kinder auf von mir erarbeiteten Zetteln durch Zeichnungen festgehalten
- jedes beteiligte Kind hatte am Ende des Projektes eine eigene Projektmappe erstellt

Kita Delmestraße

- Ampelfarben lernen, Ampel gebastelt und in Verkehrsspielen eingesetzt
- Name, Adresse lernen
- Verkehrssituationen anhand von Tischspielen, Kärtchen, Bastelarbeiten, Malbilder u.a. besprochen
- Verkehrsregeln und die wichtigsten Verkehrszeichen gelernt
- Auf Spaziergängen und Ausflügen für verschiedene Verkehrssituationen sensibilisiert und Verhaltensregen besprochen/ Fahrt mit Bus Straßenbahn, Schiff und Zug, um den Kindern verschiedene Verkehrsmittel zu zeigen

Kitaweg besprochen

- Auf dem Kitagelände haben wir mit den Kindern einen Verkehrsübungsplatz aufgemalt und die Kinder haben ihren „Fahrradpass" gemacht
- Übungen wie z.B. links, rechts, vor ,hinter ,seitwärts, Geschwindigkeitsübungen, Geräusche
- Kinder in ihrer Wohnung mit Kleingruppen besucht, dabei praktisch Verkehrssituationen bewältigt
- Schulwege (Oderschule, Kantschule, Karl-Lerbs-Schule)
- Sing- und Tanzspiele

Ressourcen: Beteiligte Personen, Beratung, Kosten...

KTH Hohentor

- Alle päd. Fachkräfte der Einrichtung wurden involviert und beteiligten sich
- Inhalte und Methoden konnten leicht selbst erarbeitet werden
- Zusätzliche Kosten entstanden nicht

KTH Warturmer Platz

- Beteiligt waren die beiden Gruppenleiterinnen des Elementarbereiches
- Inhalte und Methoden wurden untereinander abgesprochen
- Kosten entstanden keine

GS Oderstraße

Lehrerinnen der 1. und 2. Klasse und Schulleiterin

Kontaktpolizist

KTH St. Pauli

- alle PädagogInnen sind beteiligt
- Übernahme der Ziele durch Eltern gewünscht und angebahnt
- Einigung auf Inhalte und Methoden in Mitarbeiterbesprechung
- 2 mal Besuch des Kontaktpolizisten
- Keine nennenswerten zusätzlichen Kosten/ Zusätzliche Personalstunden durch Einbeziehung einer Leiterin in praktische pädagogische Arbeit

Kita Delmestraße

- Alle PädagogInnen sind beteiligt
- Inhalte und Methoden wurden untereinander abgesprochen
- Kosten entstanden keine

Erkenntnisse, Ergebnisse waren gut „ablesbar" am Verhalten der Kinder, die letztes Jahr zur Schule kamen und ebenfalls an diesem Projekt teilgenommen hatten. Lt. Auskunft der Schulleitung verhielten sich die Kinder selbstbewusster und sicherer im Straßenverkehr. Sie kannten die sechs Verkehrsregeln. Zudem waren ihnen das Schulgebäude und die Klassenräume nicht mehr fremd. Bei den Besuchen begegneten sie Freunden und ehemaligen Kindergartenkindern sowie den Lehrkräften.

An den Hortkindern konnte man beobachten, dass sie nach sehr kurzer Zeit den Weg von der Schule zum Hort allein bewältigen.

Kita Neustadtswall

- beteiligt waren beide Kolleginnen aus dem Elementarbereich
- Inhalte und Methoden wurden untereinander ausgetauscht
- Kosten entstanden nicht

Julia Dargel/ 06.06.2005 / Ergänzt: Bettina Schmid/ 07.06.2005 / 13.06.05 Bergmann, Behrmann, Kuipers Oderstraße /15.06.05 Karin Straube, Astrid Heller - KTH St. Pauli / 16.06.05 Melanie Gräser – Kita Neustadtswall / 17.06.05 Carola Sperling- Kita Delmestraße

Kooperationskalender im Verbund „Walle“

Kooperation im Übergang vom KTH zur Schule Verbindlicher Ablaufplan für Kinder in Walle	
Wann?	**Was passiert?**
November bis Dezember des Jahres **vor** Einschulung	Senator f. Bildung teilt den Grundschulen mit, welche neu schulpflichtigen und Karenzzeitkinder lt. EMA in ihrem Einzugsbereich gemeldet sind. Senator f. Bildung schreibt die Eltern an und informiert über die **Anmeldezeiten** in ihrer Schule (St. Marien als Schule in freier Trägerschaft hat eine andere Terminierung).
November/Dezember	Schulen laden die Eltern ein zu einer **gemeinsamen Info-Veranstaltung** aller Grundschulen im Stadtteil. Die KTH-Leitungen sind an Vorbereitung und Durchführung der Veranstaltung beteiligt. Einladungen werden über KTH verteilt. KTH's, Schulen und Schulärzte informieren bei dieser Veranstaltung zu Übergang und Schulbeginn und stehen für Fragen der Eltern zur Verfügung.
Januar des Einschulungs-Jahres	**Eltern melden** ihre Kinder persönlich in der Schule **an** und füllen dort einen Anmeldebogen aus. Bei Karenzzeitkindern gibt der Kindergarten in der Regel eine Empfehlung an Eltern und Schule, ob eine Einschulung sinnvoll erscheint. Die Schule steht den Eltern zur Beratung zur Verfügung. Durch die persönliche Anmeldung bekommen die Schulen einen ersten Eindruck von der Familie und mit dem Anmeldebogen Informationen über: • KTH-Besuch • Geschwisterzahl • Familienstand • Religionszugehörigkeit • Migrationshintergrund Auf dem Anmeldebogen werden die Eltern um eine **Schweigepflichtsentbindung** gebeten, um die Möglichkeit eines institutionellen Informationsaustausch z.B. mit dem Kindergarten zu erhalten.
Januar bis Ende Juni	**Schuleingangsuntersuchungen** des Gesundheitsamtes. Die Schulen erhalten die Termine vom Gesundheitsamt zur Schuluntersuchung und verschicken die Einladungen an die Eltern. Die Förderberichte des KTH sind Grundlage für die Schuluntersuchung und für die Entscheidung, ob das Kind von dem Arzt/ der Ärztin oder einem/r AssistentIn untersucht wird.
	Die Eltern werden von den Ergebnissen informiert. Nach der Schuluntersuchung stehen die KTH den Eltern zur Beratung zur Verfügung, insbesondere, wenn Auffälligkeiten festgestellt wurden. Das Gesundheitsamt gibt nach der Untersuchung Informationen über: • Förderbedarf • Linkshändigkeit • benötigte Stuhlgröße an die Schule

Winter bis Schulanfang	Alle Kitas bereiten die Kinder durch gezielte Angebote auf die Schule vor (Schulprojekte).
Bis 15.Mai	**Eine der Grundschulen** lädt alle Waller KTH´en und die anderen Grundschulen zu einem **gemeinsamen Stadtteil-Termin** mit der Möglichkeit des einzelfallbezogenen fachlichen Austauschs ein. Beraten werden: • alle Kinder, die anerkannten hilfebezogenen Förderbedarf haben; • alle Kinder, die Sprachförderung bekommen haben; • wichtige Einzelfälle Voraussetzung für die Einzelfallberatung ist die Schweigepflichtsentbindung der Eltern. Als Leitfaden wird der gemeinsam entwickelte **Waller Beratungsbogen** (*siehe Anlage*) genutzt, der sich an den Kategorien des Förderberichts der KTH orientiert. TeilnehmerInnen des Stadtteil-Termins sind alle GrundschulleiterInnen, alle KTH-LeiterInnen, nach Möglichkeit die bisherigen Gruppenleitungen, Integrationspädagogen und die zukünftigen KlassenlehrerInnen der SchulanfängerInnen.
Mitte August	Einschulung
Ende August	Zuordnung der Kinder in Klassen
Ende August/Anfang Sept.	Beobachtungsprozess: „Hexe Mirola“ für alle neu eingeschulten Kinder in den Schulen
November	Eine der Grundschulen lädt alle Schulen und Kitas zu einem gemeinsamen Rückmeldetermin über die eingeschulten Kinder ein.

13 Kontrakt zwischen Verbund und Moderator (Beispiel)

Titel	**„Frühes Lernen – Kindergarten und Schule kooperieren"**
Beteiligte	Auftraggeber: im Kernprojekt „Oslebshausen" benannte Institutionen Projektteilnehmer: Vertreter der o.g. Institutionen Prozeß begleitung: Zentrales Unterstützungssystem, hier Herr Metze und Frau Novello
Ziele des Gesamtprojektes	Entwicklung und Erprobung übertragbarer Konzepte und Produkte 1 für den Aufbau von Arbeits – und Koopstrukturen im Koopverbund 2 für die Verstärkung der Elternarbeit 3 für die Abstimmung der thematischen Arbeit zwischen KTH und Grundschule Ausarbeitung eines Themenbereichs für mehrere Entwicklungsniveaus (Inhalte, Material, Methoden)
Arbeitsziele dieses Kernprojektes	Was soll konkret erreicht werden: 1. KTHs und Schulen wissen um die Arbeitsweisen und –methoden der anderen Institution 2. KTHs und Schulen erproben miteinander abgestimmte Inhalte 3. KTHs und Schulen gestalten den Übergang gemeinsam mit den Eltern
Zielerreichungs - kriterien	Wie kann die Zielerreichung überprüft werden: Kriterien werden zu Beginn der Zielbearbeitung gesammelt und festgelegt
Arbeitsschritte + Terminplanung + Meilensteine	Welche Tätigkeiten sind zur Zielerreichung notwendig und wann: Siehe Projektplan Arbeitsschritte
Ressourcen	Welche Ressourcen sind verfügbar: KTHs: zwischen 3 und 6 Stunden pro Woche und Haus Schulen: 0 Stunden (St. -Joseph) und drei Stunden alle anderen Schulen
Information und Dokumentation	Wie wird der Informationsfluss in die eigene Institution gesichert: - Die jeweiligen Leitungen berichten turnusmäßig in den Dienstbesprechungen bzw. Konferenzen - Die Unterlagen aus dem Projekt sind den jeweiligen MitarbeiterInnen zugänglich - Die KTH - und Schulleitungen sorgen für verbindliche Absprachen in ihren Teams - In den März und Juni Treffen wird der Info -Fluss in den Institutionen als TOP aufgenommen - Nach dem abgesprochenen Modus werden die Protokolle von den TeilnehmerInnen erstellt
Weitere Verein - barungen	Die Moderation bietet an: 1. Vor- und Nachbereitung von Treffen und Fortbildungen 2. Sorgen für eine positive Gesprächskultur 3. Focus auf das Wesentliche 4. Ergebnissicherung 5. Einhalten von Vereinbarungen und Zeitvorgaben 6. Feedback 7. Konfliktbearbeitung 8. Auswertung 9. Einhalten der Gruppenregeln s.d. Die Moderation bietet nicht an: • Fertige Konzepte • Fertige Lösungen • Mehr Ressourcen

Der Auftrag kann im Einverständnis und mit Absprache aller am Prozess Beteiligten verändert, erweitert oder verkürzt werden.

14 Literatur

Ainsworth, M. D./ Bell, S. M. (1970): Attachment, exploration, and separation: Illustrated by the behavior of one-year-olds in a strange situation. In: Child Development, 41. Jg., S. 49-67.

Balster, K. (1990): Lehreraussagen zur Fortbildung. Befragung zur Effektivität der lokalen Lehrerfortbildung im Fach Sport in zwei Großstädten.- In: Sport und Leibeserziehung, 39. Jahrgang, Heft 7. Schorndorf: Hofmann, S. 264 – 269.

Baumert, J. u.a. (Hrsg.) 2002: PISA 2000 – Die Länder der Bundesrepublik Deutschland im Vergleich. Opladen: Leske + Budrich.

Bayer, M./ Carle, U./Wildt, J. (1997): Lehrerbildung vor der Zerreißprobe - zwischen staatlichen Vorgaben, wissenschaftlicher Fachsystematik und professionellen Anforderungen. In: Krüger, H.-H./Olbertz, J. H. (Hrsg.): Bildung zwischen Staat und Markt. Hauptdokumentationsband zum 15. Kongress der DGfE an der Martin-Luther-Universität Halle-Wittenberg. (Schriften der Deutschen Gesellschaft für Erziehungswissenschaften). Opladen: Leske + Budrich, S. 415-438.

Behrens, J./ Rabe-Kleberg, U. (2000): Gatekeeping im Lebenslauf – Wer wacht an Statuspassagen? Ein forschungspragmatischer Vorschlag, vier Typen von Gatekeeping aufeinander zu beziehen. In: Hoerning, E.M. (Hrsg.): Biographische Sozialisation. S. 101-136, Stuttgart: Lucius.

Berthold, B./ Carle, U. (2003): Engpassanalyse im Schulentwicklungsprojekt „Veränderte Schuleingangsphase“ als Methodenbeispiel systemischer Schulbegleitforschung. In Pangiotopoulou, A./Brügelmann, H. (Hrsg.): Grundschulpädagogik meets Kindheitsforschung. Jahrbuch Grundschulforschung Bd. 7. Opladen: Leske + Budrich, S. 225-230.

Berthold, B./ Bischoff, B./ Carle, U. (2004): „Frühes Lernen – Kindergarten und Grundschule kooperieren“. Projektentwicklung und Ausgangslage in den beteiligten Einrichtungen. Bremen: Universität.

Berthold, B./ Carle, U./ Schneider, U./ Zimmer, U. (2004): Entwicklung des Unterstützungsangebots während des Schulversuchs. In: Thüringer Institut für Lehrerfortbildung, Lehrplanentwicklung und Medien (Hrsg.): Veränderte Schuleingangsphase an Thüringer Grundschulen. Ergebnisse und Erfahrungen eines Schulversuchs. Impulse Heft 43, S. 130-136.

Bischoff, B./ Carle, U./ Samuel, A. (2005): „Frühes Lernen - Kindergarten und Grundschule kooperieren“. Das erste Projektjahr - Erfolge und Entwicklungsbedarf. Bremen: Universität.

Bösenberg, D. & Metzen, H. (1992). Lean Management. Fortschritt durch schlanke Konzepte. Landsberg a. L.: Moderne Industrie.

Bowlby, J. (1988): A Secure Base. Parent-child attachment and healthy human development New York.

Bronfenbrenner, U. (1970): Two worlds of childhood: U.S. and U.S.S.R. New York: Sage.

Bronfenbrenner, U. (1981): Die Ökologie der menschlichen Entwicklung. Stuttgart: Klett.

Carey, S. (1985): Conceptual change in childhood. Cambridge, MA: MIT Press.

Carey, S. (1991): Knowledge acquisition: Enrichment or conceptual change. In Carey, S./ Gelman, R. (Hrsg.): The epigenesis of mind: Essays on biology and cognition. S. 257-292. Hillsdale, NJ: Erlbaum.
Carey, S. (2000): Science Education as Conceptual Change. In: Journal of Applied Developmental Psychology 21. Jg., H.1, S. 13–19.
Carle, U. (1997): Zur Notwendigkeit einer zusätzlichen arbeitswissenschaftlichen Grundlegung der Aus- und Weiterbildung von Lehrerinnen und Lehrern. In: Bayer, Manfred / Carle, Ursula / Wildt, Johannes (Hrsg.): Brennpunkt: Lehrerbildung. Strukturwandel und Innovationen im europäischen Kontext. DGfE-Tagungsband. Opladen: Leske und Budrich 1997 S. 165-182.
Carle, U. (1999): Arbeitsentwicklung und Entwicklungsarbeit in den Schulen zwischen lockenden Zielmodellen und drückenden Handlungsengpässen. In: Carle, Ursula / Buchen, Sylvia (Hrsg.): Jahrbuch für Lehrerforschung Bd. 2. Weinheim: Juventa.
Carle, U. (2000a): Was bewegt die Schule? Internationale Bilanz - praktische Erfahrungen - neue systemische Möglichkeiten für Schulreform, Lehrerbildung, Schulentwicklung und Qualitätssteigerung. Baltmannsweiler: Schneider Hohengehren.
Carle, U. (2000b): Handanweisung zur Durchführung von Stärken-Schwächen-Chancen-Risiken-Analysen in den Schulen des Schulversuchs Veränderte Schuleingangsphase in Thüringen. Bremen: Universität. Überarbeitete Fassung 2005 unter: http://www.tqse.uni-bremen.de/unterstuetzungselemente.html
Carle, U. (2001a): Lasst uns die Welt mit den Kindern gemeinsam gestalten! – Überlegungen zur Demokratisierung der Erziehungskultur. In: Praktische Theologie, H. 3, S. 155-164.
Carle, U. (2001b): Ausgangslage der Schulen im Schulversuch Veränderte Schuleingangsphase in Thüringen. Erster zwischenbericht der Wissenschaftlichen Begleitung. Bremen: Universität http://www.grundschulpaedagogik.uni-bremen.de/archiv/thueringen/1Zwischenblang.pdf
Carle, U. (2001c): Handanweisung zur Durchführung von TOC-Analysen in den Schulen des Schulversuchs „Veränderte Schuleingangsphase in Thüringen". Bremen: Universität. Erscheint unter http://www.tqse.uni-bremen.de/unterstuetzungselemente.html
Carle, U. (2003): Schulbegleitforschung als Service für schulische Entwicklungsprozesse. Anspruch und Wirklichkeit im Lichte der schulischen Binnenperspektive. In: Kemnade, Ingrid (Hg.): Schulbegleitforschung als Unterstützungssystem für die Schulentwicklung. Beiträge zur 7. Fachtagung des Nordverbunds Schulbegleitforschung in Bremen. Bremen: Landesinstitut für Schule, S. 31-42.
Carle, U. (2004): Die Bedeutung von Bildungsübergängen für die kindliche Persönlichkeitsentwicklung - transdisziplinäre Überlegungen. In: Denner, Liselotte/Schumacher, Eva (Hrsg.): Übergänge im Elementar- und Primarbereich reflektieren und gestalten. Beiträge zu einer grundlegenden Bildung. Bad Heilbrunn: Klinkhardt, 52-74.
Carle, U. (2005): Handanweisung zur Durchführung von Stärken-Schwächen-Chancen-Risiken-Analysen in den Schulen des Tranferprojektes Begleitete Schuleingangsphase in Thüringen (zuerst 2000b). Bremen: Universität http://www.tqse.uni-bremen.de/unterstuetzungselemente.html

Carle, U./ Berthold B./ Bischoff, B. (2003): „Frühes Lernen - Kindergarten und Grundschule kooperieren“. Projektentwicklung und Ausgangslage in den beteiligten Einrichtungen. Bremen: Universität. http://www.fruehes-lernen.uni-bremen.de/zwb_040214_homepage_04.pdf (download 12.08.2005).
Carle, U./ Berthold, B. (2004): Schuleingangsphase entwickeln – Leistung fördern. Baltmannsweiler: Schneider
Carle, U./ Bischoff B./ Samuel, A. (2004): „Frühes Lernen - Kindergarten und Grundschule kooperieren“. Das erste Projektjahr – Erfolge und Entwicklungsbedarf. Bremen: Universität. http://www.fruehes-lernen.uni-bremen.de/zwb_051402_homepage_04.pdf (download 12.08.2005).
Carle, U./Hahn, H. (2000): Systemische Unterstützung der Entwicklung der Schulen im Schulversuch - ein Überblick, In: Thüringer Institut für Lehrerfortbildung, Lehrplanentwicklung und Medien (Hrsg.): Veränderte Schuleingangsphase an Thüringer Grundschulen. Entwicklungsstand und Perspektive eines Schulversuchs. Reihe Impulse, H. 35. Bad Berka: Thillm, S. 24-29.
Carle, U./ Kaiser, A. (Hrsg.) (1998): Rechte der Kinder. Baltmannsweiler: Schneider Hohengehren.
Carr, M. (1999): Learning and Teaching Stories: New Approaches to Assessment and Evaluation. Paper presented at the AARE – NZARE Conference on Research in Education, Melbourne, 1 December, 1999. http://www.aare.edu.au/99pap/pod99298.htm (Zugriff: 07.01.04).
Clausen, J. A.: American Lives. Looking Back at the Children of the Great Depression. New York: Free Press 1993.
David, F. R. (1996): Concepts of Strategic Management. Upper Saddle River, NJ: Prentice Hall
Dunlop, A-W./Fabian, H. (2002): Transitions in the early years. Debating continuity and progression for children in early education. London: Routledge Falmer.
Flammer, A. (1996): Entwicklungstheorien – psychologische Theorien der menschlichen Entwicklung. 2. vollst. überarb. Auflage. Bern: Huber.
Gomolla, M./ Radtke, F.-O. (2002): Institutionelle Diskriminierung. Die Herstellung ethnischer Differenz in der Schule. Opladen: Leske u. Budrich.
Graf, U. (2004a): Schulleistung im Spiegel kindlicher Wahrnehmungs- und Deutungsarbeit. Eine qualitativ-explorative Studie zur Grundlegung selbstreflexiven Leistens im ersten Schuljahr. Studien zur Schulpädagogik, Bd. 45. Hamburg: Kovac.
Graf, U. (2004b): SchülerInnen einer ersten Klasse reflektieren ihre Schriftsprachkompetenzen, in: Panagiotopoulou, A./Carle, U. (Hrsg.): Sprachentwicklung und Schriftspracherwerb. Beobachtungs- und Fördermöglichkeiten in Familie, Kindergarten und Grundschule, Baltmannsweiler Schneider, 122 - 132
Griebel, W./ Niesel, R. (2004): Transitionen - Fähigkeit von Kindern in Tageseinrichtungen fördern, Veränderungen erfolgreich zu bewältigen. Weinheim: Beltz.
Grossmann, K. (1999): Kontinuität und Konsequenzen der frühen Bindungsqualität während des Vorschulalters. In: Spangler, G./ Zimmermann, P. (Hrsg.): Die Bindungstheorie; Grundlagen, Forschung und Anwendung, Stuttgart: Klett-Cotta, S. 191ff.
Hahn, H. (2003): „Fortbildungsbudget für die Einzelschule“ am Thüringer Institut für Lehrerfortbildung, Lehrplanentwicklung und Medien (ThILLM) Bad Berka. Baltmannsweiler: Schneider Hohengehren.

Hahn, H. (2003): Zur Wirkung von Fortbildung im Prozess der Schulentwicklung. Dissertation. Bremen: Universität.

Havinghurst, R. J. (1982): Developmental tasks and education. New York: Longman.

Heinz, W. R. (2000): Sozialisation im Lebenslauf. Umrisse einer Theorie biographischen Handelns. In: Hoerning, E. M. (Hrsg.): Biographische Sozialisation. Stuttgart: Lucius + Lucius, S. 165-186.

Henning, T. (1999). Kooperative Netzwerkkonzepte. In: Sozialmagazin. Die Zeitschrift für soziale Arbeit. 24.Jg. Heft 7+8, S. 18-27.

Heylighen, F./ Campbell, D. T. (1995): Selection of Organization at the Social Level: obstacles and facilitators of metasystem transition. In: Heylighen, F. et al. (Hg.): The Quantum of Evolution. Special Issue: World Futures: The Journal of General Evolution, 181-212.

Hobbs, P. (2001): Professionelles Projektmanagement. Aus dem Englischen übertragen von Anette Böckler. Zweite Auflage. Landsberg am Lech: MVG [2000].

Holzkamp, K. (1993): Lernen, subjektwissenschaftliche Grundlagen. Frankfurt a.M.: Campus

Hüther, G. (2003): Was Kinder brauchen - Neuere Erkenntnisse aus der Hirnforschung. http://www.kirchen.net/ka/pwt/download/huether_2003.htm (Zugriff: 7. Januar 2004).

Kegan, R. (1994): Die Entwicklungsstufen des Selbst. Fortschritte und Krisen im menschlichen Leben. 3. Aufl., dt. zuerst 1986 (engl. 1982), München: Kindt.

Kottmann, B (2004): Die Feststellung sonderpädagogischen Förderbedarfs: Konstruktion von Behinderung in der Grundschule. In: Carle, U./ Unckel, A. (Hrsg.): Entwicklungszeiten. Forschungsperspektiven für die Grundschule. Wiesbaden: VS-Verlag, S. 169-173

Krapp, A./ Mandl, H. (1973): Wer sich auf Schulreifetests verläßt, der ist verlassen. Ein Diskussionsbeitrag über die Fragwürdigkeit der Schulreifetests. In: Bayrische Schule 10. Mai 1973, S. 17 – 20.

Krappmann, L. (2001): Sozialisation in der Gruppe der Gleichaltrigen. In: Hurrelmann, K./ Ulich, D. (Hrsg.): Handbuch der Sozialisationsforschung. Studienausgabe. 6. Auflage, zuerst 1991, S. 355-376.

Krieg, E./ Krieg H./ Krüger, E. (2000): Kinder verstehen lernen. Beobachtung – Eine Technik für sich. In: Welt des Kindes, H. 4, 2000, S. 20-25.

Krieg, E./ Krieg, H./ Schönenberg, Walburga (2002): Bei 50 ist ‚ne Null dabei. In: Welt des Kindes, H. 5, 2002, S. 18-20.

Kromrey, H. (1990): Empirische Sozialforschung. Modelle und Methoden der Datenerhebung und Datenauswertung. Unter Mitarbeit von Rainer Ollmann – Vierte Auflage. Opladen: Leske + Budrich (zuerst 1980).

Lankes, E.-M./ Bos, W./ Mohr, I./ Plaßmeier, N./ Schwippert, K. (2003): Lehr- und Lernbedingungen in den Teilnehmerländern. In: Bos, W./ Lankes, E.-M./ Prenzel, M./ Schwippert, K./ Walther, G./ Valtin, R. (Hrsg.): Erste Ergebnisse aus IGLU. Schülerleistungen am Ende der vierten Jahrgangsstufe im internationalen Vergleich. Münster: Waxmann, S. 29-68.

Leeuw, F. L. (2000): Evaluation in Europe. In: Stockmann, Reinhard (Hrsg): Evaluationsforschung. Grundlagen und ausgewählte Forschungsfelder. Opladen: Leske + Budrich, S. 57-76.

Leontjew, A. N. (1980): Probleme der Entwicklung des Psychischen. Königstein/ Taunus: Athenäum (russ. Orig. 1959).
Lewin, K. (1943): "Forces Behind Food Habits and Methods of Change" in The Problem of Changing Food Habits. Bulletin of The National Research Council, 108 (October). Washington, DC: National Research Council and National Academy of Sciences. pp. 35-65.
Lewin, K. (1943; 1963): Psychologische Ökologie. In: Lewin, Kurt (1963) : Feldtheorie in den Sozialwissenschaften. Bern, Stuttgart: Klett. S. 206-222.
Lewin, K. (1951): Field theory in Social Science. Selected Theoretical Papers. New York: Harper.
Lück, G. (2003): Handbuch der naturwissenschaftlichen Bildung. Theorie und Praxis für die Arbeit in Kindertageseinrichtungen. Freiburg: Herder.
Magai, C. (1995): Bindung, Emotionen und Persönlichkeitsentwicklung. In: Spangler, G./ Zimmermann, P. (Hrsg.): Die Bindungstheorie, Stuttgart: Klett-Cotta, S. 140-148.
Moore, R. S. (1985): It depends on your aim. Phi Delta Kappan, 67. Jg., S. 62-64.
Murgatroyd, S. / Morgan, C. (1992): Total Quality Management and the School. Buckingham (GB): Open University Press, 40-42.
Nickel, H./ Schmidt-Denter, U. (1995): Vom Kleinkind zum Schulkind. München: Ernst Reinhardt.
Obuchowski, K. (1982). Orientierung und Emotion. Ein grundlagentheoretischer Beitrag zur psychischen Handlungsregulation. Köln: Pahl Rugenstein.
Ogawa, J. R./ Sroufe, L. A./ Weinfield, N. S./ Carlson, E. A. /Egeland, B. (1997): Development and the fragmented self: Longitudinal study of dissociative symptomatology in a nonclinical sample. Development and Psychopathology, 9. Jg., 855-879.
Olbermann, U. (1983): Die Gestaltung des gleitenden Übergangs vom Kindergarten zur Grundschule. Teil 1: Die Vorbreitung der Einschulung. Teil II: Die Schulanfangsphase. (Sonderreihe H. 17). Wiesbaden: HIBS.
Piaget, J (1972): Theorien und Methoden der modernen Erziehung. Frankfurt: Fischer Kohlberg, L. (1984): Der ‚Just Community'-Ansatz der Moralerziehung in Theorie und Praxis. In: Oser, F./ Fatke, R./ Höffe, O. (Hrsg.): Transformation und Entwicklung. S. 21-55, Frankfurt: Suhrkamp.
Prengel, A./ Geiling, U./ Carle, U. (2001): Schulen für Kinder - Flexible Eingangsphase und feste Öffnungszeiten in der Grundschule. Bad Heilbrunn: Klinkhardt.
Prengel, A./ Heinzel, F./Carle, U. (2004): Methoden der Handlungs-, Praxis- und Evaluationsforschung. In: Helsper, Werner/ Böhme, Jeanette (Hrsg.): Handbuch der Schulforschung. S. 183-199.
Reggio Children (2002): Alles hat einen Schatten außer Ameisen: wie Kinder im Kindergarten lernen. Neuwied: Luchterhand.
Roth, G. (2001): Fühlen, Denken, Handeln. Wie das Gehirn unser Verhalten steuert. Frankfurt: Suhrkamp.
Rutter, M. (2000): Resilience reconsidered: Conceptual considerations, empirical findings, and policy implications. In: Shonkoff, J. P./ Meisels, S. J. (Hrsg.): Handbook of early childhood intervention. Cambridge: Cambridge University Press, S. 651-682.
Schuster, B. (1998): Interaktionen zwischen Müttern und Kindern. Die Konstruktion sozialer Wirklichkeit in Autoritätsbeziehungen. Weinheim: Juventa.

Seckinger, M. (2001). Kooperation – eine voraussetzungsvolle Strategie. In: Praxis der Kinderpsychologie und Kinderpsychiatrie, S. 279-292.

Senge, P. M. (1996): Die fünfte Disziplin. Kunst und Praxis der lernenden Organisation. Stuttgart: Klett-Cotta.

Sodian, B. (1998): Entwicklung bereichsspezifischen Wissens. In: Oerter, R./ Montada L. (Hrsg.): Entwicklungspsychologie. Weinheim: Beltz, S. 622-653.

Spangler, G./ Grossmann, K. (1995): 20 Jahre Bindungsforschung in Bielefeld und Regensburg. In Spangler, G./ Zimmermann, P. (Hrsg.): Die Bindungstheorie: Grundlagen, Forschung und Anwendung. Stuttgart: Klett-Cotta, S. 50-63.

Spelke, E. S./ Katz, G./ Rucell, S. E./ Ehrlich S. M./Breinlinger, K. (1994): Early knowledge of object motion: continuity and interia. In: Cognition. 51. Jg., S. 131-176.

Spiegel, H./ Selter, Chr. (2003): Kinder & Mathematik. Was Erwachsene wissen sollten. Seelze-Velber: Kallmeyer.

Spieß, E. (1998). Formen der Kooperation. Bedingungen und Perspektiven. Göttingen: Hogrefe.

Stark, R. (2002): Conceptual Change: kognitivistisch oder kontextualistisch? Forschungsbericht Nr. 149, Ludwig-Maximilians-Universität München, Institut für Pädagogische Psychologie und Empirische Pädagogik, (http://epub.ub.uni-muenchen.de/archive/00000257/01/FB_149.pdf, Zugriff: 24.12.2003).

Stufflebeam, D.L./ Foley, W.J./ Gephard, W.J./ Guba, E.G./ Hammond, R.L./ Merriman, H.A./ Provus, M.M. (1971): Educational Evaluation and Decision Making. Itasca, IL: F. E. Peacock.

Turchin, V. / Joslyn, C. A. (1993): The Metasystem Transition. Internet: http://pespmc1.vub.ac.be/MST.html (Stand 03-1999).

Völkel, P. (2002): Geteilte Bedeutung – soziale Konstruktion. In: Laewen, H.-J./ Andres, B. (Hrsg.): Bildung und Erziehung in der frühen Kindheit. Bausteine zum Bildungsauftrag von Kindertageseinrichtungen. Weinheim: Beltz.

Weinert, F. E./ Stefanek, J. (1997): Entwicklung vor, während und nach der Grundschulzeit – Ergebnisse aus dem SCHOLASTIK-Projekt. In: Weinert, F. E./ Helmke, A. (Hrsg.): Entwicklung im Grundschulalter. Weinheim: Beltz, S. 423-452.

Werner, E. E. (2000): Protective factors and individual resilience. In: Shonkoff, J. P./ Meisels, S. J. (Hrsg.): Handbook of early childhood intervention. Cambridge: Cambridge University Press, S. 115-132.

Willer, B./ Bredekamp, S. (1990): Public policy report. Redefining readiness: An essential requisite for educational reform. Young Children, 45. Jg. H.5, 22-24.

Youniss, J. (1994): Soziale Konstruktion und psychische Entwicklung. Hrsg. von Krappmann, L. und Oswald, H.. Frankfurt a.M.: Suhrkamp.

Zimmermann, P.; Spangler, G.; Schieche, M.; Becker-Stoll, F. (1995): Bindung im Lebenslauf: Determinanten, Kontinuität, Konsequenzen und künftige Perspektiven. In: Spangler, G./ Zimmermann, P. (Hrsg.): Die Bindungstheorie. Grundlagen, Forschung und Anwendung. Stuttgart: Klett-Cotta, S.311-332.

Senatsbeschlüsse, Deputationsvorlagen, Statistiken etc.:

Mitteilung des Senats an die Bremische Bürgerschaft (Landtag) vom 06. Mai 2003: Arbeitsstand der Umsetzung der Empfehlungen des "Runden Tisches Bildung". (http://www.bildung.bremen.de/rundertischbildung/PDF/S_beschl_Mitt_BB.pdf) Zugriff: 01.01.2004.

Runder Tisch Bildung (15.10.2002): Empfehlungen an den Senat der Freien Hansestadt Bremen. (http://www.bildung.bremen.de/rundertischbildung/PDF/Empfehlungen.pdf) Zugriff: 01.01.2004.

Senatsbeschluss vom 10.12.2002, 1113.) „Runder Tisch Bildung - Empfehlungen an den Senat der Freien Hansestadt Bremen“ (Vorlage 528/02).

Senatsbeschluss vom 13.08.2002, 713.) „Erste Konsequenzen aus den Ergebnissen der PISA-Studie für den Bereich frühkindlicher Bildung in Bremer Kindertageseinrichtungen“ (Vorlage 344/02).

Senatsbeschluss vom 10.09.2002, 804.) Kenntnisnahme der Beschlüsse des Koalitionsausschusses vom 8. 09. 2002 „I. Folgerungen aus den PISA-Ergebnissen der Schulen“.

Datenbestand der Schnellmeldung 2003-2004 für öffentliche und private allgemein bildende Schulen in der Stadtgemeinde Bremen. http://www.bildung.bremen.de/downloads/sm_2003.xls (Zugriff: 01.01.2004).

Kameraler Stellenplan der Stadtgemeinde Bremen, 3210 Schulen des Primarbereichs http://www.bremen.de/finanzsenator/frames.html?Seite=/finanzsenator/Kap1/aktuell.html (Zugriff: 01.01.2004).

15 Abbildungs- und Tabellenverzeichnis

Abbildungsverzeichnis

Tabellenverzeichnis